"He aquí una edición para el lec[tor]
un autor puritano clásico. Se trata de un poderoso recordatorio a partir de
las Escrituras de la verdad de que la comunión con Dios es y debe ser siempre
la historia interior de la vida del verdadero cristiano. John Owen es un
profundo maestro en todos los aspectos de la vida espiritual, y es una alegría
acoger esta reaparición de uno de sus mejores logros."
J. I. Packer, profesor de teología del Board of Governors, Regent College

"Entre los teólogos y pastores de habla inglesa, John Owen y Jonathan
Edwards corren codo a codo por el primer lugar en muestras profundas, fieles
y fructíferas de la gloria de Dios en la salvación de los pecadores. No sólo eso,
sino que ambos se disputan el primer puesto entre los que muestran
prácticamente cómo se experimenta esa gloria aquí y ahora. Owen puede tener
la ventaja aquí. Y *Comunión con Dios* es su esfuerzo más extraordinario. Nadie
más ha abierto los caminos de la comunión personal con las tres personas de
la Trinidad como lo hace Owen. Owen es simplemente extraordinario. Qué
honor sería para Dios que más de sus hijos supieran disfrutar de él como lo
hace Owen".
John Piper, pastor de predicación y visión, Iglesia Bautista de Belén, Minneapolis, Minnesota

"Owen no es para los débiles de corazón ni para los impacientes ni para los
perezosos. Pero para aquellos que quieran profundizar en la comprensión de
la grandeza de Dios y de cómo caminamos con él, este libro compensará,
muchas veces, el esfuerzo que requiere su lectura."
David F. Wells, profesor distinguido de teología histórica y sistemática Andrew Mutch, Seminario Teológico Gordon-Conwell

"Este es el momento oportuno para una reedición de la gran obra de John
Owen. Hay un renovado interés en la Trinidad en estos días, y también hay
una profunda hambre de espiritualidad genuina. Owen combina las dos cosas
de manera poderosa, señalando el camino hacia una relación vital con el Dios
trino. Es bueno tener este clásico disponible".
Richard J. Mouw, presidente; profesor de filosofía cristiana, Seminario Fuller

"El tratado de John Owen es notable en muchos aspectos. Es uno de los mejores ejemplos de la enorme producción de Owen. Es un hito en el pensamiento trinitario de Occidente, que une de forma única la teología profunda con la piedad cristiana. Presenta vívidamente a la Santísima Trinidad como el único objeto de nuestra adoración. Este libro es capaz de revolucionar su pensamiento sobre Dios, su culto a él y su forma de vivir en el mundo actual".

Robert Letham, tutor principal de teología sistemática e histórica, Wales Evangelical School of Theology

"La unión y la comunión con la Santísima Trinidad se encuentran en el corazón de la teología de la reforma. John Owen fue uno de los mayores expositores de esto. Esta es exactamente la clase de enseñanza que necesitamos para revitalizar la iglesia en nuestra generación. A medida que la experiencia de Owen sobre el Dios vivo se convierte en la nuestra, nos encenderemos con el anhelo de conocer a Dios más profundamente y servirle más fielmente en un mundo que lo necesita tanto ahora como en la época de Owen".

Gerald L. Bray, profesor de investigación de la Beeson Divinity School, Universidad de Samford

"La *Comunión con Dios* de John Owen es lo mejor que hay sobre "teología relacional". De una manera matizada y bíblicamente rica, Owen desarrolla el compromiso receptivo del creyente con la Santísima Trinidad a través del estudio, la adoración y la meditación. Este es un libro extraordinario que sorprenderá y desafiará".

Paul Helm, Regent College

"La excepcional obra de Owen es en parte un tratado bíblico y dogmático, y en parte una reflexión inquisitiva sobre la práctica de la comunión con el Dios trino. Esta obra merece reclamar muchos nuevos lectores para un clásico de la divinidad práctica protestante."

John Webster, catedrático de teología sistemática, King's College, Universidad de Aberdeen

La primera vez que leí *Comunión con Dios* de John Owen fue cuando era estudiante de teología (a mediados de la década de 1960). Dejó muy claro y confirmó los fundamentos teológicos del ambiente en el que había vivido en la familia y la congregación local desde los primeros días: que Dios es amor, que por la gracia del Señor Jesucristo en el poder del Espíritu Santo, conocer a Cristo es estar cerca del corazón del Padre; que habitar en Dios es habitar en el amor: El amor de Dios hacia nosotros y nuestro amor hacia Dios y hacia los demás. Owen, con una hábil exégesis bíblica y la más cálida perspicacia pastoral, nos lleva al corazón mismo del cristianismo en este tratado, y nos muestra que sólo por esto vale la pena vivir; sólo esto da sentido a todo lo demás, e irradia cada paso de la vida terrenal con fuerza, esperanza y alegría. Por eso, cuarenta años después, todavía me encanta coger este gran tratado y leerlo como una especie de "vademécum".

Douglas F. Kelly, Profesor de Teología Richard Jordan,
Reformed Theological Seminary, Charlotte, Carolina del Norte

"John Owen fue el más grande de los teólogos puritanos y esta nueva edición de su clásico estudio de la espiritualidad trinitaria será una bendición para todos los que lo lean. La autorrevelación de Dios como el Padre, el Hijo y el Espíritu Santo no es una enseñanza que haya que marcar y archivar para guardarla como doctrina. Es más bien la base última de la oración, la ética, el culto y la propia vida cristiana. Nadie presenta esta verdad con más fuerza que el gran Owen".

Timothy George, decano de la Beeson Divinity School de la Universidad de Samford; editor senior de Christianity Today

COMUNIÓN CON EL DIOS TRINO – VOL. 1

Padre, Hijo y Espíritu Santo

TEOLOGÍA PARA VIVIR
Fe y Palabra

JOHN OWEN

Editor: Jaime Daniel Caballero
Impreso en Lima, Perú

COMUNIÓN CON EL DIOS TRINO – VOL. 1

Autor: © John Owen, Jaime D. Caballero
Traducción: Jorge De Sousa & Jaime D. Caballero
Revisión de estilo y lenguaje: Jaime D. Caballero & Jorge De Sousa
Diseño de cubierta: Jerry Gil Contreras
Serie: Colección John Owen - **Volumen:** 04
Título original:

John Owen, *Of communion with god the father, son, and holy ghost, each person distinctly, in love, grace, and consolation*, en The Works of John Owen, ed. William H. Goold, vol. 2 (Edinburgh: T&T Clark, 1851), 1-275. Publicado originalmente en 1657.

Editado por:
©TEOLOGIAPARAVIVIR.S.A.C
José de Rivadeneyra 610. Urb. Santa Catalina, La Victoria.
Lima, Perú.
ventas@teologiaparavivir.com
https://www.facebook.com/teologiaparavivir/
www.teologiaparavivir.com
Primera edición: Agosto 2022
Tiraje: 1000 ejemplares

Hecho el depósito legal en la Biblioteca Nacional del Perú, N°: 2022-06769
ISBN Tapa Blanda: 978-612-5034-48-9

Se terminó de imprimir en Agosto del 2022 en:
ALEPH IMPRESIONES S.R.L.
Jr. Risso 580, Lince
Lima, Perú.

DEDICATORIA DEL EDITOR

A Garry Williams

Supervisor de tesis, por su paciencia y erudición y piedad

JOHN OWEN (1616-1683)

Retrato por John Greenhill en 1668

TABLA DE CONTENIDOS

SOBRE LA OBRA *COMUNIÓN CON DIOS* **1**

¿CÓMO LEER UN TRATADO TEOLÓGICO DEL PASADO?   2

UN RENACIMIENTO DE LOS ESTUDIOS SOBRE JOHN OWEN   6

COMUNIÓN CON DIOS EN ESTUDIOS TEOLÓGICOS RECIENTES   9

LA TEOLOGÍA EXPERIENCIAL DE OWEN Y SU IMPORTANCIA PARA *COMUNIÓN CON DIOS*   12

COMUNIÓN CON DIOS COMO UN TRATADO EXPERIENCIAL DENTRO DEL CONTEXTO MÁS AMPLIO DEL SIGLO XVII   14

EL MÉTODO TEOLÓGICO DE OWEN EN *COMUNIÓN CON DIOS*   18

CONTEXTO HISTÓRICO, TEOLÓGICO Y POLÍTICO DE *COMUNIÓN CON DIOS* (1657) 20

    a. El contexto histórico   *23*

    b. El contexto teológico   *29*

    c. El contexto político: El desafío del socinianismo   *33*

PRINCIPALES TEMAS TEOLÓGICOS   39

UNIÓN CON CRISTO   39

    Importancia de la unión con Cristo   *41*

    La relación entre unión con Cristo y la comunión del creyente con Dios   *43*

    La necesidad de la encarnación   *45*

    El pacto de la redención como el fundamento de la encarnación   *48*

LAS OPERACIONES INDIVISIBLES, PERO DISTINGUIBLES DE LA OBRA DE LA TRINIDAD   50

    Opera Dei ad extra sunt indivisa   *52*

    "Opera Dei ad intra" como el fundamento del "Opera Dei ad extra"   *54*

LA SEGURIDAD DE LA SALVACIÓN   59

    Importancia personal del tópico para Owen   *63*

    El creyente tiene seguridad en el amor del Padre   *66*

    El creyente tiene seguridad en la gracia del Hijo   *67*

    El creyente tiene seguridad en el consuelo del Espíritu   *70*

LA ADORACIÓN AL DIOS TRINO   73

    Trasfondo histórico y teológico   *73*

    Exposición de la adoración en Comunión con Dios   *77*

COMUNIÓN CON DIOS: EL PADRE, HIJO Y ESPÍRITU SANTO   83

PREFACIO ORIGINAL   87

PRIMERA PARTE: COMUNIÓN CON DIOS EL PADRE   89

CAPÍTULO 1: LOS CREYENTES DISFRUTAN DE COMUNIÓN CON DIOS   91

1. LOS SANTOS DISFRUTAN DE COMUNIÓN CON DIOS   93
2. LA COMUNIÓN CON DIOS EN TÉRMINOS GENERALES   97
   a. Comunión en la misma naturaleza   98
   b. Comunión de estado y condición   99
   c. Comunión en acciones   99
   d. Particularidades de la comunión con Dios   100
3. DEFINICIÓN DE COMUNIÓN CON DIOS   103
   a. Dos aspectos de nuestra comunión con Dios   104

CAPÍTULO 2: COMUNIÓN CON CADA PERSONA DE LA TRINIDAD DE MANERA DISTINTIVA   107

1. COMUNIÓN CON CADA PERSONA DE LA TRINIDAD MANERA ÚNICA   108
2. LA MANERA COMO LOS CREYENTES TIENEN COMUNIÓN CON DIOS   113
   a. Comunión con el Padre   113
   b. Comunión con el Hijo   118
   c. Comunión con el Espíritu Santo   120
3. CADA PERSONA DE LA TRINIDAD NOS DISPENSA GRACIA   120
   a. Distinciones entre las personas de la Trinidad   122
   b. Ejemplo: cada persona de la Trinidad nos revela algo   123
4. ¿CUÁL ES LA DISTINCIÓN ENTRE CADA PERSONA DE LA TRINIDAD EN SU DISPENSACIÓN DE GRACIAS?   125
   a. El Padre lo hace en virtud de su autoridad original   125
   b. El Hijo lo hace a través de la compra de un tesoro   126
   c. El Espíritu Santo lo hace a través de su eficacia inmediata   126

CAPÍTULO 3: COMUNIÓN CON DIOS PADRE EN AMOR   127

1. COMUNIÓN EN EL AMOR DEL PADRE   129
   a. Observaciones preliminares   129
   b. Dios es amor   133
   c. Cristo ora al Padre por nosotros, porque el Padre nos ama   135
   d. El doble amor del Padre para con nosotros   138
2. ¿QUÉ SE REQUIERE DE LOS CREYENTES PARA TENER COMUNIÓN CON EL PADRE?   141

a. *Los creyentes deben recibir el amor del Padre*   142

b. *Los creyentes deben amar al Padre*   144

3. EL AMOR DEL PADRE Y EL NUESTRO COMPARADO   146

a. *El amor del Padre y el nuestro concuerdan en descanso y complacencia*   147

b. *La comunicación del amor mutuo entre el Padre y los creyentes es en Cristo*   151

4. EL AMOR DEL PADRE Y EL NUESTRO CONTRASTADO   154

a. *El amor del padre es un amor generoso, el nuestro por deber*   154

b. *El amor del Padre es antecedente, el nuestro es consecuente*   156

c. *El amor del Padre está de acuerdo con lo que él es, el nuestro de acuerdo a lo que somos*   158

d. *Objeciones y respuestas*   160

CAPÍTULO 4: CÓMO DESARROLLAR LA COMUNIÓN CON EL PADRE EN AMOR   163

1. EXHORTACIONES A TENER COMUNIÓN CON EL PADRE   164

a. *Es el deber de los creyentes tener comunión con el Padre en amor*   164

b. *¿Cómo es el amor del Padre?*   166

c. *Debemos creer que el Padre nos ama*   169

2. CONSIDERACIONES PARA NUESTRO DEBER DIARIO   170

a. *No debemos pensar en el Padre como alguien severo*   170

b. *Mientras más conscientes seamos del amor del Padre, más nos deleitaremos en él*   172

c. *Objeciones y respuestas*   173

3. ACLARACIONES FINALES CON RESPECTO AL AMOR DEL PADRE   175

a. *El amor del Padre es el privilegio de los creyentes*   175

b. *El amor del Padre es un dulce refugio*   176

c. *El disfrute del amor del Padre: la diferencia entre verdaderos y falsos creyentes*   177

SEGUNDA PARTE: COMUNIÓN CON EL HIJO CRISTO JESÚS – PARTE I   181

CAPÍTULO 1: LOS CREYENTES TIENEN COMUNIÓN CON CRISTO JESÚS   183

1. LOS CREYENTES TIENEN COMUNIÓN CON EL HIJO DE DIOS   184

a. *Cristo, la rosa más pura de Sarón*   186

b. *El deleite de los creyentes en su comunión con Cristo*   188

2. Características de la comunión con Cristo   191
    a. Dulzura   191
    b. Deleite   192
    c. Seguridad   193
    d. Apoyo y consuelo   193
3. Conclusión   194

CAPÍTULO 2: COMUNIÓN CON DIOS HIJO EN SU GRACIA   **197**

1. La gracia en la persona de Cristo   198
    a. Diversos usos teológicos de la palabra gracia   199
2. La gracia de Cristo en su oficio de Mediador   201
    a. Cristo, el más bello de los hijos de los hombres   202
    b. La naturaleza santa de su Divinidad   205
    c. La naturaleza santa de su humanidad   206
    d. La naturaleza santa de su Reino   207
3. La manera como los creyentes tienen comunión con Cristo en su oficio de Mediador   208
    a. Su idoneidad para salvar   208
    b. Su poder para salvar   211
    c. Su voluntad para salvar   211
4. Conclusión   212
    a. Primera aplicación   214
    b. Segunda aplicación   214

CAPÍTULO 3: LA MANERA EN LA QUE LOS CREYENTES TIENEN COMUNIÓN CON CRISTO   **217**

1. Los creyentes se encuentran en una relación marital con Cristo   218
    a. La iglesia es el gozo y la corona de Cristo   219
2. El compromiso mutuo de la Iglesia y de Cristo   221
    a. Cristo es el regalo al alma del creyente   222
    b. Los creyentes por su propia voluntad se someten al señorío de Cristo   224

PRIMERA DIGRESIÓN: LAS EXCELENCIAS DE CRISTO   **229**

1. La excelencia de la deidad de Cristo   230
    a. Deseable y excelente   230
    b. Lleno de gloria   231
    c. Lleno de gracia y compasión   233
    d. Lleno de amor libre, inmutable y eterno   235
2. La excelencia de la Humanidad de Cristo   237

    a. Cristo estaba completamente libre de pecado   238
    Objeción y respuesta   239
    b. Cristo estaba lleno de gracia   242
  3. Cristo: Una persona, dos naturalezas   244
    a. Cristo era idóneo para sufrir y soportar nuestro castigo   246
    b. Cristo se convirtió en una fuente de inagotable gracia para todos los que creen   248
    c. Cristo fue un mediador perfecto para la obra   250
    d. Cristo fue exaltado e investido de toda autoridad   251
  4. Interpretación teológica de Cantares 5:10-16   253
    a. Su cabeza es como oro, oro puro   254
    b. Los ornamentos de su cabeza   256
    c. Sus ojos como palomas   257
    d. Sus mejillas como de bálsamo   260
    e. Sus labios, manos y fortaleza   262

SEGUNDA DIGRESIÓN: LA SABÍDURIA Y EL CONOCIMIENTO EN CRISTO   **267**

  1. El conocimiento de Dios   271
    a. Los atributos de Dios   271
    b. El conocimiento salvífico se encuentra sólo en Cristo   293
  2. El conocimiento de nosotros mismos   298
    a. Con respecto a nuestro pecado   299
    b. Con respecto a la justicia   315
    c. Con respecto al juicio   321
  3. El conocimiento de como caminar en comunión con Dios   324
    a. Condiciones requeridas para el cultivo de la comunión   324
    b. Conocimiento y sabiduría aparte de Cristo   333
    c. La educación y la legislación no logran la verdadera sabiduría   346

Sobre esta edición

Este libro corresponde a la versión original, sin abreviar, resumir o simplificar. Las ediciones usadas para esta obra han sido varias, pero se han usado de manera principal las siguientes:

> John Owen, *Of communion with God the Father, Son, and Holy Ghost, each person distinctly, in love, grace, and consolation*, en The Works of John Owen, ed. William H. Goold, vol. 2 (Edinburgh: T&T Clark, 1851), 1-275.
> John Owen, *Of Communion with God the Father, Sonne, and Holy Ghost*, 1657.

Algunas características que tiene esta edición español son las siguientes:

1. Han sido añadidos títulos y subtítulos para facilitar la lectura del texto.
2. Owen cita múltiples autores en otros idiomas (griego, hebreo y latín). Las citas han sido traducidas íntegramente al español, y la cita original ha sido dejada al pie de página.
3. Se ha provisto la versión más moderna para las fuentes originales usadas por Owen.
4. Los versos bíblicos en los márgenes del manuscrito original han sido incorporados en el cuerpo del texto y pies de página.
5. Se han añadido docenas de notas explicativas, biográficas y teológicas.
6. Se ha provisto un detallado bosquejo al inicio de cada capítulo como guía y para facilitar la compresión.
7. Dado el tamaño de la obra – más de 700 páginas en la versión en español, se ha decidido publicarla en dos volúmenes.

Somos una editorial totalmente autosostenida. La única manera que podremos seguir publicando libros es si estos son comprados. Le pedimos que no piratee este libro, y que nos apoye orando por nosotros, y adquiriendo estos materiales. La edición de este libro ha tomado cientos de horas, y su producción ha sido costosa. Gracias por tu apoyo. *Soli Deo Gloria.*

SOBRE LA OBRA
COMUNIÓN CON DIOS

JAIME D. CABALLERO

Cada vez un mayor número de cristianos en Latinoamérica están interesados en recuperar la rica herencia cristiana y protestante a la cual pertenecen.[1] Esto en sí mismo es algo encomiable, aunque no libre de riesgos. Si el lector está leyendo esta obra de manera devocional, no es necesario que lea este largo ensayo. Sin embargo, si está interesado en leer esta obra por propósitos académicos, o busca aprender a hacer una cuidadosa interpretación de la teología que nos ha precedido con el propósito de poder usarla de manera correcta, le animo a leer este ensayo.

El propósito de este ensayo sobre el libro *Comunión con Dios*, es doble. En primer lugar, busca ser una introducción extensiva a la historia, y principales temas teológicos de una de las principales obras del puritanismo inglés, y del protestantismo. En segundo lugar, y de manera más importante, buscar ser una guía, patrón o ejemplo a seguir

---

[1] Comencé la edición de esta obra en el año 2015 cuando estaba por terminar una tesis de ThM en el Westminster Theological Seminary-PA. El tema de mi disertación fue la teología trinitaria de John Owen, una tesis de casi 80 000 palabras, supervisada por Carl R. Trueman y Garry Williams. A este último, esta obra está dedicada por su constante paciencia, y guía piadosa pero erudita al mismo tiempo.

sobre cómo estudiar una obra teológica del pasado de manera académica. He pasado los últimos diez años, desde mediados de mis veintes, estudiando de manera académica las principales obras del cristianismo a fin de poder tener una mejor visión del panorama general de la teología e historia. Este ensayo es un ejemplo de la manera como un estudiante de teología debería estudiar a profundidad una obra teológica. Ya sea que el lector desee estudiar a profundidad *Confesiones* de Agustín, o *La esclavitud de la voluntad de Lutero,* o *Las Instituciones de la Religión Cristiana* de Juan Calvino, este ensayo le ayudará como una guía metodológica para entender la teología a la luz de la historia, y la historia a la luz de diversos factores.

Soy consciente que estudiar obras teológicas del pasado de esta manera toma mucho tiempo y esfuerzo. Pero no hay atajos en el peregrinar teológico.

¿Cómo leer un tratado teológico del pasado?

Ninguna teología se hace en el vacío.[2] Existe un vínculo innegable entre la teología de un hombre y su entorno personal. Nuestro contexto da forma a nuestras creencias teológicas y, al mismo tiempo, nuestra teología habla del contexto histórico en el que se produjo.[3] Por ejemplo, la metodología que elijo hoy para estudiar la vida y los acontecimientos de Owen habla de mi contexto histórico particular, educación, formación teológica, y personas que han influido en mí; del mismo modo que la forma en que Owen interpreta a los Padres de la Iglesia habla de su contexto histórico particular y de sus presuposiciones.

Nosotros mismos somos en parte consecuencia de un contexto histórico particular. En palabras de David Bebbington, "La neutralidad de valores es imposible. Los supuestos inconscientes de la propia época del historiador son ineludibles. El propio historiador es parte del

---

[2] Mark D. Thompson, "Sola Scriptura," in *Reformation Theology: A Systematic Summary*, ed. Matthew Barrett (Wheaton, IL: Crossway, 2017), 153.

[3] Harvie M. Conn, "Contextual Theologies: The Problem of Agendas," *WTJ* 52, no. 1 (1990): 55.

proceso histórico, poderosamente influenciado por su tiempo y lugar".[4] De ahí que exista una profunda conexión entre el contexto histórico y la teología. Por lo tanto, para entender las ideas de Owen debemos prestar atención primero al hombre y a su contexto. Si no hacemos esto corremos el riesgo no solo de mal interpretar a Owen, sino reconstruirlo en nuestra propia imagen, usándolo para reafirmar paradigmas teológicos previamente concebidos.

La elección de una metodología adecuada a la hora de estudiar la historia de las ideas es muy importante, ya que, como escribe Carl Trueman, aunque "no existe la neutralidad en el relato de la historia, sí existe la objetividad".[5] Lo que se pretende conseguir con una metodología adecuada para los estudios históricos es dar una respuesta correcta a la pregunta: ¿por qué esta persona hace esta cosa de esta manera en este lugar y en este momento concreto?.[6] En otras palabras, el trabajo del teólogo no está completo cuando puede decir "esto es lo que dijo tal o cual teólogo", sino hasta que puede responder adecuadamente a la pregunta "¿por qué lo dijo?", y "¿por qué es relevante?".

Richard Muller ha propuesto cuatro enfoques metodológicos para estudiar la historia de las ideas, siendo, de acuerdo a Muller, método el integral el mejor de todos para el estudio de las ideas.[7] Muller describe el mérito de este enfoque de esta manera:

> El método integral proporciona una base más firme para responder incluso a las cuestiones más sistemáticas que están en la base de los otros métodos, sobre todo cuando se presta atención a los contextos

---

[4] David Bebbington, *Patterns in History: A Christian Perspective on Historical Thought* (Vancouver: Regent College Pub., 2000), 6.

[5] Carl Trueman, *History and Fallacies: Problems Faced in the writing of History* (Wheaton, IL: Crossway, 2010), 21.

[6] Ibid., 24.

[7] James E. Bradley and Richard A. Muller, *Church History: An Introduction to Research Methods and Resources,* 2nd ed. (Grand Rapids, MI: Eerdmans, 2016), 29. Sale fuera de los límites de este ensayo analizar los diferentes métodos para el estudio de la teología histórica. Las obras de Muller y Bebbington anteriormente mencionadas son excelentes guías introductorias.

en los que se desarrollaron las doctrinas y se considera las formas de declaración teológica y, de hecho, el mantenimiento de ciertas formas y los rechazos de otras.[8]

Este es el enfoque histórico que debe seguirse para estudiar la teología de Owen y de cualquier otro personaje histórico. Situaremos a Owen en su contexto y luego relacionaremos la influencia que tuvieron algunos acontecimientos particulares de su vida en la redacción de su libro *Comunión con Dios*. En otras palabras, la teología contenida en un volumen teológico debe de comprenderse a la luz de los eventos históricos, políticos y sociales que tuvieron lugar al momento de la composición de dicha obra y no manera independiente de estos.

En los últimos años ha habido un número creciente de biografías académicas escritas sobre algunas de las principales figuras del puritanismo siguiendo un enfoque metodológico similar al propuesto por Muller. Entre las biografías académicas tenemos a puritanos como John Bunyan,[9] John Winthrop,[10] Jonathan Edwards,[11] John Goodwin,[12] James Ussher,[13] Richard Baxter,[14] y John Owen.[15] Por tanto, Owen no

---

[8] Ibid., 29.

[9] Richard L. Greaves, *Glimpses of Glory : John Bunyan and English Dissent* (Stanford, Calif.: Stanford University Press, 2002).

[10] Francis J. Bremer, *John Winthrop: America's Forgotten Founding Father* (Oxford: Oxford University Press, 2003).

[11] George M. Marsden, *Jonathan Edwards : A Life* (New Haven ; London: Yale University Press, 2003).

[12] John Coffey, *John Goodwin and the Puritan Revolution: Religion and Intellectual Change in Seventeenth-Century England* (Woodbridge: Boydell Press, 2006).

[13] Alan Ford, *James Ussher: Theology, History, and Politics in Early-Modern Ireland and England* (Oxford: Oxford University Press, 2007).

[14] Tim Cooper, *John Owen, Richard Baxter and the Formation of Nonconformity* (Farnham: Ashgate, 2011).

[15] Aunque hay muchos artículos y ensayos académicos que cubren algunos aspectos de la vida de Owen, hay tres biografías completas principales escritas en los últimos años: Peter Toon, *God's Statesman: The Life and Work of John Owen, Pastor, Educator, Theologian.* (Exeter: Paternoster Press, 1971); Sarah Cook, "A Political Biography of a Religious Independent: John Owen, 1616-1683", (unpublished PhD thesis, Harvard University, 1972); and Crawford Gribben, *John*

ha estado solo en este resurgimiento de los estudios biográficos e históricos puritanos.

Sin embargo, hasta ahora se ha prestado más atención a las ideas de Owen que a su persona.[16] Como consecuencia, sus ideas no se han situado en su contexto histórico particular. Tendríamos razón al preguntarnos ¿por qué no se ha prestado mucha atención a las ideas de Owen con su contexto particular? Hay varias razones para ello. Para empezar, Owen nunca llevó un diario, ni tuvo un amigo íntimo, ni escribió mucho sobre su vida personal.[17] Además, no encontramos mucho sobre sí mismo ni en sus tratados teológicos ni en sus sermones. "...su vida privada y sus sentimientos siguen siendo en su mayor parte un misterio".[18]

Teniendo en cuenta estas reservas, en este ensayo sólo prestaremos atención a aquellos acontecimientos y hechos clave que nos ayudarán a comprender tanto la composición de su libro *Comunión con Dios* y algunos de los principales énfasis teológicos de este libro. El contexto histórico de Owen nos ayudará a comprender *Comunión con Dios*, como un tratado de teología experiencial, y de teología escolástica protestante.[19]

Owen and English Puritanism: Experiences of Defeat, OSHT (New York, NY: Oxford University Press, 2016).

[16] Tim Cooper, *John Owen, Richard Baxter and the Formation of Nonconformity* (Farnham: Ashgate, 2011), 3.

[17] Crawford Gribben, *John Owen and English Puritanism: Experiences of Defeat*, OSHT (New York, NY: Oxford University Press, 2016), 13-14.

[18] James Moffatt, *The Golden Book of John Owen* (London: Hodder & Stoughton, 1904), 19-20, cited in Michael A. G. Haykin, "Being John Owen", ed. Stephen J. Wellum, *SBJT Vol. 20*, nᵒ 4 (2016): 14.

[19] Definimos la teología experiencial como "Una tradición que se extiende desde los puritanos a través de figuras como Jonathan Edwards y George Whitefield [en la que] cada texto literario de la Biblia es en su corazón una experiencia de Dios de una persona específica... Esto sólo significa que la teología bíblica no es una colección de ideas que flotan libremente. Por el contrario, está arraigada en las experiencias de Dios de las personas y en la autorrevelación de Dios a las personas, involucradas en sus situaciones cotidianas de la vida". Leland Ryken, "Literary Criticism," *Dictionary for Theological Interpretation of the Bible*, eds. Kevin J. Vanhoozer et al. (London; Grand Rapids, MI: SPCK; Baker Academic, 2005), 458.

Un renacimiento de los estudios sobre John Owen

Es difícil sobrestimar la importancia de John Owen. Carl Trueman escribe que fue "uno de los más grandes teólogos reformados europeos de su época y muy posiblemente poseía la mejor mente teológica que Inglaterra haya jamás producido".[20] Fue el principal teólogo de la alta ortodoxia en Inglaterra en el siglo XVII.[21] Es prácticamente imposible entender la era de la alta ortodoxia sin conocer la obra de Owen. Era tan conocido y reconocido incluso en su época que sus compañeros puritanos lo llamaban "el Calvino de Inglaterra".[22]

Sin embargo, la importancia de Owen no sólo se encuentra en el contexto de la teología, sino también en su contexto histórico más amplio. Fue consejero personal de Oliver Cromwell, líder de la Asamblea de Saboya, canciller de la Universidad de Oxford y un brillante predicador y pastor.[23] El alcance de sus conocimientos teológicos, históricos y filológicos es impresionante. Era extremadamente versado en la patrística, la teología medieval escolástica y la literatura continental contemporánea.[24] Fue un hombre del Renacimiento y, como tal, hay que entenderlo en este marco histórico.

Le tocó vivir una de las épocas más importantes de la historia de Europa Occidental, un periodo de transición entre la Edad Media y el Modernismo, una época de guerras, de nuevos descubrimientos, una época de cambios. Cuando nació, en 1616, Jacobo I era rey de Inglaterra y Oliver Cromwell era ya un hombre joven, un año mayor que el futuro

---

[20] C. R. Trueman, "Owen, John," in *Biographical Dictionary of Evangelicals,* ed. Timothy Larsen et al., (Leicester, England; Downers Grove, IL: InterVarsity Press, 2003), 494.

[21] Joel R. Beeke and Randall J. Pederson, *Meet the Puritans: With a Guide to Modern Reprints* (Grand Rapids, MI: Reformation Heritage Books, 2006), 455.

[22] Peter Toon, *God's Statesman: The Life and Work of John Owen* (Exeter: Paternoster Press, 1971), 173.

[23] Carl R. Trueman, *The Claims of Truth: John Owen's Trinitarian Theology* (Carlisle, Cumbria: Paternoster Press, 1998), 1-3.

[24] Crawford Gribben, "John Owen, Renaissance Man? The Evidence of Edward Millington's Bibliotheca Oweniana (1684)," *WTJ* 72, no. 2 (2010): 322.

desafortunado rey Carlos I. Por aquel entonces, en el continente, Galileo publicaba sus descubrimientos en el campo de la ciencia, como el telescopio inventado seis años antes del nacimiento de Owen, Kepler escribía sobre el movimiento de los planetas y Bacon, Keyes y Jansen acababan de publicar importantes libros en el ámbito de la filosofía, la economía y la teología. Dieciséis años antes, en 1600, se había fundado la Compañía de las Indias Orientales, lo que aumentó el comercio, el desarrollo nacional y la codicia de la gente al mismo tiempo. Era una época de nuevas ideas, nuevos descubrimientos y oportunidades como nunca antes en la historia de Inglaterra y John Owen vivía justo en medio de ella.

Se ha dicho de Owen que, aunque sólo es comparable a Jonathan Edwards en lengua inglesa en términos de alcance teológico y aprendizaje, sus obras no han recibido suficiente atención académica durante los últimos dos siglos.[25] Sin embargo, esto ha cambiado drásticamente en las dos últimas décadas. En los últimos años se ha producido un renacimiento de los estudios sobre Owen. Sinclair Ferguson, escribiendo en 1987, dice que "quizás haya más lectores de las Obras de Owen hoy que en casi cualquier momento desde su muerte".[26] Ya no podemos utilizar el adjetivo "olvidado" en relación con Owen.

Nathan A. Finn ha dicho que "hoy, John Owen ha llegado a ser casi tan conocido como Jonathan Edwards".[27] Ahora hay mucha más literatura secundaria en relación con los estudios sobre Owen que en cualquier momento anterior, y su popularidad en los años por venir quizá esté a la par que la de Juan Calvino o Martín Lutero.

---

[25] Alan Spence, "Owen, John (1616–83)." in *The Dictionary of Historical Theology*, ed. Trevor Hart (Carlisle, Cumbria, U.K.: Paternoster Press, 2000), 413.

[26] Sinclair B. Ferguson, *John Owen on the Christian Life* (Edinburgh: Banner of Truth Trust, 1987), x.

[27] Nathan A. Finn, "SBJT Forum: Why has there been a resurgence of interest in John Owen in recent decades?", ed. Stephen J. Wellum, *SBJT Vol. 20*, n.º 4 (2016): 116.

Finn menciona tres razones por las que Owen se ha hecho cada vez más popular en las últimas décadas.[28] En primer lugar, ha habido un resurgimiento general del interés por el calvinismo y los temas relacionados, como el puritanismo. En segundo lugar, la influencia de J.I. Packer, que ha escrito libros sobre el puritanismo y John Owen y también ha redactado las introducciones a las reediciones de Banner of Truth de las obras de Owen como *La Mortificación del pecado* y *La muerte de la muerte de Cristo*. En tercer lugar, la influencia de John Piper popularizando las obras de Owen a través de conferencias y libros como *Contending for our all: Treasuring Christ in the lives of Athanasius, John Owen, and J. Gresham Machen.*[29]

Además, el creciente interés por John Owen en las últimas décadas no se ha limitado sólo al mundo de habla inglesa. Ilustraré este interés internacional a partir de mi propio conocimiento personal del mundo hispanohablante. Por ejemplo, algunas de sus principales obras han sido traducidas al español. Las editoriales tradicionales de libros reformados, como The Banner of Truth y Reformation Heritage, han abierto recientemente sucursales en los países de habla hispana, traduciendo algunos de los principales títulos reformados y puritanos al español con un éxito sin precedentes.

En los últimos dos años, se han celebrado conferencias en Chile, Perú, Colombia y Brasil, entre otros países, en las que se han tratado temas relacionados con el puritanismo inglés con ponentes como Mark Jones, Michael Haykin, Joel Beeke y otros. John Owen está más vivo que nunca en el mundo de habla hispana. Además, si tenemos en cuenta el número de estudiantes de origen hispano-latino en los Estados Unidos de América, la cifra aumenta exponencialmente.[30] Hay un interés

---

[28] Ibid., 115-116.

[29] John Piper, *Contending for Our All: Defending Truth and Treasuring Christ in the Lives of Athanasius, John Owen, and J. Gresham Machen* (Wheaton, IL: Crossway Books, 2006), 77-114.

[30] La ATS (Asociación de Escuelas de Teología de Norteamérica) de 2015, informó de cifras sorprendentes sobre el crecimiento de la población de estudiantes latinos hispanos en Estados Unidos. Según el informe, hace 30 años alrededor del 10% de los estudiantes de teología procedían de un entorno no

creciente en el mundo hispanohablante por la literatura puritana, particularmente en América Latina, por primera vez en nuestra historia, y John Owen está en el centro de ello.

Comunión con Dios en estudios teológicos recientes

Quizá no sea una exageración decir que la obra que usted tiene en sus manos es la obra de Owen que mayor atención en el mundo académico en habla inglesa. Por ejemplo, entre los teólogos que han producido monografías sobre *Comunión con Dios*, están Sinclair Ferguson,[31] Kelly Kapic,[32] Joel Beeke,[33] Ryan M. McGraw,[34] entre otros. Gracias a la sobresaliente contribución de Carl Trueman, la doctrina trinitaria de Owen ha sido la que más atención ha recibido en los últimos años,[35] superando en atención a los tratamientos de su teología relacionados con la teología del pacto.[36] Sin embargo, en la actualidad cada vez hay un

---

blanco. En 2014 esta cifra había aumentado hasta el 39%, y se espera que se conviertan en mayoría para 2025. Consulte el informe en línea aquí: https://www.ats.edu/uploads/resources/publications-presentations/documents/2015-annual-report%20FINAL.pdf .

[31] Sinclair B. Ferguson, *John Owen on the Christian Life* (Edinburgh: Banner of Truth Trust, 1987), 74-98; and Sinclair B. Ferguson. *The Trinitarian Devotion of John Owen*. A Long Line of Godly Men Profile. (Orlando, FL: Reformation Trust, a division of Ligonier Ministries, 2014).

[32] Kelly Kapic, "Communion with God by John Owen (1616-1683)," in *The Devoted Life: An Invitation to the Puritan Classics,* ed. Kelly Kapic and Randall C. Gleason (Downers Glove, IL: Inter Varsity Press, 2004), 167-182.

[33] Joel R. Beeke and Mark Jones, *A Puritan Theology: Doctrine for Life* (Grand Rapids, MI: Reformation Heritage Books, 2012), 101-116.

[34] Ryan M. McGraw, *The Foundation of Communion with God* (Grand Rapids, MI: Reformation Heritage, 2014), 1-131.

[35] Carl R. Trueman on Owen; *John Owen: Reformed Catholic, Renaissance Man*, GTS (Aldershot, England: Ashgate, 2007) and *The Claims of Truth: John Owen's Trinitarian Theology* (Carlisle, Cumbria: Paternoster Press, 1998); Carl R. Trueman, *The Claims of Truth: John Owen's Trinitarian Theology* (Carlisle, Cumbria: Paternoster Press, 1998), 184.

[36] Algunas de las principales obras sobre la teología del pacto de Owen son: David Wai-Sing Wong, "The Covenant Theology of John Owen" (PhD diss., Westminster Theological Seminary, 1998), 129–30; Peter Toon, *God's Statesman: The Life and Work of John Owen, Pastor, Educator, Theologian* (Exeter: Paternoster Press, 1971), 169–71; Ferguson, *John Owen on the Christian Life*, 20–36; Sebastian

énfasis en la teología de Owen en aspectos relacionados con su teología publica, ética cristiana, reformas educativas, plan de gobierno, etc. aspectos que hasta ahora no han recibido suficiente atención entre eruditos, pero que marcaran futuros estudios en la teología de Owen.[37]

Sinclair Ferguson escribió el mejor tratamiento de la visión de Owen sobre la comunión con Dios durante la década de 1980. Ferguson explora la conexión entre la unión con Cristo y la comunión con Dios y la importancia del pacto como base de nuestra unión con Dios.[38]Sin embargo, aunque Ferguson ve claramente la relación entre la comunión con Dios y la teología del pacto, no profundiza en ella. Más recientemente, Matthew Barrett y Michael Haykin han publicado un libro que pretende ser un complemento del escrito por Ferguson.[39]

Barrett y Haykin dedican un capítulo a explorar la cuestión de la comunión con Dios y hacen un buen trabajo estableciendo la conexión de la comunión con la unión con Cristo,[40] y también el vínculo de la comunión con la obra indivisa de la Trinidad en relación con la

---

Rehnman, *Divine Discourse: The Theological Methodology of John Owen*, TSRP (Grand Rapids: Baker Book House, 2002), 162; Jeong Koo Jeon, *Covenant Theology: John Murray's and Meredith G. Kline's Response to the Historical Development of Federal Theology in Reformed Thought* (Lanham, Md.: University Press of America, Inc., 2004), 46–56; Carol A. Williams, "The Decree of Redemption is in Effect a Covenant: David Dickson and the Covenant of Redemption" (PhD diss., Calvin Theological Seminary, 2005), 61. Sin embargo, prácticamente no se menciona la relación entre la teología del pacto de Owen y la comunión con Dios.

[37] Ver por ejemplo la obra: T&T Clark Handbook of John Owen, editado por Crawford Gribben y John W. Tweeddale (New York, YK: Bloomsbury Publishing, 2022). En la última década la excepcional contribución de Crawford Gribben a estudios en Owen ha marcado un nuevo giro en la academia.

[38] Sinclair B. Ferguson, *John Owen on the Christian Life* (Edinburgh: Banner of Truth Trust, 1987), 25-27; 32-36.

[39] Barrett escribe: "Quizá el libro más cercano al nuestro sea el de Sinclair Ferguson, *John Owen on the Christian Life*. El libro de Ferguson es excelente en muchos aspectos... Nuestro libro no pretende reemplazar el excelente volumen de Ferguson, ni está diseñado para mejorarlo. Más bien, el nuestro pretende complementar el trabajo de Ferguson (y de muchos otros valiosos eruditos)." Matthew Barrett and Michael Haykin, *Owen on the Christian Life: Living for the Glory of God in Christ* (Wheaton, IL: Crossway, 2015), 16.

[40] Ibid., 54-55.

creación.[41] Sin embargo, no mencionan el papel del *pactum salutis (pacto de la redención)*, ni en el modo en que tenemos comunión con Dios, ni para relacionar las obras intratrinitarias con las obras relativas a la creación.[42]

El mejor tratamiento del tema en los últimos tiempos lo ha hecho Brian Kay, donde ve una clara relación intrínseca entre la doctrina de Owen sobre la Trinidad y la comunión con Dios.[43] El pacto, en todas sus formas, es un tema enorme en la teología de Owen y la doctrina de la piedad de Owen tiene que ser entendida a la luz de él. Kelly Kapic plantea un punto muy similar al de Brian Kay en su libro *La comunión con Dios: Lo divino y lo humano en la teología de John Owen* [Communion with God: The Divine and the Human in the Theology of John Owen]. Sin embargo, omite casi por completo el papel del pacto en la relación entre la comunión y la Trinidad en la teología de Owen.[44]

Yo sostengo que estas tres doctrinas -el pacto, la comunión con Dios y la Trinidad- están intrínsecamente unidas en la teología de Owen y cada una debe entenderse a la luz de la otra. Hay acuerdo entre varios estudiosos en que algunos de los principales temas teológicos de la teología de Owen son: la teología del pacto, la teología trinitaria y la comunión con Dios. Sin embargo, aún no se ha explorado la relación entre estos tres temas. Además, sostengo que no son temas independientes, sino que están interrelacionados.

En otras palabras, la doctrina de la comunión con Dios expuesta en este volumen debe leerse como una consecuencia de la doctrina trinitaria más amplia de Owen, y de la teología del pacto como el medio a través del cual el creyente puede disfrutar de esta comunión.

---

[41] Ibid., 58-59. A partir de ahora, me referiré a este concepto como el *opera ad extra trinitatis indivisa sunt.*

[42] A partir de ahora, me referiré a las obras intratrinitarias de Dios como *opera Dei ad intra*, y a las obras de la Trinidad relativas a la creación como *opera Dei ad extra.*

[43] Brian Kay. *Trinitarian Spirituality: John Owen and the Doctrine of God in Western Devotion*, SCHT (Eugene, Or.: Wipf & Stock, 2008), 113-117.

[44] Kelly M. Kapic, *Communion with God: The Divine and the Human in the Theology of John Owen* (Grand Rapids: Baker Academic, 2007), 147-206.

La teología experiencial de Owen y su importancia para *Comunión con Dios*

Los escritos de Owen se han dividido tradicionalmente en tres áreas principales: doctrinal, práctica y polémica.[45] El libro *Comunión con Dios* está colocado en la edición de Goold (editor principal de las obras de Owen en inglés) dentro de la sección doctrinal bajo el título "Tratados relativos a todas las Personas de la Trinidad".[46] Sin embargo, considero que esta no fue la mejor decisión taxonómica. La forma, el contenido y el contexto de *Comunión con Dios* lo convierten en un tratado predominantemente práctico o experiencial.

Por ejemplo, *Comunión con Dios* tiene más en común con *Sobre la tentación* que con *La muerte de la muerte en la muerte de Cristo* y, como tal, debería haberse colocado en la segunda sección de la edición de Goold, bajo el epígrafe de 'Tratados de religión experimental', junto con obras como *Sobre la tentación* y *Sobre la mortificación del pecado en los creyentes.*[47] Todas fueron escritas alrededor de la misma época, en el mismo contexto, con el mismo propósito, y lo más importante es que ambas eran una colección de sermones más que tratados de teología sistemática.[48] Además, el propio Owen menciona que escribió estos dos tratados al mismo tiempo.[49]

Se ha dicho que la teología experiencial o experimental fue una de las características clave tanto de la teología de la Reforma como de la teología de la Post-Reforma;[50] particularmente en el puritanismo inglés

---

[45] Joel R. Beeke, "Reading the Puritans," *PRJ Vol. 3*, no. 2 (2011): 221-222.

[46] John Owen, "Indices", in *The Works of John Owen*, ed. William H. Goold, vol. 16 (Edinburgh: T&T Clark, n.d.), 529.

[47] *Works,* 16:529.

[48] Véase, por ejemplo, Crawford Gribben, *John Owen and English Puritanism: Experiences of Defeat,* OSHT (New York, NY: Oxford University Press, 2016), 130-131, 165

[49] *Works,* 6:3.

[50] Joseph A. Pipa Jr., "Puritan Preaching," in *The Practical Calvinist: An Introduction to the Presbyterian and Reformed Heritage*, ed. Peter A. Lillback (Fearn, Ross-shire, UK: Christian Focus Publications, 2002), 174.

y en la teología reformada holandesa. [51] Los escritores puritanos tenían tres propósitos principales en mente al momento de escribir sus tratados: primero, promover la enseñanza y la predicación bíblica. Segundo, promover la piedad personal, a través de la obra del Espíritu Santo en la vida del creyente. Tercero, promover la restauración de la simplicidad del culto bíblico.[52] Esto es, en pocas palabras, teología experiencial o experimental.

Sin embargo, no debemos confundir el énfasis puritano en la vida piadosa como propósito de la doctrina, también llamada por John Murray "piedad inteligente",[53] con la teología experimental cuasi mística que prevalece en algunos círculos carismáticos y pentecostales.[54] Como resume Beeke de forma útil "Los teólogos [puritanos] no estaban tan preocupados por la experiencia religiosa como un fin en sí mismo (lo que a menudo es la preocupación actual en una especie de pietismo negativo), como por la experiencia religiosa como una revelación de Dios y su asombrosa gracia (o pietismo positivo)."[55]

Owen no es la excepción a la regla. Es, sin duda, un polemista sistemático, pero también un teólogo experiencial, profundamente preocupado por la aplicación de la teología a la vida cristiana.[56] Por ejemplo, el propio Owen afirma que los predicadores deben "experimentar el poder de la verdad que predican en sus propias almas.

---

[51] Joel R. Beeke, "Reading the Puritans," ed. Stephen J. Wellum, *SBJT Vol. 14*, no. 4 (2010): 29.

[52] Peter Lewis, *The Genius of Puritanism* (Grand Rapids, MI: Reformation Heritage Books, 2008), 11.

[53] Joel R. Beeke, "Toward A Reformed Marriage of Knowledge and Piety: The Contribution Of Gisbertus Voetius," ed. John H. Armstrong, *Reformation and Revival* 10, no. 1 (2001): 149.

[54] Edmund J. Rybarczyk, *Beyond Salvation: Eastern Orthodoxy and Classical Pentecostalism on Becoming Like Christ* (Eugene, OR: Wipf and Stock Publishers, 2004), 257.

[55] Joel Beeke, *The Quest for Full Assurance: The Legacy of Calvin and his Successors* (Edinburgh: The Banner of Truth Trust, 1999), 174.

[56] Sinclair B. Ferguson, *John Owen on the Christian Life* (Edinburgh: Banner of Truth Trust, 1987), 11.

Sin esto, ellos mismos estarán sin vida y sin corazón en su propio trabajo, y su labor en su mayor parte será inútil para los demás".[57]

¿Por qué es importante estudiar la *Comunión con Dios* a la luz de la teología pietista de Owen? Porque *Comunión con Dios* no es un tratado sobre la teología del pacto, el *pactum salutis*, el sacerdocio de Cristo o la Trinidad, sino un tratado sobre cómo el creyente puede experimentar la comunión con cada una de las personas de la Trinidad, para conocer por experiencia el amor del Padre,[58] la gracia del Hijo,[59] y la misión y sustancia del Espíritu.[60] Aunque *Comunión con Dios* tiene sus raíces en una profunda teología sistemática y tiene un objetivo particular en mente -la amenaza sociniana-, el propósito principal del libro no es ser un cuerpo de divinidad, como los puritanos solían llamar a sus obras de teología sistemática, ni un escrito polémico, sino un libro sobre cómo los creyentes pueden caminar con Dios.[61]

Comunión con Dios como un tratado experiencial dentro del contexto más amplio del siglo XVII

Las obras de Owen están literalmente llenas de cientos de referencias a la importancia de que el creyente conozca a Dios y su poder, por medio de la experiencia y, en particular, a través de la comunión con Dios. No es sólo que *Comunión con Dios* contenga referencias a conocer a Dios por experiencia, sino que éste es el enfoque principal de todo el tratado.[62] Para Owen, conocer a Dios por experiencia es el propósito del

---

[57] John Owen, 'The True Nature of a Gospel Church and its Government', in *The Works of John Owen*, ed. William H. Goold, vol. 16 (Edinburgh: T&T Clark, n.d.), 76.

[58] *Works*, 2:19, 20, 21, 22, 33.

[59] *Works*, 2:47, 48, 51.

[60] *Works*, 2:222, 227, 231.

[61] *Works*, 2:116.

[62] La sección del libro llamada 'Del modo y manera en que los santos tienen comunión con el Señor Cristo en cuanto a la gracia personal' (Works, 2:54-117); describe muy ampliamente el modo y los medios por los que tenemos comunión con Dios, en el Señor Jesucristo.

conocimiento teológico sólido de la Trinidad y este conocimiento se expresa en el culto público.[63]

Sin embargo, este énfasis en experimentar y adorar a Dios no ha recibido casi ninguna atención por parte de los estudiosos contemporáneos. Daniel Hyde incluye la teología de la adoración de Owen dentro de los loci de la liturgia.[64] Afirma que:

> La falta de estudios sobre la teología litúrgica de Owen es sorprendente dada la prominencia de la misma en sus obras... Cuando las ideas litúrgicas de Owen se mencionan en la literatura secundaria, a menudo son demasiado simplistas... Owen enseñó que el culto debía ser regulado según los principios de la Palabra de Dios.[65]

Aunque hay algunas excepciones, el énfasis experiencial en los escritos de Owen ha sido ampliamente ignorado en la literatura académica secundaria.

El tema de la comunión con cada una de las personas de la Trinidad de forma distinta no fue exclusivo de Owen. [66] Hubo varios comentarios sobre el Cantar de los Cantares publicados en el siglo XVII por autores como Richard Sibbes (1577-1635),[67] John Dove (fallecido en 1665),[68] Nathaniel Homes (1599-1678), James Durham (1622-1658)[69] y otros, que exploraban las formas en que el creyente disfruta

---

[63] Ryan M. McGraw, *A Heavenly Directory: Trinitarian Piety, Public Worship and a Reassessment of John Owen's Theology*, ed. Herman J. Selderhuis, RHT 29 (Bristol, CT: Vandenhoeck & Ruprecht, 2014), 12.

[64] Daniel R. Hyde, ""The Fire that Kindleth all our Sacrifices to God": Owen and the Work of the Holy Spirit in Prayer," in *ARCJO* ed. Kelly M. Kapic and Mark Jones, (Farnham, Surrey, England: Ashgate, 2012), 249-251.

[65] Ibid., 250-251.

[66] Joel Beeke, *The Quest for Full Assurance: The Legacy of Calvin and his Successors* (Edinburgh: The Banner of Truth Trust, 1999), 174-175.

[67] Richard Sibbes, 'Bowels Opened: Being Expository Sermons on Cant. 4:16, 5, 6', in *The Complete Works of Richard Sibbes*, ed. Alexander Balloch Grosart, vol. 2 (Edinburgh; London; Dublin: James Nichol; James Nisbet And Co.; W. Robertson, 1862), 1-193.

[68] John Dove, *The conversion of Salomon* (London: W. Stansby, 1613).

[69] Durham, James, *Clavis Cantici, or, An exposition of the Song of Solomon* (Edinburgh,1668). John Owen wrote a preface to the English edition in 1669.

de la comunión particularmente con el Hijo.[70] Por ejemplo, Thomas Goodwin (1600-1680) escribe al respecto:

> Y esta seguridad no es un conocimiento por medio de un argumento o una deducción, por la cual inferimos que si uno me ama entonces el otro me ama, sino que es intuitivamente, como puedo expresarlo, y nunca deberíamos estar satisfechos hasta que la hayamos alcanzado, y hasta que las tres personas estén niveladas en nosotros, y todas hagan su morada con nosotros, y nos sentemos como en medio de ellas, mientras todas nos manifiestan su amor; ésta es la comunión de Juan, y ésta es la más elevada que alguna vez Cristo prometió en esta vida.[71]

Goodwin arraiga la comunión con Dios en un marco trinitario. Ve la doctrina de la seguridad de la salvación a través de una perspectiva trinitaria porque "si una promesa te pertenece, entonces todas te pertenecen, porque cada una transmite a Cristo entero, en quien se hacen todas las promesas, y que es la materia de ellas".[72] El tema de la seguridad y la comunión desempeñó un papel clave también en los argumentos de Owen en Comunión con Dios.[73] Lo que es particular de Owen es el desarrollo de esta idea de tener comunión distintiva con cada una de las personas de la Trinidad en una forma más clara, desarrollada y explícita.[74]

---

[70] El mejor tratamiento de la interpretación del Cantar de los Cantares en el siglo XVII y el papel que desempeñó en la política y la teología se encuentra en este libro: Elizabeth Clarke, *Politics, Religion and the Song of Songs in Seventeenth-Century England* (New York: Palgrave, 2011).

[71] Thomas Goodwin, 'Of The Object and Acts of Justifying Faith', in *The Works of Thomas Goodwin*, vol. 8 (Edinburgh: James Nichol, 1864), 379.

[72] Thomas Goodwin, 'A Child of Light Walking In Darkness' in *The Works of Thomas Goodwin*, vol. 3 (Edinburgh: James Nichol, 1861), 321.

[73] Para una introducción a la cuestión y el debate de la seguridad en el siglo XVII, y una breve exposición de la postura de Owen y Goodwin sobre este asunto, véase: Joel Beeke, 'The Assurance Debate: Six Key Questions', in *Drawn into Controversie: Reformed Theological Diversity and Debates Within Seventeenth Century British Puritanism,* ed. Michael A.G. Haykin and Mark Jones, RHT 17 (Göttingen: Vandenhoeck & Ruprecht, 2011), 263-283.

[74] Joel Beeke, *The Quest for Full Assurance: The Legacy of Calvin and his Successors* (Edinburgh: The Banner of Truth Trust, 1999), 174-175.

Además de esto, considero que la contribución particular de Owen es situar la comunión del creyente con Dios en el marco del pacto de redención. Hay similitudes entre Goodwin y Owen, en particular el hecho de que ambos utilizan el pacto de redención (*pactum salutis*) en sus formulaciones teológicas, [75] pero también la idea de tener comunión con cada una de las personas de la Trinidad de forma distintiva.[76] Esto no es una coincidencia. Hay una fuerte correlación entre el uso del *pactum salutis* en las formulaciones teológicas y el desarrollo de la teología trinitaria.

Este énfasis particular de Owen en el disfrute de la comunión del creyente con cada una de las personas de la Trinidad de forma distintiva, pero al mismo tiempo enraizado en una fuerte teología del pacto, era algo casi completamente nuevo en el momento de escribir *Comunión con Dios*.[77] El término *pactum salutis* fue utilizado por primera vez por David Dickson (1583-1663), un teólogo escocés en 1638 en un discurso ante la Asamblea General de la Iglesia de Escocia en el que hablaba de los peligros de la teología arminiana.[78]

Por lo tanto, cuando Owen escribió *Comunión con Dios*, en 1657, estaba utilizando desarrollos teológicos en esta área en particular que sus predecesores no poseían.[79]

---

[75] Para el papel del pactum salutis en los escritos de Thomas Goodwin, véase: Mark Jones, *Why Heaven Kissed Earth: The Christology of the Puritan Reformed Orthodox Theologian Thomas Goodwin (1600–1680)*, ed. Herman J. Selderhuis, RHT 13 (Göttingen: Vandenhoeck & Ruprecht, 2010), 123-145.

[76] Joel R. Beeke and Mark Jones, *A Puritan Theology: Doctrine for Life* (Grand Rapids, MI: Reformation Heritage Books, 2012), 239-240.

[77] Cabe señalar que, aunque el concepto del pacto de redención se remonta a Lutero, encontramos una forma más elaborada del mismo en los escritos de Johannes Cocceius (1603-1669). Véase, Richard Muller, *After Calvin: Studies in the Development of a Theological Tradition* (New York, NY: Oxford University Press, 2003), 11, 187.

[78] Joohyun Kim, "The Holy Spirit in David Dickson's Doctrine of the Pactum Salutis," *PRJ* Vol. 7, no. 2 (2015): 113.

[79] El concepto del Pactum Salutis empezó a tener más protagonismo a partir de mediados del siglo XVII, véase: Michael Reeves, "The Holy Trinity," in *Reformation Theology: A Systematic Summary*, ed. Matthew Barrett (Wheaton, IL: Crossway, 2017), 210.

El método teológico de Owen en *Comunión con Dios*

Varios eruditos han trabajado sobre la metodología escolástica de Owen para la teología.[80] Debemos encontrar evidencias sobre en qué momento de la vida de Owen se desarrolló por primera vez esta metodología y, en segundo lugar, la relevancia que esto tiene para la redacción de *Comunión con Dios* (1657).

Fue entre 1632 y 1635, mientras Owen estudiaba para una maestría en Oxford, que desarrolló una fuerte amistad con su tutor, Thomas Barlow, quien tuvo una influencia significativa en Owen en dos áreas clave: un amor por la teología tomista y un rotundo rechazo por la teología arminiana.[81] La influencia de Barlow en Owen no puede ser exagerada. Fue quizás la mayor influencia que tuvo Owen en la formación de una metodología escolástica, y probablemente uno de sus amigos más cercanos durante el resto de su vida.[82] Por ejemplo, cuando Owen era vicerrector de la Universidad de Oxford, puso a Barlow a cargo de la Biblioteca Bodleian, la principal biblioteca de Oxford.[83] Más tarde, cuando John Bunyan estuvo en prisión, Owen intercedió por él ante su amigo Thomas Barlow.[84] Mantuvieron una larga amistad.

Además, Trueman ha mostrado la estrecha relación entre las posiciones teológicas de Barlow y las de Owen, excepto en cuestiones

---

[80] Entre los tres tratamientos más recientes sobre el método teológico de Owen se encuentran; Christopher Cleveland, *Thomism in John Owen* (Burlington, VT: Ashgate, 2013), Sebastian Rehnman, *Divine Discourse: The Theological Methodology of John Owen*, TSRP (Grand Rapids: Baker Book House, 2002), Carl R. Trueman, *John Owen: Reformed Catholic, Renaissance Man*, GTS (Aldershot, England: Ashgate, 2007), 12-17.

[81] Suzanne McDonald, "Beholding the Glory of God in the Face of Jesus Christ: John Owen and the "Reforming" of the Beatific Vision" in *ARCJO* ed. Kelly M. Kapic and Mark Jones, (Farnham, Surrey, England: Ashgate, 2012), 144.

[82] Sebastian Rehnman, *Divine Discourse: The Theological Methodology of John Owen*, TSRP (Grand Rapids: Baker Book House, 2002), 32-40.

[83] Crawford Gribben, *John Owen and English Puritanism: Experiences of Defeat*, OSHT (New York, NY: Oxford University Press, 2016), 34.

[84] *Works*, 1: xcii.

eclesiológicas.[85] Fue durante su estancia en Oxford con Barlow cuando Owen se familiarizó con los escritos de los principales teólogos escolásticos medievales, como "las Sententiae de Lombardo, junto con los comentarios de Lambertus Daneus [1530-1595], Johannes Martínez de Ripalda (1594-1648), Durandus (1275-1334), Gregorio de Rímini (m. 1358), Ockham (c. 1285-1347), Escoto (c. 1265-1308), Biel (c.1420-1495) y Estius (1542-1613)".[86] La lectura principal formativa de Owen durante su estancia en Oxford no fue primariamente con autores protestantes de la reforma como Martin Lutero y Juan Calvino, sino con la teología medieval y patrística. Esta no era la excepción durante el siglo XVII, sino la regla.

¿Qué importancia tiene esto para nuestro estudio de *Comunión con Dios*? La principal influencia de Barlow sobre Owen está en relación con la metodología escolástica y los escritos polémicos. Es imposible comprender *Comunión con Dios* sin tener en cuenta estas dos cosas. Varios autores han mencionado que dos de las principales influencias teológicas en la teología de Owen son Tomás de Aquino y Aristóteles, y ambas están directamente relacionadas con la influencia de Barlow sobre Owen.[87] Por ejemplo, Owen se refiere al Aquino como "el mejor y más sensato de todos los doctores de su escuela",[88] y "su angelical doctor, Tomás de Aquino",[89] Owen no escatima en elogios cuando se refiere a Tomás de Aquino y del mismo modo se refiere a menudo a Aristóteles como "el gran filósofo".[90]

---

[85] Carl R. Trueman, *John Owen: Reformed Catholic, Renaissance Man*, GTS (Aldershot, England: Ashgate, 2007), 2-3; 22-23.

[86] Sebastian Rehnman, *Divine Discourse: The Theological Methodology of John Owen*, TSRP (Grand Rapids: Baker Book House, 2002), 32.

[87] Ver por ejemplo, Sebastian Rehnman, *Divine Discourse: The Theological Methodology of John Owen*, TSRP (Grand Rapids: Baker Book House, 2002), 34, 38; Carl R. Trueman, *John Owen: Reformed Catholic, Renaissance Man*, GTS (Aldershot, England: Ashgate, 2007), 9-10; Carl R. Trueman, *The Claims of Truth: John Owen's Trinitarian Theology* (Carlisle, Cumbria: Paternoster Press, 1998), 39; among others.

[88] John Owen, 'A Vindication of The Animadversions of "Fiat Lux"', in *The Works of John Owen*, ed. William H. Goold, vol. 14 (Edinburgh: T&T Clark, n.d.), 261.

[89] *Works*, 14:235.

[90] *Works*, 2:8.

Owen se refiere a un total de cuarenta y ocho autores en *Comunión con Dios* en un total de 122 referencias. De esas 122 referencias, cuarenta de ellas se encuentran en la primera sección titulada "Comunión con el Padre", y ochenta y una en la segunda sección "Comunión con el Hijo". Sólo hay una breve referencia indirecta a otro teólogo en "Comunión con el Espíritu Santo".[91] Esto refleja la composición del libro, que dedica treinta y cuatro páginas a la primera sección, ciento ochenta y una a la segunda y cincuenta y dos a la tercera.[92]De esas referencias, once pertenecen a Aristóteles y nueve a Tomás de Aquino. Con la excepción de Agustín, Owen se refiere a Aristóteles y Aquino mucho más que a cualquier otro teólogo en el libro.

Por ejemplo, Juan Calvino, que tiene un papel destacado en otros escritos de Owen, sólo se cita tres veces en *Comunión con Dios* y sólo en la sección sobre la Comunión con el Hijo.[93] Por mencionar otro ejemplo, de las cuarenta referencias que Owen hace en la primera sección de *Comunión con Dios* en referencia a la comunión con el Padre, siete de ellas son a Tomás de Aquino,[94] y siete a Aristóteles,[95] eso es alrededor del 35% del total. Owen no hace ningún punto teológico importante sin referirse a Aquino o a Aristóteles.

Contexto histórico, teológico y político de *Comunión con Dios* (1657)

Al leer *Comunión con Dios* debemos tener en cuenta que el libro fue originalmente una serie de sermones.[96] Aunque Comunión con Dios se

---

[91] *Works*, 2:242. La referencia es la *Eneida* de Virgilio, lat. *'Nec hominem sonat'.* "Y tu voz no suena como la voz de un hombre", (cf. *Aeneid* I.328)

[92] Este es el número de páginas en la edición original, impreso a doble columna, con letra pequeña, y tamaño de papel grande.

[93] *Works*, 2:49, 136, 142.

[94] *Works*, 2:18, 24, 25, 28, 33.

[95] *Works*, 2:7, 8, 12, 25, 28.

[96] *Works*, 2:3.

publicó en 1657, se compuso en dos momentos diferentes.[97] La primera parte fue compuesta en 1651. Owen predicó los sermones que luego se convertirían en el libro *Comunión con Dios* entre setiembre y noviembre de 1651 en la iglesia de Santa María de Oxford mientras era rector de dicha universidad.[98] Los sermones causaron un impacto duradero en la congregación de estudiantes, y varias personas lo animaron a publicarlos.[99] Sin embargo, debido a sus múltiples obligaciones, el libro no se publicó hasta seis años después, en 1657. Owen escribe sobre esto en el prefacio de Comunión con Dios, diciendo: "han pasado seis años desde que me comprometí a publicar algunas meditaciones sobre el tema que encontrarás en el siguiente tratado".[100]

La segunda parte de la edición del libro fue en 1655. Aunque los temas centrales del libro estaban listos en 1651, el libro fue considerablemente ampliado y editado en el verano (julio-agosto) de 1655.[101] Owen estuvo preparando una serie de sermones sobre la mortificación del pecado durante el verano de 1655, mientras que al mismo tiempo editaba sus sermones sobre la comunión con Dios.[102] Las series de sermones sobre la comunión con Dios y sobre la mortificación del pecado comparten una serie de temas teológicos comunes, el mismo contexto histórico y el mismo propósito -promover la piedad entre los estudiantes de Oxford-, y como tal deben leerse juntas.

Por ejemplo, Owen escribe en el prefacio de *La mortificación del pecado* (1656) [Of the Mortification of Sin], que ha tenido en mente el libro sobre la comunión con Dios durante la preparación de los sermones sobre la mortificación, y que *La mortificación del pecado* es

---

[97] Crawford Gribben, *John Owen and English Puritanism: Experiences of Defeat*, OSHT (New York, NY: Oxford University Press, 2016), 130-131, 165-166.

[98] Ibid., 130-131.

[99] *Works,* 2:3.

[100] *Works,* 2:3.

[101] Crawford Gribben, *John Owen and English Puritanism: Experiences of Defeat*, OSHT (New York, NY: Oxford University Press, 2016), 165.

[102] Ibid., 165-166.

como una pequeña recompensa por esperar hasta la publicación del libro *Comunión con Dios*.[103] Owen comenta:

> Hace ya algunos años que me comprometí con varios nobles y dignos amigos cristianos a publicar un tratado sobre la Comunión con Dios, que les había prometido hace algún tiempo, y por ello pensé que, si no podía compensar la deuda más grande, podría ofrecerles este discurso sobre el conflicto con ellos mismos, como compensación por su indulgencia con respecto a la paz y la comunión con Dios.[104]

No tenemos una copia de los sermones originales sobre el tema de la comunión con Dios predicados en 1651, por lo que es difícil saber exactamente cuánto y en qué áreas se desarrolló el pensamiento de Owen entre 1651 y 1655. Sin embargo, hay un área clave de desarrollo teológico entre 1651 y 1655, el pacto de la redención. Owen desarrolla su teología del *pactum salutis* en el contexto de la controversia con los socinianos en su libro *Vindiciae Evangelicae* (1655).[105] La exposición más completa del pacto de la redención en los escritos de Owen para cuando se publicó *Comunión con Dios* en 1657 se encuentra en *Vindiciae Evangelicae*.[106] Este es quizás el desarrollo teológico más importante en el pensamiento de Owen entre 1651 y 1655.

Este es un punto importante, porque *Comunión con Dios* no tiene el propósito de ser un tratado teológico sobre el pacto de la redención, sino sobre las aplicaciones prácticas del mismo en el contexto de la comunión que el creyente disfruta con cada una de las personas de la trinidad. *Comunión con Dios* aunque tiene una fuerte base teológica es primariamente un libro devocional, el libro es "totalmente práctico, diseñado para la edificación popular, sin ningún compromiso directo con las cosas controversiales".[107] En lugar de hacer una exposición

---

103 *Works,* 6:3.

104 *Works,* 6:3.

105 Tim Cooper, *John Owen, Richard Baxter and the Formation of Nonconformity* (Farnham: Ashgate, 2011), 206.

106 *Works,* 12:496-508.

107 *Works,* 2:277.

formal del pacto de la redención, Owen remite a sus lectoras a otras secciones en sus libros diciendo, "el que desee ver todo este asunto más explicado, puede consultar lo que he escrito en otra parte sobre este tema".[108]

a. El contexto histórico

John Owen nació en 1616 en un pueblo llamado Stadhampton, un bastión del puritanismo inglés donde su padre era el ministro local.[109] Es muy probable que Owen recibiera una educación piadosa en casa, tanto de su madre como de su padre.[110] La única referencia a su infancia en sus escritos dice lo siguiente:

> Como fui criado desde mi infancia bajo el cuidado de mi padre, que fue un no-conformista todos sus días, y un arduo trabajador en la viña del Señor, así desde que llegué a tener un conocimiento claro de las cosas que pertenecen al culto de Dios.[111]

Sin embargo, en la época de su nacimiento, las tensiones políticas entre los republicanos y los monárquicos estaban creciendo rápidamente.[112] Owen fue enviado al Queen's College de la Universidad de Oxford cuando tenía doce años. Enviar a los niños de doce años a la universidad era una práctica normal en el siglo XVII para las familias acomodadas.[113]

---

108 *Works,* 2:17.

109 Peter Lake, "A Charitable Christian Hatred: The Godly and Their Enemies in the 1630's," en *The culture of English Puritanism, 1560-1700,* eds. Christopher Durston and Jacqueline Eales (New York: Palgrave Macmillan, 1996), 145-183.

110 Peter Toon, *God's Statesman: The Life and Work of John Owen, Pastor, Educator, Theologian* (Exeter: Paternoster Press, 1971), 2.

111 John Owen, "A Review of The True Nature of Schism", in *The Works of John Owen,* ed. William H. Goold, vol. 13 (Edinburgh: T&T Clark, n.d.), 224.

112 John Craig, "The growth of English Puritanism," in *The Cambridge Companion to Puritanism,* eds. John Coffey & Paul C.H. Lim, (Cambridge: Cambridge University Press, 2008), 34-47.

113 Crawford Gribben, *John Owen and English Puritanism: Experiences of Defeat,* OSHT (New York, NY: Oxford University Press, 2016), 30.

Mientras estudiaba en Oxford estaba sometido a un régimen disciplinario muy estricto, permitiéndole a veces sólo cuatro horas de sueño para tener más tiempo para estudiar. Más adelante se arrepentiría de esta práctica.[114] Terminó su licenciatura en 1632 y su maestría en 1635, y casi inmediatamente después fue ordenado en la Iglesia anglicana.[115] Para entonces, Owen había desarrollado un fuerte antagonismo hacia el gobierno episcopal de la Iglesia de Inglaterra.

Posteriormente, Owen comenzó un doctorado, pero no lo terminó porque su conciencia no le permitía seguir estudiando en Oxford. Esto se debió al hecho de que la Universidad de Oxford era uno de los principales defensores del episcopalismo en aquella época, pero también a los recientes cambios en la política de la universidad provocados por el obispo William Laud.[116] La política de Laud no hizo más que aumentar la animosidad de los puritanos hacia los episcopalianos. La guerra entre el partido independiente puritano que abogaba por una república, y la monarquía se desataría pronto, resultado el partido puritano victorioso. *Comunión con Dios* fue escrito en la cúspide del gobierno puritano de Oliver Cromwell en Inglaterra. Pocos años más tarde el puritanismo sería derrotado y la monarquía restaurada en 1660.

Owen era ya un hombre popular en el momento de la publicación de *Comunión con Dios* en 1657, quizás en la cima de su carrera política y teológica. Ya había publicado veinticinco libros,[117] era un predicador

---

[114] Andrew Thompson, "Life of Dr. Owen", *The Works of John Owen*, ed. William H. Goold, vol. 1 (Edinburgh: T&T Clark, n.d.), xxiv.

[115] Carl R. Trueman, *John Owen: Reformed Catholic, Renaissance Man*, GTS (Aldershot, England: Ashgate, 2007), 2.

[116] Crawford Gribben, *John Owen and English Puritanism: Experiences of Defeat*, OSHT (New York, NY: Oxford University Press, 2016), 35-36.

[117] Los libros que Owen había publicado en el momento de la publicación de *Comunión con Dios* en 1657 son: A *Display of Arminianism (1642)*, *The Duty of Pastors and People Distinguished (1643)*, *Two Short Catechisms (1645)*, *Vision of Unchangeable Free Mercy, a Sermon (1646)*, *Eshcol: a Cluster of the Fruit of Canaan (1647)*, *Salus Electorum, Sanguis Jesu [Death of Death in the Death of Christ] (1647)*, *Ebenezer: A Memorial of the Deliverance in Essex: Two Sermons (1648)*, *Righteous Zeal: A Sermon with an Essay on Toleration (1649)*, *Shaking of Heaven and Earth: A Sermon (1649)*, *Advantage of the Kingdom of God: A Sermon (1650)*, *Branch of the*

habitual en el Parlamento, había sido nombrado decano de Christ Church en Oxford en 1651, se había convertido en vicerrector de la Universidad de Oxford en 1652,[118] y poco después en miembro del Parlamento. Owen estaba en la cima de su carrera. Sabemos que en 1649 sus sermones al Parlamento se habían impreso y circulaban por todo el país e incluso hasta Escocia.[119] En el lapso de unos pocos años se había "...transformado de un ministro parroquial localmente conocido a... una figura de prominencia nacional".[120] En el momento de la publicación de *Comunión con Dios,* Owen era considerado "el principal portavoz del nuevo régimen, el profeta de un nuevo orden mundial".[121]

Cuando Owen predicó ante el Parlamento el 13 de marzo de 1651 ya era una figura muy conocida en Inglaterra. Fue nombrado al día siguiente decano de la Iglesia de Cristo en Oxford. Tras un par de meses, asumió su nuevo cargo como decano el 9 de mayo de 1651.[122] Escribiendo en 1653, menciona en relación a su nombramiento en la Universidad de Oxford:

Lord: Two Sermons (1650), Death of Christ (1650), Steadfastness of the Promises: A Sermon (1650), Labouring Saint's Dismission to Rest: A Sermon (1651), Christ's Kingdom and the Magistrate's Power: A Sermon (1652), Humble Proposals for the Propagation of the Gospel [with others] (1652), De Divina Justitia Diatriba [A Dissertation on Divine Justice] (1653), Proposals for the Propagation of the Gospel...Also Some Principles of Christian Religion [with others] (1653), Doctrine of the Saints' Perseverance Explained and Confirmed (1654), Vindiciae Evangelicae [Mystery of the Gospel Vindicated] (1655), God's Presence with His People: A Sermon (1656), The True Nature Of Schism (1656), God's Work in Founding Zion: A Sermon (1656), Mortification of Sin in Believers (1656), Review of the Annotations of Grotius (1656).

[118] Blair Worden, "Politics, Piety, and Learning: Cromwellian Oxford," in *God's Instruments: Political Conduct in the England of Oliver Cromwell* (Oxford: Oxford University Press, 2012), 118-119.

[119] R. Scott Spurlock, *Cromwell and Scotland: Conquest and religion, 1650–1660* (Edinburgh: John Donald, 2007), 46.

[120] Sarah Cook, "A Political Biography of a Religious Independent: John Owen, 1616-1683", (unpublished PhD thesis, Harvard University, 1972), 70.

[121] Crawford Gribben, *John Owen and English Puritanism: Experiences of Defeat*, OSHT (New York, NY: Oxford University Press, 2016), 104.

[122] "Deans of Christ Church, Oxford," *Fasti Ecclesiae Anglicanae, 1541–1857*, vol. 8: *Bristol, Gloucester, Oxford and Peterborough Dioceses*, ed. Joyce M. Horn (London: Institute for Historical Research, 1996), 80–83.

Hace unos dos años, el parlamento de la mancomunidad me promovió, mientras trabajaba diligentemente, según la medida del don de gracia que me había sido concedido, en la predicación del evangelio, por su autoridad e influencia, aunque con reticencia por mi parte, a una cátedra en la muy célebre universidad de Oxford.[123]

Sus responsabilidades como decano de Christ Church "implicaban mucho más que el trabajo académico", sino que también tenían connotaciones políticas,[124] y estas responsabilidades aumentaron un año después, en 1652, cuando fue nombrado por Oliver Cromwell vicerrector de la Universidad de Oxford. Trabajaba junto a Thomas Goodwin, que era decano del Magdalen College. Tanto Owen como Goodwin formaban parte del programa de reforma iniciado por Oliver Cromwell en varias universidades de Inglaterra, Escocia e Irlanda.[125]

Aunque Owen se cuidó mucho de evitar conflictos innecesarios, estuvo muy involucrado en un programa de reforma de la universidad,[126] una tarea para la que se consideraba "como no apto"[127] o inadecuado para cumplir. Sin embargo, la ciudad de Oxford era "la capital derrotada de la corona y la iglesia"[128] y como tal había sido ocupada por las tropas para evitar disturbios en la ciudad.

La presión para Owen era de ambos lados, por un lado el Parlamento republicano quería que la universidad "fuera purgada de simpatizantes monárquicos y llenada de nuevos miembros y tutores",[129]

---

[123] John Owen, "A Dissertation on Divine Justice", in *The Works of John Owen*, ed. William H. Goold, vol. 10 (Edinburgh: T&T Clark, n.d.), 492.

[124] Peter Toon, *God's Statesman: The Life and Work of John Owen* (Exeter: Paternoster Press, 1971), 50.

[125] Blair Worden, "Politics, Piety, and Learning: Cromwellian Oxford," in *God's Instruments: Political Conduct in the England of Oliver Cromwell* (Oxford: Oxford University Press, 2012), 123.

[126] Ibid., 157.

[127] *Works,* 10:492.

[128] Blair Worden, "Cromwellian Oxford" in *The history of the University of Oxford,* vol. 4: *The seventeenth century,* ed. Nicholas Tyacke (Oxford: Oxford University Press, 1997), 733.

[129] John Owen, *The Oxford Orations of John Owen,* ed. Peter Toon (Callington, Cornwall, UK: Gospel Communications, 1971), 2.

y por el otro, aunque el partido monárquico había sido derrotado todavía era muy fuerte en Oxford y las tensiones entre ambos estaban muy vivas. Blair Worden comenta:

Los muros del colegio albergaban a tutores monárquicos, sirvientes monárquicos y conspiradores monárquicos. En el campo vecino había terratenientes estrechamente vinculados tanto a la universidad como a la causa real. La importancia estratégica de Oxford sobrevivió a la rendición de la ciudad ante el Parlamento, y persistiría durante el Interregno, cuando Oxford fue repetidamente el objetivo esperado de los ejércitos invasores y rebeldes: de Charles II en 1651, de Penruddock en 1655, de Monck y luego de Lambert en 1660. [130]

De ahí que "el impulso del control puritano no tuviera una acogida abrumadora" en la Universidad de Oxford.[131] La situación para Owen no era fácil. Cuando Owen se trasladó a Oxford las tropas ya se habían retirado de la ciudad, pero las tensiones entre los dos partidos -realistas y republicanos- no estaban disminuyendo, sino todo lo contrario. "El desguarnecimiento de Oxford en 1651 dejó a los 'de buena voluntad' vulnerables a las amenazas y asaltos"[132] y era cuestión de tiempo que aparecieran nuevos disturbios en la ciudad y, efectivamente, comenzaron poco después de que las tropas abandonaran Oxford.

Los estudiantes estaban ociosos en sus deberes hacia Dios y en mal estado espiritual. Después de la salida de las tropas se registraron disturbios en los que se insultó a los hombres y se molestó a las mujeres. Describiendo la vida espiritual de los estudiantes Owen mencionó que entre ellos:

---

[130] Blair Worden, "Cromwellian Oxford" in *The history of the University of Oxford,* vol. 4: *The Seventeenth Century,* ed. Nicholas Tyacke (Oxford: Oxford University Press, 1997), 733.

[131] Crawford Gribben, *John Owen and English Puritanism: Experiences of Defeat* OSHT (New York, NY: Oxford University Press, 2016), 129.

[132] Henry Reece, *The Army in Cromwellian England, 1649–1660* (Oxford: Oxford University Press, 2013), 132.

No se presta atención a la sagrada autoridad de las leyes, a la reverencia debida a los superiores, ni a la envidia vigilante de los malvados; y se tratan casi con desdén las lágrimas y los sollozos de nuestra doliente alma mater; con un daño eterno para el buen nombre de toda la comunidad togada, y no sin grave peligro para toda la academia, una audacia detestable y un libertinaje casi epicúreo, una sección muy grande de los estudiantes están ahora -¡ay!, vagando más allá de todos los límites de la modestia y la piedad.[133]

No ahorra adjetivos al describir a los estudiantes de Oxford, llamándolos "vagos, borrachos, bromistas, charlatanes, despreciadores de sus superiores, infractores de la ley, trasnochadores, notorios corruptores de la juventud, enemigos del bien, negligentes de la religión u otras llagas cancerosas".[134] La solución de Owen a la corrupción, la falta de espiritualidad y las tensiones en Oxford no era imponer una ley marcial, sino cultivar una espiritualidad bíblica que trascendiera las barreras políticas y culturales dentro de la Universidad.[135]

Es con esto en mente que Owen comenzó una serie de sermones con el propósito de cultivar la piedad bíblica. Esta serie de sermones culmina con la publicación de tres tratados: *Comunión con Dios* en 1657, *Sobre la mortificación del pecado en los creyentes*,[136] predicado en 1655 y publicado en 1656, y *Sobre la tentación*, publicado en 1658.[137] Es muy probable que Owen tuviera en mente los temas principales de *Comunión con Dios* en el momento de predicar los sermones de *Sobre la mortificación del pecado en los creyentes*.

Aunque *Comunión con Dios* se publicó un año después de *Sobre la mortificación del pecado*, el primero no sólo precede

---

[133] John Owen, *The Oxford Orations of John Owen*, ed. Peter Toon (Callington, Cornwall, UK: Gospel Communications, 1971), 5.

[134] Ibid., 7.

[135] Crawford Gribben, *John Owen and English Puritanism: Experiences of Defeat*, OSHT (New York, NY: Oxford University Press, 2016), 129-130.

[136] *Works*, 6:1-86.

[137] *Works*, 6: 87-151.

cronológicamente al segundo, sino también teológicamente.[138] La base de la mortificación del pecado en la vida del creyente es la comunión con Cristo.[139] El pecado deshace nuestra comunión con Dios.[140] Por otra parte la comunión en el amor con el Señor Jesús es lo que fortalece el alma para mortificar el pecado remanente por el Espíritu.[141] La tentación es por naturaleza lo que puede desviar nuestra comunión con Dios.[142] La mortificación es la consecuencia de la comunión en el amor,[143] y todo ello está enraizado en el pacto de redención.

b. El contexto teológico

A Owen le preocupaba no sólo el estado espiritual de los estudiantes de Oxford, sino también el estado espiritual general de muchos creyentes, que no disfrutaban de una profunda comunión con Dios porque lo consideraban como alguien distante, frío, duro, austero e incluso enfadado con ellos.[144] Owen escribe: "Qué pocos de los santos conocen experimentalmente este privilegio de mantener una comunión inmediata con el Padre en el amor".[145] Según el propio Owen, esta idea equivocada sobre Dios había afectado a la vida de los creyentes en dos áreas principales: la seguridad de la salvación y la adoración.[146] El

---

[138] *'Of the Mortification of Sin', 'Of Temptation'* and *'Of the Remainders of Indwelling Sin in Believers'* están llenas de referencias a la comunión con Dios. Hay un total de sesenta y ocho referencias en ambas a *Comunión con Dios* en relación con la mortificación del pecado en la vida de los creyentes en estas obras.

[139] *Works,* 6:19.

[140] *Works,* 6:11, 22.

[141] *Works,* 6:24.

[142] *Works,* 6:96.

[143] *Works,* 6:58.

[144] *Works,* 2:35.

[145] *Works,* 2:32.

[146] Varias obras mencionan el tema de la seguridad en la teología de Owen. Sin embargo, el número de trabajos que se centran en el tema de la comunión con Dios, tal y como se retrata en *Comunión con Dios* y la cuestión de la seguridad en la teología de Owen son principalmente dos: Joel Beeke, *The Quest for Full Assurance: The Legacy of Calvin and his Successors* (Edinburgh: The Banner of Truth Trust, 1999), 173-186; Sinclair B. Ferguson, *John Owen on the Christian Life* (Edinburgh: Banner of Truth Trust, 1987), 77-78; 122-124. El mejor tratamiento sobre el tema

antídoto de Owen para corregir estas ideas erróneas sobre Dios fue desarrollar una fuerte teología trinitaria experiencial enraizada en el pacto de la redención. Trueman ha señalado acertadamente:

> La estructura trinitaria occidental vuelve a sustentar la unidad de la economía salvífica. Dios se revela como objeto trinitario de culto precisamente a través de la economía de la salvación que depende del pacto de redención, y del orden de procesión dentro de la Trinidad. El fruto maduro de esta perspectiva trinitaria se encuentra, por supuesto, en el gran tratado de Owen, *Sobre la comunión con Dios Padre, Hijo y Espíritu Santo* (1657), una obra cuya estructura completa está conformada por el orden occidental de procesión dentro de la Trinidad.[147]

Los escritos de Owen a partir de principios de la década de 1650 tienen un énfasis marcadamente tomista[148] y experiencial.[149] El uso de las categorías tomistas como método heurístico, junto con el énfasis en la adoración y el conocimiento de Dios por la experiencia, condujo al desarrollo de una adoración que es distintivamente trinitaria. Cleveland escribe al respecto "Aunque Owen formula una teología especulativa utilizando ideas y principios tomistas, su objetivo final es transmitir un conocimiento del Dios trino que conduce al resultado práctico de la verdadera adoración".[150] Adorar a cada una de las personas de la Trinidad es la consecuencia de la comunión con cada una de ellas, una

---

del culto tal y como se retrata en *'Of Communion'* es Ryan M. McGraw, *A Heavenly Directory: Trinitarian Piety, Public Worship and a Reassessment of John Owen's Theology*, ed. Herman J. Selderhuis, RHT 29 (Bristol, CT: Vandenhoeck & Ruprecht, 2014), 69-139.

[147] Carl R. Trueman, *The Claims of Truth: John Owen's Trinitarian Theology* (Carlisle, Cumbria: Paternoster Press, 1998), 184.

[148] Ibid., 112-113.

[149] Crawford Gribben, *John Owen and English Puritanism: Experiences of Defeat*, OSHT (New York, NY: Oxford University Press, 2016), 131.

[150] Christopher Cleveland, *Thomism in John Owen* (Burlington, VT: Ashgate, 2013), 155.

comunión que es particular y distintiva de cada una de ellas según su papel y contribución en la economía de la salvación.[151]

A principios de la década de 1650, el concepto de pacto de redención era cada vez más popular.[152] Owen libraba una batalla en dos frentes: por un lado, los socinianos que negaban la Trinidad y tenían como base de la seguridad una regeneración basada en "una reforma moral de la vida",[153] y por otro los arminianos que tendían al sinergismo. Las reacciones teológicas en el siglo XVII a estas dos cuestiones tendían al antinomianismo o al neonomianismo.[154] El desarrollo del *pactum salutis* por parte de Owen, sobre todo en relación con la unión con Cristo y la justificación entre los años 1640 y 1670, fue en parte un intento de dar una respuesta bíblica a estas dos amenazas.[155]

Mientras que los socinianos, y hasta cierto punto los arminianos, ponían el acento en un cambio moral y externo (*morali reformatione vitae*), Owen, en cambio, hacía hincapié en un cambio interno y espiritual (*spirituali renovatione natura*) como primera causa de un cambio.[156] Para los socinianos, la regeneración era la consecuencia de

---

[151] Brian Kay. *Trinitarian Spirituality: John Owen and the Doctrine of God in Western Devotion*, SCHT (Eugene, Or.: Wipf & Stock, 2008), 6-7.

[152] J.V. Fesko, *The Covenant of Redemption: Origins, Development, and Reception*, ed. Herman J. Selderhuis, RHT 35 (Bristol, CT: Vandenhoeck & Ruprecht, 2016), 16-17.

[153] Matthew Barrett and Michael Haykin, *Owen on the Christian Life: Living for the Glory of God in Christ* (Wheaton, IL: Crossway, 2015), 168.

[154] Para explorar la reacción de los teólogos del siglo XVII ante estas dos cuestiones, véase: David D. Hall, ed., *The Antinomian Controversy, 1636–38: A Documentary History* (Durham: Duke University Press, 1990); Theodore Dwight Bozeman, *The Precisianist Strain: Disciplinary Religion and Antinomian Backlash in Puritanism to 1638* (Chapel Hill: University of North Carolina Press, 2003); David R. Como, *Blown by the Spirit: Puritanism and the Emergence of an Antinomian Underground in Pre-Civil-War England* (Stanford, CA: Stanford University Press, 2004).

[155] J.V. Fesko, *The Trinity and the Covenant of Redemption* (Ross-shire, Great Britain: Mentor, 2016), 19; J.V. Fesko, "John Owen", in *Beyond Calvin: Union with Christ and Justification in Early Modern Reformed Theology (1517-1700)*, ed. Herman J. Selderhuis, RHT 20 (Bristol, CT: Vandenhoeck & Ruprecht, 2012), 286.

[156] Matthew Barrett and Michael Haykin, *Owen on the Christian Life: Living for the Glory of God in Christ* (Wheaton, IL: Crossway, 2015), 168-170; cf. John

la reforma moral, mientras que para Owen la regeneración era la causa.[157] En pocas palabras, esto significa que la única base segura para nuestro crecimiento en Cristo en comunión con Dios, la seguridad de la salvación, el culto bíblico, entre otras cosas, se encuentra en Dios, y en última instancia en el propio pacto de redención.[158] Por lo tanto, está totalmente asegurada, porque las promesas pactadas de Dios son auto-vinculantes. Dado que el pacto de redención tuvo lugar antes de que naciéramos, no tiene en cuenta ninguna de nuestras obras como base para nuestra regeneración o aceptación con Dios. Como podemos ver, la teología de Owen es en todas sus partes plenamente pactual.[159]

Un punto clave para entender el desarrollo del pacto de redención a mediados del siglo XVII estaba relacionado con la pregunta: ¿qué es lo primero en la salvación de una persona, la gracia de Dios o la actividad humana?[160] Por lo tanto, Owen estaba muy interesado en enfatizar la prioridad de las acciones de Dios sobre las nuestras y, como tal, "da prioridad a la doctrina de la justificación sobre la santificación, al tiempo que sitúa ambas doctrinas dentro de la categoría más amplia de la doctrina de la unión con Cristo".[161]

Los beneficios del *ordo salutis* fluyen de nuestra unión con Cristo, que se enraíza en el *pactum salutis*. En otras palabras, los beneficios del pacto de gracia fluyen del pacto de redención, porque Cristo mismo es "el gran fundamento del pacto de gracia; siendo él mismo eternamente

---

Owen, "A Discourse Concerning The Holy Spirit", in *The Works of John Owen*, ed. William H. Goold, vol. 3 (Edinburgh: T&T Clark, n.d.), 218-220.

[157] Joel R. Beeke and Mark Jones, *A Puritan Theology: Doctrine for Life* (Grand Rapids, MI: Reformation Heritage Books, 2012), 467-469.

[158] J.V. Fesko, "John Owen", in *Beyond Calvin: Union with Christ and Justification in Early Modern Reformed Theology (1517-1700)*, ed. Herman J. Selderhuis, RHT 20 (Bristol, CT: Vandenhoeck & Ruprecht, 2012), 287-298.

[159] Sebastian Rehnman, *Divine Discourse: The Theological Methodology of John Owen*, TSRP (Grand Rapids: Baker Book House, 2002), 155-156.

[160] David Dickson, 'Arminianism Discussed,' in *Records of the Kirk of Scotland, Containing the Acts and Proceedings of the General Assemblies, from the Year 1638 Downwards*, ed. Alexander Peterkin (Edinburg: Peter Brown, 1845), 156-158.

[161] J.V. Fesko, "John Owen", in *Beyond Calvin: Union with Christ and Justification in Early Modern Reformed Theology (1517-1700)*, ed. Herman J. Selderhuis, RHT 20 (Bristol, CT: Vandenhoeck & Ruprecht, 2012), 287.

destinado y dado gratuitamente para hacer una compra de todos los bienes del mismo".[162] Todo el *ordo salutis* se basa en el *pactum salutis*.[163] Esta es la base de nuestra unión, comunión y seguridad en Cristo. El desarrollo de una metodología tomista, junto con una teología experiencial, sentó las bases para entender el énfasis trinitario de la Comunión con Dios como respuesta a algunos de los retos a los que se enfrentaban los teólogos del siglo XVII.

c. El contexto político: El desafío del socinianismo

Es sabido que un hombre debe ser juzgado por la calidad de sus enemigos y las batallas que decide librar.[164] Podemos aprender mucho sobre Owen por los enemigos y las batallas que enfrentó durante su vida. A lo largo de su vida, Owen se vio envuelto en controversias principalmente con tres grupos principales: Los católicos romanos, los arminianos y los socinianos.[165] Sin embargo, aquí vamos a centrar nuestra atención en particular en el desafío del Socinianismo y su relación con el libro *Comunión con Dios*.[166]

Se ha mencionado que la teología trinitaria de Owen fue moldeada en gran medida por las controversias en las que estuvo involucrado, y

---

[162] *Works,* 2:199.

[163] John Owen, 'The Doctrine of Justification by Faith, through The Imputation of the Righteousness Of Christ', in *The Works of John Owen*, ed. William H. Goold, vol. 5 (Edinburgh: T&T Clark, n.d.), 257-259.

[164] La cita se atribuye a Oscar Wilde, y se ha repetido varias veces en diferentes formas. Dice así: "Un hombre no puede ser demasiado cuidadoso en la elección de sus enemigos. No tengo ninguno que sea tonto. Todos son hombres de cierto poder intelectual y, por consiguiente, todos me aprecian. ¿Es eso muy vanidoso por mi parte? Creo que es bastante vanidoso". Oscar Wilde, *The Picture of Dorian Gray*, ed. Robert Mighall, Penguin Classics (London: Penguin, 2003), 11.

[165] Para el contexto de la polémica de Owen contra los católicos romanos, los arminianos y los socinianos, véase: Carl R. Trueman, *John Owen: Reformed Catholic, Renaissance Man*, GTS (Aldershot, England: Ashgate, 2007), 17-31.

[166] Tal vez el mejor tratamiento del rol del Socinianismo en el siglo XVII ha sido escrito por Sarah Mortimer. Me basaré en su trabajo para algunos de los argumentos mencionados aquí. Véase: Sarah Mortimer, *Reason and Religion in the English Revolution: The Challenge of Socinianism*, CSBH (Cambridge, UK: Cambridge University Press, 2010).

el desafío del socinianismo fue el mayor de todos en este tema.[167] El Socinianismo deriva su nombre de Faustus Socinus, un teólogo italiano que dirigió una comunidad conocida como los Hermanos Polacos. Socinus trató de reinterpretar el cristianismo "desde la perspectiva del derecho romano", intentando en el fondo "cortar la conexión entre la religión y la ley natural".[168] Algunas de las principales creencias del socinianismo eran, por ejemplo, la negación de la Trinidad, una seguridad de la salvación que se basaba en el seguimiento de las normas morales y no en la muerte de Cristo, y la convicción de que la salvación llegaba respondiendo a la revelación de las Escrituras, entre otras cosas.

La mayor influencia del socinianismo en Inglaterra comenzó cuando un maestro de escuela de Gloucester llamado John Biddle (1615-1662) empezó a traducir obras continentales socinianas en la década de 1640. Para cuando se publicó el *Catecismo Racoviano* -el principal resumen de la enseñanza sociniana- en 1652, ya llevaba seis años en prisión por herejía.[169] Hubo otros teólogos que produjeron obras antitrinitarias antes que Biddle y a los que Owen se refiere en sus escritos, como el teólogo laico Paul Best (1590-1657), que fue encarcelado por herejía.[170] Sin embargo, Biddle fue quizás el profesor sociniano más conocido en Inglaterra.

El desafío del socinianismo en las décadas centrales del siglo XVII era tanto político como religioso. Sin embargo, fue probablemente el político el que atrajo más la atención de los lectores ingleses, debido a que el socinianismo presentaba una "reformulación radical de la relación entre la vida civil y la religiosa".[171] La negación sociniana de la Trinidad y algunas de las cuestiones centrales de la fe reformada

---

[167] Paul C. H. Lim, *Mystery Unveiled: The Crisis of the Trinity in Early Modern England* (New York, NY: Palgrave Macmillan, 2009), 214-215.

[168] Tim Cooper, *John Owen, Richard Baxter and the Formation of Nonconformity* (Farnham: Ashgate, 2011), 64.

[169] Crawford Gribben, *John Owen and English Puritanism: Experiences of Defeat*, OSHT (New York, NY: Oxford University Press, 2016), 138.

[170] Sarah Mortimer, *Reason and Religion in the English Revolution: The Challenge of Socinianism*, CSBH (Cambridge, UK: Cambridge University Press, 2010), 158-159.

[171] Ibid., 3-4.

estaban empujando los límites de la tolerancia más allá de lo que era permisible para la ortodoxia cristiana, y todo ello en una de las épocas más caóticas para Inglaterra como nación. Esta es en parte la razón por la que "la mayor amenaza para el puritanismo "ortodoxo" durante la década de 1640-50 fue la del socinianismo".[172]

Para Owen este era un tema vital, la negación de la Trinidad estaba claramente fuera de los límites de la ortodoxia y la tolerancia, por lo que desde la década de 1650 hasta el momento de su muerte en 1683 centró su atención en un "ataque sostenido contra esta terrible herejía".[173] El lector debe tener presente que la amenaza del socianianismo fue primariamente política, pues en el contexto de la Inglaterra del siglo XVII el partido puritano buscaba una tolerancia religiosa amplia, que abarcara las diferentes formas del cristianismo, pero con algunos puntos centrales básicos irreducibles doctrinales, siendo la doctrina de la trinidad la piedra angular de todo el aparato doctrinal cristiano.

Sin embargo, la influencia del socinianismo a mediados del siglo XVII en Inglaterra era muy pequeña en comparación con el continente.[174] Dos cosas principales eran particularmente preocupantes para Owen y otros puritanos en relación con el socinianismo en Inglaterra: por un lado, se estaba haciendo popular "entre los sectarios radicales en el borde del movimiento puritano en las décadas de 1640 y 1650",[175] y como tal estaban poniendo en riesgo una posible unidad de la iglesia bajo el nuevo régimen.

Por otra parte algunos conocidos teólogos anglicanos que eran trinitarios ortodoxos como Henry Hammond, George Bull, Jeremy

---

[172] Randall J. Pederson, *Unity in Diversity: English Puritans and the Puritan Reformation, 1603-1689*, ed. Wim Janse, BSCH 68 (Leiden: Brill, 2014), 62.

[173] Dewey D. Wallace, "Puritan Polemical Divinity and Doctrinal Controversy", in *The Cambridge Companion to Puritanism*, ed. John Coffey and Paul C.H. Lim, CCRS (New York, NY: Cambridge University Press, 2008), 219-220.

[174] Sarah Mortimer, *Reason and Religion in the English Revolution: The Challenge of Socinianism,* CSBH (Cambridge, UK: Cambridge University Press, 2010), 40.

[175] Dewey D. Wallace, "Puritan Polemical Divinity and Doctrinal Controversy", in *The Cambridge Companion to Puritanism*, ed. John Coffey and Paul C.H. Lim, CCRS (New York, NY: Cambridge University Press, 2008), 219.

Taylor y otros, "abandonaron la visión reformada de la Justificación... lo que a muchos teólogos disidentes les pareció una desviación de la iglesia establecida hacia el socinianismo". [176] El socinianismo amenazaba la reforma que Owen y otros puritanos habían buscado desde el principio de la guerra, y les parecía que estaban a punto de alcanzarla tras el regicidio.[177]

Aunque la publicación oficial del *Catecismo Racoviano* fue a principios de 1652, John Biddle elaboró una traducción en 1651 con una alteración del texto "para reflejar sus propias opiniones sobre cuestiones como el Espíritu Santo". [178] Contenía la sustancia de la enseñanza sociniana, y se publicó en 1651, casi al mismo tiempo que Owen predicaba sus sermones sobre la comunión con Dios en Oxford. [179] Owen se sintió profundamente perturbado como consecuencia de ello y unos meses más tarde encabezó un grupo para presentar una petición al gobierno llamado *The Humble Petition of Divers Ministers of the Gospel* (La humilde petición de varios ministros del Evangelio), que fue presentada a la Cámara de los Comunes el 10 de febrero, el mismo día en que John Biddle fue liberado de la cárcel. [180] Las propuestas se imprimieron a finales de marzo de 1652 con el nombre de *The Humble Proposals*. El socinianismo fue declarado ilegal en Inglaterra el 2 de abril de 1652.

La respuesta de Owen al desafío del socinianismo fue doble. Respondió a los principales argumentos socinianos contra la ortodoxia cristiana a nivel popular y a nivel académico. Publicó *Vindiciae*

---

[176] Ibid., 219-220.

[177] Crawford Gribben, *John Owen and English Puritanism: Experiences of Defeat*, OSHT (New York, NY: Oxford University Press, 2016), 102.

[178] Sarah Mortimer, *Reason and Religion in the English Revolution: The Challenge of Socinianism*, CSBH (Cambridge, UK: Cambridge University Press, 2010), 162.

[179] John Coffey, *John Goodwin and the Puritan Revolution: Religion and Intellectual Change in Seventeenth-Century England* (Woodbridge, UK: Boydell Press, 2006), 233-234.

[180] Ryan Kelly, "Reformed or Reforming?: John Owen and the Complexity of Theological Codification for Mid-Seventeenth-Century England", in *ARCJO* ed. Kelly M. Kapic and Mark Jones, (Farnham, Surrey, England: Ashgate, 2012), 6.

Evangelicae (1655) como respuesta académica al desafío de John Biddle y la amenaza sociniana,[181] y para el público en general predicó y escribió *Comunión con Dios*. La teología experiencial contenida en *Comunión con Dios* es totalmente diferente de la teología experiencial propuesta por los socinianos.

Owen era un puritano, y como tal, estaba profundamente interesado en la aplicación de la teología a la vida del creyente. Para Ryan McGraw, la motivación de Owen para pensar en la aplicación práctica a la vida del creyente de la doctrina de la Trinidad fue en gran medida la controversia sociniana, pero sobre todo su énfasis en la aplicación de la doctrina de la Trinidad a la vida del creyente.[182] Explica que el "contexto polémico explica en parte su interés por la Trinidad, pero su énfasis "puritano" en la piedad y el culto personales configuró su teología trinitaria en una dirección profundamente positiva".[183]

Owen y otros compañeros puritanos aprovecharon el caos y el miedo causados por el socinianismo a principios de la década de 1650 para buscar la unidad, definiendo la ortodoxia en parte en términos antisocinianos. Gribben afirma que:

> Owen y sus colegas aprovecharon plenamente el pánico moral por el socinianismo -un pánico que ellos habían ayudado a fomentar- para proponer una nueva forma de acuerdo religioso nacional que sustituyera al de la Asamblea de Westminster, que nunca había adquirido plena vigencia legal, y cuyas deliberaciones... estaban cada vez menos dispuestas a aceptar".[184]

---

[181] Tim Cooper, *John Owen, Richard Baxter and the Formation of Nonconformity* (Farnham: Ashgate, 2011), 206.

[182] Ryan M. McGraw, *A Heavenly Directory: Trinitarian Piety, Public Worship and a Reassessment of John Owen's Theology*, ed. Herman J. Selderhuis, RHT 29 (Bristol, CT: Vandenhoeck & Ruprecht, 2014), 50-52.

[183] Ibid., 51.

[184] Crawford Gribben, *John Owen and English Puritanism: Experiences of Defeat*, OSHT (New York, NY: Oxford University Press, 2016), 138.

La búsqueda de la unidad y la definición de la ortodoxia fueron algunos de los temas principales en la década de 1650. Owen participó directa o indirectamente en la formulación de varias confesiones de fe como un intento de lograr la unidad en la ortodoxia entre los protestantes; éstas confesiones son *Las Humildes Propuestas* (1652), *El Instrumento de Gobierno* (1653), *La Nueva Confesión* (1654), *La Humilde Petición y Consejo* (1657) y finalmente *La Asamblea de Saboya* (1658).[185] Todas ellas, excepto *La confesión de fe de Saboya*, aparecieron entre la predicación de *Comunión con Dios* en 1651 y la publicación de ésta en 1657.

¿Cuál es la relación entre el Socinianismo y *Comunión con Dios*? *Comunión con Dios* fue predicado y editado en medio de la controversia sociniana, y como tal es una respuesta al desafío sociniano del antitrinitarismo y de la autoconfianza de la salvación, entre otras cosas. Debemos tener esto en cuenta al leer *Comunión con Dios*. Para Owen, la verdadera amenaza a inicios de la década de 1650 eran los socinianos y ya no los arminianos.[186]

Por lo tanto, los socinianos desempeñaron un papel clave en el desarrollo no sólo de la teología trinitaria de Owen, sino también, por ejemplo, de sus opiniones sobre la necesidad de la expiación.[187] La amenaza sociniana fue la principal motivación tanto para desarrollar una doctrina más elaborada del pacto de la redención, así como para buscar las aplicaciones prácticas de la doctrina de la trinidad a la vida de los creyentes. La doctrina de la trinidad no es una doctrina abstracta

---

[185] Ryan Kelly, "Reformed or Reforming?: John Owen and the Complexity of Theological Codification for Mid-Seventeenth-Century England", in *ARCJO* ed. Kelly M. Kapic and Mark Jones, (Farnham, Surrey, England: Ashgate, 2012), 6-14.

[186] Richard Muller, "Diversity in the Reformed Tradition: A Historiographical Introduction", in *Drawn into Controversie: Reformed Theological Diversity and Debates Within Seventeenth Century British Puritanism,* ed. Michael A.G. Haykin and Mark Jones, RHT 17 (Göttingen: Vandenhoeck & Ruprecht, 2011), 26.

[187] Carl R. Trueman, "The Necessity of the Atonement", in *Drawn into Controversie: Reformed Theological Diversity and Debates Within Seventeenth Century British Puritanism,* ed. Michael A.G. Haykin and Mark Jones, RHT 17 (Göttingen: Vandenhoeck & Ruprecht, 2011), 204-206.

sin una aplicación real, sino es en sí misma profundamente práctica, que afecta toda la vida de piedad del creyente.

Desde una perspectiva política, *Comunión con Dios* tenía el propósito de mostrar las profundas implicancias de la trinidad para la espiritualidad del creyente, y como tal buscar la unidad confesional trinitaria en Inglaterra. Este punto es de vital importancia, y no debe pasarse por alto al momento de leer esta obra. Sin embargo, la importancia desde una perspectiva política de *Comunión con Dios* no ha sido mencionada en ningún estudio sobre la teología de Owen.

Además, *Comunión con Dios* debe entenderse a la luz de las controversias particulares de principios de la década de 1650, la búsqueda de la unidad y la ortodoxia entre los teólogos de la Alta Ortodoxia, y un intento de dar respuestas contra los herejes promoviendo una visión ortodoxa de la Trinidad. El objetivo era promover la piedad y la unidad entre los creyentes fomentando una comunión con Dios profundamente trinitaria y, por tanto, profundamente antisociniana.

Principales temas teológicos

Hay dos temas teológicos y dos temas prácticos principales en *Comunión con Dios*. En cuanto a los temas teológicos principales están la unión con Cristo, y obra indivisible, pero distinguible de la Trinidad. En cuanto a los temas experienciales están la seguridad de salvación del creyente, y la adoración como el medio principal de gracia y comunión con Dios. Exploraremos a continuación con más detalle cada una de ellas.

Unión con Cristo

El tema de la unión con Cristo ha recibido en los últimos años un gran interés por parte de académicos de diferentes convicciones teológicas.[188] Sin embargo, centraremos nuestra atención en el tema de la unión con Cristo sólo en *Comunión con Dios* de Owen, con especial énfasis en su relación con el *pactum salutis*. En otras palabras, ignoraremos todos los debates recientes teológicos sobre este tema entre teólogos como Richard Gaffin,[189] Craig Carpenter,[190] Lane Tipton,[191] Mark Garcia,[192] William Evans,[193] entre otros.

La doctrina de la unión con Cristo es vital para entender la teología experiencial en *Comunión con Dios*. Owen escribe varias veces en sus obras que el fundamento de la unión con Cristo se encuentra en el pacto de la redención.[194] Sin embargo, probablemente en ningún lugar esto es más claro que en *Comunión con Dios*. La frase "en Cristo" referida al concepto de unión con Cristo aparece 124 veces en el libro,[195] la frase equivalente "en Él" hablando de la unión del creyente con el Hijo aparece 171 veces en el libro,[196] y hay 38 referencias directas a "unión con Cristo" en el contexto de la comunión del creyente con Dios.[197] En total hay más de 330 referencias al tema de la unión con Cristo. El concepto es tan frecuente en el libro, que un título más apropiado para el libro sería "la ejecución práctica de la unión del creyente con Cristo". Sin embargo, ¿por qué es tan importante el concepto de unión con Cristo

---

[188] Para un tratamiento completo de los estudios recientes sobre el tema, véase: J.V. Fesko, *Beyond Calvin: Union with Christ and Justification in Early Modern Reformed Theology (1517-1700)*, ed. Herman J. Selderhuis, RHT 20 (Bristol, CT: Vandenhoeck & Ruprecht, 2012), 13-33.

[189] Richard B. Gaffin, Jr. "Justification and Union with Christ," in *A Theological Guide to Calvin's Institutes: Essays and Analysis*, ed. David W. Hall / Peter A. Lillback (Phillipsburg: P & R, 2008), 248-269.

[190] Craig B. Carpenter, "A Question of Union with Christ? Calvin and Trent on Justification," *WTJ* 64/2 (2002): 369.

[191] Lane G. Tipton, "Union with Christ and Justification," in *Justified in Christ: God's Plan for Us In Justification*, ed. K. Scott Oliphint (Fearn: Mentor, 2007), 39.

[192] Mark A. Garcia, *Life in Christ: Union with Christ and Twofold Grace in Calvin's Theology*, SCHT (Milton Keynes: Paternoster, 2008), 2-18.

[193] William B. Evans, *Imputation and Impartation*, SCHT (Eugene: Paternoster and Wipf & Stock, 2008), 2-30.

[194] *Works*, 12:500-507.

[195] *Works*, 2:4, 7, 8, 11, 13, 18, 19, 23, 24, 26, 27, 43, 47, 61, 68, etc.

[196] *Works*, 2:9, 11, 12, 13, 16, 17, 18, 19, 20, 21, 22, 23, etc.

[197] *Works*, 2:8, 16, 24, 42, 46, 57, 65, 90, 134, 156, 184, 199, 245.

en Comunión con Dios? Y, ¿cómo se relaciona con la teología del pacto y la trinidad?

Importancia de la unión con Cristo

Para Owen la unión del creyente con Cristo forma parte del pacto de redención, y como tal tiene sus raíces en "el *pactum salutis* pretemporal entre el Padre y el Hijo".[198] Hay dos razones por las que el concepto de unión con Cristo está vinculado al pacto de redención. La primera es una razón histórica, y la segunda, teológica.

Desde una perspectiva histórica, el concepto del pacto de redención se desarrolló al mismo tiempo y por las mismas razones que la doctrina de la unión con Cristo. Owen estaba preocupado por la salud espiritual de los estudiantes de Oxford, y su solución a la falta de espiritualidad y las tensiones en Oxford fue cultivar una espiritualidad bíblica.[199] También estaba involucrado en una batalla en dos frentes, por un lado estaba enfrentado a los socinianos que negaban la Trinidad y tenían como base de la seguridad una regeneración basada en "una reforma moral de la vida",[200] y por otro lado a los arminianos que tendían al sinergismo. Las soluciones teológicas de varios teólogos reformados contemporáneos a Owen a estas dos cuestiones tendían al antinomianismo o al neonomianismo.[201]

---

[198] J.V. Fesko, *Beyond Calvin: Union with Christ and Justification in Early Modern Reformed Theology (1517-1700)*, ed. Herman J. Selderhuis, RHT 20 (Bristol, CT: Vandenhoeck & Ruprecht, 2012), 287.

[199] Crawford Gribben, *John Owen and English Puritanism: Experiences of Defeat*, OSHT (New York, NY: Oxford University Press, 2016), 129-130.

[200] Matthew Barrett and Michael Haykin, *Owen on the Christian Life: Living for the Glory of God in Christ* (Wheaton, IL: Crossway, 2015), 168.

[201] Para explorar la reacción de los teólogos del siglo XVII ante estas dos cuestiones, véase: David D. Hall, ed., *The Antinomian Controversy, 1636–38: A Documentary History* (Durham: Duke University Press, 1990); Theodore Dwight Bozeman, *The Precisianist Strain: Disciplinary Religion and Antinomian Backlash in Puritanism to 1638* (Chapel Hill: University of North Carolina Press, 2003); David R. Como, *Blown by the Spirit: Puritanism and the Emergence of an Antinomian Underground in Pre-Civil-War England* (Stanford, CA: Stanford University Press, 2004).

El antinomianismo afirmaba que el creyente es libre de toda ley, mientras que el neonomianismo imponía nuevas leyes. Mientras que el antinomianismo tendía al libertinaje, el neonomianismo al legalismo. En otras palabras, aquellos que respondían al antinomianismo presentaban el neonomianismo como la solución, y viceversa. Para Owen tanto el neonomianismo como el antinomianismo eran errores igualmente malos. J.V. Fesko escribe que "entre la Escila del antinomianismo y la Caribdis del neonomianismo, Owen desarrolló su propia comprensión de la unión con Cristo".[202] El fundamento del creyente para la comunión con Dios, la seguridad de la salvación, el culto o la adoración bíblica, entre otras cosas, se encuentra en la unión con Cristo, pero la unión con Cristo fue planeado en el pacto de redención, y ejecutado en tiempo en el pacto de gracia.[203]

La teología de Owen era de naturaleza pactual, por lo cual su soteriología, y la doctrina de la unión con Cristo también eran pactuales.[204] La doctrina de la unión con Cristo de Owen, distintivamente pactual y trinitaria, se desarrolló al mismo tiempo que la doctrina del *pactum salutis (pacto de redención)*, como un medio para presentar una teología trinitaria distintivamente experiencial, y como respuesta al antinomianismo de los socinianos, y el neonomianismo de los arminianos.[205] La solución de Owen al arminianismo y el socinianismo fue el desarrollo de una espiritualidad bíblica basada en la unión con Cristo y el *pactum salutis*.

---

[202] J.V. Fesko, *Beyond Calvin: Union with Christ and Justification in Early Modern Reformed Theology (1517-1700)*, ed. Herman J. Selderhuis, RHT 20 (Bristol, CT: Vandenhoeck & Ruprecht, 2012), 286.

[203] Ibid., 287-298.

[204] Sebastian Rehnman, *Divine Discourse: The Theological Methodology of John Owen* (Grand Rapids: Baker, 2002), 156-57.

[205] J.V. Fesko, *Beyond Calvin: Union with Christ and Justification in Early Modern Reformed Theology (1517-1700)*, ed. Herman J. Selderhuis, RHT 20 (Bristol, CT: Vandenhoeck & Ruprecht, 2012), 285-287.

La relación entre unión con Cristo y la comunión del creyente con Dios

La unión con Cristo y la comunión con Dios se utilizan en la misma frase treinta y ocho veces en esta obra.[206] La unión con Cristo es la base de la comunión con Dios, y en general del *ordo salutis* en su conjunto.[207] Para Owen, la comunión entre dos personas presupone una forma de unión entre ellas.[208] En el caso de la comunión que el creyente disfruta con la Divinidad, Cristo es la unión entre ellos. Owen escribe: "la unión [con Cristo]... es el fundamento de toda la comunión que tenemos con Dios".[209] Todo el marco de la comunión con Dios pende de la unión con Cristo.[210] Este es "el fundamento de toda la comunión que tenemos con Dios".[211] Para Owen, todo el *ordo salutis* pende de la unión con Cristo.[212]

Aunque la unión y la comunión están inseparablemente unidas entre sí, también son diferentes y se distinguen la una de la otra. Mientras que el papel del creyente en la unión es pasivo, una obra unilateral de Dios; su papel en la comunión es activo, una experiencia de disfrute mutuo, un dar y recibir entre Dios y el creyente.[213] Además, nuestra comunión con Dios puede verse afectada por el pecado y puede aumentar o disminuir según nuestra respuesta a la gracia de Dios; en cambio, la unión es firme y estable. No aumenta ni disminuye, sino que

---

[206] Véase, por ejemplo, el uso de la unión con Cristo en relación con la comunión con Dios en *Works,* 2:8, 16, 24, 42, 46, 57, 65, 90, 134, 156, 184, 199, 245.

[207] *Works,* 21:149-150 cf. *Works,* 2:8-9.

[208] *Works,* 2:8. Citando a Aristóteles, *The Nicomachean Ethics*, 485.

[209] *Works,* 2:8.

[210] *Works,* 2:8–9.

[211] *Works,* 2:8.

[212] J.V. Fesko, "John Owen", in *Beyond Calvin: Union with Christ and Justification in Early Modern Reformed Theology (1517-1700)*, ed. Herman J. Selderhuis, RHT 20 (Bristol, CT: Vandenhoeck & Ruprecht, 2012), 290.

[213] Kelly A. Kapic, "Introduction: Worshiping the Triune God: The Shape of John Owen's Trinitarian Spirituality", in *Communion With The Triune God* ed. Kelly M. Kapic and Justin Taylor (Wheaton, Illinois: Crossway, 2007), 21; cf. *Works,* 2:22.

permanece igual. No hay comunión sin unión, pero la unión producirá comunión como consecuencia necesaria.[214]

Escribiendo sobre este punto, Kapic afirma sobre la teología de la unión de Owen en *Comunión con Dios*:

> Aunque la unión y la comunión están relacionadas -no se puede tener la segunda sin la primera- no son sinónimos. Aunque los escritores puritanos asocian estrechamente los términos "unión" y "comunión", en la mayoría de los casos (si no en todos), la unión precede a la comunión. No se trata de una simple convención lingüística, sino de la expresión teológica de una verdad subyacente. [215]

La comunión es una bendición de Dios que fluye de nuestra unión con Cristo. No hemos recibido ninguna bendición espiritual de Dios aparte de nuestra unión con Cristo. "Porque así como Cristo es para todos nosotros y en todos, Col. 3:11, así también sin él no podemos hacer nada, no somos nada, Juan 15:5; porque para que vivamos, no somos nosotros, sino que Cristo vive en nosotros, Gál. 2:20".[216] Todas las bendiciones de Dios nos son dadas en virtud de nuestra unión con Cristo.

Por lo tanto, no hay comunión sin unión. Sin embargo, debemos atrevernos a plantear la pregunta ¿por qué? ¿Por qué la comunión con Dios está tan relacionada con la unión con Cristo? ¿No podría Dios haber hecho una forma diferente de tener comunión con Él aparte de la unión con Cristo? No. Para Owen, esto es imposible. ¿Por qué? Porque no puede haber comunión plena entre dos seres que comparten una sustancia diferente.

---

214 *Works,* 2:51.
215 Kelly M. Kapic, *Communion with God: The Divine and the Human in the Theology of John Owen* (Grand Rapids: Baker Academic, 2007), 153.
216 *Works,* 21:146.

La necesidad de la encarnación

Para Owen, la encarnación del Hijo es una necesidad y un requisito para la comunión. Owen dedica todo un capítulo de *Comunión con Dios* a desarrollar este punto.[217] La comunión más verdadera y profunda sólo es posible entre dos partes que comparten la misma sustancia. Por lo tanto, el Hijo necesitaba compartir la misma sustancia de los elegidos para que éstos pudieran tener una comunión real y plena con él en el amor.[218] Owen define tres formas en las que dos partes pueden disfrutar de comunión. Centraremos nuestra atención en la primera forma, que es la más importante para nuestros propósitos, porque es la base de la unión con Cristo. Sin embargo, definiremos brevemente todas ellas.[219] Hay tres formas en las que dos partes pueden disfrutar de la comunión.

En primer lugar, la comunión plena es posible entre dos partes que comparten la misma naturaleza. Explicaremos esto en su totalidad porque es el más importante para nuestros propósitos.

En segundo lugar, la comunión puede referirse al estado o condición común que disfrutan dos o más partes.[220] Por ejemplo, dos o más partes pueden tener comunión en la misma condición, como sufrir la misma condena. Owen utiliza el ejemplo de Cristo y los dos ladrones. Todos estaban bajo una condena común, en este sentido "tenían comunión en cuanto a esa mala condición a la que fueron adjudicados".[221]

En tercer lugar, la comunión puede referirse a la participación de dos o más partes en una acción determinada.[222] Esto sucede cuando dos

---

[217] *Works,* 2:46-54.

[218] *Works,* 2:7.

[219] Para una explicación completa del uso del término "comunión" en la teología experiencial de Owen, véase: Kelly M. Kapic, *Communion with God: The Divine and the Human in the Theology of John Owen* (Grand Rapids: Baker Academic, 2007), 151-158. Kapic hace un gran trabajo estudiando el uso que Owen hace de la *Ética Nicomaquea* de Aristóteles, en su definición de comunión.

[220] *Works,* 2:7.

[221] *Works,* 2:7.

[222] *Works,* 2:7-8.

o más partes se unen para lograr un propósito común, ya sea bueno o malo. Owen utiliza el ejemplo de los creyentes que se unen en la adoración y la comunión del evangelio como un ejemplo de comunión en algo bueno,[223] o Simeón y Leví que tuvieron comunión en el mal cuando conspiraron juntos para cometer un asesinato.[224]

Sin embargo, la comunión que mantenemos con Dios, como ser divino, es diferente de todas ellas, y en este sentido es única.[225] Pero, nos centramos aquí en la comunión con Cristo como persona humana y divina. Procederemos a explicar el primer sentido o definición de comunión. La comunión plena sólo es posible entre cosas y personas que comparten la misma naturaleza. Tienen que compartir la misma naturaleza para poder relacionarse entre sí. Un ser humano puede tener comunión real con otro ser humano porque ambos participan de la misma naturaleza humana que el resto de la humanidad.[226] El marido y la mujer pueden tener comunión entre sí de una manera que un hombre no podría hacer con una piedra, o un perro.[227] Owen utiliza la relación entre Jonatán y David como ejemplo de comunión en el amor.[228]

Sin embargo, este tipo de comunión en el amor sólo es posible entre personas de la misma clase o esencia. Por lo tanto, Owen concluye que, aunque puede existir cierta comunión entre Dios y el hombre, es imposible hablar de la comunión profunda entre ellos, porque la comunión profunda sólo tiene lugar en el contexto de una unión en el amor, y como no hay una unión real en la participación de la misma naturaleza entre el hombre y Dios, no hay comunión profunda entre ellos.[229]

---

[223] *Works,* 2:7-8. Citando, Fil. 1:5; Sal. 42:4.

[224] *Works,* 2:8. Citando, Gen. 49:5.

[225] *Works,* 2:8-9.

[226] *Works,* 2:6-7.

[227] Kelly M. Kapic, *Communion with God: The Divine and the Human in the Theology of John Owen* (Grand Rapids: Baker Academic, 2007), 151.

[228] *Works,* 2:8. Citando 1 Samuel 20:17.

[229] Owen utiliza la *Ética Nicomaquea* de Aristóteles varias veces en esta sección para probar sus puntos. Por ejemplo, cita extensamente a Aristóteles en este punto en particular de la siguiente manera: "Es cierto que no podemos fijar un límite preciso en tales casos, hasta el cual dos hombres pueden seguir siendo

No podemos tener comunión en su forma más íntima con Dios debido a la infinita disparidad entre Él y nosotros.[230] Por lo tanto, los simples hombres no pueden disfrutar de la comunión más profunda con Dios porque no comparten la misma naturaleza. La verdadera comunión entre los hombres y Dios sólo puede tener lugar si Dios comparte la misma naturaleza que los elegidos. Por lo tanto, para tener una verdadera comunión con Dios, el Hijo necesitaba compartir la misma naturaleza que nosotros.[231]

Dios necesitaba tener "la misma naturaleza común con el resto de los hombres".[232] Sin embargo, la encarnación del Hijo sólo hizo posible la comunión entre los elegidos y el Dios, pero no la hizo real. Fue el Espíritu Santo quien lo hizo. Cristo y los elegidos necesitaban estar unidos por el Espíritu Santo, para que la atribución de la justicia de Cristo pudiera ser imputada al creyente, y el pecado del creyente pudiera ser imputado a Cristo. El creyente goza ahora de plena comunión con Dios también en la misma condición, porque es considerado ahora justo en Cristo. La unión con Cristo es el fundamento de la comunión con Dios. Owen escribe "los que disfrutan de esta comunión tienen la más excelente unión como fundamento de la misma".[233]

La unión o adición de la naturaleza humana de Cristo a su naturaleza divina, precede y hace posible que nos salvemos en unión con él.[234] Cristo necesitaba ser ambos, humano y divino, para que podamos tener comunión con Dios y Dios pueda tener comunión con

---

amigos; la brecha puede seguir ensanchándose y la amistad aún permanecer; pero cuando uno se aleja mucho del otro, como Dios se aleja del hombre, ya no puede continuar". Aristotle, *The Nicomachean Ethics,* Loeb Classical Library (Cambridge, MA: Harvard University Press, 1962), 478.

[230] *Works,* 2:8.

[231] Owen cita aquí a Tertuliano: *Quemadmodum enim nobis arrhabonem Spiritus reliquit, ita at a nobis arrhabonem carnis accepit, et vexit in cœlum, pignus totius summæ illuc quandoque redigendæ.* "Porque así como 'nos ha dado las arras del Espíritu', así ha recibido de nosotros las arras de la carne, y las ha llevado consigo al cielo como prenda de esa totalidad completa que un día será restaurada". Tertullian, *On the Resurrection of the Flesh,* ANF 3:584; PL 2, col. 869A.

[232] *Works,* 2:7.

[233] *Works,* 2:8

[234] *Works,* 2:51.

nosotros. Owen argumenta que "la unión de las naturalezas de Dios y de hombre en una sola persona le hizo apto para ser un Salvador hasta el final".[235] La unión con Cristo sólo es posible porque el Hijo ha participado de la naturaleza humana, y la comunión sólo es posible por la unión. La comunión con Dios sólo es posible por la encarnación del Hijo. Si la unión es la base de la comunión, la encarnación es el requisito previo de la unión. Sin embargo, la encarnación del Hijo se estableció en el pacto de redención,[236] el cual proporciona el "escenario de todos los sufrimientos del Hijo".[237] Por lo cual, es imposible comprender el rol de la encarnación aparte de los términos del pacto de la redención.

El pacto de la redención como el fundamento de la encarnación

De acuerdo con Sinclair Ferguson, para Owen, el propósito final del pacto de gracia es llevar a los elegidos a la unión con Cristo.[238] El pacto de redención es el fundamento, el pacto de gracia es su realización. Para Owen, la encarnación del Hijo está directamente enraizada en el *pactum salutis*. Este es el corazón del pacto de redención, el Hijo "aceptó voluntariamente encarnarse y cumplir el oficio de Mediador".[239] El *pactum salutis* establece que la redención de los elegidos iba a ser realizada por el Hijo mediante su representación pactual de los elegidos como sacerdote, profeta y rey. Para ello, el Hijo debía ser de la misma naturaleza que los que iba a llevar a Dios. [240] Los términos y la

---

[235] *Works,* 2:51.

[236] *Works,* 12:502.

[237] Sinclair B. Ferguson, *John Owen on the Christian Life* (Edinburgh: Banner of Truth Trust, 1987), 32.

[238] Sinclair B. Ferguson, *John Owen on the Christian Life* (Edinburgh: Banner of Truth Trust, 1987), 32.

[239] Ryan M. McGraw, *A Heavenly Directory: Trinitarian Piety, Public Worship and a Reassessment of John Owen's Theology,* ed. Herman J. Selderhuis, RHT 29 (Bristol, CT: Vandenhoeck & Ruprecht, 2014), 158.

[240] Owen escribe un capítulo entero en Comunión con Dios sobre este tema bajo el título 'En qué consiste nuestra peculiar comunión con el Señor Cristo', cf. Obras, 2:46-54. Además, Owen vincula esta sección sobre la encarnación con el

naturaleza de la encarnación, la imputación de la justicia de Cristo a los elegidos y el pecado de los elegidos a Cristo fueron estipulados en el pacto de redención.[241]

Por ejemplo, Owen explica que Cristo no estaba "sujeto a la imputación" del pecado de Adán, porque "nunca estuvo federalmente en Adán".[242] Además, los pecados de los elegidos fueron realmente imputados a Cristo en la cruz, pero "imputados a él en el pacto del Mediador, a través de su susceptibilidad voluntaria." [243] La imputación, la encarnación y todos los demás elementos de la obra de redención del Hijo fueron descritos en el pacto de redención. Owen utiliza el Cantar de los Cantares para explicar esta unión conyugal entre el creyente y Cristo y el pacto de redención. [244] Dios tuvo que participar de la naturaleza de Adán para que nosotros pudiéramos tener comunión con Él.[245] Para probar su punto, Owen utiliza el Cantar de los Cantares 5:10, que dice: "Mi amado es blanco y rojizo, El principal entre diez mil".

Por ejemplo, la blancura del amado es una referencia a la naturaleza divina del Señor Jesucristo, mientras que su rojez es una referencia a su naturaleza humana. Escribe: "Es blanco en la gloria de su Deidad, y rojizo en la preciosidad de su humanidad".[246] Por lo tanto, para Owen, la referencia al blanco es una referencia a la naturaleza divina de Cristo, y el rojizo una referencia a su naturaleza humana. La exégesis de Owen es cuidadosa en este punto. Refiere que la palabra rojizo en hebreo es (אָדֹם) *ā-dōm*, que es la misma raíz para hombre o tierra, (אָדָם) *ā-dām*. Por lo tanto, rojizo es una referencia indirecta a Cristo en su humanidad como segundo Adán. Owen hace un cuidadoso

---

pactum salutis no sólo en *Comunión con Dios*, sino también en *Vindiciae Evangelicae*. *Works,* 12:502. Citando, Filipenses 2:6-7; Gálatas 4:4; Romanos 8:3; Hebreos 2:16, 10:5-9.

[241] *Works,* 2:65.

[242] *Works,* 2:65.

[243] *Works,* 2:65.

[244] Owen utiliza el Cantar de los Cantares en su esquema teológico del pactum salutis, la comunión con el Hijo, la imputación, la justificación, la naturaleza humano-divina del Hijo, entre otros muchos puntos teológicos.

[245] *Works,* 2:50.

[246] *Works,* 2:49.

estudio de palabras de estas dos palabras, rubio y blanco en el Antiguo y Nuevo Testamento para sacar sus conclusiones.[247]

Sin embargo, está fuera de los límites de este ensayo explorar con detalle la exégesis de Owen sobre el Cantar de los Cantares, y la justicia y validez de la misma en conexión con el *pactum salutis*. J.V. Fesko hace un excelente trabajo al examinar las evidencias exegéticas de la misma.[248] Lo importante para nosotros es el hecho de que el esquema teológico de Owen sobre la comunión con Dios está enraizado en el *pactum salutis* mediante la unión con Cristo. Estos tres elementos comunión, unión y pacto son distinguibles, pero inseparables.

Las operaciones indivisibles, pero distinguibles de la obra de la Trinidad

La teología de Owen debe leerse a la luz de la doctrina de la Trinidad y de la teología del pacto. Para Owen, el lazo que une a estas doctrinas con la comunión con Dios es el pacto de la redención. El pacto de la redención es aquella parte de la teología del pacto que se relaciona con el acuerdo hecho entre las personas de la trinidad, antes de la creación del mundo, relacionado con la encarnación del Hijo, y la salvación de los pecados.

Owen utiliza múltiples frases para referirse al *pactum salutis*. La mejor manera de averiguar si Owen está hablando del *pactum salutis* es mirando el contexto de un párrafo particular, en lugar del uso de una frase particular. Las frases más comunes que utiliza son "pacto del Mediador",[249] y "el consejo de paz".[250]

---

[247] *Works*, 2:49-51.
[248] J.V. Fesko, *The Trinity and the Covenant of Redemption* (Ross-shire, Great Britain: Mentor, 2016), 51-123.
[249] *Works*, 2:65, 179.
[250] *Works*, 2:177.

Sin embargo, también utiliza otras variantes como "el consejo de la voluntad de Dios",[251] "el consejo de su encarnación"[252] "el consejo de todos"[253] refiriéndose al Padre, al Hijo y al Espíritu Santo. Incluso lo llama a veces "el pacto de la gracia en la eternidad".[254] Por lo tanto, a menos que alguien esté familiarizado con el concepto del *pactum salutis* en la teología más amplia de Owen, y busque específicamente referencias a él en Comunión con Dios, es fácil que no las vea. Esta es una de las razones por las cuales la mayoría de los estudiosos de la teología Oweniana ha pasado por alto la relación entre la teología del pacto, la trinidad y la comunión.

Sin embargo, hay una razón histórica del porque a menudo eruditos han pasado por alto esta conexión. El concepto del *pactum salutis* no está plenamente desarrollado en la teología de Owen para el momento de la publicación de *Comunión con Dios* en 1657. La primera exposición completa del *pactum salutis* en los escritos de Owen apareció en su obra *Vindiciae Evangelicae* en 1655.[255]

Sin embargo, la exposición del concepto no alcanzó su plena madurez hasta mucho más tarde, en su *Comentario a Hebreos* (Exercitations on Epistle on the Hebrews) publicado en 1668 y 1674. [256] De ahí que, con la única excepción de Ryan McGraw, el enfoque de los trabajos académicos sobre la teología del *pactum salutis* de Owen se ha centrado principalmente en su comentario sobre Hebreos y la teología del pacto.[257]

---

[251] *Works,* 2:10.

[252] *Works,* 2:65.

[253] *Works,* 2:235.

[254] *Works,* 2:179.

[255] *Works,* 12:496-508.

[256] *Works,* 19:77-97, cf. *Works,* 19:42-76.

[257] Ryan M. McGraw, *A Heavenly Directory: Trinitarian Piety, Public Worship and a Reassessment of John Owen's Theology*, ed. Herman J. Selderhuis, RHT 29 (Bristol, CT: Vandenhoeck & Ruprecht, 2014), 155-165.

Opera Dei ad extra sunt indivisa

Owen sigue un principio teológico ampliamente utilizado en la teología reformada, a saber, que las categorías de la *opera Dei ad extra*, es decir la manera como la trinidad opera con respecto a la creación, reflejan las categorías de la *opera Dei ad intra,* es decir la manera las personas de la Trinidad interactúan entre ellas. En otras palabras, el pacto de gracia, una obra *ad extra* de la Trinidad, refleja el pacto de redención, una obra *ad intra* de la Trinidad. La unión con Cristo se encuentra en el centro mismo del pacto de gracia y, como tal, es el medio por el que el pacto de redención se lleva a cabo en el tiempo.[258]

En palabras de Trueman, para Owen los "actos *ad extra* reflejan las relaciones internas intratrinitarias".[259] En otras palabras, para Owen las categorías de la *opera Dei ad extra* se derivan de las categorías de la *opera Dei ad intra*. Esto es exactamente lo que encontramos en Comunión con Dios. El pacto de redención describe el modo en que el Padre y el Hijo se relacionan entre sí en un vínculo intratrinitario de amor.[260] Por otro lado, la unión con Cristo es una obra *ad extra* de la Trinidad, en la que intervienen el Padre, el Hijo y el Espíritu Santo;[261] y describe el modo en que el creyente y Cristo se relacionan en un "afecto conyugal".[262] En otras palabras, el pacto de gracia (la relación entre e creyente y Cristo) es un espejo del modo en que el Padre se relaciona con el Hijo en el pacto de redención (la relación entre el Padre y el Hijo).

---

[258] *Works,* 2:179-180.

[259] Carl R. Trueman, *The Claims of Truth: John Owen's Trinitarian Theology* (Carlisle, Cumbria: Paternoster Press, 1998), 132.

[260] *Works,* 2:177.

[261] *Works,* 2:15-16. Citando Mateo 9:25; Juan 1:13; Santiago 1:18. Para una exposición de la obra trinitaria de Dios en la unión del creyente con Cristo, véase: Sinclair B. Ferguson, *John Owen on the Christian Life* (Edinburgh: Banner of Truth Trust, 1987), 32-34..

[262] El concepto de unión con Cristo como unión conyugal entre el creyente y Cristo en el pacto de gracia impregna todo el libro. Ver: *Works,* 2:54, 55, 56, 57, 58, 59, 124, 133, 138, 140.

La premisa básica de Owen es que "todo acto externo de Dios es en su sentido más profundo un acto de toda la Trinidad".[263] En otras palabras todo acto externo (opera Dei ad extra) refleja una realidad mucho más profunda que tiene lugar dentro de la Trinidad misma (opera Dei ad intra).

En este tema, Owen sigue siendo coherente con la tradición agustiniana que afirma la *Opera ad extra sunt indivisa*.[264] Es decir, las obras de las personas de la Trinidad con relación a la esfera creada son distinguibles, pero indivisibles. En otras palabras, no solo la unión con Cristo (una obra externa con respecto a la creación de la Trinidad) representa una realidad más profunda intratrinitaria (el pacto de redención de amor entre el Padre y el Hijo), sino que también la ejecución y aplicación de dicho pacto de redención en tiempo en la forma del pacto de gracia es una obra llevada a cabo por el Dios Trino, en el cual cada persona – Padre, Hijo y Espíritu Santo – obran de manera conjunta e indivisible, pero con funciones distintas.

Hablando de la obra del Espíritu Santo en la vida del creyente, atestiguando y descubriendo la voluntad de Dios, Owen escribe en *Comunión con Dios*: "esta relación *ad extra* (como la llaman) del Espíritu con el Padre y el Hijo, respecto a la operación, prueba su relación *ad intra*, respecto a la procesión personal; de la que hablé antes".[265]

Es por esto que Owen puede distinguir la manera particular como el creyente se relaciona con cada miembro de la Trinidad, porque, aunque las operaciones de la Trinidad con relación a la creación (opera Dei ad extra) son inseparables, son, sin embargo, distinguibles entre sí. Por ejemplo, con respecto a la obra de la salvación, el Padre es quien elige, el Hijo es quien se encarna, y el Espíritu es quien aplica los beneficios obtenidos por el Hijo al creyente.

---

[263] Carl R. Trueman, *John Owen: Reformed Catholic, Renaissance Man*, GTS (Aldershot, England: Ashgate, 2007), 86.

[264] Kelly M. Kapic, *Communion with God: The Divine and the Human in the Theology of John Owen* (Grand Rapids: Baker Academic, 2007), 162.

[265] *Works*, 2:227.

El principio teológico fundamental *Opera ad extra sunt indivisa* es el que Owen aplica desarrollando una teología experiencial de comunión con Dios, teniendo como base la totalidad de las Escrituras, para distinguir las funciones particulares de cada persona de la Trinidad con relación a la comunión que el creyente disfruta con cada una de ellas, pero al mismo tiempo enraizando estos eventos en una teología pactual integrada y un trinitarianismo fuertemente enraizado en lo mejor de la teología. El producto final es la obra devocional trinitaria más profunda jamás escrita.

"Opera Dei ad intra" como el fundamento del "Opera Dei ad extra"

La teología reformada clásica ha entendido tanto el *pactum salutis* (pacto de redención) como el *consilium Dei* (concilio de Dios) como parte de la *opera Dei ad intra*.[266] Es decir, eventos que tuvieron lugar entre las personas de la Trinidad antes de la creación de mundo y son hechas de manera completamente independiente de lo creado. La *opera Dei ad intra* está relacionada con el modo en que Dios se relaciona consigo mismo, y por ello estas obras se realizan al margen de cualquier relación externa con él, por lo cual son eternas e inmutables.[267] El modo en que Dios se relaciona consigo mismo nos dice algo sobre el carácter de Dios y el modo en que se relaciona con su creación. Owen es coherente con la tradición reformada en su uso de estas categorías en *Comunión con Dios*.[268]

---

[266] Joel R. Beeke and Mark Jones, *A Puritan Theology: Doctrine for Life* (Grand Rapids, MI: Reformation Heritage Books, 2012), 237; Herman Witsius, *The Economy of the Covenants between God and Man: Comprehending a Complete Body of Divinity*, trans. William Crookshank, vol. 1 (London: T. Tegg & Son, 1837), 2.3.1-2 (pg. 148-149); David Dickson, *Therapeutica Sacra: Shewing briefly the method of healing the diseases of the conscience, concerning regeneration* (Craig's-Clofs: Printed by James Watson, 1697), 22, etc.

[267] Richard A. Muller, *Dictionary of Latin and Greek Theological Terms: Drawn Principally from Protestant Scholastic Theology*, 2nd ed. (Grand Rapids, MI: Baker Academic, 2017), 244.

[268] *Works*, 2:227.

Por ejemplo, el hecho de que el Espíritu Santo sea enviado por el Padre y el Hijo para ejecutar los términos del *pactum salutis* en los elegidos -una obra *ad extra* de la Trinidad- refleja el hecho de que el Espíritu Santo procede tanto del Padre como del Hijo -*una obra ad intra*.[269] Owen escribe: "esta relación *ad extra* (como la llaman) del Espíritu con el Padre y el Hijo, en cuanto a la operación, prueba su relación *ad intra*, en cuanto a la procesión personal". [270] En otras palabras, las distinciones económicas de la Trinidad reflejan distinciones intratrinitarias.[271]

Hablando del amor de Dios, Owen escribe en varias de sus obras que el amor ad intra de Dios se parece al amor de Dios *ad extra*.[272] El pacto de gracia es una obra trinitaria ad extra, relacionada con el modo en que Dios se relaciona con su creación, de ahí que toda la iniciativa de comunión con Dios sea una obra *ad extra* de Dios.[273] El pacto de redención es una obra trinitaria *ad intra*, relacionada con el modo en que Dios se relaciona consigo mismo.[274] Del mismo modo que el pacto

---

[269] *Works*, 2:227-228.

[270] *Works*, 2:227.

[271] No debe confundirse el aproximamiento de Owen a las operaciones trinitarias con el del trinitarismo social Para Owen, ontología siempre precede economía, a diferencia del trinitarismo social que tiende a poner el énfasis en la *pericoresis* trinitaria. Dios es simple, indivisible e inmutable. La doctrina de Dios de Owen es el teismo classico.

[272] *Works*, 9:614 cf. *Works*, 1:145.

[273] Muller define la opera Dei ad extra y la opera Dei ad intra de la siguiente manera: "a) La *'opera Dei ad extra'* se refiere a las obras exteriores o externas de Dios; las actividades divinas según las cuales Dios crea, sostiene y se relaciona de otro modo con todas las cosas finitas, incluyendo la actividad u obra de la gracia y la salvación; a veces se llama opera exeuntia, obra exterior. (b) La *"opera Dei ad intra"* se refiere a las obras o actividades internas de Dios. También se denomina opera Dei interna. A diferencia de la *opera Dei ad extra*, las obras internas de Dios se realizan al margen de cualquier relación con las obras externas y son, por definición, eternas e inmutables. Las obras internas de Dios son esenciales o personales, es decir, *opera Dei essentialia*, obras esenciales de Dios, u *opera Dei personalia,* obras personales de Dios". Richard A. Muller, *Dictionary of Latin and Greek Theological Terms: Drawn Principally from Protestant Scholastic Theology*, 2nd ed. (Grand Rapids, MI: Baker Academic, 2017), 244.

[274] Laurence O'donnell R., III, "The Holy Spirit's Role in John Owen's 'Covenant of the Mediator' Formulation: A Case Study in Reformed Orthodox Formulations of the Pactum Salutis," *PRJ* Vol. 4, no. 1 (2012): 111-113.

de gracia encuentra sus fundamentos en el pacto de redención, la comunión con Dios encuentra sus raíces en el *pactum salutis*, y no puede separarse de la unión con Cristo. ¿Por qué es tan importante para Owen vincular la comunión con Dios en las relaciones intra-trinitarias? Porque para Owen, Dios tiene que ser coherente con lo que es. El pacto de redención permite conocer la naturaleza misma de Dios.

Este marco del pacto de redención/pacto de gracia es "el centro mismo en el que se encuentran todas las líneas relativas a la gracia de Dios y a nuestro propio deber, en el que consiste toda la religión".[275] La gracia de Dios, la obra de Dios, la persona de Dios y nuestro deber en respuesta a él deben entenderse dentro de un marco de pacto. No puede ser de otra manera. La teología del pacto es la llave que abre la empresa teológica de John Owen. Escribiendo sobre la teología de Cocceius y Owen, Willem J. van Asselt escribe: "el concepto de pacto no era sólo un aspecto teológico entre otras cuestiones. Más bien, su concepto de pacto puede verse como una estructura constitutiva y la idea que controla toda su empresa teológica".[276]

Sobre este mismo punto, Trueman afirma que:

Para Owen la noción de pacto es central para su comprensión de la relación de Dios con la humanidad y que facilita la articulación de la naturaleza básicamente relacional de la teología, como algo que debe ser considerado en términos de la relación de Dios con su creación.[277]

---

[275] John Owen, "Preface" to Patrick Gillespie, *The Ark of the Covenant Opened; or a Treatise of the Covenant of Redemption Between God and Christ as the Foundation of the Covenant of Grace* (London: Printed for Tho. Parkhurst, 1677), n. p.

[276] William J. van Asselt, "Covenant Theology as Relational Theology: The Contributions of Johannes Cocceius (1603-1669) and John Owen (1618-1683) to a Living Reformed Theology" in *ARCJO* ed. Kelly M. Kapic and Mark Jones, (Farnham, Surrey, England: Ashgate, 2012), 82-83.

[277] Carl R. Trueman, *John Owen: Reformed Catholic, Renaissance Man*, GTS (Aldershot, England: Ashgate, 2007), 67.

El propio Owen escribe: "toda teología está... basada en un pacto".[278] La comunión con Dios pende del pacto de redención. Esto no sólo es coherente con las pruebas encontradas en *Comunión con Dios*, sino también con el marco teológico más amplio de Owen.

Hay una concurrencia de toda la Deidad en las distintas acciones de cada persona de la Trinidad en comunión con el creyente. Esto refleja la unidad en la voluntad de las personas de la Trinidad en el *pactum salutis*.[279] Hay unidad en la voluntad, pero distinción en las acciones. En otras palabras, dado que hay acciones que son propias o distintas de cada persona de la Trinidad en la economía de la salvación, hay formas distintas en las que el creyente puede relacionarse o tener comunión con cada persona de la Trinidad de forma distintiva. Este es, en pocas palabras, el resumen de este ensayo. Me gustaría dar dos ejemplos de esto, el primero relacionado con el amor del Padre, y el segundo relacionado con el amor de Cristo.

Primero, el amor del Padre. Owen escribe que el amor del Padre por sus elegidos está enraizado en su propia naturaleza. El Padre en su propia naturaleza es "igual, constante, no capaz de aumentar o disminuir".[280] Por lo tanto, Owen concluye que porque estamos en Cristo, su amor por nosotros "es inmutable; no aumenta en la eternidad, no disminuye en ningún momento".[281]

---

[278] *Works*, 17:44.

[279] Compárense estas dos citas de Owen, la primera de *Comunión con Dios* y la segunda de *Vindiciae Evangelicae*, ambas hablando de la unidad de las voluntades de la Trinidad en las *operationes ad intra*, "Hay una concurrencia de los actos y operaciones de toda la Deidad en esa dispensación, en la que cada persona concurre a la obra de nuestra salvación, a cada acto de nuestra comunión con cada persona singular". *Works*, 2:18; cf. "Es cierto que la voluntad de Dios Padre, Hijo y Espíritu Santo no es más que una. Es una propiedad natural, y donde hay una sola naturaleza hay una sola voluntad: pero con respecto a sus actos personales distintos, esta voluntad se apropia de ellos respectivamente, de modo que la voluntad del Padre y la voluntad del Hijo pueden ser consideradas [distintamente] en este asunto; que aunque esencialmente es una y la misma, sin embargo en su personalidad distinta es considerada distintamente, como la voluntad del Padre y la voluntad del Hijo." *Works*, 12:497.

[280] *Works*, 2:30.

[281] *Works*, 2:30.

En segundo lugar, el amor de Cristo. Owen compara y contrasta el amor de Cristo por su iglesia (el amor del esposo por su esposa) con el amor del creyente (la esposa por su esposo). Owen comienza hablando de la naturaleza de Cristo, y luego procede a hablar de su obra. El amor de Cristo por nosotros es eterno, nos ha elegido para mostrarnos su "gracia y compasión interminables, sin fondo, sin límites".[282] Como Cristo mismo es eterno, su amor por nosotros también lo es.[283]

El amor de Cristo por nosotros es inmutable. En cambio, nuestro amor por él es según lo que somos. Nuestro amor es "como nosotros mismos; como somos, así son todos nuestros afectos".[284] Nuestro amor cambia de un día para otro, pero el amor de Cristo por nosotros permanece inmutable, porque él mismo es inmutable.[285] El amor de Cristo por nosotros es fecundo. Aunque podemos amar a alguien y hacer el bien al objeto de nuestro amor, nuestra capacidad de hacer el bien al objeto de nuestro amor está limitada por nuestro propio poder limitado. No somos capaces de hacer todo el bien que quisiéramos al objeto de nuestro amor. Sin embargo, los recursos y el poder de Cristo son ilimitados, de ahí que su amor por nosotros "es eficaz y fructífero para producir todo el bien que quiere a su amado".[286] Cristo no solo desea hacer el bien a su pueblo, sino que es capaz de hacerlo.

Esta es la médula de la comunión con Dios. Owen utiliza las categorías de la *opera Dei ad intra*, como la naturaleza del Hijo, el pacto de redención, la procesión de amor del Espíritu, entre otras muchas, para extraer categorías de la *opera Dei ad extra*, como el amor de Cristo por nosotros, el envío del Espíritu por el Padre y el Hijo, la seguridad de la salvación del creyente, el culto trinitario, entre otras.[287] Este es un

---

282 *Works*, 2:61.
283 *Works*, 2:62. Citando; Isaías 48:16; Hebreos 13:8; Apocalipsis 1:11.
284 *Works*, 2:62.
285 *Works*, 2:62-63. Citando; Gálatas 4:14-15; Hebreos 1:10-12; Malaquías 3:6; Juan 13:1.
286 *Works*, 2:63.
287 *Works*, 2:61-63.

patrón que se repite a través de la Comunión con Dios.[288] El resultado es una rica teología devocional trinitaria.

Las categorías de la *opera Dei ad extra* se derivan de las categorías de la *opera Dei ad intra*.[289] Las obras de Dios hacia su creación reflejan las relaciones intratrinitarias, pero no son exactamente las mismas. Aunque hay diferencias entre la *opera Dei ad intra* y la *opera Dei ad extra*, están interrelacionadas. Trueman escribe en relación con esto que para Owen los "actos ad extra reflejan las relaciones internas intratrinitarias".[290] Este es el principio teológico general que subyace en Owen en *Comunión con Dios*.

En resumen, el esquema teológico de Owen sobre la comunión con Dios es coherente con su teología del pacto más amplia. Para Owen, las obras *ad extra* de Dios están enraizadas en las obras *ad intra*; dado que la comunión con Dios es una obra *ad extra* de Dios (es decir, relacionada con la manera como Dios se relaciona con su creación), y el *pactum salutis* una obra *ad intra* de Dios (es decir, la manera como Dios se relaciona consigo mismo), se deduce que la teología de Owen de la comunión con Dios no sólo está enraizada en el *pactum salutis*, sino que también refleja las relaciones intra-trinitarias de Dios.

Es decir, de alguna manera analógico la comunión que el creyente disfruta con cada persona de la Trinidad es analógica a la manera como las personas de la Trinidad disfrutan de comunión entre ellas. Esto es consistente no sólo con la evidencia encontrada en Comunión con Dios, sino también con la teología y el método más amplio de Owen.

La seguridad de la salvación

Examinaremos aquí el primer tema experiencial principal en *Comunión con Dios*: la seguridad de la salvación. Esta sección es particularmente importante para explorar las aplicaciones prácticas del pacto de

---

[288] *Works,* 2:227-228, cf. *Works,* 2:177-180.

[289] *Works,* 2:15, 18, 227, etc.

[290] Carl R. Trueman, *The Claims of Truth: John Owen's Trinitarian Theology* (Carlisle, Cumbria: Paternoster Press, 1998), 132.

redención en *Comunión con Dios*. Los puntos de vista de Owen sobre la seguridad de la salvación son muy similares a los de los Estándares de Westminster. En este punto concreto se ve en continuidad directa con la tradición establecida en la Reforma.[291]

Sin embargo, Owen no sólo repite lo dicho por la Asamblea de Westminster y los Reformadores, sino que desarrolla el concepto de seguridad. Para Owen, la seguridad de la salvación tiene su origen en la preservación del creyente por parte de Dios, que está directamente enraizada en la elección eterna divina y en el pacto de redención.[292] De ahí la importancia de entender el tema de la seguridad en *Comunión con Dios* a través de la lente del *pactum salutis*.

Es muy importante a la hora de leer un libro tener en cuenta el propósito del autor al escribirlo. Con relación al propósito de escribir *Comunión con Dios*, Owen afirma en *A Vindication of Some Passages in a Discourse Concerning Communion With God (*1674) que Comunión con Dios es un libro "totalmente práctico, diseñado para la edificación popular, sin ningún involucramiento directo en cosas controversiales".[293]

Owen estaba convencido de que gran parte de la teología escrita durante su época no había abordado algunas cuestiones clave relacionadas con la piedad del creyente.[294] Estas cuestiones estaban en parte relacionadas con una visión errónea de Dios, que tenía como consecuencia producir una falta de seguridad de la salvación en el creyente.[295] Aparentemente, *Comunión con Dios* cumplió su propósito

---

[291] R. M. Hawkes, "The Logic of Assurance in English Puritan Theology," *WTJ* 52, no. 2 (1990): 250.

[292] Joel Beeke, *The Quest for Full Assurance: The Legacy of Calvin and his Successors* (Edinburgh: The Banner of Truth Trust, 1999), 173.

[293] *Works,* 2:277.

[294] Crawford Gribben, *John Owen and English Puritanism: Experiences of Defeat,* OSHT (New York, NY: Oxford University Press, 2016), 172-174.

[295] En el siglo XVII hubo un debate sobre el tema de la seguridad de la salvación. Algunos han acusado a la teología de mediados del siglo XVII de ser cripto-arminiana en su visión voluntarista del papel de la fe en la seguridad, lo que significa un alejamiento básico de la visión de Calvino sobre la seguridad. (Véase, por ejemplo: R.T. Kendall, *Calvin and English Calvinism to 1649* (Oxford: Oxford University Press, 1979), 210-212. Mientras que en tiempos más recientes, autores

de ayudar a las personas a desarrollar un sentido de seguridad de la salvación y a profundizar en su comunión con Dios. Escribiendo en 1674, casi veinte años después de la publicación de *Comunión con Dios,* Owen menciona en referencia a ella

> De qué utilidad y ventaja ha sido para alguien, en cuanto a su avance en el propósito que se persigue en él, se deja que juzguen aquellos que lo han leído con alguna diligencia sincera; y sé que multitudes de personas que temen a Dios, y que desean caminar ante él con sinceridad, están dispuestas, si la ocasión lo requiere, a dar testimonio del beneficio que han recibido con ello".[296]

Poder dar una respuesta a estos puntos fue una de las principales razones para escribir *Comunión con Dios.*[297] Según Owen, muchos creyentes carecen de seguridad porque:

> Pocos pueden elevar sus corazones y mentes a esta altura por la fe, como para descansar sus almas en el amor del Padre; viven por debajo de ella, en la problemática región de las esperanzas y los temores, las tormentas y las nubes. Aquí todo es sereno y tranquilo. Pero no saben cómo llegar a este nivel. Esta es la voluntad de Dios, que siempre sea visto como benigno, bondadoso, tierno, amoroso e inmutable en él; y eso peculiarmente como el Padre, como la gran fuente y manantial de todas las comunicaciones y frutos de amor llenos de gracia. [298]

---

como Richard Muller, John Coffey, entre otros, han criticado este enfoque enfatizando tanto la continuidad como la discontinuidad entre los loci doctrinales de los siglos XVI y XVII, y criticando a aquellos que hacen Calvino el estándar de la teología reformada del siglo XVI. (Véase, por ejemplo, Richard A. Muller, *Post-Reformation Reformed Dogmatics: The Rise and Development of Reformed Orthodoxy; Volume 4: The Triunity of God* (Grand Rapids, MI: Baker Academic, 2003), 394-420.

[296] *Works,* 2:277.

[297] Crawford Gribben, *John Owen and English Puritanism: Experiences of Defeat*, OSHT (New York, NY: Oxford University Press, 2016), 173.

[298] *Works,* 2:23.

Es absolutamente vital para la comunión del creyente con Dios tener una fuerte seguridad en el amor del Padre, la gracia del Hijo y la obra interior y el sellado del Espíritu Santo, porque no hay seguridad sin ellos. [299] La seguridad está enraizada en la Trinidad, porque la salvación está enraizada en la Trinidad. Para Owen:

> El Padre, es el iniciador, que elige a quién y cómo va a salvar. La segunda Persona es el Hijo y el Verbo de Dios, que imagina al Padre y hace su voluntad como mediador para redimir a los pecadores. La tercera Persona procede de las dos primeras como su ejecutor, transmitiendo a los elegidos de Dios su salvación segura".[300]

¿Por qué era importante para Owen arraigar la seguridad de la salvación dentro de un fuerte marco trinitario? Por la negación sociniana de la doctrina de la Trinidad. Cuando se publicó *Comunión con Dios* en 1657, Owen ya había refutado la enseñanza sociniana en su *Vindiciae Evangelicae* (1655).[301] La cuestión de la seguridad tenía dos vertientes: por un lado, los antinomianos negaban cualquier subjetividad en la cuestión de la seguridad debido a su énfasis en la justificación eterna y, por otro lado, los socinianos negaban cualquier objetividad a la misma debido a su negación de la expiación.

Owen elaboró con mucho cuidado su doctrina de la seguridad en la *Comunión con Dios*, una doctrina de naturaleza trinitaria, objetiva y subjetiva al mismo tiempo, pero también enraizada en la expiación y el *pactum salutis*.

---

[299] *Works,* 2:253.

[300] Joel Beeke, *The Quest for Full Assurance: The Legacy of Calvin and his Successors* (Edinburgh: The Banner of Truth Trust, 1999), 176.

[301] Dewey D. Wallace, "Puritan Polemical Divinity and Doctrinal Controversy", in *The Cambridge Companion to Puritanism*, ed. John Coffey and Paul C.H. Lim, CCRS (New York, NY: Cambridge University Press, 2008), 219-220.

Importancia personal del tópico para Owen

No hay sentido de seguridad sin confiar en el amor de Dios Padre, [302] la gracia del Hijo[303] y la obra del Espíritu.[304] El año 1642 marcó un antes y un después en la vida de Owen, porque según su propio relato, este es el año en que obtuvo la seguridad de la salvación. Owen vivía en Londres en ese momento y fue a escuchar al predicador Edmund Calamy en la iglesia de Aldermanbury.

Sin embargo, Calamy no pudo acudir ese domingo y fue sustituido por un predicador desconocido al que el Señor utilizó providencialmente en la conversión de Owen. La experiencia de conversión de Owen no debe ser subestimada, "fue transformadora"[305] y le dio "la convicción interna de que era un verdadero hijo de Dios",[306] respondió a todas sus objeciones y "resolvió por fin sus dudas espirituales".[307]

La mayoría de los biógrafos han señalado que Owen estaba pasando por un momento difícil antes de su conversión. Probablemente sufría algún tipo de depresión leve.[308] Se han sugerido varias razones para explicarlo: una decepción con la Universidad de Oxford, la Iglesia de Inglaterra y el gobierno y también un sentimiento interno de falta de seguridad. [309] Sean cuales sean las razones, tras su conversión Owen obtuvo una nueva sensación de seguridad que no había tenido antes.

---

[302] *Works,* 2:36.

[303] *Works,* 2:106 cf. *Works,* 2:47.

[304] *Works,* 2:242.

[305] Crawford Gribben, *John Owen and English Puritanism: Experiences of Defeat,* OSHT (New York, NY: Oxford University Press, 2016), 42.

[306] Peter Toon, *God's Statesman: The Life and Work of John Owen* (Exeter: Paternoster Press, 1971), 13.

[307] Sarah Cook, "A Political Biography of a Religious Independent: John Owen, 1616-1683", (unpublished PhD thesis, Harvard University, 1972), 41.

[308] Crawford Gribben, *John Owen and English Puritanism: Experiences of Defeat,* OSHT (New York, NY: Oxford University Press, 2016), 37.

[309] Anthony Milton, "Anglicanism and Royalism in the 1640's," in *The English Civil War,* ed. John Adamson (New York: Palgrave Macmillan, 2009), 61-81.

Reflexionando sobre la experiencia de conversión del creyente y su propia experiencia, Owen dice que el Señor suele poner a la persona bajo una fuerte convicción de pecado, y "oscuridad", llevándola a un estado en el que a veces tiene "temores" y está "abatida". Después de esto, el Señor manifiesta su presencia y el creyente experimenta un sentimiento de seguridad interior por la morada del Espíritu Santo. Aunque reconoce que a veces hay excepciones a esta regla, rara vez ha oído hablar de alguna. [310] Escribe:

> Cuando Dios convierte un alma, entra en ella con una nube. No conozco nada en este mundo de lo que estaría más celoso en mi ministerio, que de hablar algo, sobre la conversión o la regeneración, que no haya experimentado yo mismo... Creo que esto puedo decirlo, que Dios generalmente toma propiedad de las almas en una nube; es decir, hay algo de oscuridad sobre ellas: no pueden decir cuál es su estado; a veces tienen esperanzas, y a veces temores; a veces piensan que las cosas están bien, y a veces están abatidas de nuevo. Esta es la forma en que Dios generalmente entra en todas las almas.[311]

Owen utiliza Éxodo 40 y 1 Reyes 8:10 para establecer su punto.[312] La nube a la que se refiere es una manifestación de la gloria de Dios, a la que normalmente seguía un gran temblor y estremecimiento de los israelitas. Después de esta experiencia de estremecimiento y temblor, el Espíritu Santo da seguridad al creyente por su morada. [313] Esta descripción encaja muy bien con la experiencia de conversión de Owen. Quizás estaba describiendo su propia experiencia de conversión.

Sin embargo, Gribben ha señalado el hecho de que Owen nunca se refiere a su episodio de depresión como una preparación para su conversión, como han sugerido otras biografías tempranas de Owen.

---

310 John Owen, "Sermon XXIII: A Christian, God's Temple", in *The Works of John Owen*, ed. William H. Goold, vol. 9 (Edinburgh: T&T Clark, n.d.), 293.
311 *Works,* 9:292–293.
312 *Works,* 9:289.
313 *Works,* 9:293.

Según Gribben, la razón por la que algunos de los primeros biógrafos de Owen incluyeron este episodio de depresión como una experiencia previa a la conversión fue porque era un patrón común entre los puritanos. Afirma:

> Parte de la morfología puritana estándar de la conversión, y la erudición sobre la redacción de la vida moderna temprana se ha preocupado, por lo tanto, de discriminar entre lo que es probable que sea una descripción de la experiencia real y lo que puede ser sólo un intento de imitarla ensayando los tropos estándar del género narrativo de la conversión.[314]

¿Cómo influyó la experiencia de conversión de Owen en la redacción de *Comunión con Dios*? Uno de los principales propósitos de escribir *Comunión con Dios* era corregir la opinión de muchos creyentes de que Dios es severo y duro, para que puedan "conocer experimentalmente este privilegio de mantener la comunión con el Padre en el amor",[315] Owen se entristeció de que sólo muy pocos creyentes conozcan realmente por experiencia este amor de Dios.[316] Quizás cuando Owen escribió que antes de la conversión de un hombre "pueden juzgarlo duro, austero, severo, casi implacable y feroz"[317] estaba pensando en su propia experiencia de conversión.

Peter Toon ha argumentado que la experiencia de conversión de Owen "inició su gran interés en la obra del Espíritu Santo, que llegó a su culminación treinta años después en el monumental estudio del Espíritu Santo, *Un Discurso sobre el Espíritu Santo*.[318] Además, yo diría que el interés personal de Owen por experimentar el amor de Dios como base de la seguridad está relacionado con su experiencia de

---

[314] Crawford Gribben, *John Owen and English Puritanism: Experiences of Defeat,* OSHT (New York, NY: Oxford University Press, 2016), 37-38.

[315] *Works,* 2:32.

[316] *Works,* 2:32.

[317] *Works,* 2:35.

[318] Peter Toon, *God's Statesman: The Life and Work of John Owen, Pastor, Educator, Theologian* (Exeter: Paternoster Press, 1971), 13.

conversión y que este interés se desarrolló y fructificó quince años más tarde en la publicación de *Comunión con Dios* (1657), mucho antes del discurso sobre el Espíritu.

La experiencia de conversión de Owen es uno de los factores que configuró su teología experiencial y nos muestra su interés personal por tener la seguridad de la salvación. La búsqueda de Owen de la seguridad de la salvación es clave para entender su interés en que el creyente experimente la comunión con las tres personas de la Trinidad como base de la seguridad.

El creyente tiene seguridad en el amor del Padre

La seguridad de la salvación reside en el amor del Padre. La comunión particular que el creyente disfruta con el Padre es en el amor y Él nos lo manifiesta en el amor.[319] Owen describe tres pasos para encontrar la seguridad en el amor del Padre.

En primer lugar, el amor del Padre es un amor abundante y generoso. "Amar es elegir" y, como tal, el amor quiere el bien del objeto de su amor. Dado que el poder de Dios es ilimitado, su poder para hacernos el bien también lo es; y dado que su amor es una consecuencia de su voluntad, el amor del Padre por nosotros también es totalmente generoso e ilimitado.[320] Owen cita extensamente a Aristóteles y a Aquino en esta sección "El amor de Dios llena y crea la bondad en los amados".[321]

En segundo lugar, el amor del Padre precede y es la causa de nuestro amor por Él, "Su amor antecede al nuestro".[322] Le amamos porque Él nos ha amado primero. Nos amó cuando no había nada hermoso en nosotros. Nos ama no porque "seamos mejores que otros,

---

[319] *Works*, 2:19-20.

[320] *Works*, 2:28.

[321] Lat. *'Amor Dei Est Infundens et Creans Bonitatem in Amatis'*. Aquinas, *Summa Theologiæ* I.20, 61 vols., trans. Thomas Gilby (London: Blackfriars, 1964-1981), 5:61 (Latin text on p. 60).

[322] *Works*, 2:29.

sino porque [Él] mismo es infinitamente bueno".[323] El Padre nos ama no porque seamos buenos, sino porque Él es bueno. Por tanto, podemos descansar con seguridad en este amor.

En tercer lugar, el amor del Padre es como él mismo, "igual, constante, no susceptible de aumento o disminución".[324] El amor del Padre por nosotros está arraigado en su propia naturaleza, y como Él es inmutable, su amor por nosotros "es inmutable; no aumenta hasta la eternidad, no disminuye en ningún momento".[325] Owen utiliza las categorías de *opera Dei ad intra,* como el amor ontológico de Dios, para extraer categorías de *opera Dei ad extra*, como el amor económico de Dios por nosotros.[326]

Este es un patrón que se repite a través de *Comunión con Dios*, las categorías *opera Dei ad extra* se derivan de las categorías *opera Dei ad intra*. La comunión que los creyentes disfrutan con Dios es una *opera Dei ad extra* obra de Dios y, como tal, está enraizada en una *opera Dei ad intra* operación de Dios.

El creyente tiene seguridad en la gracia del Hijo

La seguridad de la salvación reside en la gracia del Hijo. Esta seguridad se basa en la sangre del mediador del Nuevo Pacto. Él mismo es la

---

[323] *Works,* 2:29.

[324] *Works,* 2:30.

[325] *Works,* 2:30.

[326] Muller define la *opera Dei ad extra* y la *opera Dei ad intra* de la siguiente manera: "a) La *'opera Dei ad extra'* se refiere a las obras exteriores o externas de Dios; las actividades divinas según las cuales Dios crea, sostiene y se relaciona de otro modo con todas las cosas finitas, incluyendo la actividad u obra de la gracia y la salvación; a veces se llama *opera exeuntia*, obra exterior. (b) La *"opera Dei ad intra"* se refiere a las obras o actividades internas de Dios. También se denomina *opera Dei* interna. A diferencia de la *opera Dei ad extra*, las obras internas de Dios se realizan al margen de cualquier relación con las obras externas y son, por definición, eternas e inmutables. Las obras internas de Dios son esenciales o personales, es decir, *opera Dei essentialia*, obras esenciales de Dios, u *opera Dei personalia*, obras personales de Dios". Richard A. Muller, *Dictionary of Latin and Greek Theological Terms: Drawn Principally from Protestant Scholastic Theology*, 2nd ed. (Grand Rapids, MI: Baker Academic, 2017), 244.

"garantía de un pacto mejor"[327] y el núcleo de este pacto es la gracia. "La verdad y la sustancia"[328] de la gracia sólo se encuentran en Cristo mismo. La seguridad que disfrutamos en Cristo está asegurada por tres cosas: Su papel como mediador, la relación conyugal entre Cristo y su pueblo y la adopción que tenemos en virtud de nuestra unión con Cristo.[329]

Primero, el papel de Cristo como mediador garantiza nuestra seguridad. Beeke escribe: "Los puritanos, como Owen, subrayan que la seguridad no surge principalmente al mirar a uno mismo, sino al mirar la fidelidad de Dios en Cristo crucificado".[330] Nuestra seguridad de la salvación no es algo subjetivo, sino objetivo, y se basa en la fidelidad de Cristo como mediador del nuevo pacto.[331] Cristo, como mediador del nuevo pacto, garantiza al Padre que llevará "a su seno a todos sus elegidos".[332]

Como mediador del nuevo pacto, Cristo ha cumplido la ley por nosotros y su obediencia nos ha sido imputada, junto con "todas las cosas del nuevo pacto, las promesas de Dios, toda la misericordia, el amor, la gracia, la gloria prometida".[333] Es por la fidelidad de las promesas de Cristo que tiene "asegurada su conservación hasta la gloria".[334]

---

[327] *Works,* 2:35, 177.

[328] *Works,* 2:47.

[329] *Works,* 2:8

[330] Joel Beeke, 'The Assurance Debate: Six Key Questions', in *Drawn into Controversie: Reformed Theological Diversity and Debates Within Seventeenth Century British Puritanism,* ed. Michael A.G. Haykin and Mark Jones, RHT 17 (Göttingen: Vandenhoeck & Ruprecht, 2011), 270.

[331] Las afirmaciones de Owen aquí en relación con la seguridad son opuestas a las opiniones de Richard Baxter sobre la seguridad. Para Baxter, una seguridad basada en la expiación particular y en el papel de Cristo como mediador para los elegidos era inadecuada. El feligrés medio no sabe con seguridad si pertenece a los elegidos, argumenta Baxter y si Cristo no murió por los no elegidos, entonces la expiación limitada no puede ser una base segura para la seguridad. Ver; Tim Cooper, *John Owen, Richard Baxter and the Formation of Nonconformity* (Farnham: Ashgate, 2011), 220.

[332] *Works,* 2:48.

[333] *Works,* 2:68.

[334] *Works,* 2:78.

En segundo lugar, la relación conyugal entre Cristo y su pueblo hace que nuestra seguridad sea dulce y placentera. La exposición de Owen sobre el Cantar de los Cantares es una de las secciones más importantes de *Comunión con Dios*. Owen escribe con respecto a la forma en que el creyente mantiene la comunión con Cristo que "mantenemos la comunión con la persona de Cristo en lo que respecta a las relaciones y afectos conyugales".[335] En otras palabras, Cristo se entrega plenamente al creyente con todas sus excelencias como su salvador y esposo; [336] y el creyente responde, dispuesto a recibir de Él, abrazar y someterse a su señorío.[337] Aquí hay un aspecto subjetivo de seguridad: cuanto más disfruta el creyente de la comunión con Cristo, mejor le conoce a Él y a sí mismo.

El creyente es representado por la esposa, y Cristo por el esposo. Cuanto más conoce la esposa la belleza de su marido, más claramente ve la fealdad de otros amantes, "estos amados no son comparables a él".[338] De este modo, es capaz de apreciar quién es ella realmente y lo terrible y repugnante que es el pecado (retratado por los otros amantes) en comparación con la gloriosa belleza de su marido.[339] Este doble conocimiento de Cristo y de sí mismo da lugar a una "profunda y constante seguridad de fe".[340]

En tercer lugar, la unión con Cristo es la base de nuestra seguridad. Es el Padre quien llama al creyente a la unión con Cristo, [341] pero es el Espíritu Santo quien hace efectiva esta llamada.[342] El Espíritu Santo es el vínculo que une al creyente con Cristo. Owen utiliza varios pasajes, principalmente del Cantar de los Cantares, para ilustrar la naturaleza de esta unión entre Cristo y el creyente, y el carácter deleitoso de esta

---

[335] *Works,* 2:56.
[336] *Works,* 2:56.
[337] *Works,* 2:58.
[338] *Works,* 2:58. Citando Cantares 5:16, 1 Juan 2:16-17.
[339] *Works,* 2:58-59.
[340] Joel Beeke, *The Quest for Full Assurance: The Legacy of Calvin and his Successors* (Edinburgh: The Banner of Truth Trust, 1999), 179.
[341] *Works,* 2:16.
[342] *Works,* 2:42.

unión.[343] Citando a Pablo en Efesios 5:32, Owen se refiere a esta unión como un "gran misterio",[344] pero también como el medio por el cual todas las bendiciones del Padre fluyen hacia nosotros. De ahí que podamos descansar en él. Sin embargo, aunque el tema de la unión y la seguridad se refiere varias veces a lo largo del libro, Owen no da una explicación completa de la misma, sino que dice:

> Cómo nuestra unión con él, con todo el beneficio que depende de ella, fluye de su comunicación del Espíritu a nosotros, para permanecer con nosotros, y para morar en nosotros, lo he declarado ampliamente en otra parte; donde también todo este asunto se explica más completamente. [345]

Owen se refiere aquí al libro *The Doctrine of the Saints' Perseverance Explained and Confirmed,* publicado en 1654. [346]

El creyente tiene seguridad en el consuelo del Espíritu

La seguridad de la salvación reside en el consuelo del Espíritu. Según Owen:

> La seguridad, como una condición consciente de la mente y el corazón e inducida por la actividad de testimonio del Espíritu, viene como una consecuencia del sellado en lugar de ser parte integral del acto de sellado como tal.[347]

La morada del Espíritu produce un descanso del alma en el amor de Dios, seguido de un profundo sentido de seguridad. Owen menciona nueve cosas que hace el Espíritu como consolador del creyente, y cuatro

---

[343] *Works,* 2:57.
[344] *Works,* 2:89.
[345] *Works,* 2:199.
[346] *Works,* 11:329-365.
[347] J. I. Packer, *A Quest for Godliness: The Puritan Vision of the Christian Life* (Wheaton, IL: Crossway Books, 1990), 188.

de ellas están directamente relacionadas con el sentido de seguridad del creyente.

Primero, el Espíritu derrama el amor de Dios en el corazón del creyente.[348] Owen utiliza dos versículos principales para hacer su punto, Romanos 5:5 y Tito 3:5-6 para demostrar que esta es la obra particular del Espíritu Santo. Él da una "dulce y abundante evidencia y persuasión del amor de Dios hacia nosotros, tal que el alma es tomada, deleitada, saciada con ella".

En segundo lugar, el Espíritu convence al creyente de que es hijo de Dios. Owen utiliza Romanos 8:15-16.[349] Owen utiliza la ilustración de un tribunal legal para desarrollar su argumento. Satanás acusa a la conciencia del creyente usando la ley, mientras que el Espíritu defiende al creyente. Él menciona:

> En medio del juicio, una persona de integridad conocida y aprobada entra en el tribunal, y da un testimonio completo y directo a favor del demandante; lo cual tapa la boca de todos sus adversarios, y llena de alegría y satisfacción al hombre que alegó.[350]

Es el Espíritu quien recuerda al creyente las promesas de Dios y le da una verdadera persuasión de que es hijo de Dios.

En tercer lugar, el Espíritu sella al creyente en la fe.[351] Owen utiliza Efesios 1:13, 4:30, Juan 4:27, Juan 3:33, Apocalipsis 7:4, Ezequiel 9:4 y otros para exponer su argumento. Él hace dos puntos principales aquí: primero, el sellado es el medio por el cual Dios nos restaura a su imagen, "el Espíritu en los creyentes, comunicando realmente la imagen de Dios, en justicia y verdadera santidad, al alma, nos sella".[352] Para Owen, esto es lo que está en el corazón de la comunión con el Espíritu: La comunión con el Espíritu es el medio por el que Dios restaura su imagen en el

---

[348] *Works*, 2:240.
[349] *Works*, 2:241-242.
[350] *Works*, 2:241.
[351] *Works*, 2:242-243.
[352] *Works*, 2:242.

corazón del creyente. En segundo lugar, el Espíritu ratifica las promesas de Dios en nuestros corazones, "asegurando a nuestros corazones esas promesas y su estabilidad".[353] Es el sellado del Espíritu lo que apropia a los creyentes para Dios, los distingue del mundo y los mantiene a salvo del maligno.

En cuarto lugar, el Espíritu asegura al creyente como su garantía.[354] Owen utiliza un gran número de versículos para probar su punto, tales como 2 Corintios 1:22, 5:5, Efesios 1:13-14, etc. El papel del Espíritu aquí es doble; en un sentido tenemos las arras del Espíritu y en otro Él mismo es nuestras arras. El Espíritu mismo es el *genitivus materiae* de las arras, lo que significa que Él mismo es nuestra arras y la causa de la misma.[355]

Owen se refiere al Espíritu Santo como el genitivo de la materia, lo que significa que la sustancia de las arras del creyente es el Espíritu mismo. Las arras del Espíritu son una confirmación, una promesa, una pequeña parte del mismo tipo del todo, de la herencia que ha de venir.[356] ¿En qué consiste esta herencia? Owen responde: "La herencia completa prometida es la plenitud del Espíritu en el disfrute de Dios".[357] El hecho de que se nos haya dado el Espíritu Santo como anticipo de lo que ha de venir garantiza que se nos dará la herencia completa. La herencia futura será del mismo tipo de la que hemos recibido, pero mucho mayor. La herencia futura del creyente es una comunión aún mayor, más profunda y más rica con el Dios trino.

La comunión es el medio por el que nos conformamos a la semejanza de Dios. Una plena comunión con Dios significa una plena conformación a su imagen trina. No hay seguridad donde no hay

---

[353] *Works,* 2:243.

[354] *Works,* 2:243-246.

[355] Lat. *Genitivus materiae:* "Sustantivo genitivo que especifica el material del que consta el sustantivo principal. P. ej., ἐπίβλημα ῥάκους ἀγνάφου ("un trozo de tela sin lavar", Mc 2,21). En algunas gramáticas esta categoría se subsume en el genitivo de aposición." Matthew S. DeMoss, *Pocket Dictionary for the Study of New Testament Greek* (Downers Grove, IL: InterVarsity Press, 2001), 61.

[356] *Works,* 2:244-245.

[357] *Works,* 2:245.

comunión. De ahí la importancia para Owen de arraigar la seguridad de salvación en *Comunión con Dios*.

La adoración al Dios Trino

Examinaremos aquí el segundo tema principal experiencial en *Comunión con Dios*: la adoración. Consideraremos un acontecimiento en la vida de Owen antes de escribir *Comunión con Dios* en 1657; luego procederemos a examinar la relación entre la adoración y la comunión.

Trasfondo histórico y teológico

La Declaración de Fe de Saboya, que Owen ayudó a elaborar, afirma que la "doctrina de la Trinidad es el fundamento de toda nuestra comunión con Dios, y la dependencia reconfortante de él".[358] La comunión con Dios es, por definición, trinitaria y, en consecuencia, doxológica. Una de las características clave de la teología experiencial era promover la restauración de la simplicidad del culto bíblico.[359] Esto es particularmente cierto para Owen, para quien la teología trinitaria encuentra su máxima expresión en la adoración pública congregacional. El culto trinitario es la consecuencia necesaria de la teología trinitaria.[360]

Aunque es cierto que la teología de Owen estaba fuertemente influenciada por autores continentales y como tal debe ser entendida "en términos de la más amplia tradición occidental en curso del pensamiento teológico y filosófico",[361] como inglés, estaba involucrado en un contexto y entorno particular y como tal la cuestión de "la

---

[358] Savoy Confession, 2.3. Citado de A.G. Matthews, *The Savoy Declaration of Faith and Order, 1658* (London: Independent Press, Ltd., 1959), 79.

[359] Peter Lewis, *The Genius of Puritanism* (Grand Rapids, MI: Reformation Heritage Books, 2008), 11.

[360] Ryan M. McGraw, *A Heavenly Directory: Trinitarian Piety, Public Worship and a Reassessment of John Owen's Theology*, ed. Herman J. Selderhuis, RHT 29 (Bristol, CT: Vandenhoeck & Ruprecht, 2014), 12.

[361] Carl R. Trueman, *John Owen: Reformed Catholic, Renaissance Man*, GTS (Aldershot, England: Ashgate, 2007), 5-6.

profundización de la experiencia del culto" [362]   era una cuestión importante.

Vemos la importancia de adorar a Dios de forma correcta no sólo en los escritos de Owen, sino también en su vida personal. Owen terminó su licenciatura en la Universidad de Oxford en 1632 y casi inmediatamente después comenzó su maestría bajo la tutela de Thomas Barlow, quien ejerció una importante influencia en las ideas de Owen.[363] Mientras Owen era estudiante, el obispo William Laud fue nombrado vicerrector de la Universidad de Oxford en 1630 y arzobispo de Canterbury en 1633.[364]

Tras el nombramiento de Laud como vicecanciller de Oxford, aumentó la presión para introducir en la Universidad de Oxford prácticas y rituales que muchos puritanos consideraban contrarios a lo que enseñan las Escrituras. Estas prácticas consistían en nuevos elementos en el culto público, como un código de vestimenta particular para el clérigo, el embellecimiento de las iglesias, entre otras cosas, que finalmente se establecieron plenamente en 1637.[365] La imposición de estos rituales era insoportable para Owen. No podía jurar su cumplimiento porque "no se atrevía a prestar el juramento prescrito por ellos en lo que respecta a las antiguas imposiciones"[366] y decidió abandonar la Universidad en 1637, tras sólo dos años de haber comenzado su doctorado en teología en 1635.[367]

---

[362] Hughes Oliphant Old, *The Reading and Preaching of the Scriptures in the Worship of the Christian Church, Volume 4, The Age of the Reformation* (Grand Rapids, MI: William B. Eerdamns Publishing Company, 2002), 252.

[363] Sebastian Rehnman, *Divine Discourse: The Theological Methodology of John Owen*, TSRP (Grand Rapids: Baker Book House, 2002), 32-40.

[364] Crawford Gribben, *John Owen and English Puritanism: Experiences of Defeat*, OSHT (New York, NY: Oxford University Press, 2016), 30.

[365] Tom Webster, "Early Stuart Puritanism", in *The Cambridge Companion to Puritanism*, ed. John Coffey and Paul C.H. Lim, CCRS (New York, NY: Cambridge University Press, 2008), 55-62.

[366] John Owen, *The Oxford Orations of John Owen,* ed. Peter Toon (Callington, Cornwall, UK: Gospel Communications, 1971) 32.

[367] Sarah Cook, "A political biography of a religious Independent: John Owen, 1616-1683", (unpublished PhD thesis, Harvard University, 1972), 36.

Para Owen, adorar a Dios de forma correcta era tan importante que le llevó a "sacrificar un curso estándar de educación ministerial y potencialmente la oportunidad de servir en el pastorado".[368] Se ha mencionado anteriormente que dejar Oxford – y lo que sería una carrera como teólogo - fue probablemente una de las razones por las que Owen cayó en una forma leve de depresión después.[369]

¿Por qué era tan importante para Owen adorar a Dios de forma correcta? ¿Y cómo se relaciona esto con *Comunión con Dios*? Porque los principios que se aplican a nuestra comunión con Dios son los mismos que se aplican a la adoración. La adoración es la consecuencia necesaria de la comunión. La adoración es la forma en que tenemos comunión con Dios, particularmente con el Espíritu Santo. La forma distintiva en que el creyente tiene comunión con el Espíritu es en la adoración.[370] Sin embargo, no hay comunión con Dios cuando se le adora incorrectamente, y para adorar a Dios correctamente es necesario conocerlo por quien él es. La adoración es la consecuencia necesaria de conocer a Dios.[371]

Owen pone tanto énfasis en *Comunión con Dios* en adorar a Dios correctamente, que a veces *Comunión con Dios* parece un manual de adoración, o "un directorio celestial".[372] Adicionalmente, Ryan M. McGraw ha argumentado que los principios de adoración de Owen se derivaban directamente de su teología de la comunión con Dios y estos dos estaban arraigados en un fuerte trinitarismo.[373] Según McGraw, la teología del culto de Owen era diferente a la de los teólogos que le

---

[368] Ryan M. McGraw, *A Heavenly Directory: Trinitarian Piety, Public Worship and a Reassessment of John Owen's Theology*, ed. Herman J. Selderhuis, RHT 29 (Bristol, CT: Vandenhoeck & Ruprecht, 2014), 22.

[369] Crawford Gribben, *John Owen and English Puritanism: Experiences of Defeat*, OSHT (New York, NY: Oxford University Press, 2016), 37.

[370] *Works*, 2:268-275.

[371] Sinclair B. Ferguson, *John Owen on the Christian Life* (Edinburgh: Banner of Truth Trust, 1987), 82-84. Cf. *Works*, 2:77-78.

[372] *Works*, 2:269.

[373] Ryan M. McGraw, *A Heavenly Directory: Trinitarian Piety, Public Worship and a Reassessment of John Owen's Theology*, ed. Herman J. Selderhuis, RHT 29 (Bristol, CT: Vandenhoeck & Ruprecht, 2014), 28-30.

precedieron. [374] Las formulaciones teológicas reformadas clásicas comienzan extrayendo principios de las Escrituras sobre la adoración, y luego sobre la actitud del adorador ante Dios, pero Owen comenzó su teología de la adoración a partir de la Trinidad. M. McGraw escribe:

> En las formulaciones clásicas de los principios del culto en la teología reformada, autores como Jeremiah Burroughs (1600-1643) y Stephen Charnock (1628-1680) solían comenzar con lo que las Escrituras decían sobre el culto, junto con una consideración de los requisitos espirituales previos para el adorador.
>
> Sin embargo, Owen construyó su teología del culto directamente sobre su enseñanza del conocimiento del Dios trino. Creía que la naturaleza de la comunión con la Trinidad, junto con los puntos de vista protestantes sobre la suficiencia de las Escrituras, exigían que sólo las Escrituras determinaran el carácter del culto público. Por un lado, podía comenzar con lo que la Escritura exigía en relación con el culto. Por otra parte, podía comenzar fácilmente con las consecuencias de la comunión personal con Dios, y luego pasar a los principios externos del culto que esa relación con Dios exige. [375]

De la misma manera que podemos tener comunión particular con cada una de las personas de la Trinidad, podemos adorar a cada una de ellas en particular. [376] Sin embargo, al mismo tiempo, cuando adoramos a una persona, estamos adorando a toda la Trinidad, porque "la naturaleza divina es la razón y la causa de todo culto; de modo que es imposible adorar a una persona y no adorar a toda la Trinidad". [377] Asimismo, cuando tenemos comunión con una persona de la Trinidad, estamos teniendo comunión con toda la Trinidad. [378]

---

[374] Me he beneficiado mucho de las ideas de McGraw en esta sección. De particular relevancia es el tercer capítulo de su libro titulado "Chastity in Worship: The Spiritual and Scriptural Principles of Worship'" Ibídem, 81-115.

[375] Ibid., 28.

[376] *Works,* 2:12, 14.

[377] *Works,* 2:268.

[378] *Works,* 2:269.

Exposición de la adoración

Hay ochenta y una referencias a la adoración en *Comunión con Dios*, y el mayor número de referencias aparece en la sección relacionada con la comunión con el Espíritu Santo. Por ejemplo, hay treinta referencias de adoración en el octavo capítulo de esta sección, titulado "Direcciones particulares para la comunión con el Espíritu Santo".[379] ¿Por qué Owen pone tanto énfasis en la adoración en la sección dedicada a la comunión con el Espíritu Santo? Porque el hombre fue creado a imagen y semejanza de Dios y, como tal, su propósito principal es glorificar a Dios y tener comunión con Él.

Owen utiliza los términos "imagen" y "semejanza" indistintamente en sus escritos, pero "ambos se refieren principalmente a categorías relacionales".[380] En otras palabras, la imagen perdida de Dios en el hombre está relacionada principalmente con una relación rota entre Dios y el hombre. Por lo tanto, el tema de la comunión con Dios no es sólo devocional para Owen, sino profundamente soteriológico y escatológico, porque la comunión con Dios es el medio por el cual somos conformados a la imagen de Dios en Jesucristo, el Hijo, y esto se hace principalmente a través del Espíritu Santo. Es el Espíritu Santo quien nos hace más parecidos a Cristo. La adoración es el medio por el cual somos conformados a la imagen de Dios.

Suzanne McDonald afirma con respecto a este punto:

Hemos de ser conformados cada vez más a Cristo, la imagen de Dios, por medio de la obra del Espíritu, y una de las principales maneras en que somos formados y transformados es contemplando la gloria del Señor, ahora, parcialmente y por la fe; y luego, en la consumación

---

[379] *Works*, 2:268-274.
[380] Suzanne Mcdonald, "The Pneumatology of the 'Lost' Image in John Owen," *WTJ* 71, no. 2 (2009): 325.

escatológica, por la vista, al ver cara a cara y conocer como somos conocidos.[381]

El Espíritu Santo es el agente por el que nos transformamos más y más en la semejanza de Cristo, a través de nuestra comunión con Dios.

Owen da cuatro indicaciones sobre la forma en que el creyente se relaciona con el Espíritu Santo en la adoración. En primer lugar, como todas las personas de la Trinidad comparten la misma esencia divina, cuando adoramos a una de ellas, estamos adorando a toda la Divinidad.[382] Cuando adoramos a Dios, adoramos su esencia divina. En segundo lugar, cuando oramos al Padre, estamos orando a cada persona, porque invocamos al Padre como Dios.[383] Tercero, aunque hay operaciones distintivas *ad extra* de la Trinidad, son indivisibles. Owen escribe: "esto debe observarse en todo este asunto, que cuando cualquier obra del Espíritu Santo (o de cualquier otra persona), que se le apropia (nunca excluimos la concurrencia de otras personas), nos lleva a adorarle, sin embargo no se le adora exclusivamente, sino que se adora a toda la Divinidad".[384] En cuarto lugar, debemos adorar directamente al Espíritu Santo no sólo porque es nuestro consolador, sino porque es Dios mismo. Él requiere la misma adoración que el Padre y el Hijo.[385]

Trueman observa que desde el comienzo de la década de 1650 los escritos de Owen se volvieron cada vez más tomistas en su lenguaje como dispositivo heurístico.[386] Escribe:

---

[381] Suzanne McDonald, "Beholding the Glory of God in the Face of Jesus Christ: John Owen and the "Reforming" of the Beatific Vision" in *ARCJO* ed. Kelly M. Kapic and Mark Jones, (Farnham, Surrey, England: Ashgate, 2012), 143.

[382] *Works*, 2:268.

[383] *Works*, 2:269.

[384] *Works*, 2:269. Citando: Efesios 2:18.

[385] *Works*, 2:269-270. Citando: Juan 14:1.

[386] Por ejemplo, en *Comunión con Dios* hay al menos sesenta y ocho casos en los que Owen utiliza el lenguaje de la causalidad para describir y conectar un gran número de conceptos. Por ejemplo, en relación con el amor del Padre, menciona: "El Padre denota la materia y el objeto, no la causa eficiente, del amor en cuestión". *Works*, 2:12.

Ya hemos observado que, al menos desde principios de la década de 1650, la teología de Owen adquiere un matiz claramente intelectualista, que refleja su predilección general por una orientación tomista de la teología.[387]

Utilizando las categorías tomistas como método heurístico, podemos hablar, con relación al conocimiento de Dios por parte del creyente, de la comunión con Dios como *causa finalis* (propósito final), mientras que el Espíritu Santo es la *causa efficiens* (aquel que lo lleva a cabo).[388] En palabras de Owen, "que los santos aprendan a obrar la fe distintamente en el Espíritu Santo, como la causa eficiente inmediata de todas las cosas buenas mencionadas".[389] La adoración es la *causa formalis* (la manera o forma particular como se desarrolla) que lleva al creyente a una comunión más profunda con Dios.[390]

La comunión con Dios es la causa final de la obra de la redención, el Espíritu Santo es la causa eficiente, y la adoración es la causa formal. Si la comunión con Dios es la obra principal del *pactum salutis*, el culto es el medio por el que se realiza la comunión con Dios.[391] Ahora bien, para Owen, la adoración es mucho más que el canto, e incluye la

---

[387] Carl R. Trueman, *The Claims of Truth: John Owen's Trinitarian Theology* (Carlisle, Cumbria: Paternoster Press, 1998), 112-113.

[388] Richard Muller define las cuatro causas de la siguiente manera: "Siguiendo a Aristóteles, los escolásticos medievales, los reformadores y los escolásticos protestantes sostenían un esquema básico de causalidad de cuatro tipos: (1) la *causa efficiens*, la causa eficiente, o causa productiva y efectiva, que es el agente productor del movimiento o mutación en cualquier secuencia de causas y efectos; (2) la *causa materialis*, o causa material, que es la base física o sustancial del movimiento o mutación, la materia sobre la que opera la *causa efficiens*; (3) la *causa formalis*, o causa formal, que es la *essentia* o *quidditas* de la cosa, y que es determinante de lo que ha de ser la cosa causada; (4) la *causa finalis*, o causa final, que es el fin último por el que se hace una cosa o se realiza un acto." Richard A. Muller, *Dictionary of Latin and Greek Theological Terms: Drawn Principally from Protestant Scholastic Theology*, 2nd ed. (Grand Rapids, MI: Baker Academic, 2017), 56-57.

[389] *Works*, 2:270.

[390] *Works*, 2:272.

[391] *Works*, 2:271.

oración,[392] la alabanza, la acción de gracias, el honor y la gloria a Dios por su obra trinitaria de redención.[393]

Aunque el foco principal de nuestra adoración es el Hijo, es el Espíritu Santo quien suscita en nosotros el deseo de adorar.[394] La comunión se produce cuando el creyente responde a la obra de Dios en alabanza. Por tanto, la voluntad del creyente es activa en la comunión, porque implica una respuesta a la obra del Espíritu Santo.[395] La comunión y la adoración están tan interrelacionadas en la teología de Owen que una no puede tener lugar sin la otra. Owen termina esta sección hablando del triste estado del incrédulo e invitando al creyente a disfrutar de una comunión más profunda con el Espíritu Santo.[396]

Owen no considera al Espíritu Santo un participante en el *pactum salutis*, sino que dice explícitamente que el "consejo de paz" tuvo lugar en la eternidad pasada entre el Padre y el Hijo.[397] Sin embargo, la aplicación de la obra de la redención al creyente es ejecutada por el Espíritu Santo.[398] Es el Espíritu Santo quien se encarga de unir al creyente a Cristo, de suscitar en él la adoración y de desarrollar la comunión del creyente con Dios.

Es también en este contexto soteriológico de comunión donde podemos apreciar la importancia del pacto de redención para Owen. La obra de la redención es el elemento más central del pacto de redención, y uno de los principales propósitos de la obra de redención es restaurar al creyente a una correcta comunión con Dios. Para Owen, la comunión con Dios sólo es posible en el marco de un pacto.[399] No podemos tener comunión con Dios aparte de Cristo, el Mediador del pacto.[400] Owen se

---

[392] *Works*, 2:271-272.

[393] *Works*, 2:271.

[394] *Works*, 2:270-271. Citando: Apocalipsis 1:5-6.

[395] *Works*, 2:271.

[396] *Works*, 2:273-274.

[397] *Works*, 2:177.

[398] *Works*, 2:175. Citando: John 6:63, 5:25.

[399] Ryan M. McGraw, *A Heavenly Directory: Trinitarian Piety, Public Worship and a Reassessment of John Owen's Theology*, ed. Herman J. Selderhuis, RHT 29 (Bristol, CT: Vandenhoeck & Ruprecht, 2014), 52.

[400] *Works*, 2:154. Citando: Filipenses 3:10.

refiere a la comunión como "esa comunicación mutua en el dar y el recibir, de la manera más santa y espiritual, que hay entre Dios y los santos mientras caminan juntos en un pacto de paz, ratificado en la sangre de Jesús".[401]

Conclusión

No hay comunión, adoración o verdadero conocimiento experimental de Dios aparte del pacto. ¿Cuál es la importancia de la adoración en el marco del *pactum salutis* de Owen? Si la comunión con Dios es el fin de la obra de la redención, la adoración es el medio por el que se desarrolla esta comunión.[402]

Teniendo esto en cuenta, podemos entender por qué adorar a Dios de forma adecuada era tan importante para Owen. Podemos entender mejor por qué las imposiciones de William Laud eran tan insoportables para él y muchos otros puritanos. Podemos apreciar por qué estaba dispuesto a "sacrificar un programa estándar de educación ministerial",[403] y por qué estaba dispuesto a dejar Oxford en 1637, sólo dos años después de comenzar sus estudios doctorales de teología.[404]

Es imposible tener una correcta comunión con Dios donde no se le adora correctamente. El Dios trino busca que se le adore como él desea ser adorado. La adoración es una ofrenda de amor a Dios, y no un medio de autosatisfacción. Debe primariamente de agradarle a Dios y no a nosotros.

---

[401] *Works,* 2:9.

[402] Por supuesto, el fin último de la obra de la redención es la gloria y la alabanza de Dios. Owen reconoce esto varias veces. Sin embargo, la adoración y la comunión están tan ligadas en la teología de Owen que adorar a Dios es tener comunión con Él. Cuanto más profunda es la comunión que el creyente tiene con Dios, más glorificado es Él.

[403] Ryan M. McGraw, *A Heavenly Directory: Trinitarian Piety, Public Worship and a Reassessment of John Owen's Theology*, ed. Herman J. Selderhuis, RHT 29 (Bristol, CT: Vandenhoeck & Ruprecht, 2014), 22.

[404] Sarah Cook, "A political biography of a religious Independent: John Owen, 1616-1683", (unpublished PhD thesis, Harvard University, 1972), 36.

Acerquémonos en adoración Dios Trino de las Escrituras, para tener comunión en amor con el Padre, el Hijo y el Espíritu Santo, de la mano de uno de los mejores maestros de la historia de la Iglesia Cristiana.

COMUNIÓN CON DIOS: EL PADRE, HIJO Y ESPÍRITU SANTO

CADA PERSONA POR SEPARADO, EN AMOR, GRACIA Y CONSOLACIÓN

O;

LA COMUNIÓN DE LOS SANTOS CON EL PADRE, EL HIJO Y EL ESPÍRITU SANTO EXPLICADA

Dios es amor

1 Juan 4:8

Dime, amado de mi alma: ¿Dónde apacientas tu rebaño?

Cantares 1:7

Apresúrate, amado mío

Cantares 8:14

Y no entristezcan al Espíritu Santo de Dios, por el cual fueron

sellados para el día de la redención

Efesios 4:30

Ahora bien, hay diversidad de dones, pero el Espíritu es el

mismo. Hay diversidad de ministerios, pero el Señor es el

mismo. Y hay diversidad de operaciones, pero es el mismo Dios

el que hace todas las cosas en todos

1 Corintios 12:4-6

PREFACIO ORIGINAL

Lector Cristiano,

Han pasado seis años desde que me comprometí a publicar algunas meditaciones en el tópico del libro que usted tiene entre manos. La razón por la demora en la publicación de este, al no ser de conocimiento público, no la daré a conocer. Aquellos que han estado a la espera del cumplimiento de esta promesa han estado en la mayoría de los casos suficientemente familiarizados con mi trabajo y circunstancias como para estar satisfechos con la postergación de este.

Solamente hay algo que quisiera añadir sobre este proyecto: Desde la primera vez que hable en público acerca de este tema (lo cual fue la causa de contraer el compromiso antes mencionado de escribir un libro sobre este tema), he tenido muchas oportunidades de meditar nuevamente en lo que originalmente había pensado en escribir. Por lo cual he sido capaz de mejorar las presentaciones originales, y de hacer algunas adiciones al diseño principal y el tema en cuestión. De tal manera que mi primera deuda ha llegado a ser lo que ahora es ofrecido a los santos de Dios. No hablare nada más acerca del tema aquí tratado, pues dejare que el libro hable por sí mismo, y pueda producir ese disfrute espiritual y alivio a aquellos cuyos corazones no están tan llenos del mismo, y haga parecer todo lo demás amargo en comparación a la dulzura del evangelio.

Querido lector cristiano, los temas principales del tema están expuestos en los primeros capítulos de la primera sección de este tratado.

No lo detendré más aquí con la lectura de nada que luego se ofrecerá en su respectivo lugar: sepa solo que el tratado en su totalidad ha sido encomendado a la gracia de Dios con muchas oraciones, para el beneficio de todos aquellos que están interesado en todos los asuntos concernientes a la piedad mencionados aquí.

JOHN OWEN

Oxford[1]. *Christ Church College*

10 de Julio, 1657

---

[1] Latín.: *Oxon.*

PRIMERA PARTE: COMUNIÓN CON DIOS EL PADRE

CAPÍTULO 1: LOS CREYENTES DISFRUTAN DE COMUNIÓN CON DIOS

Bosquejo: "Capítulo 1: Los creyentes disfrutan de comunión con Dios"

1. Los santos disfrutan de comunión con Dios
2. La comunión con Dios es términos generales
   a. Comunión en la misma naturaleza
   b. Comunión en estado y condición
   c. Comunión en acciones
3. Definición de comunión con Dios
   a. Dos aspectos de nuestra comunión con Dios
      i. Perfecta y completa
      ii. Inicial e incompleta

En la primera epístola de Juan, el apóstol asegura a aquellos a sus lectores que la comunión de los creyentes "es con el Padre, y con Su Hijo Cristo Jesús" (1 Jn. 1:3).[1] Para esto usa una expresión inusual en el original para enfatizar aún más su punto. Esta frase podría ser traducida como: "Verdaderamente nuestra comunión es con el Padre y con Su Hijo Cristo Jesús."

---

[1] Griego (de ahora en adelante Gr.): *Καὶ ἡ κοινωνία δὲ ἡ ἡμετέρα,* etc.

La condición y estado social de los cristianos en aquellos días era muy humilde y despreciable. Sus propios líderes incluso eran considerados como la escoria de este mundo y el desecho de todas las cosas.[2]

Como escribe Tertuliano, "¡cristianos a los leones!",[3] y también "Creo que Dios ha escogido a los apóstoles como lo más inferior, como hombres separados para pelear con bestias salvajes... somos como aquellos que siempre están por caer, pero que sin embargo nunca caen."[4]

En este contexto la invitación para que otros se les unieran y tuvieran comunión con ellos y llegaran a ser partícipes de las cosas preciosas que estos cristianos disfrutaban hubiera parecido una locura para el mundo y hubiera estado lleno de objeciones: "¿Que beneficio puedo tener yo al tener comunión con ellos? ¿Qué otra cosa más podría haber al unirme a ellos, sino problemas, reproches, insultos y toda clase de maldades?".

---

[2] Gr.: Ὡς περικαθάρματα τοῦ κόσμου. Cf. 1 Cor. 4:8-13; Rom. 8:35-36. **Hebreos 10.32–34** Pero recuerden los días pasados, cuando después de haber sido iluminados, ustedes soportaron una gran lucha de padecimientos. Por una parte, siendo hechos un espectáculo público en oprobios y aflicciones, y por otra, siendo compañeros de los que eran tratados así. Porque tuvieron compasión de los prisioneros y aceptaron con gozo el despojo de sus bienes, sabiendo que tienen para ustedes mismos una mejor y más duradera posesión.

[3] Latín (de ahora en adelante Lat.): *"Christianos ad leones."* Tertuliano. *"Apología".* [Tertullian, *Apology*, ANF 3:47; PL 1, col. 825B.]. "Tertuliano (c. 160-c. 225), llamado "el padre de la teología latina", este pensador cristiano cartaginés ejercería una extraordinaria influencia en el desarrollo del pensamiento cristiano en Occidente. Formado como abogado, Tertuliano se convirtió a la fe cristiana poco antes de 197. Se convirtió en uno de los principales apologistas de la Iglesia y defendió con elocuencia la tolerancia imperial hacia los cristianos, que, según él, no eran enemigos del Estado. También defendió que el cristianismo era muy superior a otras religiones. Tertuliano no encontraba ningún valor en la filosofía pagana y atacó el gnosticismo y otras "perversiones" de la verdad. La verdad de Dios, sostenía, se encontraba en la "tradición viva de los apóstoles", que se transmitía de generación en generación en la Iglesia a través de la sucesión apostólica. Tuvo un poderoso impacto en el desarrollo de las doctrinas sobre el pecado, el perdón, la penitencia y la salvación." Nathan P. Feldmeth, *Pocket Dictionary of Church History: Over 300 Terms Clearly and Concisely Defined*, The IVP Pocket Reference Series (Downers Grove, IL: IVP Academic, 2008), 131.

[4] Lat: *"Et puto nos Deus apostolos novissimos elegit veluti bestiarios."* Tertuliano. "Sobre la Modestia". [Tertullian, *On Modesty*, ANF 4:88; PL 2, col. 1006B.] *"Semper casuris similes, nun-quamque cadentes."* Cf. Hch.17:18; Gal. 6:12.

Para prevenir y remover estas y cualquier otro tipo de dudas que los lectores originales pudieran tener, el apóstol escribe, con un énfasis particular, que a pesar de todas las tribulaciones por las que estaban pasando desde un punto de vista terrenal, les dice que verdadera y ciertamente su condición era (y pronto lo verían con aún más claridad) muy honrosa, gloriosa, y envidiable. Pero ¿por qué?. Porque "Verdaderamente", dice, "nuestra comunión es con el Padre, y con Su Hijo Jesucristo."

> **1 Juan 1.3b–4** En verdad nuestra comunión es con el Padre y con Su Hijo Jesucristo. Les escribimos estas cosas para que nuestro gozo sea completo.

1. Los santos disfrutan de comunión con Dios

Esta verdad es afirmada de manera tan directa y apasionada por el apóstol, que podemos declarar sin duda alguna que "los santos de Dios, tienen comunión con Él." Esta es una comunión santa y espiritual. Cómo es que esta comunión es llevada a cabo de manera distintiva con el Padre y el Hijo, será explicada con mayor detalle más adelante.

El hombre en su estado natural, desde la entrada del pecado, no tiene ningún tipo de comunión con Dios. Dios es luz, nosotros tinieblas (1 Jn. 1:5, 2 Co. 6:14, Ef. 5:8, Jn. 5:21, Mt. 22:32, Ef. 2:1, 1 Jn. 4:8, Ro. 8:7). Y, ¿qué comunión tiene la luz con las tinieblas?

> **2 Corintios 6.14** No estén unidos en yugo desigual con los incrédulos, pues ¿qué asociación tienen la justicia y la iniquidad? ¿O qué comunión la luz con las tinieblas?

Él es vida, nosotros estamos muertos. Él es amor, nosotros enemistad. Y entonces, ¿Qué comunión puede haber entre nosotros? El hombre en tal condición no solo no tiene a Cristo, sino tampoco ninguna esperanza, ni Dios en el mundo. Como escribe Agustín, "esta es la gran miseria del hombre: no estar en comunión con Aquél sin el cual él no puede vivir."[5]

Efesios 2.12 *Recuerden* que en ese tiempo ustedes estaban separados de Cristo, excluidos de la ciudadanía (comunidad) de Israel, extraños a los pactos de la promesa, sin tener esperanza y sin Dios en el mundo.

Estaban excluidos (separados) de la vida de Dios por causa de la ignorancia que había en ustedes, por la dureza de su corazón (Ef. 4:18). Ahora bien, no pueden andar dos juntos a menos que estén de acuerdo el uno con el otro.[6] Mientras exista esta distancia entre Dios y el Hombre, no es posible de ninguna manera que puedan caminar juntos en asociación o disfrutar de ningún tipo de comunión.

Nuestra comunión original con Dios ha sido tan dañada por el pecado que hemos quedado sin ninguna posibilidad de regresar a Dios por nuestras propias fuerzas (Ec. 7:29; Jer. 13:23; Hch. 4:12; Is. 33:14). Habíamos quedado privados de todo poder para regresar a Dios. De tal manera que, si Dios no hubiera revelado ninguna forma de acercarnos a Él, no hubiera habido manera alguna de que los pecadores se acercaran en paz a Él. De la misma manera, ninguna de las obras que Dios ha hecho, tampoco ninguno de sus atributos que Él ha revelado hubieran podido dar siquiera la más mínima luz para tal provisión.[7]

La manifestación de la gracia y la gran misericordia perdonadora de Dios, la cual es la única puerta de acceso para tal comunión, no se ha hecho disponible a través de nadie más, sino únicamente a través de Cristo. Agustín escribe:

---

[5] Lat.: *"Magna hominis miseria est cum illo non ease, sine quo non potest esse."* Agustín de Hipona. "Acerca de la Santa Trinidad". [Augustine, *On the Holy Trinity*, NPNF[1] 3:192; PL 42, col. 1049.]

[6] **Amós 3.3** "¿Andan dos hombres juntos si no se han puesto de acuerdo?"

[7] Owen hace referencia a Dios cosas aquí: En primer lugar, la revelación general nos revela tanto las obras como los atributos de Dios. En segundo lugar, esta revelación general de ninguna manera es suficiente en si misma para la salvación y restauración de la comunión entre Dios y los hombres.

El mismo único y verdadero mediador, nos reconcilió con Dios a través del sacrificio de paz, para poder ser uno con Aquél hacia quien ofrendo, para poder hacer uno consigo mismo por quienes ofrendo, para que pueda ser en uno ambos, la ofrenda y el que presenta la ofrenda.[8]

Es en Cristo, y a través de Él, que esta gracia y misericordia fueron compradas, a través de quien es aplicada, y es Él quien la revela desde el seno del Padre. Es en parte por esta razón que esta comunión y relación con Dios no se menciona expresamente en el Antiguo Testamento.[9] El concepto por supuesto que se encuentra ahí, pero la claridad con la que el concepto es expresado, y la firmeza y confianza de esta comunión con Dios se encuentra revelada con mayor nitidez en el Evangelio, a través del Espíritu que obra en el mismo. Es solo a través del Espíritu que tenemos esta libertad.

2 Corintios 3.17–18 Ahora bien, el Señor es el Espíritu; y donde está el Espíritu del Señor, *hay* libertad. Pero todos nosotros, con el rostro descubierto, contemplando como en un espejo la gloria del Señor, estamos siendo transformados en la misma imagen de gloria en gloria, como por el Señor, el Espíritu.

Abraham era amigo de Dios (Is. 41:8). David un hombre conforme al corazón de Dios [1 Sam. 13:14; Hch. 13:22]; Enoc camino con El (Gn. 5:22); todos disfrutaron de esta comunión y compañía con Dios por la sustancia de este Evangelio (cf. Is. 41:8, 1 Sa. 13:14, Gn. 5:22).[10] Sin

---

[8] Lat.: *"Unus verusque Mediator per sacrificium pacis reconcilians nos Deo; unum cum illo manebat cui offerebat; unum in se fecit, pro quibus offerebat; unum in se fecit, pro quibus offerebat; unus ipse fuit, qui offerebat, et quod offerebat."* –Agustín de Hipona. "Acerca de la Santa Trinidad". [Augustine, *On the Holy Trinity*, NPNF1 3:79; PL 42, col. 901.]. cf. Jn. 1:18; Heb. 10:19–21.

[9] La palabra traducida aquí como "relación", es difícil en el contexto original. Otras posibles traducciones serían *koinonia*, compañerismo o amistad.

[10] Owen se refiere aquí al hecho de que la sustancia del Evangelio, del Nuevo Pacto, la cual estaba presente en el Antiguo Pacto. Esta es la razón por la cual los

embargo, la entrada al lugar santísimo no fue manifestada mientras el primer tabernáculo todavía estaba en pie (Heb. 9:8). Es decir, que aunque tenían comunión con Dios, aun no tenían *parrēsian,*[11] esto es, plena confianza y seguridad en esa comunión. Esta confianza es consecuencia de la entrada de nuestro Sumo Sacerdote en el lugar santísimo (Heb. 4:16; 10:19). El velo aún estaba sobre ellos, de tal manera que no tenían *eleutherian*[12], es decir la libertad y confianza en su acceso a Dios (2 Cor. 3:15-16). Pero ahora en Cristo tenemos esa confianza.[13] Por lo cual podemos acceder con seguridad a Dios (Ef. 3:12).

Los santos de antaño no estaban familiarizados con esta seguridad y confiado acceso al Padre. Es solo a través de Cristo Jesús que esta distancia entre Dios y nosotros es acortada, y todas las consideraciones pertinentes a su ser son completamente reveladas a nosotros. Él ha abierto para nosotros un camino nuevo y vivo (lo viejo ha sido eliminado), "por medio del velo, es decir, Su carne," (Heb. 10:20); y "Porque por medio de Cristo los unos y los otros tenemos nuestra entrada al Padre en un mismo Espíritu" (Ef. 2:18).[14]

Explicare más y con mayor detalle, sobre este fundamento y base de nuestra comunión con Dios más adelante. Sin embargo, es a través de esta nueva base y fundamento, este camino nuevo y vivo, que los pecadores son recibidos para tener comunión con Dios, ¡y en verdad ciertísimamente podemos tener comunión con Dios mismo! Esto es verdaderamente increíble, ¡El hecho de que pecadores como nosotros podamos tener comunión con Dios, el infinitamente santo Dios, es realmente sorprendente!

---

creyentes podían tener comunión con Dios. Esta afirmación debe entenderse a la luz de la teología del Pacto de Owen.

[11] Gr.: *παρρησίαν*

[12] Gr.: *ἐλευθερίαν*

[13] Gr.: *Παρρησίαν καὶ τὴν προσαγωγὴν ἐν πεποιθήσει.*

[14] **Efesios 2.13-14** Pero ahora en Cristo Jesús, ustedes, que en otro tiempo estaban lejos, han sido acercados por la sangre de Cristo. Porque El mismo es nuestra paz, y de ambos *pueblos* hizo uno, derribando la pared intermedia de separación.

1 Juan 3:1 "Miren cuán gran amor nos ha otorgado el Padre: que seamos llamados hijos de Dios. Y *eso* somos."

En las palabras del filósofo:

Cuando los hombres son amigos no necesitan de la justicia, mientras que, aun siendo justos, necesitan de la amistad: es más, parece que el carácter más amistoso es propio de los hombres justos.[15]

2. La Comunión con Dios en términos generales

Quisiera hablar un poco acerca de lo que significa el termino comunión. El termino comunión está relacionado con personas y cosas. Es decir, se llama comunión a la una unión entre aquellos que participan en una

---

[15] Gr.: *Φίλων μὲν ὄντων, οὐδὲν δεῖ δικαιοσύνης· δίκαιοι δὲ ὄντες προσδέονται θιλίας.* –Aristóteles, "Ética a Nicómaco". [Aristotle, *The Nicomachean Ethics*, Loeb Classical Library (Cambridge, MA: Harvard University Press, 1962), 453.]. Aristóteles, filósofo y científico griego (384-322 a.C.), alumno de Platón. Aristóteles nació en Estagira, Macedonia, donde su padre era médico de la corte del rey Amyntas II. Se trasladó a Atenas para estudiar en la Academia de Platón cuando tenía unos 18 años, y permaneció en ella durante 20 años. Tras la muerte de Platón, hacia el año 348, Aristóteles abandonó Atenas y vivió en Assos y Mitilene, en Asia Menor, antes de regresar en el año 343 a Macedonia, donde ejerció de tutor del joven Alejandro Magno. Hacia el 335 a.C. regresó a Atenas, donde fundó su propia escuela, el Liceo. A la muerte de Alejandro, en el 323, surgió un sentimiento antimacedonio en Atenas, lo que llevó a Aristóteles a abandonar la ciudad. Murió un año después en Calcis. A diferencia de Platón, que subrayaba que la naturaleza de la realidad se expresaba más claramente en las formas no materiales o en las ideas, Aristóteles destacó la importancia de partir de los fenómenos particulares para comprender la realidad. Esto llevó a que Aristóteles pusiera mayor énfasis en el estudio empírico. Aunque la influencia de Aristóteles en el pensamiento cristiano medieval fue enorme (Tomás de Aquino se refiere a él simplemente como "el Filósofo"), su relevancia bíblica se discute sobre todo en términos de su influencia en la retórica grecorromana tal y como fue utilizada por los autores del Nuevo Testamento, así como su posible influencia en los códigos domésticos que se encuentran en las cartas del Nuevo Testamento." Elliot Ritzema, "Aristotle," ed. John D. Barry et al., *The Lexham Bible Dictionary* (Bellingham, WA: Lexham Press, 2016).

acción en común, sea buena o mala, o por deber o placer, natural o por elección.[16] Una vez más Tertuliano escribe:

> Porque de la misma manera que 'Él nos ha dado la promesa de Su Espíritu', también 'Él ha recibido de nosotros la promesa de la carne, y la ha llevado con Él al cielo como una garantía de aquella totalidad a la que un día será restaurada.[17]

a. Comunión en la misma naturaleza

Una participación común en la misma naturaleza da a todos los hombres una comunión, compañerismo u asociación en la misma naturaleza. Acerca de los elegidos el apóstol dice en Hebreos 2:14: *"Ta paidia kekoinōnēke sarkos kai aimtos,"*[18] "Así que, por cuanto los hijos participan". Es decir tienen comunión o participan de la misma naturaleza con el resto de los hombres del mundo, es decir son "de carne y sangre". Los hombres comparten una misma naturaleza entre sí, por lo cual Cristo tuvo comunión con ellos al participar de la misma naturaleza humana (*'kai autos paraplēsiōs metesche tōn autōn').*[19]

> **Hebreos 2.14** Así que, por cuanto los hijos participan de carne y sangre, también Jesús participó de lo mismo, para anular mediante la muerte el poder de aquél que tenía el poder de la muerte, es decir, el diablo.

---

[16] Owen usa el término *comunión* por su significado teológico. Otro término apropiado seria participación, como cuando participamos de la cena del Señor. Participación y comunión son términos estrechamente relacionales, como veremos más adelante.

[17] Lat.: *"Quemadmodum enim nobis arrhabonem Spiritus reliquit, ita et a nobis arrhabonem carnis accepit, et vexit in cœlum, pignus totius summæ illuc quandoque redigendæ."* –Tertuliano, "Acerca de la Resurrección de la Carne". [Tertullian, *On the Resurrection of the Flesh*, ANF 3:584; PL 2, col. 869A].

[18] Gr.: Τὰ παιδία κεκοινώνηκε σαρκὸς καὶ αἴματος. Owen invierte el orden de los términos 'σαρκὸς' y 'αἴματος'.

[19] Gr.: Καὶ αὐτὸς παραπλησίως μετέσχε τῶν αὐτῶν

b. Comunión de estado y condición

Existe también otro tipo de comunión relacionado con el *estado* y *condición*. Esta comunión en estado y condición puede ser para el bien o para el mal, y puede ser tanto en cosas internas y espirituales, como la comunión que los creyentes tienen entre sí, como también con respecto a cosas externas o materiales.

Por ejemplo, esta "comunión como condición", fue el caso de Cristo con los dos ladrones en la cruz. Es decir, tenían comunión los unos con los otros en el sentido de que ambos se encontraban bajo la misma condición. Estaban 'bajo la misma sentencia de cruz' (*en tō autō krimati*)[20], es decir 'compartiendo la misma condena'[21] (Lc. 23:40). Ellos estaban en comunión con respecto a la misma mala condición a la cual habían sido sujetos. Sin embargo, uno de ellos pidió (petición que le fue concedida), participar en aquella bendita condición a la cual nuestro Salvador estaba por entrar.[22]

c. Comunión en acciones

Existe también comunión o compañerismo en *acciones*, ya sean buenas o malas. Esta comunión en buenas acciones es, por ejemplo, aquella comunión (participación) y compañerismo en el evangelio, o en la realización y celebración de la adoración a Dios que ha sido instituida en el evangelio. Este es el tipo de comunión que los santos disfrutan entre sí (Fil. 1:5); y en la misma en que David se regocijaba (Sal. 42:4). Comunión en el mal, por ejemplo, fue el caso de los hermanos Simeón y Levi (Gen 49:5). Ellos tuvieron comunión, en el sentido de que participaron juntos en aquel cruel acto de venganza y muerte.

---

[20] Gr.: ἐν τῷ αὐτῷ κρίματι

[21] Lat.: *"ejusdem doloris socii"*

[22] Esta "comunión de condición" a la cual Owen se refiere, es la identificación que dos o más personas tienen al compartir las mismas circunstancias. Por el hecho de ser "condicional", y no de "estado", esta comunión es temporal y sujeto a cambios.

d. Particularidades de la comunión con Dios

Nuestra comunión con Dios es diferente de todas las mencionadas anteriormente, y es en este sentido única. No puede ser una comunión natural, sino que más bien debe ser *voluntaria* y por consentimiento.[23] No puede ser de estado y condición; sino de acciones. De la misma manera no puede ser comunión en las acciones de una tercera parte, sino más bien en reciprocidad de las acciones del uno para con el otro.

Sin embargo, existe una dificultad aquí: La infinita disparidad que existe entre Dios y el Hombre. Esto es lo que hizo concluir al gran filósofo que no podría haber amistad entre ellos:[24]

Es verdad que no podemos fijar límites exactos para tales casos, en los cuales dos hombres todavía pueden ser amigos; la brecha puede ampliarse y la amistad aún continuar. Pero cuando uno llega a ser muy diferente del otro, como por ejemplo en la diferencia entre los dioses y nosotros, tal comunión es imposible.[25]

De acuerdo con Aristóteles, podría darse cierta distancia entre las personas conformando la amistad, aunque no se podría establecer

---

[23] Las distinciones que Owen hace aquí tienen como base el hecho de que como seres humanos tenemos una sustancia diferente a la de Dios, por lo cual nuestra comunión con el no puede estar basada originalmente en compartir una sustancia en común. Esto es diferente, por ejemplo, en el caso del Padre y el Hijo quienes comparten una misma sustancia Divina, y por lo cual pueden tener una comunión natural.

[24] Owen, y en general la mayor parte de escolásticos reformados usan una convención de nombres. Al referirse al "gran filosofo", por lo general la referencia es a Aristóteles. Cuando hablan de el "gran teólogo", la referencia es a Agustín de Hipona, y cuando hablan de el "gran maestro de la Iglesia", por lo general están hablando de Tomas de Aquino. Cuando escribe solamente el filosofo, el teólogo o el maestro de la Iglesia, sin ninguna otra clasificación, es una referencia a Aristóteles, Agustín y Tomas de Aquino.

[25] Gr.: Ἀχριζὴς μὲν οὖν ἐν τοιούτοις οὐκ ἔστιν ὁρισμός, ἔως τίνος οἱ φίλον πολλῶν γὰρ ἀφαιρουμέ· νων, ἔτι μένει, πολὺ δὲ χωρισθέντος, οἶον τοῦ Θεοῦ οὐχ ἔτι. Aristóteles, "Ética a Nicómaco". [Aristotle, *The Nicomachean Ethics*, Loeb Classical Library (Cambridge, MA: Harvard University Press, 1962), 478.]

exactamente los límites y bordes de esta amistad. Pero entre Dios y el Hombre, de acuerdo con su entendimiento, no habría lugar para la misma.

Otro filósofo menciona que existe cierto tipo de 'comunión entre Dios y el hombre'. [26] Es decir un cierto sentido de compañerismo entre Dios y el Hombre, pero esta comunión es mayormente en un sentido providencial. Otros filósofos usan expresiones más elevadas al describir la relación de Dios con el Hombre, pero no saben de lo que hablan.

Este conocimiento estaba escondido en Cristo y aún estaba por ser revelado. Es demasiado maravilloso para ser descubierto por una naturaleza corrompida y pecaminosa [27] Por naturaleza, terror y aprensión de la muerte en la presencia de Dios es todo a lo que somos conducidos. Sin embargo, tenemos, como ha sido dicho, un nuevo fundamento, y una nueva revelación de esta comunión con Dios.

---

[26] Lat. *communitas homini cum Deo.* Probablemente Owen esta citando aquí un dialogo de Cicerón. *"Cum homini nulla cum deo sit communitas?"* – "¿Pero si el Hombre y Dios no tienen casi nada en común?" Cicerón, "Sobra la naturaleza de los dioses." [Cicero, *De natura deorum*, trans. H. Rackman, Loeb Classical Libray (Cambridge, MA: Harvard University Press, 1972), 110-13.]. "Cicerón fue un primit estadista y orador romano del siglo I que destacó tanto por su actividad política como por sus influyentes escritos y discursos (106-43 a.C.). Como figura política, Cicerón fue un personaje clave en la época de Julio César, Pompeyo, Marco Antonio y Octavio. Defendió la autoridad senatorial y fue desterrado de Roma por su participación en la denuncia de una conspiración de Catilina. A su regreso del exilio, se opuso a César (m. 44 a.C.) y, posteriormente, a Marco Antonio. Finalmente, Cicerón fue capturado y asesinado por los hombres de Antonio como acto de venganza (véase Plutarco, Cic., 48-49; Séneca, Contr., 7.2). Como orador, Cicerón pronunció más de cien discursos que contribuyeron a su reputación como uno de los más grandes oradores de la antigüedad. Como escritor, produjo cientos de cartas y otros escritos sobre filosofía, primitiv y retórica. La primitive de la producción literaria de Cicerón hace que sus escritos sean inmensamente valiosos para el estudio del cristianismo primitive. En particular, sus obras sobre retórica y filosofía antiguas influyeron en el entorno filosófico y religioso en el que se desarrolló el cristianismo primitive." John D. Barry et al., eds., "Cicero," *The Lexham Bible Dictionary* (Bellingham, WA: Lexham Press, 2016).

[27] Para Owen, existen dos tipos de revelación, general y especial. El campo de la filosofía pertenece al área de la revelación general. Sin embargo, el conocimiento de la comunión con Dios en Cristo Jesús pertenece al área de la revelación especial, por lo cual era imposible ser descubierto completamente a través del razonamiento humano, o revelación general.

Ahora bien, comunión es el mutuo compartir de estas cosas, de tal manera que en las personas que participan en dicha comunión hay gozo por la misma, debido a que existe algún tipo de unión entre ellas. Este por ejemplo era el caso con David y Jonathan. Se dice que sus almas estaban unidas entre sí en un vínculo de amor, y tenían todo en común. (1 Sa. 20:17). Los amigos tienen todas las cosas en común, pues "todas las cosas pertenecen a los dioses. Los dioses son amigos de los sabios, y los amigos tienen todas las cosas en común. Por lo cual todas las cosas son propiedad de los sabios."[28]

Existía una unión de amor entre ellos, y como consecuencia un compartir de todas las cosas en amor mutuo. El filósofo escribe: "entonces, el proverbio dice 'los bienes de los amigos son propiedad común', y esto es cierto, porque comunidad es la esencia de la amistad."[29] En los asuntos espirituales esto es aún más hermoso: aquellos que disfrutan de esta comunión poseen la más sublime unión debido a la base de esta comunión. De la misma manera los resultados de esa unión, que son comunicados recíprocamente, son los más preciosos y excelentes.

De aquella unión que es la base de toda la comunión que disfrutamos con Dios he escrito ampliamente en otro lugar, y por lo cual no tengo nada más que añadir.[30]

---

[28] Gr. πάντα τῶν θεῶν ἐστι· φίλοι δὲ τοῖς σοφοῖς οἱ θεοί· κοινὰ δὲ τὰ τῶν φίλων. πάντα ἄρα τῶν σοφῶν. Diógenes Laertius, *Lives of Eminent Philosophers*, ed. R. D. Hicks (Kansas City Missouri: Harvard University Press, November 1, 2005), 73. [D. L., Vit. Phil. 6.72]. "Diogenes Laërtius (c. siglo III de nuestra era). Biógrafo de filósofos griegos. No fue filósofo, pero su *Vidas y opiniones de filósofos eminentes* es una importante fuente de conocimiento de la filosofía griega y latina. Laërtius clasificó a los filósofos presocráticos en dos escuelas: la jónica y la itálica. Debido a su ferviente defensa de Epicuro dentro del texto, se cree que Laërtius se identifica con los epicúreos." Charles Taliaferro and Elsa J. Marty, eds., "Diogenes Laërtius," *A Dictionary of Philosophy of Religion* (New York; London; Oxford; New Delhi; Sydney: Bloomsbury Academic: An Imprint of Bloomsbury Publishing Inc; Bloomsbury, 2018), 78–79.

[29] Gr. Καὶ ἡ παροιμία, χοινὰ τὰ φίλων, ὀρθῶς, ἐν χοινωνίᾳ γὰρ ἡ φιλία. Aristóteles. *Ética a Nicómaco.* [Aristotle, *The Nicomachean Ethics*, Loeb Classical Library (Cambridge, MA: Harvard University Press, 1962), 485.]

[30] Owen esta escribiendo esta obra en 1657. La referencia es probablemente a las secciones sobre "Unión con Cristo" en *La Muerte de la Muerte en la Muerte de*

3. Definición de Comunión con Dios

Podemos definir entonces comunión con Dios como la comunicación de Dios mismo hacia nosotros, y nuestra respuesta hacia Él, de acuerdo con todo lo que Él requiere y acepta. Esta comunión fluye de la unión que en Cristo Jesús tenemos con Él. Sin embargo, debe decirse con respecta a esta unión que:

> Ciertamente en la unión de nosotros con Él no hay una mezcla de nuestras personas, tampoco una unión de nuestras sustancias, sino que más bien una profunda unión de nuestros afectos y el entrelazamiento de nuestras voluntades.[31]

Cristo (1647), y *Una Exposición del Arminianismo* (1643). Para Owen, toda la comunión que disfrutamos con Dios es una consecuencia de nuestra unión con Cristo. Unión es una consecuencia de comunión.

[31] *"Nostra quippe et ipsius conjunctio, nec miscet personas, nec unit substantias, sed affectus consociat, et confœderat voluntates."* – Cipriano. *"De Coena Domini".* Cipriano. "Cipriano (c. 200-58), fue un padre de la Iglesia latina, y obispo de Cartago desde aproximadamente el año 249 hasta su muerte. Cipriano fue un pagano que se convirtió al cristianismo en la madurez y ascendió rápidamente al cargo de obispo. Tenía una buena educación y era un orador dotado, capaz de unir e inspirar a una iglesia que estaba sufriendo una severa persecución. El propio Cipriano huyó a un lugar seguro en el año 250, pero esto le dejó mal preparado para enfrentarse al elemento de rigor de la iglesia, que exigía que no se hicieran concesiones a los reincidentes. Cipriano no estaba de acuerdo, y comenzó a preocuparse por las cuestiones de orden eclesiástico que habían surgido durante la controversia. Sus escritos son menos voluminosos que los de Agustín y menos variados que los de Tertuliano, pero son una fuente importante para nuestro conocimiento de la época y sus problemas. La importancia duradera de Cipriano para la teología radica en su visión "elevada" de la Iglesia, que desarrolló para contrarrestar las tendencias esquismáticas que estaban latentes en el norte de África. Sostenía una teoría avanzada de la sucesión apostólica y exigía con insistencia que se respetaran sus derechos como obispo, sin ceder su autoridad a nadie, ni siquiera al obispo de Roma." G. L. Bray, "Cyprian (c. 200–58)," ed. Martin Davie et al., *New Dictionary of Theology: Historical and Systematic* (London; Downers Grove, IL: Inter-Varsity Press; InterVarsity Press, 2016), 240–241.
Nota editorial: Aunque la cita es atribuida a Cipriano, la misma no aparece en *'De Coena Domini'*. Cipriano tiene una cita similar, aunque no con las mismas palabras, acerca de nuestra unión con Cristo en relación con los sacramentos en *'Santi Caecilii Cypriani Opera'*. La cita aparece literalmente en una obra del S. XII por

a. *Dos aspectos de nuestra comunión con Dios*

Esta comunión que gozamos con Dios tiene dos fases:

i. Perfecta y completa

Esto será en la completa manifestación de Su gloria y cuando estemos completamente sometidos a Él, descansando completamente en Él como nuestro propósito y meta final. Disfrutaremos de esta comunión cuando le veamos tal como es.

ii. Inicial e incompleta

Es decir, disfrutamos de los primeros frutos y el albor de aquella perfección que ya tenemos aquí en gracia. Este es el único aspecto que nos concierne por ahora.

Por lo cual nuestro tema de ahora en adelante será sobre este mutuo compartir, el dar y recibir de una manera espiritual y santísima, entre Dios y Sus santos mientras caminan juntos en un pacto de paz, ratificado por la sangre de Cristo Jesús.[32] Pues "un lazo muy fuerte de comunión es efectuado por el mutuo intercambio de actos de bondad."[33] Esto lo haremos si Dios lo permite. Mientras tanto oramos que el Dios y Padre de nuestro Señor Jesucristo, quien por las riquezas de Su gracia nos rescató de un estado de enemistad a una condición de comunión y compañerismo consigo mismo, permita que tanto el que escribe como los que leen las palabras de este servidor, puedan disfrutar de Su dulzura

---

Arold de Boneval, llamada *'De cardinalibus operibus Christi usque ad ascensum ejus ad Patrem ad Adrium IV Pontificem Maximum'*; PL 189, cols. 1609-1678A.

[32] Owen usa a menudo la frase "pacto de la paz", como un sinónimo del "pacto de la gracia", en oposición al "pacto de las obras".

[33] *"Magna etiam ilia comnmnitas est, quæ conficitur ex beneficiis ultro citro, datis acceptis."* Cicerón, "Sobre las Obligaciones". [Cicero, *De Officiis*, Loeb Classical Library, trans. Walter Miller (Cambridge, MA: Harvard University Press, 1956), 58.]

y excelencia y ser movidos a un mayor deseo de la completitud de su salvación y el fruto de Él en gloria.

CAPÍTULO 2: COMUNIÓN CON CADA PERSONA DE LA TRINIDAD DE MANERA DISTINTIVA

Bosquejo: "Capítulo 2: Comunión con cada persona de la Trinidad de manera distintiva"

1. Comunión con cada persona de la Trinidad de manera única
2. La manera como los creyentes tienen comunión con Dios
   a. Comunión con el Padre
      i. Comunión con el Padre a través de la fe
      ii. Comunión con el Padre en amor
      iii. Comunión con el Padre en la oración y alabanza
   b. Comunión con el Hijo
   c. Comunión con el Espíritu Santo
3. Cada persona de la Trinidad nos dispensa gracia
   a. Distinciones entre las personas de la Trinidad
   b. Ejemplo: Cada persona de la Trinidad nos revela algo
      i. Revelación del Padre
      ii. Revelación del Hijo
      iii. Revelación del Espíritu Santo
4. ¿Cuál es la distinción entre cada persona de la Trinidad en su dispensación de gracias?

    a. El Padre lo hace en virtud de su autoridad original

    b. El Hijo lo hace a través de la compra de un tesoro

    c. El Espíritu Santo lo hace a través de su eficacia inmediata

En el primer capítulo hemos explicado dos cosas; en primer lugar, el hecho que los santos tienen comunión con Dios. En segundo lugar, hemos explicado lo que significa tener comunión. En los siguientes capítulos veremos la manera como esta comunión se lleva a cabo, así como en que consiste esta comunión exactamente.

1. Comunión con cada persona de la Trinidad manera única

Antes de comenzar debemos tener en cuenta algo sobre la comunión que los creyentes experimentan con las distintas personas de la Trinidad. Esta se da de dos maneras: con cada una de las personas de la Trinidad de manera distintiva y peculiar, y con la divinidad como un todo de manera conjunta y unida.

En primer lugar, debemos comenzar explicando en qué consisten las características *distintivas* de la comunión que los creyentes disfrutan con el Padre, el Hijo y el Espíritu Santo. Es decir, la manera como el creyente tiene comunión con el Padre, y con el Hijo y con el Espíritu de manera distintiva y particular con cada uno de ellos, y cuáles son las *bendiciones particulares (apropiaciones)* distintivas de nuestra comunión con cada uno de ellos.[1] Una vez más Tertuliano escribe:

---

[1] Owen usa lenguaje legal medieval en la construcción de esta oración. La frase traducida al español como "bendiciones particulares", corresponde al original *appropiation*. Existían dos palabras para referirse a los beneficios que un monasterio recibía de los impuestos, diezmos y ofrendas de un determinado lugar, estas dos palabras, en ingles, eran *appropiation* e *impropriation*. Las diferencias entre ambas es pocas, sin embargo, ambas apuntan a un tipo de beneficio. En este caso en particular, el creyente es el beneficiario de la comunión con Dios, por esto la decisión de traducir *appropiation* como "bendiciones". Ver: R. Burn, "Appropiation", en *The Oxford dictionary of the Christian Church* eds., F. L. Cross y Elizabeth A. Livingstone (Oxford; New York: Oxford University Press, 2005), 94.

Presten atención a lo que digo ahora: Que el Padre es uno, el Hijo uno, y el Espíritu Santo uno, y que ellos son personas distintas la una de la otra.[2]

Y Gregorio escribe:

Es inmediatamente después que me doy cuenta de que aquel uno me ilumina por el esplendor de aquellos tres. E inmediatamente después de esto puedo diferenciar entre aquellos tres y soy llevado de regreso a aquel uno.[3]

El apóstol menciona en 1 Juan 5:7, "Porque tres son los que dan testimonio en el cielo: el Padre, el Verbo (Jesucristo), y el Espíritu Santo."[4] En el cielo se encuentran y dan testimonio a nosotros. Sin

---

[2] Lat. *"Ecce dico alium esse patrem, et alium filium, non divisione alium, sed distinctione."* –Tertuliano, *Contra Praxeas.* [Tertullian, *Against Praxeas*, ANF 3:603; PL 2, Cols. 164a-b.]

[3] Gr. *Οὔ φθάνω τὸ ἓν νοῆσαι, καὶ τοῖς τρισὶ περιλάμπομαι, οὔ φθάνω τὰ τρία διελεῖν, καὶ εἰς τὸ ἓν ἀναφέρομαι.* – Gregorio Nacianceno, *Oraciones 40: Discurso sobre el santo bautismo.* [Gregory of Nazianzus, *Oration 40: The Oration on Holy Baptism*, NPNF² 7:375; PG 36, col. 417B.]. "Gregorio de Nazianzo (c. 329-390), fue uno de los grandes padres de la Iglesia cristiana primitiva y uno de los padres capadocios junto con Basilio el Grande y Gregorio de Nisa. Gregorio se crió en Nacianzo y se formó en la tradición clásica en Atenas junto a Basilio. Gregorio regresó a Nacianzo hacia el año 359 y comenzó a servir a la Iglesia en el 361. En el 373, Basilio le nombró obispo del pequeño territorio de Sasima en un intento de combatir el arrianismo nombrando a amigos antiarrianos en puestos de alto rango, pero Gregorio nunca estuvo contento con este nombramiento. Gregorio pasó dos años en Constantinopla hacia el 380 antes de regresar a Nacianzo. Enfatizó enérgicamente la importancia de creer en la trinidad para ser un cristiano fiel, afirmando que Dios Padre es la fuente y la causa de la trinidad, pero que sin embargo comprende una unidad indicativa de la doctrina. Escribió poemas y cartas, pero son sus sermones (ahora publicados como Cuarenta y cinco Sermones) los más conocidos." Charles Taliaferro and Elsa J. Marty, eds., "Gregory of Nazianzus," *A Dictionary of Philosophy of Religion* (New York; London; Oxford; New Delhi; Sydney: Bloomsbury Academic: An Imprint of Bloomsbury Publishing Inc; Bloomsbury, 2018), 115–116.

[4] La mayoría de traducciones modernas omiten esta frase, debido a que no se encuentra en los manuscritos mas antiguos, ni tampoco es citado por los Padres de la Iglesia.

embargo, ¿en qué consiste este testimonio que dan a nosotros? Es acerca de filiación divina de Cristo, y la salvación de los creyentes en Su sangre. Juan usa la sangre y el agua como símbolos que apuntan a nuestra justificación y santificación respectivamente [1 Juan 5:8].

Ahora bien, ¿de qué manera estos tres dan testimonio a nosotros? Como tres testigos diferentes. Cuando Dios da testimonio de algo en relación con nuestra salvación, podemos estar seguro de que esto es ciertísimo. Cuando Él da testimonio sobre algo, nosotros lo recibimos. Sin embargo, este testimonio es hecho de manera particular y distintiva por cada una de las personas de la Trinidad.

El Padre da testimonio, el Hijo da testimonio y el Espíritu Santo da testimonio, porque son tres testigos diferentes. De esta manera, cuando recibimos el testimonio de cada uno de ellos en relación con nuestra salvación, gozamos de comunión con cada uno de ellos de manera particular y distintiva. Porque gran parte de nuestra comunión con Dios consiste en dar y recibir este testimonio acerca de la obra que han hecho por nosotros. Mas adelante explicaré con mayor detalle en que consiste este testimonio de la obra en particular que cada persona de la Trinidad ha hecho.

El apóstol en 1 Corintios 12:4-6 habla acerca del reparto de los dones y gracias a los creyentes:

1 Corintios 12.4–6 Ahora bien, hay diversidad de dones, pero el Espíritu es el mismo. Hay diversidad de ministerios, pero el Señor es el mismo. Y hay diversidad de operaciones, pero es el mismo Dios el que hace todas las cosas en todos.

Pablo menciona que la distribución de estos dones y gracias a los creyentes es hecho por cada una de las personas de la Trinidad. "Ahora bien, hay diversidad de dones, pero el Espíritu es el mismo" [5] [1 Cor. 12:4], y esto es hecho por el Espíritu Santo como lo indica en el verso 11: "pero todas estas cosas las hace uno y el mismo Espíritu." [1 Cor.

---

[5] Gr. Χαρίσματα, διαχονίας, ἐνεργήματα.

12:11]. También, "hay diversidad de ministerios, pero el Señor es el mismo" (1 Cor. 12:5), es decir, quien lo hace es el mismo Señor Jesús. "Y hay diversidad de operaciones, pero es el mismo Dios..." (1 Cor. 12:6), esto es hecho por el mismo Padre (Ef. 4:6). De tal manera que los dones y gracias son dados de la misma manera que estos son recibidos.

Esta misma distinción se da no solo en las gracias que Dios nos da, y las bendiciones que el Espíritu Santo derrama sobre nosotros, [6] sino también en la manera como nos acercamos a Dios. Orígenes escribe:

> Porque toda oración, suplica, intercesión y acción de gracias, deben ser dadas al Supremo Dios a través del Sumo Sacerdote, quien está por encima de todos los ángeles, la Palabra viva de Dios.[7]

---

[6] Owen usa la latinización en ingles del latín 'illapsus', de difícil traducción al español. La idea de este es algo que desciende permeando, inundando completamente aquello sobre lo que cae, como el de un fuerte rocío por la mañana. Esta palabra en latín es a menudo usada en referencia a la obra del Espíritu Santo.

[7] Gr. *Πᾶσαν μὲν γὰρ δέησιν καὶ προσευχὴν καὶ ἔντευξιν, καὶ εὐχαριστίαν ἀναπεμπτέον τῷ ἐπὶ πᾶσι Θεῷ, διὰ τοῦ ἐπὶ πάντων ἀγγέλων ἀρχιερέως ἐμψύχου λόγου καὶ Θεοῦ.* –Orígenes. *Orígenes contra Celsus.* [Origen, *Origen Against Celsus*, ANF 4:544; PG 11, col. 1185b.]. "Orígenes (c. 185-c. 254), fue quizás el mayor erudito cristiano de su época. Orígenes tuvo un impacto duradero en la Iglesia a través de su enfoque alegórico de la interpretación bíblica. Egipcio de nacimiento, vivió buena parte de su vida adulta en la cosmopolita ciudad de Alejandría, donde dirigió la Escuela Catequética. Profundamente influenciado por el ascetismo cristiano, Orígenes llevó una vida disciplinada de ayuno, vigilias y pobreza. Eusebio registró que Orígenes, después de leer en Mateo 19:12 sobre el tema de convertirse en eunucos por el reino de Dios, tomó el pasaje literalmente y se castró a sí mismo. Según la tradición, Orígenes escribió más de cinco mil obras, de las que hoy se conservan muy pocas. Su famosa Hexapla fue una notable obra de crítica textual en la que comparó los textos de seis versiones clave del Antiguo Testamento. La mayor obra teológica de Orígenes, Sobre los primeros principios, trata de la naturaleza de Dios, los seres celestiales, la humanidad, el libre albedrío y las Escrituras. Al interpretar la Biblia, Orígenes defendía la existencia de distintos niveles de significado o sentido en las Escrituras. Orígenes abandonó Egipto y estableció una escuela en Cesarea en el año 231. Fue arrestado y torturado en la persecución de Decio del 250 y murió unos años después." Nathan P. Feldmeth, *Pocket Dictionary of Church History: Over 300 Terms Clearly and Concisely Defined*, The IVP Pocket Reference Series (Downers Grove, IL: IVP Academic, 2008), 107–108.

Esto se muestra también en Efesios 2.18 "Porque por medio de Cristo los unos y los otros tenemos nuestra entrada al Padre en un mismo Espíritu." Nuestro acceso a Dios, es decir la manera como tenemos comunión con Él, es 'a través de Cristo Jesús',[8] 'en el Espíritu'[9] y 'para con el Padre'.[10] Las personas consideras aquí obran de manera distinta e independiente con el fin de cumplir el propósito de la voluntad de Dios revelada en el evangelio.

Por ejemplo, algunas veces, solo se hace mención explícita del Padre y el Hijo: "En verdad nuestra comunión es con el Padre y con Su Hijo Jesucristo." (1 Jn 1:3). La conjunción "y" en este verso distingue y une al mismo tiempo. De manera similar en Juan 14:23, "Si alguien Me ama, guardará Mi palabra; y Mi Padre lo amará, y vendremos a él, y haremos con él morada." El Padre y el Hijo tienen comunión con dicha alma a través de hacer su morada en ella. Otras veces se menciona solamente al Hijo de manera intencional en relación a la comunión, "Fiel es Dios, por medio de quien fueron llamados a la comunión con Su Hijo Jesucristo, nuestro Señor" (1 Co. 1:9). Lo mismo también ocurre en Apocalipsis 3:20, "Si alguien oye Mi voz y abre la puerta, entraré a él, y cenaré con él y él conmigo." En otras ocasiones, solamente el Espíritu es mencionado, "La gracia del Señor Jesucristo, el amor de Dios y la comunión del Espíritu Santo sean con todos ustedes" (2 Co. 13:14). Esta comunión particular y distintiva que los creyentes disfrutan con el Padre, el Hijo y el Espíritu se afirma muy claramente en las Escrituras. Sin embargo, daremos aún más pruebas. Debo prevenir al lector en algo, la explicación que daremos a continuación es parcial, y será completada con lo que será expuesto al inicio del siguiente capítulo.

---

[8] Gr. διὰ Χριστοῦ
[9] Gr. ἐν Πνεύματι
[10] Gr. πρὸς τὸν Πατέρα

2. La manera como los creyentes tienen comunión con Dios

La forma y medios por la cual los creyentes disfrutan de comunión con Dios en Cristo consiste en todas las prácticas espirituales y piadosas que brotan de sus almas en gracia, "Dios debe ser adorado con la mente más pura";[11] y a través de dichas gracias se constituye la adoración a Dios, tanto de manera personal (o moral) como organizacional.

Fe, amor, confianza, gozo, etc., son la adoración natural o moral hacia Dios y a través de la cual aquellos en quienes las mismas están presentes tienen comunión con Dios. Estas son producidas directamente por Dios, y no están supeditadas o ligadas a medios externos, sino que son desarrolladas en solemne oración y adoración a través de los medios que Dios ha señalado.

El hecho de que las Escrituras asignan distintivos roles al Padre, Hijo y Espíritu Santo, es lo que procederé explicar de manera particular para proveer mayor claridad en esta afirmación. Este hecho manifiesta que los santos deben reverenciar a cada persona de la Trinidad respectivamente, ya sea en su adoración puramente moral y natural y también en la adoración congregacional

a. Comunión con el Padre

La comunión con el Padre se caracteriza por fe, amor y obediencia. Estas son mencionadas de manera particular y distintiva para enfatizar la respuesta del creyente para con los amorosos actos de Padre para con ellos. Al mismo tiempo el Padre se manifiesta y anima a los creyentes a que se acerquen a Él de esta manera.

---

[11] Lat. *Hic tibi præcipuè sit purâ mente colendus.* La referencia es a Cato. La cita completa es: *Si deus est animus, nobis ut carmina dicunt, Hic tibi præcipue pura sit mente colendus.* Citado en: J. H. Merle D'Aubigné, *History of the Reformation in the Sixteenth Century*, trans. Henry Beveridge y H. White, vol. 4, Collin's Select Library (Glasgow; London: William Collins; R. Groombridge & Sons, 1862), 200.

i. Comunión con el Padre a través de la fe

El Padre da testimonio y testifica acerca del Hijo: "Porque éste es el testimonio de Dios: que Él ha dado testimonio acerca de Su Hijo." 1 Juan 5:9. Cuando el Padre da testimonio del Hijo, el Padre mismo se convierte en objeto de nuestra fe. Cuando da testimonio lo hace como Padre, porque lo hace con relación al Hijo, y este testimonio debe ser recibido por fe. Por lo cual se dice:

> **1 Juan 5.10** El que cree en el Hijo de Dios tiene el testimonio en sí mismo. El que no cree a Dios, ha hecho a Dios mentiroso, porque no ha creído en el testimonio que Dios ha dado respecto a Su Hijo.

Creer en el Hijo de Dios de esta manera es recibir a Cristo Jesús como el Hijo, como el Hijo entregado a nosotros para cumplir en nosotros los propósitos del amor del Padre (1 Tes. 1:1, 1 Pe. 1:17, 1 Jn. 2:13, Is. 9:6).[12]

> **Santiago 1.17** Toda buena dádiva y todo don perfecto viene de lo alto, desciende del Padre de las luces, con el cual no hay cambio ni sombra de variación.
> **1 Corintios 1.30–31** Pero por obra Suya están ustedes en Cristo Jesús, el cual se hizo para nosotros sabiduría de Dios, y justificación, santificación y redención, para que, tal como está escrito: "El que se gloria, que se gloríe en el Señor."

Recibimos al Señor Jesucristo como el Hijo dado a nosotros como consecuencia del testimonio del Padre. Cuando creemos en este testimonio del Padre, con respecto al Hijo, tenemos fe en el Padre. Por lo cual como consecuencia dice en las siguientes palabras del verso; "El que no cree a Dios" (Esto es en el testimonio que El Padre ha dado

---

12 Cf. Mat. 5:16, 45, 6:1, 4, 6, 8, 7:21, 12:50; Luc. 24:49; Jn. 4:23, 6:45, 12:26, 14:6, 21, 23, 15:1, 16:25, 27, 20:17; Gal. 1:1, 3; Ef. 2:18, 5:20; etc.

acerca del Hijo) "ha hecho a Dios mentiroso." [1 Juan 5:10]. Nuestro Salvador menciona en Juan 14:1; "Ustedes creen en Dios". Aquí se está refiriendo al Padre, porque inmediatamente añade, "crean también en mí". En otras palabras, "Si ustedes creen en Dios, también crean en Mí."

Dios es el "fundamento y base de toda verdad,"[13] sobre el cual descansa toda autoridad y fe en la divinidad. Sin embargo, Dios no debe ser considerado hipostáticamente, [14] es decir como la expresión individual de las personas de la Trinidad, sino más bien que Dios se refiere a la Deidad como un todo, en relación con su esencia.[15] Es esta Deidad; Padre, Hijo y Espíritu, el cual es indivisiblemente objeto de toda nuestra fe. Sin embargo, en este verso en particular la referencia es acerca del testimonio y autoridad del Padre como tal, y es a quien nos referimos y sobre el cual nuestra fe es distintivamente puesta. De lo contrario el Hijo no podría añadir "Crean también en mí".

ii. Comunión con el Padre en amor

Lo mismo se dice acerca del amor. "Si alguien ama al mundo, el amor del Padre no está en él" (1 Juan 2:15). Este verso se refiere al amor que tenemos para con el Padre, y no al amor que recibimos de Él. Es el Padre en este verso quien es el objeto de nuestro amor, en contraposición con el amor por el mundo. Es Él quien es el centro de nuestros afectos; "el amor de nuestro Padre."[16] El Padre es denotado aquí como el objeto y la materia, y no la causa eficiente[17], del amor mencionado. Este amor que le damos a Él como un Padre, es lo que Él mismo llama "Su honor" (Malaquías 1:6).

---

[13] Lat. *Prima Veritas.*

[14] Gr. ὑποστατιχῶς

[15] Gr. οὐσιωδῶς

[16] Gr. ἡ ἀγάπη τοῦ Πατρός

[17] Es un término usado en filosofía, y en este caso en particular por Aristóteles, como el medio o agente por el cual algo es producido.

Malaquías 1.6 "El hijo honra a *su* padre, y el siervo a su señor. Pues si Yo soy padre, ¿dónde está Mi honor? Y si Yo soy señor, ¿dónde está Mi temor?" dice el Señor de los ejércitos a ustedes sacerdotes que desprecian Mi nombre. Pero ustedes dicen: '¿En qué hemos despreciado Tu nombre?'

iii. Comunión con el Padre en la oración y alabanza

Mas aún; estas gracias se manifiestan en nuestra oración y alabanza, revestidas en adoración dirigida de manera distintiva y particular al Padre. Como se dice:

1 Pedro 1.17 Y si invocan como Padre a Aquél que imparcialmente juzga según la obra de cada uno, condúzcanse con temor (reverencia) durante el tiempo de su peregrinación.

Efesios 3.14–15 Por esta causa, *pues,* doblo mis rodillas ante el Padre de nuestro Señor Jesucristo, de quien recibe nombre toda familia en el cielo y en la tierra.

Doblar la rodilla denota un acto de completa adoración a Dios, tanto en el aspecto moral, es decir en la obediencia universal voluntaria que Él requiere, así como de las maneras señaladas por el Padre (Is. 45:23). En esto consiste el reconocimiento de Su justicia y poder:

Isaías 45.24–25 De Mí dirán: 'Sólo en el Señor hay justicia y fuerza.' A Él vendrán y serán avergonzados todos los que contra Él se enojaron. En el Señor será justificada y se gloriará toda la descendencia de Israel."

En otras ocasiones este reconocimiento parece denotar la ordenanza de sujeción de toda la Creación bajo su soberanía (Ro. 14:10-11, Fil. 2:10). Sin embargo, en este pasaje (Efesios 3:14-15), el apóstol tiene en mente un uso más restringido del término en relación con la oración, una expresión corporal usada en la oración. Esto es a lo que se refiere en Efesios 3:16-17, cuando dice:

> **Efesios 3.16–17a** Le ruego que Él les conceda a ustedes, conforme a las riquezas de Su gloria, el ser fortalecidos con poder por Su Espíritu en el hombre interior; de manera que Cristo habite por la fe en sus corazones.

Pablo manifiesta que la intención y enfoque de su pensamiento era en el doblar de sus rodillas. La obra del Espíritu en este acto de adoración descrito por Pablo como "doblar la rodilla" es dirigido de manera distintiva al Padre, quien es la fuente de la Deidad y de todas las cosas en Cristo Jesús. Él es el "Padre de nuestro Señor Jesucristo". En otro lugar, Pablo expresamente une y distingue al mismo tiempo al Padre del Hijo al momento de realizar sus oraciones, "Ahora, *pues,* que el mismo Dios y Padre nuestro, y Jesús nuestro Señor, dirijan nuestro camino a ustedes" (1 Ts. 3:11). De manera similar Pablo expresa acción de gracias para con el Padre:

> **Efesios 1.3–4** Bendito *sea* el Dios y Padre de nuestro Señor Jesucristo, que nos ha bendecido con toda bendición espiritual en los *lugares* celestiales en Cristo. Porque Dios nos escogió en Cristo antes de la fundación del mundo, para que fuéramos santos y sin mancha delante de Él.

Con esto vasta por ahora, por lo cual no mencionare los otros muchos lugares donde en diversas ocasiones particulares coinciden la adoración a la Divinidad (la misma que no debe darse a nadie más sin que se caiga en idolatría), [18] en donde se dice que los creyentes tienen comunión con Dios, y esta es particularmente dirigida a la persona del Padre.

---

[18] **Jeremías 10.10** Pero el Señor es el Dios verdadero; El es el Dios vivo y el Rey eterno. Ante Su enojo tiembla la tierra, Y las naciones son impotentes ante Su indignación. **Jeremías 17.5–6** Así dice el Señor: "Maldito el hombre que en el hombre confía, Y hace de la carne su fortaleza (brazo), Y del Señor se aparta su corazón. Será como arbusto en lugar desolado Y no verá cuando venga el bien;

b. Comunión con el Hijo

La Escritura menciona con referencia al Hijo. "Crean en Dios", dice Cristo, "crean también en Mí". (Juan 14:1) "Crean también, pongan su fe distintivamente en mí, fe divina, supernatural, aquella fe por la cual creen en Dios, es decir, el Padre." Esto significa creer en Cristo como el Hijo de Dios, el Salvador del mundo. Esto quiere decir que aquellos que desprecian al Salvador sufren la misma amenaza que los Fariseos, "Porque si no creen que Yo soy, morirán en sus pecados." (Juan 8:24b).

La fe en el Hijo a la que se refiere aquí no es un mero reconocimiento intelectual de que él es el Hijo, sino creer que Cristo es el Hijo de Dios como consecuencia del testimonio del Padre sobre Él. Pero no solo esto, sino que también se requiere creer en Él, a esto se le llama, "Creer en el nombre del Hijo de Dios". (1 Juan 5:13; Juan 9:36). Es decir que lo que se demanda aquí es que las diversas características de la fe, confianza, y certeza sean puestas en el Señor Jesucristo como Hijo de Dios. Como lo menciona Juan 3:16, "Porque de tal manera amó Dios", esto es el padre, "al mundo, que dio a Su Hijo unigénito (único), para que todo aquél que cree en El", esto es en el Hijo, "no se pierda, sino que tenga vida eterna." El Hijo, quien es dado por el Padre, es en quien se debe de creer. "El que cree en Él no es condenado (juzgado)..." (Juan 3:18). "El que cree en el Hijo tiene vida eterna..." (Juan 3:36). "Esta es la obra de Dios: que crean en el que Él ha enviado." (Juan 6:29, 40; 1 Juan 5:10).

Todo esto se resume: "Para que todos honren al Hijo así como honran al Padre. El que no honra al Hijo, no honra al Padre que Lo envió." (Juan 5:23). He escrito extensivamente acerca del honor y la adoración que el Hijo merece en otro libro, así que no escribiré sobre lo

---

Habitará en pedregales en el desierto, Una tierra salada y sin habitantes. **Gálatas 4.8** Pero en aquel tiempo, cuando ustedes no conocían a Dios, eran siervos de los que por naturaleza no son dioses.

mismo nuevamente.[19] Sin embargo, por amor, añadiré solamente la bendición apostólica en Efesios 6:24 "La gracia sea con todos los que aman a nuestro Señor Jesucristo con amor incorruptible." Es decir, este amor por el Señor Jesucristo, es amarle como a Dios, y por lo cual incluye también amor por Él en adoración religiosa.

La fe, esperanza y amor, que se expresan a través de la obediencia y adoración al Hijo de parte de los creyentes, es expresada claramente en la siguiente doxología: [20]

> **Apocalipsis 1.5b–6** Al que nos ama y nos libertó de nuestros pecados con Su sangre, e hizo de nosotros un reino, sacerdotes para Dios, Su Padre, a Él *sea* la gloria y el dominio por los siglos de los siglos. Amén.

La misma es expresada también con aun mayor claridad en Apocalipsis 5:8, 13-14. El Padre y el Hijo (aquel que se sienta en el trono, y el Cordero), son mencionados conjuntamente, sin embargo, se hace distinción entre ellos, como el objeto de toda adoración divina y honor, por los siglos de los siglos.

Por lo cual Esteban también, en su solemne declaración en su lecho de muerte, pone su fe y esperanza de manera distintiva en el Hijo: "Señor Jesús, recibe mi espíritu."; y también menciona luego, "Señor, no les tomes en cuenta este pecado." (Hechos 7:59-60). Esto lo hace porque sabía que el Hijo del Hombre tenía también el poder para perdonar pecados.

El apóstol Pablo considera que esta adoración por el Señor Jesucristo es la característica distintiva de los creyentes (1 Co. 1:2). Esto es con todos los santos de Dios. Y esta invocación comprende la totalidad de nuestra adoración a Dios.[21] Esta es entonces nuestra

---

[19] Owen escribe extensamente sobre este punto su obra "Vindiciae Evangelicae" 1655. (El Misterio del Evangelio Vindicado) en *The Works of John Owen*, ed. William H. Goold, vol. 12 (Edinburgh: T&T Clark, n.d.), 248-265.

[20] Sal. 2:7, 12; Dan. 3:25; Mat. 3:17; 17:5, 22:45; Jn. 3:36, 5:19-26; 8:36; 1 Cor. 1:9; Gal. 1:16, 4:6; 1 Jn. 2:22-24, 5:10-13; Heb. 1:6; Fil. 2:10; Jn. 5:23.

[21] Is. 56:7; Rom. 10:12-14.

obligación para con nuestro Mediador, adorarle como Dios, como el Hijo, y no solo como un mediador.

c. Comunión con el Espíritu Santo

De la misma manera el Espíritu Santo es digno de toda adoración, puesto que es Dios, y el dispensador de toda gracia.[22] El gran pecado de incredulidad es descrito como una oposición y resistencia al Espíritu Santo.[23] Se habla también del amor del Espíritu. (Romanos 15:30). El apóstol Pablo también dirige su oración de manera distintiva y particular al Espíritu en su bendición: "La gracia del Señor Jesucristo, el amor de Dios y la comunión del Espíritu Santo sean con todos ustedes." (2 Corintios 13:14).

Todas estas bendiciones fueron dadas originalmente en la forma de oraciones y suplicas hacia el Espíritu. Por lo cual, el Espíritu Santo también debe ser objeto de toda nuestra adoración. Una prueba final de esto es el hecho de que el bautismo debe ser administrado también en Su nombre. (Mateo 28:19). Explicaré esto con más detalle más adelante.

3. Cada persona de la Trinidad nos dispensa gracia

Ahora bien, todas las cosas que han sido dichas anteriormente pueden ser resumidas:

> *No hay ninguna gracia que nuestras almas dirijan a Dios, ningún acto de adoración divina ofrecida a Dios, u acto de obediencia hecho para con Dios, que no sea distintivamente (particular, individualmente) dirigida al Padre, Hijo y al Espíritu Santo.*

---

[22] La expresión ha sido modificada del ingles para que tenga más sentido en español. Otra posible traducción podría ser "El Espíritu de cuya toda gracia proviene".

[23] **Hechos de los Apóstoles 7.51** "Ustedes, que son tercos e incircuncisos de corazón y de oídos, resisten siempre al Espíritu Santo; como hicieron sus padres, así hacen también ustedes.

Es a través de las maneras anteriormente descritas que tenemos comunión con Dios, y esta comunión puede ser distinguida de manera distintiva y particular con cada persona de la Trinidad. Esto se hace aún más evidente si consideramos la manera como cada persona de la Trinidad comunica diferentes gracias (o bendiciones) a los creyentes mientras estos tienen comunión con Dios. Pues, *opera Trinitatis ad extra sunt indivisa*:[24] "Aunque uno, y el mismo Dios, hizo todas las cosas, se afirma que las obras externas de la Trinidad son indivisibles, sin embargo, cada persona es distinguida con relación a sus obras."[25]

Mateo 3.16 Después de ser bautizado, Jesús salió del agua inmediatamente; y los cielos se abrieron en ese momento y él (Juan)

---

[24] La frase en Latín, *opera Trinitatis ad extra sunt indivisa*, a la cual Owen hace referencia aquí tiene un rico significado teológico. Las obras de Dios con relación a Su Creación *(ad extra)*, son llevadas a cabo en perfecta unidad, debido a que la esencia Divinidad es una, y tiene una sola voluntad y conocimiento. La consecuencia de esto es doble, por un lado, nunca la obra de una de persona de la Trinidad será opuesto o contraria a otra, sino que las tres operan en conjunción perfecta. En segundo lugar, que aunque las obras de la Trinidad no se puede dividir la una de la otra, podemos hacer distinciones entre la obra de cada persona (i.e. es el Padre quien elige, el Hijo quien redime, y el Espíritu que santifica).

[25] Lat. "*Tametsi omnia unus idemque Deus efficit, ut dicitur,—opera Trinitatis ad extra sunt indivisa, distinguuntur tamen personæ discrimine in istis operibus.*" Cf. Hech. 3:13, Gen. 1:24, Gen 1:26, etc. Sobre este termino, Richard Muller escribe: "*Opera Trinitatis ad extra sunt indivisa*: Las obras *ad extra* (o externas) de la Trinidad son indivisas; concretamente, dado que la Divinidad es una en esencia, una en conocimiento y una en voluntad, sería imposible que en cualquier obra *ad extra* una de las personas divinas quisiera y hiciera una cosa y otra de las personas divinas quisiera y hiciera otra. Dado este modo de funcionamiento conjunto, algunos teólogos reformados admiten un concepto de vestigios de la Trinidad (*vestigia Trinitatis*) en las obras de Dios en la creación. Toda la *opera ad extra* o la *opera exeuntia* son *opera Dei essentialia*. A veces los escolásticos protestantes hablan de la *opera ad extra* como *opera certo modo personalia*, obras personales según un cierto modo, porque las obras indivisas ad extra manifiestan una u otra de las personas como su *terminus operationis*, o límite de operación. La encarnación y la obra de mediación, por ejemplo, concluyen en el Hijo, aunque sean queridas y realizadas por el Padre, el Hijo y el Espíritu." Richard A. Muller, *Dictionary of Latin and Greek Theological Terms: Drawn Principally from Protestant Scholastic Theology* (Grand Rapids, MI: Baker Academic: A Division of Baker Publishing Group, 2017), 246.

vio al Espíritu de Dios que descendía como una paloma y venía sobre
El.

Mateo 28.19 "Vayan, pues, y hagan discípulos de todas las naciones,
bautizándolos en el nombre del Padre y del Hijo y del Espíritu Santo.
2 Corintios 13.14 La gracia del Señor Jesucristo, el amor de Dios y la
comunión del Espíritu Santo sean con todos ustedes.

De la misma manera que las ofrendas espirituales de los creyentes
ascienden de manera distintiva a cada una de las personas de la Trinidad,
toda las gracias comunicadas internamente a los creyentes provienen de
manera particular de cada persona de la Trinidad (aunque tienen su
origen no en sí mismas sino en el ser de Dios), y son distribuidas de
manera distintiva y particular a nosotros. Vemos esto de dos maneras
diferentes.

a. Distinciones entre las personas de la Trinidad

Primer caso. Cuando la misma gracia es atribuida al mismo tiempo de
manera conjunta pero distintiva a cada persona de la Trinidad, y a la
totalidad de las mismas. Tomemos por ejemplo Apocalipsis 1:4-5:

> **Apocalipsis 1.4–5** Juan, a las siete iglesias que están en Asia
> (provincia occidental Romana de Asia Menor): Gracia y paz a ustedes,
> de parte de Aquél que es y que era y que ha de venir [quien será], y de
> parte de los siete Espíritus que están delante de Su trono, y de parte de
> Jesucristo, el testigo fiel, el primogénito de los muertos y el soberano
> de los reyes de la tierra. Al que nos ama y nos libertó de nuestros
> pecados con Su sangre.

Los siete Espíritus que están delante del trono es una referencia al
Espíritu Santo de Dios, el cual es considerado como la fuente perfecta
de toda gracia y favor. Todas las personas son mencionadas
conjuntamente aquí, sin embargo, se hace distinción entre ellas. El
Padre, el Hijo y el Espíritu son los que dispensan la gracia y paz a los

creyentes, y se les menciona como un todo, pero sin embargo se hace distinción entre ellos.

b. Ejemplo: cada persona de la Trinidad nos revela algo

Segundo. Cuando la misma gracia es proviene de manera independiente y particular a cada persona de la Trinidad.

No existe, por lo cual, ninguna influencia celestial, rayo de luz, vida, amor o gracia que haya sido dada a nuestros corazones que no proceda del favor de la Divinidad. Daré un solo ejemplo de esto, pero que es comprensivo, y quizá comprenda a todos los demás particulares, este ejemplo es en relación con la enseñanza. La enseñanza de Dios es la comunicación real de todas y cada una de las gracias que emanan de sí mismo hacia los santos, y de las cuales son hechos partícipes:

> **Juan 6.45** "Escrito está en los profetas: 'Y todos serán enseñados por Dios.' Todo el que ha oído y aprendido del Padre, viene a Mí.

Ahora bien, esta promesa contiene en sí misma todo el misterio de gracia, la cual nos ha sido dada a nosotros y de la cual somos poseedores. Sin embargo, esta gracia es atribuida a cada persona de la Divinidad de manera particular. Esto lo veremos a continuación.

i. Revelación del Padre

El cumplimiento de esta promesa es referida particularmente al Padre, "Escrito está en los profetas: 'Y TODOS SERAN ENSEÑADOS POR DIOS.' Todo el que ha oído y aprendido del Padre, viene a Mí." (Juan 6:45). Esta enseñanza, por la cual somos transportados de muerte a vida, y traídos a Cristo, a participar de la vida y amor en Él, es de y proviene del Padre: Es de Él de quien oímos, de Él aprendemos[26], y por Él somos

---

[26] **Mateo 9.25** Pero cuando habían echado fuera a la gente, El entró y la tomó de la mano; y la niña se levantó. **Juan 1.13** que no nacieron de sangre, ni de la

traídos a unión y comunión con el Señor Jesucristo. Esto es Él atrayéndonos, engendrándonos nuevamente de Su propia voluntad, a través de Su Espíritu, trabajo en el cual emplea a los ministros del evangelio. (Hechos 26:17-18).

ii. Revelación del Hijo

El Padre proclama desde el cielo que el Hijo es el Gran Maestro, y encarga de manera solemne que se le oiga, encargo que vino rodeado de una gloria sublime: "Este es mi Hijo amado, a él escuchen." El todo de su oficio como Profeta, y no una pequeña parte de su oficio como Rey consistía en la enseñanza. La misma que atraía a los hombres a Él, de la misma manera que el Padre en su enseñanza. Cumple Juan 12:32, con tal eficacia que "los muertos oyen su voz y viven."[27] La enseñanza del Hijo es dadora de vida, inspirada por el Espíritu. Es la influencia eficaz de la luz, la cual brilla en las tinieblas, comunica vida, despierta a los muertos, abre ojos ciegos y transforma corazones endurecidos, derrama el Espíritu con todos los frutos que le siguen. Por esta razón, clama el privilegio de ser el único maestro. "Uno es su Maestro, Cristo (Mt. 23:10)".

iii. Revelación del Espíritu Santo

"Pero el Consolador (Intercesor), el Espíritu Santo, a quien el Padre enviará en Mi nombre, Él les enseñará todas las cosas..." (Juan 14:26) "En cuanto a ustedes, la unción que recibieron de Él", dice el apóstol, "permanece en ustedes, y no tienen necesidad de que nadie les enseñe. Pero, así como Su unción les enseña acerca de todas las cosas, y es verdadera y no falsa, y así como les ha enseñado, ustedes permanecen

---

voluntad de la carne, ni de la voluntad del hombre, sino de Dios. **Santiago 1.18** En el ejercicio de Su voluntad, El nos hizo nacer por la palabra de verdad, para que fuéramos las primicias de sus criaturas.

[27] Mat. 3:17, 17:5; 2 Pe. 1:17; Deut. 18:15–20, etc.; Hech 3:22-23; Jn. 5:25; Is. 61:1-3; Luc. 4:18-19.

en Él." (1 Juan 2:27). Aquella enseñanza ungida, que no solamente es verdadera, sino que es verdad en sí misma, es solamente del Espíritu Santo de Dios. De tal manera que, habiendo sido dada a nosotros, también nos enseña "para que conozcamos lo que Dios nos ha dado gratuitamente." (1 Corintios 2:12).

Escogí este ejemplo particular, como fue mencionado antes, por ser comprensivo, y comprende en sí mismo la mayoría de los particulares que serán luego mencionados, despertar de los muertos, preservación, etc. Esto, por lo cual, apunta aún más a la verdad demostrada; que debido a que hay maneras particulares en las que cada persona de la Divinidad comunica sus gracias, los santos también entonces tienen maneras distintivas de relacionarse con cada una de ellas.

4. ¿Cuál es la distinción entre cada persona de la Trinidad en su dispensación de gracias?

Queda solamente por demostrar, donde se encuentran estas distinciones y cuál es la base para las mismas. Esto es, lo que el Padre hace debido a su autoridad original, el Hijo lo comunica a través de la compra de un tesoro, y el Espíritu Santo a través de su eficacia inmediata.

a. El Padre lo hace en virtud de su autoridad original

> **Juan 5.21** "Porque, así como el Padre levanta a los muertos y les da vida, asimismo el Hijo también da vida a los que Él quiere.
> **Santiago 1.18** En el ejercicio de Su voluntad, Él nos hizo nacer por la palabra de verdad, para que fuéramos las primicias de sus criaturas.

El poder para dar vida es, con respecto a su autoridad original, depositada en el Padre debido a su eminencia. Por lo cual, al momento de enviar el Espíritu que da vida, Cristo dice que lo hace del Padre, o que el Padre mismo lo hace (Jn. 14:26, 15:26). También se menciona en otra ocasión que Cristo mismo lo enviará en Juan 16:7.

b. El Hijo lo hace a través de la compra de un tesoro

> **Juan 1.16** Pues de Su plenitud todos hemos recibido, y gracia sobre gracia.
> **Colosenses 1.19** Porque agradó *al Padre* que en El habitara toda la plenitud (de la Deidad).

Y de qué manera de dice que le ha sido dada toda la plenitud ha sido entregada a Él se observa en Filipenses 2:8-11 e Isaías 53:10-11. Y juntamente con esta plenitud, el Hijo también tiene la autoridad para comunicar estas gracias. Juan 5:25-27; Mateo 28:18.

c. El Espíritu Santo lo hace a través de su eficacia inmediata

> **Romanos 8.11** Pero si el Espíritu de Aquél que resucitó a Jesús de entre los muertos habita en ustedes, el *mismo* que resucitó a Cristo Jesús de entre los muertos, también dará vida a sus cuerpos mortales por medio de Su Espíritu que habita en ustedes.

Aquí se mencionan a los tres juntos, con sus obrares particulares al momento de darnos vida. Se menciona la autoridad del Padre para dar vida, "el mismo que resucitó a Cristo Jesús de entre los muertos, también dará vida…". La mediación del Hijo para dar vida se menciona también, porque la misma se hace a través de "la muerte de Cristo", y es el Espíritu quien lo realiza de manera eficaz; "por medio de Su Espíritu que habita en ustedes."

Si alguien desea tener más detalles de estas distinciones, he escrito ampliamente sobre el asunto en otro tratado. Ha sido, por lo cual, probado y demostrado, las diferentes maneras en que se tiene comunión con Divinidad.

CAPÍTULO 3: COMUNIÓN CON DIOS PADRE EN AMOR

Bosquejo: "Capítulo 3: Comunión con Dios Padre en amor"

1. Comunión en el amor del Padre
   a. Observaciones preliminares
      i. La comunión con una persona no excluye a las demás
      ii. Cada persona está de acuerdo con las operaciones y los actos de las demás
      iii. Un medio de comunión no excluye a otro
      iv. Este no es un relato exhaustivo
   b. Dios es amor
      i. El amor es la característica principal del Padre
   c. Cristo ora al Padre por nosotros, porque el Padre nos ama
      i. El Espíritu Santo derrama el amor del Padre en nuestros corazones
   d. El doble amor del Padre para con nosotros
      i. El amor del Padre es la causa de todas las gracias que nos son dadas
2. ¿Qué se requiere de los creyentes para tener comunión con el Padre?
   a. Los creyentes deben recibir el amor del Padre
   b. Los creyentes deben amar al Padre

3. El amor del Padre y el nuestro comparado
    a. El amor del Padre y el nuestro concuerdan en descanso y complacencia
        i. El amor de Dios para con nosotros
        ii. El amor de nosotros para con el Padre
    b. La comunicación del amor mutuo entre el Padre y los creyentes es en Cristo
4. El amor del Padre y el nuestro contrastado
    a. El amor del Padre es un amor generoso, el nuestro por deber
        i. El amor del Padre es un amor generoso
        ii. Nuestro amor al Padre es como el de un niño
    b. El amor del Padre es antecedente, el nuestro consecuente
        i. El amor del padre hacia nosotros es antecedente (previo al nuestro)
        ii. Nuestro amor es consecuente (que sigue) de dos maneras
    c. El amor del Padre está de acuerdo con lo Él es, el nuestro de acuerdo a lo que somos
        i. Diferente en cuanto a sus frutos
        ii. Diferente con respecto a sus descubrimientos y manifestaciones
    d. Objeciones y respuestas

Habiendo probado que existen maneras distintivas de tener comunión con el Padre, Hijo y Espíritu, de lo cual venimos hablando, queda ahora por explicar con mayor claridad, y a través de ejemplos, como esta comunión es manifestada. Así como de qué manera particular los santos mantienen esta comunión con las diferentes personas de la Trinidad respectivamente. Lo cual describiré a continuación luego de considerar algunas observaciones preliminares a fin de aclarar lo mencionado anteriormente. Estas son como siguen.

1. Comunión en el amor del Padre

a. Observaciones preliminares

i. La comunión con una persona no excluye a las demás

En primer lugar, al momento de distinguir alguna gracia como peculiar, en el sentido de tener comunión de manera particular con alguna de las personas de la Trinidad, no excluyo a las otras personas de la Divinidad en la comunión que un santo disfruta con ellas en esta gracia en particular. A lo que me refiero con esto es que, de manera primaria, inmediata y prominente, tenemos en esta gracia y de esta manera comunión con una de las personas, y con las otras de manera secundaria y como consecuencia de esta comunión primaria. Y esto es debido a que la persona, como tal, ya sea cualquiera de ellas, no es el objeto primario de nuestra adoración divina, sino en el sentido en el que esta es identificada con la naturaleza o esencia de Dios.

Ahora bien, las obras externas de Dios (*Trinitatis ad extra*)[1], se dice que son '*comunes e indivisibles*'[2], y son completamente y en todos sus aspectos obras comunes a toda la Providencia como un todo. Sin embargo, aunque son comunes con respecto a su obrar externo, pueden ser distinguidas con respecto a su principio, origen y modo de actuar. Por ejemplo, la obra de la creación se le atribuye al Padre, mientras que el de la redención al Hijo. Es en este sentido en el que hablamos estas cosas.

---

[1] "*opera Dei ad extra*: las obras exteriores o externas de Dios; las actividades divinas según las cuales Dios crea, sostiene y se relaciona de otro modo con todas las cosas finitas, incluida la actividad u obra de la gracia y la salvación; a veces se llama *opera exeuntia,* obras exteriores." Richard A. Muller, *Dictionary of Latin and Greek Theological Terms: Drawn Principally from Protestant Scholastic Theology* (Grand Rapids, MI: Baker Academic: A Division of Baker Publishing Group, 2017), 244.

[2] Lat. *Opera ad extra sunt individa*.- "Las obras dirigidas hacia afuera, exteriores, son indivisibles".

ii. Cada persona está de acuerdo con las operaciones y los actos de las demás

En segundo lugar, existe una concurrencia de los actos y operaciones de la Deidad como un todo en la administración, de tal manera que cada persona concurre en la obra de nuestra salvación, en cada acto de nuestra comunión con una persona en particular. Gregorio Nacianzo escribe:

> El Padre, con el Hijo, y el Santo Espíritu deben ser distinguidos como tres en personas, pero uno en naturaleza (esencia). Tampoco debemos mezclar sus esencias en número, ni postrarnos a adorar la naturaleza [aparte de la persona]. Porque Uno es Tres al mismo tiempo, el Todopoderoso Dios.[3]

En cualquier acto en el que mantenemos comunión con cualquiera de las personas, hay también una influencia de las otras personas para llevar a cabo ese acto.[4] Supongamos, por ejemplo, que la obra es la fe: Esta es dada a nosotros por el Padre. "... Y esto no procede de ustedes, *sino que es* don de Dios." (Efesios 2:8). Es el Padre el que revela el evangelio, y a Cristo en él. (Mateo 11:25). Todo esto ha sido comprado por nosotros por el Hijo:

> **Efesios 1.3** Bendito *sea* el Dios y Padre de nuestro Señor Jesucristo, que nos ha bendecido con toda bendición espiritual en los *lugares* celestiales en Cristo.

---

[3] Gr. Πατὴρ σὺν υἱ·ῷ καὶ πανάγνῳ πνεύματι - Τριὰς προσώποις εὔκρινὴς, μονὰς φύσει. - Μήτ' οὖν ἀριθμῷ συγχέῃς ὑποστάσεις, Μήτ' ἂν θεὸν σὺ προσκυνῶν τιμᾷς φύσιν· - Μία τριὰς γὰς, εἶ Θεὸς παντοκράτωρ. –Esta cita es de 'Iambics for Seleucus', por Amphilochius de Iconio, y es citada por Gregorio de Nacianzo. [Gregory of Nazianzus: PG 37, col. 1590A líneas 194-198]

[4] Gr. Προσκυνῶμεν τὴν μίαν ἐν τοῖς τρισὶ θεότητα. "Postrémonos ante la única Divinidad, uno en tres." Gregorio de Nacianzo. [Gregory of Nazianzus, *Oration 34: On the arrival of the Egyptians*, NPNF² 7:336; PG 36, col. 249B]. Ver también la referencia en Tomas de Aquino [Aquinas, *Summa Theologica* 22, q. 84, a. 3, q. 84, a. 1; Alexander Alensis, *Summa Universe Theologicae*, p. 3, q. 30, m. 1, a.3.]

Filipenses 1.19 Porque sé que esto resultará en mi liberación mediante las oraciones (las súplicas) de ustedes y la provisión del Espíritu de Jesucristo.

Él nos concede e incrementa la fe en nosotros, (Lucas 17:5). Y esta fe es forjada en nosotros por el Espíritu, quien administra "la extraordinaria grandeza de Su poder" para con aquellos que creen, "conforme a la eficacia (la energía) de la fuerza de Su poder. Ese poder obró en Cristo cuando Lo resucitó de entre los muertos…".[5] (Efesios 1:19-20; Romanos 8:11).

iii. Un medio de comunión no excluye a otro

En tercer lugar, cuando asigno alguna gracia en particular en la cual tenemos comunión con alguna de las personas de la Trinidad, no lo hago como si esta fuera exclusivamente la única manera de tener comunión y no existieran otros medios para mantener comunión. Sino solamente para mostrar un ejemplo particular y prominente como prueba y manifestación de la tesis, sentencia, antes propuesta. De lo contrario, no habría gracia u obra en que podamos tener comunión con Dios en la manera descrita anteriormente. Sino que más bien en cada cosa en la que somos participantes de la naturaleza divina (2 Pedro 1:4), existe una comunicación, un dar de y recibir entre Dios y nosotros, y esto es debido a nuestra cercanía a El en Cristo.

iv. Este no es un relato exhaustivo

---

[5] **Efesios 1.19–20** Y cuál es la extraordinaria grandeza de Su poder para con nosotros los que creemos, conforme a la eficacia (la energía) de la fuerza de Su poder. Ese *poder* obró en Cristo cuando Lo resucitó de entre los muertos y Lo sentó a Su diestra en los *lugares* celestiales. **Romanos 8.11** Pero si el Espíritu de Aquél que resucitó a Jesús de entre los muertos habita en ustedes, el *mismo* que resucitó a Cristo Jesús de entre los muertos, también dará vida a sus cuerpos mortales por medio de Su Espíritu que habita en ustedes.

En cuarto lugar, el afirmar las distinciones en nuestra comunión con Dios, simplemente es respetar las distinciones en el orden de la administración de la gracia de Dios que a Él le plugo revelar en el Evangelio. De la misma manera, tampoco me propongo a limitar toda comunión con Dios bajo estos precintos, pues su actuar es sumamente amplio, contiene una perfección para la cual no existe límite. (Salmo 119:96). Tampoco crear un prejuicio que afecte la santa comunión que tenemos con toda la Deidad, a través de nuestro caminar ante Él en obediencia al pacto, de lo cual también, con la ayuda de Dios, mencionare más adelante.

Después de haber considerado estas observaciones preliminares, procederé a mencionar cual es la manera particular y primaria en la que los santos tienen comunión con el Padre, y esta es amor. Un amor libre, inmerecido y eternal. Este amor es el que el Padre particularmente derrama sobre los santos. Este es el amor que los santos deben buscar en el Padre, para recibir de Él, y para devolverle en amor para Su deleite.

Este es el gran anuncio (novedad) del evangelio, pues debido a que el Padre, siendo la fuente de la Divinidad, no es conocido sino por su ira, molestia e indignación contra el pecado, de la misma manera los hijos de los hombres no pueden concebirle de ninguna manera diferente. (Rom. 1:18; Is. 33:13-14; Hab. 1:13; Sal. 5:4-6; Ef. 2:3). Sin embargo, aquí se revela distintivamente como amor, tan lleno de amor para con nosotros, que esta es la manifestación más distintiva de la obra del evangelio. (Tito 3:4).

Tito 3.3–5 Porque nosotros también en otro tiempo éramos necios, desobedientes, extraviados, esclavos de deleites y placeres diversos, viviendo en malicia y envidia, aborrecibles *y* odiándonos unos a otros. Pero cuando se manifestó la bondad de Dios nuestro Salvador, y *Su* amor hacia la humanidad, Él nos salvó, no por las obras de justicia que nosotros hubiéramos hecho, sino conforme a Su misericordia.

b. Dios es amor

"Dios es amor." (1 Juan 4:8). El nombre de Dios es usado en aquí de manera personal con referencia al Padre, y no con relación a su esencia como es evidente en el verso 9, donde se le distingue Su único Hijo, quien fue enviado al mundo (cf. Deut. 33:3; Jer. 31:3; Jn. 3:16, 5:42, 14:21; Rom. 5:5, 8:39; Ef. 2:4; 1 Jn. 2:15, 4:10, 11; Heb. 12:6). Teodoro Beza escribe:

> El habla de una manera mucho más enfática que si solamente dijera que el amor de Dios por nosotros es excesivamente grande y sin límite. Pues, cuando dice que Dios es amor en sí mismo para con nosotros, esta es la prueba más grande que se puede presentar.[6]

Ahora bien, el apóstol dice, "el Padre es amor"; y esto quiere decir que no solamente es infinitamente lleno de gracia, ternura, compasión, bondad en su naturaleza, tal como El mismo lo proclamo en Éxodo 34:6-7, sino que también como aquel que, "primaria y distintivamente se da a si mismo a nosotros en completo libre amor."

---

[6] Lat. *Multo ἐμφατικώτερον loquitur quam si Deum diceret summopere, atque adeo infinite nos amare, cum Deum dicit erga nos ipsam charitatem esse, cujus latissimum τεκμήριον profert* – Teodoro Beza. [Theodore Beza, *Jesu Christi Domini Nostri Novum Testamentum, sive Novum Foedus* (Cantabrigiae: Ex Officina Rogeri Danielis, 1642), 733.]. "Theodore Beza, (1519-1605) fue un teólogo calvinista francés que fue colega y sucesor de Calvino tanto en Ginebra como dentro del movimiento reformado en su conjunto. Originalmente humanista en la Iglesia Católica Romana, Beza comenzó a leer literatura reformada y finalmente se marchó a Ginebra en 1548. Al no encontrar trabajo allí, enseñó griego en Lausana hasta 1558, cuando Calvino le ofreció un puesto en la recién fundada Academia de Ginebra. Tras la muerte de Calvino en 1564, Beza se convirtió en el líder efectivo de la iglesia reformada de Ginebra, ocupándose de las disputas con el luteranismo, especialmente en lo referente a la Cena del Señor. Aunque en general Beza se alineó teológicamente con Calvino, modificó y desarrolló algunas doctrinas particulares, como la predestinación supralapsaria, y su preocupación por los detalles doctrinales sentó las bases para el crecimiento del escolasticismo reformado." Kelly M. Kapic and Wesley Vander Lugt, *Pocket Dictionary of the Reformed Tradition*, The IVP Pocket Reference Series (Downers Grove, IL: IVP Academic, 2013), 22–23.

Y esto es lo que el apóstol afirma en los versos siguientes: "Esto es amor." – "Esto es lo que quiero que noten, este amor en Él, que se manifiesta para con ustedes en que 'Él envió a Su único Hijo al mundo, para que nosotros vivamos a través de Él.'" Y esto mismo lo afirma en verso 10, "Él nos amó a nosotros y envió a Su Hijo como propiciación por nuestros pecados." Y que esto es algo que se encuentra particularmente en el Padre, es algo que el Espíritu Santo declara plenamente, y lo hace la base, el antecedente, del envío de Cristo, a través del cual recibimos todas las misericordias y beneficios. Este amor es en sí mismo la base del sacrificio de Cristo, aunque el fruto del mismo se hace evidente solamente a través de Cristo. (Efesios 1:4-6).

> **Efesios 1.4–6** Porque Dios nos escogió en Cristo antes de la fundación del mundo, para que fuéramos santos y sin mancha delante de Él. En amor nos predestinó para adopción como hijos para sí mediante Jesucristo, conforme a la buena intención de Su voluntad, para alabanza de la gloria de Su gracia que gratuitamente ha impartido sobre nosotros en el Amado.

El amor es la característica principal del Padre

Esto se muestra también en el orden de la bendición dad por el apóstol, "La gracia del Señor Jesucristo, el amor de Dios y la comunión del Espíritu Santo sean con todos ustedes. (2 Corintios 13:14). El apóstol adscribe diferentes características a cada persona, y es amor lo que particularmente se le asigna al Padre. Y la comunión del Espíritu es mencionada juntamente con la gracia de Cristo y el amor de Dios, pues es por el Espíritu Santo solamente que tenemos comunión con Cristo en gracia, y con el Padre en amor. Aunque también tenemos comunión particular con El, como será más adelante explicado.

c. Cristo ora al Padre por nosotros, porque el Padre nos ama

Nuestro Salvador menciona, "… Y no les digo que Yo rogaré al Padre por ustedes, pues el Padre mismo los ama…" (Juan 16:26-27). Zanchi escribe:

> ¿Como pues entonces luego lo niega? Lo hace a través de hacer una distinción. Es decir, dice que no orara al Padre para que el Padre se reconcilie con ellos, que se vuelva a ellos en amor y los oiga, como si el Padre no estuviera inclinado por Su propia voluntad a hacerlo. Por lo cual, con estas palabras, Cristo busca persuadir a los apóstoles que no solo el mismo los ama, sino también el Padre los rodea con el más grande amor. Y que el Padre los ama de tal manera, y tiene una voluntad tan llena de disposición para bendecirlos, que no tiene necesidad que nadie, ni siquiera el Hijo mismo, ofrezca intercesión por ellos. El Padre no tiene la misma necesidad que tienen los hombres cuando necesitan ser apaciguados y movidos hacia alguien con quien no tienen buena voluntad.[7]

---

[7] Lat. *Quomodo igitur negat? negat secundum quid; hoc est, negat se ideo rogaturum patrem, ut patrem illis conciliet, et ad illis amandos et exaudiendos flectat; quasi non sit suapte sponte erga illos propensus. Voluit ergo Christus his verbis persuadere apostolis, non solum se, sed etiam ipsum patrem illos complecti amore maximo. Et ita patrem eos amare, ac promptum habere animum illis gratificandi, et benefaciendi, ut nullius, neque ipsius filii opus habeat tali intercession, qua solent placari, et flecti homines non admodum erga aliquem bene affecti.* –Girolamo Zanchi. [Jerome Zanchi, *De tribus Elohim*, lib. vi cap. 9, *De tribus Elohim aeterno Patre, Filio, et Spiritu Sancto, uno eodemque Iohoua*, vol. 1 of *Operum theologicorum D. Hieronymi* (Geneva: Excudebat Stephanus Gamonetus, 1605), col. 154. Vid. *Hilary De Trinitate*, lib. vi. p. 97, ed. Eras.]. "Girolamo Zanchi (1516-1590), fue una figura fundamental en la formación de la escolástica reformada. Formado como tomista, Zanchi se convirtió al calvinismo bajo la dirección de Pedro Mártir Vermigli. Perseguido por la Inquisición, se vio obligado a vivir en el exilio. En octubre de 1551, Zanchi abandonó Italia para dirigirse a la comunidad italiana de Ginebra. Allí vivió durante nueve meses mientras asistía a los sermones y conferencias de Calvino. Tras enseñar en la academia humanista de Estrasburgo (1553-63), fue pastor de una congregación reformada de refugiados italianos en Chiavenna hasta 1567. Los intereses eucarísticos y cristológicos de Zanchi convergen en su (posth., 1591), donde insiste en la finitud humana del cuerpo del

Pero a ¿que es lo que se refiere cuando dice; "Y no les digo que Yo rogaré al Padre por ustedes," cuando abiertamente en otro verso dice, "entonces Yo rogaré al Padre por ustedes" (Juan 14:16)? Los discípulos, debido a todos las palabras llenas de gracia, consuelo y promesas fieles de su Maestro, juntamente con el descubrir de su corazón celestial para con ellos, estaban completamente convencidos de su amor y tierno afecto para con ellos, así como de su continuo cuidado y bondad. Sabían que no los olvidaría cuando ya no estuviera físicamente con ellos, y que faltaba poco para su partida.

Sin embargo, ahora todos sus pensamientos estaban centrados en el Padre, como podrían ser aceptados por Él, que clase de sentimientos sentía hacia ellos. Por lo cual nuestro salvador dice:

No se preocupen por eso, tampoco pongan esa carga sobre mí, la de procurar el amor del Padre hacia ustedes. Pues ustedes saben que esto es distintivo suyo con respecto a ustedes, que ustedes están en Él, y que "el mismo los ama." Esto es cierto, verdaderamente, y mientras les digo esto, voy a orar al Padre para que les envié el Espíritu, el Consolador, y con el también los frutos gratuitos de su amor. Sin embargo, con respecto al amor en sí mismo, este amor es libre, eternal,

---

Señor frente a las nociones luteranas de ubicuidad. En respuesta al creciente antitrinitarismo en Chiavenna y en la Universidad de Heidelberg (donde enseñó desde 1568 hasta 1577), Zanchi escribió *De tribus Elohim* (1572) y *De natura Dei* (1577), presentando una ortodoxia completamente calcedoniana. Tras la muerte del mecenas de Zanchi, el elector Federico III, las simpatías luteranas de Luis VI obligaron a Zanchi a abandonar Heidelberg para pasar sus últimos años como profesor de teología bíblica en el Casimiranum de Neustadt an der Haardt.

La principal contribución de Zanchi al desarrollo de la tradición reformada radica en su mezcla de tomismo y calvinismo, proporcionando un vínculo crucial entre la fe reformada y la herencia del catolicismo medieval. Zanchi demostró lo fructífero de desplegar recursos aristotélicos y escolásticos en apoyo de una exposición y defensa sistemática de la doctrina reformada. Aunque esto le llevó a la controversia teológica, su tono no es del todo polémico. Su enfoque revela una notable calidez y generosidad, que encuentra su máxima expresión en su visión de un cristianismo reformado no partidista." John L. Farthing, "Zanchi, Girolamo (1516–1590)," *Encyclopedia of the Reformed Faith* (Louisville, KY; Edinburgh: Westminster/John Knox Press; Saint Andrew Press, 1992), 412.

para lo cual no hay ninguna necesidad de intercesión, pues el Padre los ama de una manera suprema. Tengan esta convicción cuando tengan comunión con el Padre en amor, y no estén más turbados sobre esto. Y, si siguen preocupados acerca del amor del Padre sepan que no hay ninguna molestia u aflicción que podrían causarle, sino solamente si se niegan a creen esto.

Por lo cual no hay necesidad alguna de cuestionar la sinceridad del amor del Padre para con nosotros.

El Espíritu Santo derrama el amor del Padre en nuestros corazones

El apóstol enseña lo mismo cuando menciona:

> **Romanos 5.5–8** Y la esperanza no desilusiona, porque el amor de Dios ha sido derramado en nuestros corazones por medio del Espíritu Santo que nos fue dado. Porque mientras aún éramos débiles, a su tiempo Cristo murió por los impíos. Porque difícilmente habrá alguien que muera por un justo, aunque tal vez alguno se atreva a morir por el bueno. Pero Dios demuestra su amor para con nosotros, en que siendo aún pecadores, Cristo murió por nosotros.

El amor mencionado en este verso es particular a Dios, quien es distinguido en este verso del Espíritu Santo, quien derrama abundantemente este amor suyo. De la misma manera, es distinguido en verso 8 del Hijo, porque es debido a ese amor suyo que el Hijo ha sido enviado. Por lo cual, es acerca del Padre de quien el apóstol específicamente habla aquí. ¿Y que es lo que se dice de Él? Precisamente su amor, al cual se refiere en el verso 8. El amor del Padre es presentando, usando una expresión tan extraordinaria y eminente para que nos demos cuenta del mismo, y de esa manera podamos estar unidos con el Padre en este amor. Para llevar este asunto hasta su extremo, no existe una expresión que sea más frecuente que la del amor de Dios. Expresamente el amor del Padre es referido, de tal manera que también es llamado "El Dios de amor." (2 Corintios 13:11) Y se dice que es "amor", de tal manera que cualquiera que lo conozca (1 Juan 4:8), o permanezca en Él en compañerismo o comunión (v. 16), debe hacerlo como Él es, en amor.

d. El doble amor del Padre para con nosotros

De la misma manera, existe un doble amor divino: Beneplácito *(beneplaciti)* y amical *(amicitiæ)*. Beneplácito se refiere al amor de su buena voluntad y propósito, mientras que amical se refiere al amor de compañerismo y aprobación. Ambos son distintivamente asignados al Padre de manera eminente en las Escrituras.

 i. Juan 3:16: "Porque de tal manera amó Dios al mundo, que dio..."; esto es con el amor de su buena voluntad y propósito. Su voluntad determinada de hacer bien. Esta es distintivamente asignada al Padre, y es presentada como la causa por la cual envió a Su Hijo (cf. Ro. 9:11-12, Ef. 1:4-5, 2 Ts. 2:13-14, 1 Jn. 4:8-9).

 ii. Juan 14:23: Aquí se menciona la otra clase de amor de la que hemos estado hablando. Sobre lo cual Bucero escribe: "Ser amado por el Padre, ser recibido en compañerismo con el Dios altísimo, ser favorecido por Dios, e incluso ser contando entre los deleites de Dios".[8]

---

[8] Lat. *Diligi a patre, recipi in amicitiam summi Dei; a Deo foveri, adeoque Deo esse in deliciis.* –Martin Bucer, *Loci Communes.* "Martín Bucer (Butzer), (1491-1551), fue un reformador de Estrasburgo y una influencia creativa en la formación de la tradición reformada. Bucer tenía sus raíces en Sélestat, en Alsacia. Se hizo dominico, pero se inclinó por Erasmo y fue convencido por Martín Lutero en Heidelberg (1518). Dejó la orden y pronto se casó. Llegó a Estrasburgo (1523), excomulgado y sin dinero, junto con Wolfgang Capito y otros, pero rápidamente asumió el liderazgo de la Reforma Protestante de la ciudad. Bucer se convirtió en una eminencia como mediador teológico y eclesiástico. Trabajó incansablemente para superar la división luterano-suiza sobre la Cena del Señor, logrando cierto éxito en la Concordia de Wittenberg de 1536. La Confesión Tetrapolitana (1530) reflejó la posición mediadora del movimiento reformista del sur de Alemania

"Si alguien Me ama," dice Cristo, "guardará Mi palabra; y Mi Padre lo amará, y vendremos a él, y haremos con él morada." El amor de compañerismo y aprobación son asignados distintivamente al Padre. Cristo dice, "Vendremos", el Padre y el Hijo, "a él, y haremos con él morada." Esto lo hacen a través del Espíritu Santo. Sin embargo, en relación al amor, el Señor quiere que nos demos que el Padre tiene una prerrogativa peculiar: "Mi Padre lo amará."

El amor del Padre es la causa de todas las gracias que nos son dadas

Si, y de la misma manera que este amor es particularmente observado en el Padre, es también contemplado en el como la *fuente* de todas las gracias otorgadas a los creyentes. Muchos cristianos viven muchas veces con corazones excesivamente turbados con respecto a los

---

dirigido por Estrasburgo. Ayudó a ordenar la reforma en otros lugares (por ejemplo, en Hesse) y desarrolló una amplia actividad como estadista "ecuménico" protestante. Con Philipp Melanchthon dirigió los coloquios católicos protestantes en Alemania (1539-41), logrando un notable acuerdo sobre la justificación en Ratisbona. Juan Calvino participó en este ecumenismo durante sus tres años de formación en Estrasburgo (1538-41). Aprendió mucho de Bucer (cuyos eruditos comentarios bíblicos apreciaba enormemente) en temas como la predestinación y la Eucaristía, pero sobre todo en las áreas del culto (Estrasburgo es la fuente última del *Libro de Orden Común* de la tradición reformada), el ministerio (los cuatro oficios, y en particular el de anciano), la disciplina y la importancia del orden eclesiástico en general, y la educación (el Gimnasio de Estrasburgo prefiguró la Academia de Ginebra). La oposición al Interim de Augsburgo (1548) provocó el exilio de Bucer de Estrasburgo y su traslado a Inglaterra por invitación de Thomas Cranmer. Se convirtió en Profesor Regio de Divinidad en Cambridge (1549), donde dejó su huella en el protestantismo anglicano, especialmente en el *Ordinal* (1550) y el *Libro de Oración Común* (1552). Presentó a Eduardo VI un proyecto de reforma nacional titulado *El Reino de Cristo* (1557). Las contribuciones de Bucer a la Reforma fueron muchas e importantes. Su versatilidad a la hora de buscar la reconciliación le hizo parecer a veces sin principios, pero tenía un sentido especialmente rico de la comunión y la comunidad en Cristo." David F. Wright, "Bucer (Butzer), Martin (1491–1551)," *Encyclopedia of the Reformed Faith* (Louisville, KY; Edinburgh: Westminster/John Knox Press; Saint Andrew Press, 1992), 43.

pensamientos que el Padre tenga para con ellos. Tienen confianza en el Señor Jesucristo y en Su buena voluntad para con ellos, sin embargo la dificultad yace en la aprobación que tengan para con el Padre, y se preguntan, ¿Cuál será su corazón para con nosotros? "Señor, muéstranos al Padre y nos basta," (Juan 14:8). Thomas Cartwright comenta: "No nos preocupa aquello que nos pertenece, tan solo nos preocupa que por aunque sea una vez, el Padre nos vea". [9]

Ahora bien, este pensamiento debe estar tan lejos de nosotros, de tal manera que veamos su amor como la fuente de la cual todas las otras dulces gracias fluyen. De tal manera que el apóstol afirma, "Pero cuando se manifestó la bondad de Dios nuestro Salvador, y *Su* amor hacia la humanidad". (Tito 3:4) Es acerca del Padre de quien habla en este verso, pues en verso 6 nos dice, "que El derramó sobre nosotros abundantemente por medio de Jesucristo nuestro Salvador." (Tito 3:6)

Tito 3.5–6 El nos salvó, no por las obras de justicia que nosotros hubiéramos hecho, sino conforme a Su misericordia, por medio del

---

[9] Lat. *Te quod attinet non sumus solliciti,—illud modo desideramus, ut patrem nobis vel semel intueri concedatur.* Thomas Cartwright (1535-1603) comentando en Juan 14:8. [Harmonia Evangelica (Amsterdam 1627), 420.]. "Thomas Cartwright, (c. 1535-1603), fue el teólogo puritano-presbiteriano más influyente del periodo isabelino. Cartwright se educó en Cambridge y a lo largo de su vida teológica se asoció con la teología reformada de Ginebra (amigo de Theodore Beza) y Escocia. Para alegría de los puritanos, fue nombrado profesor de teología en Cambridge (1570). Pero su abierta oposición al sistema isabelino, especialmente a la forma anglicana de gobierno de la Iglesia, provocó su destitución al año siguiente. Su famoso y continuo adversario, John Whitgift (1530-1604), arzobispo de Canterbury (desde 1583), fue el responsable de la destitución. El desacuerdo entre ellos sólo se refería a la forma de gobierno de la Iglesia; Cartwright defendió más tarde a la Iglesia establecida contra el puritanismo separatista. Junto con una tradición emergente en la teología reformada, abogó por una iglesia organizada según los principios presbiterianos y establecida por el Estado, incluyendo severas penas para las ofensas a los Diez Mandamientos (pena de muerte por blasfemia), pero separando claramente las jurisdicciones temporales y espirituales. Sólo Cristo es la cabeza de la iglesia, de la que el magistrado es sólo un miembro; la iglesia debe ejercer la disciplina en la vida de sus miembros. Su fama, aumentada por el encarcelamiento, continuó en el puritanismo posterior, incluido el congregacionalismo de Nueva Inglaterra." John E. Wilson, "Cartwright, Thomas (c. 1535–1603)," *Encyclopedia of the Reformed Faith* (Louisville, KY; Edinburgh: Westminster/John Knox Press; Saint Andrew Press, 1992), 59.

lavamiento de la regeneración y la renovación por el Espíritu Santo, que El derramó sobre nosotros abundantemente por medio de Jesucristo nuestro Salvador

El Padre hace su amor la bisagra sobre la cual gira el gran ajuste y cambio en los santos, por lo cual que dice en verso 3; "Porque nosotros también en otro tiempo éramos necios, desobedientes, extraviados, esclavos de deleites y placeres diversos, viviendo en malicia y envidia, aborrecibles *y* odiándonos unos a otros." (Tito 3:3) Esto es toda desobediencia, desorden y vileza. Por lo cual, ¿en que momento se produce nuestra rehabilitación? La totalidad de esta resurrección se produce del amor de Dios, fluyendo a través de las maneras antes descritas.

Porque cuando la bondad y el amor de Dios aparecieron, esto es en sus frutos, entonces este cambio se produjo. Y para asegurarnos de lo aquí mencionado, no existe nada que tenga una naturaleza más amorosa y tierna en el mundo, y se comporte de acuerdo con la misma, que no se asemeje al amor de Dios. Si quitamos toda debilidad e imperfección que existe en nosotros, lo que permanece es la marca de Su amor. El es un padre, como una tierna madre con sus pequeños, como un pastor, una gallina para con sus polluelos, y demás imágenes (Sal. 103:13, Is. 63:16, Mt. 6:6, Sal. 23:1, is. 60:11, Mt. 23:37).

No añadiré mas pruebas sobre este tema. Esto es lo que ha sido demostrado: *Existe amor en la persona del Padre sostenida de manera particular para con los santos, de tal manera que quiere y tiene comunión con ellos.*

2. ¿Qué se requiere de los creyentes para tener comunión con el Padre?

Ahora bien, para tener plena comunión con el Padre en amor, dos cosas son requeridas de los creyentes: 1). Que la reciban del Padre. 2). Que la den de regreso a Él.

a. Los creyentes deben recibir el amor del Padre

Que reciban su amor. Comunión consiste en *dar* y *recibir*. Hasta que el amor del Padre no ha sido recibido, no tenemos comunión con el. ¿Cómo es este amor del Padre recibido, de tal manera que podamos tener comunión con el? A lo cual respondo: Por *fe*. El recibirlo es creerlo. Dios ha revelado su amor tan completa y claramente, que la misma debe ser recibida por fe. "Crean en Dios..." (Juan 14:1); esto es, en el Padre. Y, ¿Qué es lo que debemos creer acerca del el? Su amor, porque Dios es amor. (1 Juan 4:8).

Es cierto, no existe un *inmediato* acto de fe en el Padre sino a través del Hijo. "El es el camino, la verdad y la vida; nadie viene al Padre sino por El." (Juan 14:6). El Hijo es el misericordioso sumo sacerdote sobre la casa de Dios, por quien tenemos acceso al trono de la gracia. (Efesios 2:18) Por el somos llevados de la mano hacia el Padre, por el creemos en Dios (1 Pedro 1:21).

> **Efesios 2.18** Porque por medio de Cristo los unos y los otros tenemos nuestra entrada al Padre en un mismo Espíritu.
> **1 Pedro 1.21** Por medio de El son creyentes en Dios, que Lo resucitó de entre los muertos y Le dio gloria, de manera que la fe y esperanza de ustedes sean en Dios.

Esto es a lo que me refiero; cuando por y a través de Cristo tenemos acceso para con el Padre, es entonces también que vemos Su gloria, y vemos su amor que deposita de manera particular en nosotros, y como acto seguido tiene lugar un acto de fe. Es entonces que lo vemos (al Padre), creemos y recibimos por el (el Hijo). Los resultados y frutos de esto son completados por nosotros solo a través de Cristo. Aunque no haya luz para nosotros sino a través de un haz de luz, podemos ver el sol a través de ese rayo de luz, el cual es la fuente de este. Y, a pesar de que seamos refrescados a través de un *afluente,* somos guiados por el mismo a la *fuente* misma. Cristo Jesús, con respecto al amor del Padre, no es sino el haz de luz, el afluente. Donde sin embargo toda nuestra luz, toda nuestra satisfacción de nuestra sed radica. No es sino a través de Cristo que somos llevados a la fuente, al sol mismo de amor eternal. Si los creyentes fueran más conscientes de esto tendrían una mejora espiritual considerable en su caminar con Dios. Este es mi objetivo.

Muchos pensamientos oscuros y perturbadores tienden a surgir con relación a esto. Son pocos los que pueden elevar sus corazones y mentes a estas alturas a través de la fe, para obtener el descanso de sus almas en el amor del Padre. Viven por muy debajo del mismo, en los problemáticos territorios de la falta de esperanza y miedo, tormentas y nubes. Sin embargo, todo aquí es paz y serenidad. Pero ellos no saben como llegar hasta estos lugares altos. La voluntad de Dios es que sea siempre visto como benigno, amable, tierno, amoroso e incambiable en sí mismo. Y, particularmente con respecto al Padre, como la fuente y manantial de toda emanación de gracia y frutos de amor.

Esto es lo que Cristo vino a revelar, a Dios como Padre (Juan 1:18). Este es el nombre que el declara a aquellos que han sido sacados del mundo (Juan 17:6). Y este Padre es aquel a quien el mismo verdaderamente nos lleva, debido a que Cristo es la única manera de ir a Dios como Padre (Juan 14:6-7), esto es como amor. Y través de ir hacia Él nos da el descanso que prometido, pues el amor del Padre es el único descanso del alma.

> **Juan 14.6–7** Jesús le dijo: "Yo soy el camino, la verdad y la vida; nadie viene al Padre sino por Mí. "Si ustedes Me hubieran conocido, también hubieran conocido a Mi Padre; desde ahora Lo conocen y Lo han visto."

Sin embargo, es cierto, como ha sido dicho anteriormente, que no hacemos esto *en esencia* en el primer instante que creemos. Creemos en Dios a través de Cristo (1 Pedro 1:21); con una fe que busca descanso para el alma. Esta fe es traída a nuestra alma por Cristo, el Mediador, como el único que puede llevarlo a cabo. Sin embargo, esta fe no descansa nuestra propia alma sino en Cristo, por quien tiene acceso al

Padre (Efesios 2:18).[10] Y es cuando estamos en su amor que conocemos que Él es amor, que tiene un diseño, un propósito amoroso, y placer (deleite, complacencia y buena voluntad en Cristo) para con nosotros por toda la eternidad. Absolutamente toda causa de ira y aversión han sido removidas completamente del Padre. El alma entonces, a través de la fe en Cristo, y por El, es traída al seno de Dios, a una confortable persuasión, percepción espiritual y conciencia de Su amor, de tal manera que reposa y descansa ahí. Y esto es lo primero que los santos hacen con relación a su comunión con el Padre. Sobre el crecimiento en esta comunión se hablará mas adelante.

b. Los creyentes deben amar al Padre

Aquello con lo que se requiere que respondamos, (y que es lo central a este tema, pero no lo ampliare por ahora) al Padre consiste también en amor (Deuteronomio 6:4-5). Dios ama, para que pueda ser amado.[11] Cuando nos manda a que respondamos al amor que hemos recibido de el, lo hace a fin de perfeccionar nuestra comunión con Él. Nos dice, "Dame, hijo mío, tu corazón," (Proverbios 23:26) – tus afectos, tu amor. "Respondiendo él, dijo: "Amaras al Señor tu Dios con todo tu corazón, y con toda tu alma, y con toda tu fuerza, y con toda tu mente, y a tu prójimo como a ti mismo." (Lucas 10:27)

Esta es la respuesta que comanda de nosotros. Cuando el alma observa a Dios, en Su dispensación de amor y para ser amado, para ser infinitamente hermoso y apreciado, cuando se descansa en el y se deleita de tal manera en el, es entonces que tenemos comunión con el en amor. Y esto es el amor, que Dios nos amó primero, y solo entonces nosotros

---

[10] Owen se refiere aquí al objeto de nuestra fe. No tenemos fe en haber tenido fe, sino que el foco y centro de nuestra fe es Cristo Jesús. La fe no tiene ningún valor en absoluto a no ser que sea puesta en el objeto correcto, esto es Cristo Jesús.

[11] Lat. *Amor superne descendens as divinam pulchritudinem omnia convocat.* "El amor que desciende de arriba convoca todas las bellezas de la divinidad". Proclus. [*Proclus: Alcibiades I,* 2nd ed., trad. William O'Neill (The Hague 1971), 34; *Procli Commentarium in Platonis Alcibiadem* in *Procli Philosophi Platonica Opera Inedita* (Frankfurtam Main: Minerva G.m.b.H., 1962); col. 358.]

le amamos a Él. No daré más explicaciones acerca del amor divino por ahora. Usualmente, el amor es un sentimiento de unión y cercanía, con mutua complacencia en ella. Tomas de Aquino escribe:

> La unidad de una sustancia es la causa del amor propio. La causa del amor hacia otro es por ser semejantes. Sin embargo, la unión real que el que ama busca del objeto de su amor es la respuesta de su amor.[12]

Si el Padre es visto de cualquier otra manera, que no sea obrando con amor para el alma, entonces engendra en el alma terror y aversión.[13] Esta es la causa en las Escrituras por la que los pecadores huyen y se esconden. Pero cuando aquel es el Padre es concebido como Padre, obrando en amor para con el alma, esto produce amor en el alma

---

[12] Lat. *Unio substantialis est causa amoris sui ipsius; est causa amoris alterinus; sed unio realis quam amans quærit de re amata, est effectus amoris.* Tomas de Aquino. [Thomas Aquinas, *Summa Theologiæ* I-II.28.1.2, 61 vols., trad. Eric D'Arcy (London: Blackfriars, 1964-1981), 19:91 (Texto latino en pag. 90).]. Tomás de Aquino (1225-1274) fue el filósofo y teólogo medieval más influyente. Formó gran parte (pero no toda) de la filosofía y la teología católica romana. Perfeccionó el enfoque de influencia neoplatónica de Agustín por medio de Aristóteles. Así, en lugar de la clara distinción de Agustín entre el alma y el cuerpo, Aquino propuso una versión de "hilomorfismo", argumentando que el alma es la forma del cuerpo. Aunque Aquino pensaba que no podemos comprender intelectualmente la esencia de Dios, sostenía que las cualidades de Dios pueden conocerse mediante la analogía; también ofreció cinco argumentos para justificar la creencia de que Dios existe (a veces llamados "las cinco vías"). Aquino desarrolló una extensa filosofía sobre los atributos divinos, la encarnación y la trinidad, la acción humana y las virtudes, la expiación, los sacramentos, la iglesia, la historia y la política. Sus principales obras son *Sobre el ser y la esencia* (1242-1243), *Sobre la verdad* (1256-1259), *Sobre la potencia* (1259-1263), *Summa Contra Gentiles* (1259-1263), *Sobre los nombres divinos* (1261), *Sobre el mal* (1263-1268), *Suma teológica* (1265-1272), *Sobre la eternidad del mundo* (1270), *Sobre las sustancias separadas* (1271) y numerosos comentarios a obras de Aristóteles. La prolífica obra de Aquino constituye el mayor depósito de filosofía medieval de un solo pensador. Charles Taliaferro and Elsa J. Marty, eds., "Aquinas, St. Thomas," *A Dictionary of Philosophy of Religion* (New York; London; Oxford; New Delhi; Sydney: Bloomsbury Academic: An Imprint of Bloomsbury Publishing Inc; Bloomsbury, 2018), 23–24.

[13] Jos. 22:5, 23:11; Neh. 1:5.

nuevamente.[14] Esto es en fe, la cual es la base para toda aceptación y obediencia. (Deut. 5:10; Ex. 20:6; Deut. 10:12, 11:1, 13, 13:3).

Por lo cual, es esto a lo que se refiere el apóstol cuando afirma; "Porque "Porque Dios nos escogió en Cristo antes de la fundación del mundo, para que fuéramos santos y sin mancha delante de El en amor." (Efesios 1:4). Comienza en el *amor de Dios*, y termina con *nuestro amor por El*. Este es el propósito del amor eterno de Dios en nosotros, y esto es lo que obra en nosotros. Es cierto, nuestra obediencia universal cae dentro de la medida de nuestra comunión con Dios, esto es con el como Dios, nuestro bendito soberano, legislador y galardonador; como Padre, nuestro Padre en Cristo revelado a nosotros como amor, contrario y por encima de toda idea del hombre natural. Es en amor, entonces, que nos relacionamos con El. No me refiero tampoco solamente a ese tipo de amor que se encuentra en la vida y forma parte de toda obediencia moral, sino a un deleite particular y aceptación en el Padre, revelado eficazmente como amor en el alma.

3. El amor del Padre y el nuestro comparado

A fin de que esta comunión con el Padre en amor sea hecha mas clara y evidente, mostrare ahora dos cosas: 1). El amor de Dios para con nosotros y el nuestro para con el concuerdan en analogía e imagen. 2). Aquello en lo que difieren lo podremos apreciar mejor la naturaleza de cada uno de ellos. "Los afectos mostrados en estos varios tipos de amistades desiguales, deben ser también proporcionales". [15]

---

[14] Sal.18:1, 31:23, 97:10, 116:1; 1 Co. 2:9; Stg. 1:12; Is. 56:6; Mat. 22:37; Ro. 8:28.

[15] Gr. Ἀνάλογον δ᾽ ἐν ἁπάσαις ταῖς καθ᾽ ὑπεροχὴν οὔσαις φιλίαις, χαὶ τὴν φίλησιν δεῖ γίνεσθαι, etc. Aristóteles, *Ética a Nicomano*. [Aristotle, *The Nichomachean Ethics*, trans. H. Rackham (Cambridge, MA: Harvard University Press, 1962), 478.]

a. El amor del Padre y el nuestro concuerdan en descanso y complacencia

i. El amor de Dios para con nosotros

> **Sofonías 3.17** El Señor tu Dios está en medio de ti, Guerrero victorioso; Se gozará en ti con alegría, En Su amor guardará silencio, Se regocijará por ti con cantos de júbilo.

Ambas cosas son asignadas a Dios en su amor aquí, *descanso* y *deleite*.[16] Las palabras en el original son, *yakharish b^e' ahabato*[17] – "Se quedará callado, debido a su amor". Descansar en contentamiento es expresado por estar en silencio, esto es sin murmuraciones ni quejas. Esto es lo que Dios hace debido a su inherente amor, tan completo, tan perfecto y absoluto en toda manera, que no le permitirá quejarse de ninguna cosa en aquellos a quienes ama, sino que se quedará en silencio debido a su amor.

También, "descansar en Su amor"; en que no lo removerá, en que no buscará otro objeto de amor, sino que tendrá Su morada en el alma donde ha sido clavada, para siempre. Y, *complacencia* y *deleite*: "Se gozará en ti con alegría", como uno que esta completamente satisfecho en ese objeto en el cual ha fijado Su amor. Aquí se usan dos palabras para expresar este deleite y gozo que en su amor Dios tiene: *yasîs*[18] y *yagîl*[19]. La primera, *yasîs* (gozar) denota afecto interno, de la mente, el gozo del corazón. Y para expresar la intensidad aquí referida, dice que

---

[16] Lat. *Effectus amoris quando habetur amatum, est delectatio.* – "Pero el efecto del amor, cuando se tiene el objeto amado, es placer". Tomas de Aquino, *Suma Teológica*. [Aquinas, *Summa Theologiæ* I-II.25.2.1, 61 vols., trans. Eric D'Arcy (London: Blackfriars, 1964-1981), 19:51 (texto latino en pag. 50).] Lat. *Amor est complacentia amantis in amato. Amor est motus cordis, delectantis se in aliquo.* – "Amor es el deleite del amante en su amado. Amor es un afecto del corazón deleitándose en sí mismo en alguien (o algo)". Agustín.

[17] Heb. יַחֲרִישׁ בְּאַהֲבָתוֹ,

[18] Heb. יָשִׂישׂ

[19] Heb. יָגִיל.

lo hará *b*ᵉ*sim*ᵉ*kha*²⁰, con alegría o gozo. Tener gozo en el corazón con alegría es la máxima expresión de deleite en amor.

La segunda palabra *yagîl* (regocijo) no denota afecto interno, sino una demostración externa del mismo, "significa una expresión externa de gozo en lugar de una felicidad interna de espíritu, como cuando muestra regocijo a través de aplaudir o dar vueltas" [21] y "se exalta en felicidad, expresa la felicidad de su alma a través del movimiento de su cuerpo, se desborda en alegría"[22]; la palabra *agallian*[23] es la que se forma derivada de esta. Es exaltarse en una demostración de un gozo y deleite interno. Es el equivalente de *"tripudiare"*[24], aplaudir como alguien abrumado por un gozo sorpresivo. Por lo cual se dice que Dios bᵉrinnah,²⁵ con un sonido de jubilo o cantos. Regocijarse con alegría de corazón, exaltarse con canticos y alabanzas, denota el más grande deleite y complacencia posibles.

Cuando se expresa lo opuesto de este amor, dice *ouch eudokēse*²⁶, "No estuvo complacido" (1 Corintios 10:5). Su deleite no estaba sobre

---

[20] Heb. בְּשִׂמְחָה

[21] Lat. *Externum magis gaudii gestum, quam internam animi lætitiam significat, cum velut tripudiis et volutationibus gaudere se quis ostendit.* – Santes Pagninus. – גּוּל (gul). Santes Pagninus (1470-1541), fue dominico, filólogo, biblista y hebraísta italiano, encargado en traducir la biblia al latín de las lenguas originales. Produjo en 1529 uno de las enciclopedias léxicas mas usadas en el siglo XVII, y en 1536 un comentario en seis volúmenes al Pentateuco.

[22] Lat. *lætitiâ gestiit, animi lætitiam gestu corporis expressit, exilivit gaudio.* - Mario de Calasio, [*Concordantiæ Sacrorum Bibliorum Hebraicorum*, vol. 1 (Londoni: Typis J. Ilive: Apud Jacobum Hodges, 1747-1749), col. 1079. Publicado originalmente en 1602.] Mario de Calasio (1550-1620), fue un hebraísta franciscano que produjo un diccionario de hebrero bíblico y una voluminosa concordancia de términos hebreos, reconocida como quizá la mas erudita obra en hebreo del siglo XVII. Una vez mas vemos lo amplio, selecto y ecléctico de la lectura de Owen, que no tenia ningún problema en usar y citar a los mejores comentarios, léxicos, etc. escritos por autores católicos romanos.

[23] Gr. ἀγαλλιᾷν

[24] Palabra latina para regocijarse con sumo gozo, aplaudir de alegría desbordante. Debemos recordar que los estudios en el siglo XVII eran en latín, así como las obras teológicas que se leían. Por lo cual relacionar los conceptos a las palabras latinas ayudaba mucho a la compresión de dichos conceptos.

[25] Heb. בְּרִנָּה

[26] Gr. οὐκ εὐδόκησε

ellos ni tampoco su descanso. Por lo cual, "y si retrocede, mi alma no se complacerá en el." (Hebreos 10:38; Jer. 22:28; Os. 8:8; Mal. 1:10).

El se complace en aquellos que habitan con el. Él canta sobre Su iglesia, "Una viña de vino; de ella canten."

> **Isaías 27.2–3** Aquel día *se dirá:* "Una viña de vino; de ella canten. Yo, el Señor, soy su guardador; a cada momento la riego. Para que nadie la dañe, la guardo noche y día.
> **Salmo 147.11** El Señor favorece a los que le temen, a los que esperan en Su misericordia.
> **Salmo 149.4** Porque el Señor se deleita en Su pueblo; Adornará de salvación a los afligidos.

Existe descanso y complacencia en Su amor. Existe en el Hebreo una trasposición de una letra (Metátesis), entre una palabra que significa amor relacionado con la voluntad y deseo (*'ahab*[27] es amar), y otra que denota amor relacionado con descanso y aceptación (la cual es *'abah*[28]); y ambas son aplicadas a Dios. El desea el bien para nosotros, para que pueda descansar en ese deseo. Algunos dicen *agapan* [29], "amar" proviene de *agan pothesthai*[30], que significa perfecta aceptación en el objeto amado. Y, cuando Dios llama a Su Hijo *agapēton*[31], "amado" (Mateo 3:17), añade a manera de explicación en *ho eudokēsa*[32], "en quien descanso complacido."

ii. El amor de nosotros para con el Padre

La manera como los santos responden para crecer en comunión con el Padre guarda cierta analogía con Su amor; debido a que es también un amor de descanso y deleite. Agustín dice "nos has hecho para ti mismo,

---

[27] Heb. אָהַב
[28] Heb. אָבָה
[29] Gr. ἀγαπᾶν
[30] Gr. ἄγαν πόθεσθαι
[31] Gr. ἀγαπητόν
[32] Gr. ἐν ᾧ εὐδόκησα

oh Señor, y nuestro corazón no hallará descanso hasta que lo haga en ti."[33]

"Vuelve, alma mía, a tu reposo" dice David. (Salmo 116:7). El hace de Dios su d*escanso*; es decir, aquel en quien su alma descansa, sin necesidad de buscar en otro lugar por un mejor y mas deseado objeto de amor.

> **Salmo 73.25** ¿A quién tengo yo en los cielos, *sino a Ti?* Fuera de Ti, nada deseo en la tierra.
> **Salmo 37.7** Confía callado en el Señor y espera en El con paciencia; No te irrites a causa del que prospera en su camino, por el hombre que lleva a cabo *sus* intrigas.
> **Isaías 28.12** Al cual había dicho: "Aquí hay reposo, den reposo al cansado;" Y: "Aquí hay descanso." Pero no quisieron escuchar.
> **Hebreos 4.9** Queda, por tanto, un reposo sagrado para el pueblo de Dios.

Entonces, el alma se recoge se todas sus divagaciones y extravíos, de todos sus otros amores, para descansar solamente en Dios, para saciarse y contentarse en el, escogiendo al Padre como su galardón y descanso eternal. Y esto lo hace el alma con *deleite*. "Porque Tu misericordia", dice el salmista, "es mejor que la vida, Mis labios Te alabarán." (Salmo 63:3). "Mejor que la vida", *mekhayyim*[34], antes o que tiene prioridad sobre la vida. No negare que a veces se expresa la vida como una consideración sencilla, sin embargo, lo que se expresa aquí es la totalidad de la vida, con todas sus preocupaciones y quehaceres, los cuales son considerables.

---

[33] Lt. *Fecisti nos ad te, domine, et irrequietum est cor nostrum donec veniat ad te.* –Agustín, *Confesiones* [Augustine, *The Confessions of Saint Augustin*, NPNF[1] 1:45; PL32, col. 661.]

[34] Heb. מְחַיִּים

Agustín, comentando en este lugar y sobre esta frase *"mejor que la vida"[35]*, menciona que se refiere a las diferentes áreas de la vida en la que están envueltos los hombres. Agustín escribe:

Mejor que la vida: ¿Qué vidas? Aquellos que los hombres eligen vivir para si mismos. Uno elige vivir una vida de negocios, otro una vida de campo, otro una vida de usura, otro una vida militar, y otro esta u aquella. Diversas son las vidas, pero mejor es su misericordia que cualquier de nuestras vidas. [36]

La vida aun con todas sus ventajas no puede planificarse en su totalidad. Imagínese que esta en las fauces de la muerte, descendiendo a la tumba envuelto en innumerables problemas, pero sin embargo puede encontrar más dulzura en Dios que en una larga vida. Aun, aunque esta sea la mejor vida y este llena de placeres, con todos los deleites haciéndola agradable y confortable. De ambas cosas se dice acerca la Iglesia: "Asiria no nos salvará, No montaremos a caballo, y nunca más diremos: 'Dios nuestro' A la obra de nuestras manos, pues en Ti el huérfano halla misericordia." (Oseas 14:3) Ellos rechazan las más atractivas apariencias de descanso y contentamiento, para obtener todas en Dios, en quien descansan como lo harían huérfanos indefensos.

b. La comunicación del amor mutuo entre el Padre y los creyentes es en Cristo

Cristo es el tesoro en el que el Padre dispone de todas las riquezas de su gracia, tomadas de lo más profundo de su amor eterno; y es el sacerdote en cuya mano ponemos todas las ofrendas que devolvemos al Padre.

---

[35] Comentario en el texto de la Vulgata Latina, Lat. "Super Vitas".

[36] Lat. *Super vitas: quas vitas? Quas sibi homines eligunt; alius elegit sibi vitam negociandi, alius vitam rusticandi; alius vitam fœnerandi, alius vitam militandi, alius illam, alius illam. Diveresæ sunt vitæ, sed melior est misericordia tua super vitas nostras.* – Agustín, *Exposición al libro de los Salmos* [Augustine, *Exposition on the Book of the Psalms*, NPNF[1] 8:261; PL 36, col. 0755h.]

El amor mutuo de Dios y de los santos concuerda en esto: que la manera de comunicar los propósitos y frutos de estos amores es sólo en Cristo. El Padre no nos manifiesta su amor sino por medio de Cristo; y nosotros no le devolvemos nuestro amor sino por medio de Cristo. Él es el tesoro en el que el Padre dispone de todas las riquezas de su gracia, tomadas de lo más profundo de su amor eterno; y él es el sacerdote en cuya mano ponemos todas las ofrendas que entregamos al Padre. De ahí que sea el primero, y por Su excelencia, se dice que el Padre ama al Hijo; y no sólo como su Hijo eterno -como era el deleite de su alma antes de la fundación del mundo (Prov. 8, 30)- sino también como nuestro mediador, y como el medio de transmitirnos su amor. (Mat. 3.17; Juan 3.35; 5.20; 10.17; 15.9; 17.24).

> **Mateo 3.17** Y *se oyó* una voz de los cielos que decía: "Este es Mi Hijo amado en quien Me he complacido."
>
> **Juan 3.35** "El Padre ama al Hijo y ha entregado todas las cosas en Su mano.
>
> **Juan 5.20** "Pues el Padre ama al Hijo, y Le muestra todo lo que Él mismo hace; y obras mayores que éstas Le mostrará, para que ustedes se queden asombrados.

Y se nos dice que a través de él creemos y tenemos acceso a Dios.

El Padre nos ama, y "nos escogió antes de la fundación del mundo", pero en la búsqueda de ese amor, "nos bendice con todas las bendiciones espirituales en los lugares celestiales en Cristo" (Ef. 1:3-4). Por su amor, derrama o vierte abundantemente el Espíritu Santo sobre nosotros, por medio de Jesucristo nuestro Salvador (Tito 3:6). En el derramamiento de su amor, no cae ni una sola gota fuera del Señor Cristo. El santo aceite de la unción fue derramado sobre la cabeza de Aarón (Salmo 133:2); y de allí bajó a las faldas de su ropa. Como Aarón, el amor se derrama primero sobre Cristo; y de él cae como el rocío de Hermón sobre las almas de sus santos. El Padre lo hará tener "en todas las cosas la preeminencia" (Col. 1:18); pues al Padre "le agradó que en él habitara toda la plenitud" (v. 19); para que "de su plenitud podamos recibir gracia sobre gracia" (Juan 1:16).

Aunque el amor del designio del Padre y el gozo de su buena voluntad tienen su nacimiento y fundamento en su sola gracia y deseo, sin embargo, el diseño de su realización es sólo en Cristo. Todos sus frutos le son dados primero a él; y sólo en él se nos entregan. De modo que, aunque los santos puedan ver un océano infinito de amor para ellos en el seno del Padre, no deben esperar ni una gota de él, sino lo que viene por medio de Cristo. Él es el único medio de comunicación de las gracias especiales del Padre. El amor en el Padre es como la miel en la flor; debe estar en el panal antes de que sea para nuestro uso. Cristo debe extraer y preparar esa miel para nosotros. Él saca esta agua de la fuente a través de la unión y la dispensación de la plenitud divina. Nosotros las obtenemos por fe, de las fuentes de salvación que están en Cristo. Es a esto a lo que me refería anteriormente.

Nuestros beneficios están todos en él, y por él también. Y bueno es para con nosotros que sea así. ¡Qué sacrificios cojos y ciegos presentaríamos a Dios de otra manera! Cristo lleva la iniquidad de nuestras ofrendas, y añade incienso a nuestras oraciones (Ex. 28:38, Ap. 8:3, Jn. 14:6, Heb. 10:19-22).

> **Hebreos 10.19–22** Entonces, hermanos, puesto que tenemos confianza para entrar al Lugar Santísimo por la sangre de Jesús, por un camino nuevo y vivo que Él inauguró para nosotros por medio del velo, es decir, Su carne, y puesto que *tenemos* un gran Sacerdote sobre la casa de Dios, acerquémonos con corazón sincero (verdadero), en plena certidumbre de fe, teniendo nuestro corazón purificado de mala conciencia y nuestro cuerpo lavado con agua pura.

Nuestro amor está fijado en el Padre; pero le es transmitido por el Hijo de su amor. Él es el único camino para que tanto nuestras gracias, como nuestras personas, vayan a Dios; a través de él pasa todo nuestro deseo, nuestro deleite, nuestra complacencia, nuestra obediencia. De los cuales, más adelante añadiré.

Ahora bien, en estas dos cosas hay cierta semejanza, entre el amor mutuo entre el Padre y los santos en el que tiene comunión. Ahora explicaremos las diferencias.

4. El amor del Padre y el nuestro contrastado

Existen varias diferencias entre nuestro amor y el amor del Padre.

a. El amor del padre es un amor generoso, el nuestro por deber

i. El amor del Padre es un amor generoso

El amor del Padre es un amor de generosidad, un amor descendente; un amor que lo lleva a hacer cosas buenas para nosotros, un amor que le lleva a hacer grandes cosas por nosotros. Su amor yace en el fondo de todas las dispensaciones hacia nosotros. Y escasamente encontramos alguna mención de él, pero se sostiene como la causa y fuente de todo regalo que fluye de él.

Él nos ama, y envía a su Hijo a morir por nosotros; nos ama, y nos bendice con todas las bendiciones espirituales.[37] Amar es elegir (Rom. 9:11-12 cf. Ap. 3:19).

> **Romanos 9.11–12** Porque cuando aún *los mellizos* no habían nacido, y no habían hecho nada, ni bueno ni malo, para que el propósito de Dios conforme a *Su* elección permaneciera, no por las obras, sino por Aquél que llama, se le dijo a Rebeca: "El mayor servirá al menor."
> **Apocalipsis 3.19** "Yo reprendo y disciplino a todos los que amo. Sé, pues, celoso y arrepiéntete.

---

[37] Cf. Juan 3.16; Romanos 5.8; Efesios 1.3–4; 1 Juan 4.9–10; Hebreos 12.6; Apocalipsis 3.19.

Nos ama y nos castiga. Es un amor como el de los cielos a la tierra, cuando, llenos de lluvia, derraman lluvias para hacerla fructífera. "Y el majestuoso Cielo, cuando se llena de lluvia, cae a la Tierra."[38] Como el mar comunica sus aguas a los ríos por el camino de la generosidad, de su propia plenitud; y los ríos sólo le devuelven lo que reciben de el. Es el amor de una fuente, de una fuente, siempre comunicándose; un amor de donde procede todo lo que es bello en si mismo. Como escribe Tomas de Aquino: "El amor de Dios llena y crea la bondad en aquellos a quienes ama".[39] Infunde y crea bondad en las personas amadas. Y esto corresponde a la descripción del amor dada por el filósofo, cuando dice: "El que ama hace el bien a los que ama, como puede. El poder y la voluntad de Dios son proporcionales. Lo que quiere, lo hace."[40]

ii. Nuestro amor al Padre es como el de un niño

Por otro lado, nuestro amor a Dios es un amor de deber, como el amor de un niño. Su amor desciende sobre nosotros en abundancia y fecundidad; nuestro amor asciende a él en deber y gratitud. Como explica Aquino: "El amor de Dios causa la bondad en las cosas, y nuestro amor es causado por su amor".[41] Él nos añade por su amor; pero nosotros no le añadimos nada a él por el nuestro. Nuestra bondad no se

---

[38] Lat. *Eran de semnon ouranon plēroumenon ombrou, pesein eis gaian.* ["Eurípides, citado por Aristóteles. Aristóteles, [Aristotle, *The Nicomachean Ethics,* Loeb Classical Library, trans. H. Rackham (Cambridge, MA: Harvard University Press, 1962), 455. Cf. Euripides, *Incertarum Fabularum Fragmenta,* frag. 898, lines 9–10 *Tragicorum Graecorum Fragmenta,* ed. Augustus Nauck and Bruno Snell (Hildesheim, Georg Olms Verlagsbuchhandlung, 1964), 648.]

[39] Lat. *Amor Dei est infundens et creans bonitatem in amatis.* Tomas de Aquino, *Suma Teológica.* [Aquinas, Summa Theologiæ I.20, 61 vols., trans. Thomas Gilby (London: Blackfriars, 1964–1981), 5:61 (Texto en latín en p. 60).]

[40] Gr. "ἔστι βούλεσθαι τινὶ τινὶ ἃ οἴεται ἀγαθά ἀγαθά καὶ καὶ κατὰ δύναμιν πρακτικὸν εἶναι τούτων". Aristóteles, *Retórica.* [Aristotle, *Rhetoric* 2.4.1380b36.]

[41] Lat. *Amor Dei causat bonitatem in rebus, sed amor noster causatur ab ea.* Owen esta parafraseando a Aquino en esta cita. No es una cita literal, sino mas bien un resumen del pensamiento de Aquino en esta sección. Para más detalles puede ver: Aquino, *Summa Theologiæ* I.20, 61 vols., trans. Thomas Gilby (London: Blackfriars, 1964–1981), 5:61 (Texto en latin en p. 60).

extiende a él. Aunque nuestro amor se fije en él inmediatamente, ningún fruto de nuestro amor le llega inmediatamente. Una vez mas Aquino explica: "El amor, que es un acto de virtud deseable, incluso en nuestro estado actual se enfoca primero en amar Dios sin intermediario, y a otras cosas."[42] Aunque él solicita nuestro amor, no se beneficia de él (Job 35:5-8, Rom. 11:35, Job 22:2-3).

> **Job 35.5–8** Mira a los cielos y ve, contempla las nubes, son más altas que tú. Si has pecado, ¿qué logras tú contra El? Y si tus transgresiones son muchas, ¿qué le haces? Si eres justo, ¿qué le das, o qué recibe el de tu mano? Tu maldad es para un hombre como tú, y tu justicia para un hijo de hombre.

En efecto nuestro amor hacia él se compone de estas cuatro cosas: descanso, deleite, reverencia y obediencia. Por esto mantenemos la comunión con el Padre en su amor. Por eso Dios llama a ese amor que se le debe como padre, "honor" (Mal. 1:6), "Si yo soy padre, ¿dónde está mi honor?". El Padre merece nuestro amor.

b. El amor del Padre es antecedente, el nuestro es consecuente

i. El amor del Padre hacia nosotros es antecedente (previo al nuestro)

Esto se muestra de dos maneras:

---

[42] Lat. *Dilectio quæ est appetitivæ virtutis actus, etiam in statum viæ tendit in Deum primo et immediate.* Aquinas, *Summa Theologiæ* II–II.27.4, 61 vols., trans. R.J. Batten (London: Blackfriars, 1964–1981), 34:171 (Texto en latín en p. 170).] En esta sección Aquino, haciendo uso de Agustín, se enfoca en la manera como el creyente ama a Dios, y la manera como el pecado remanente impide un amor directo con Dios mismo.

1. Su amor es previo con respecto a nuestro amor (1 Juan 4:10), "En esto consiste el amor, no en que nosotros hayamos amado a Dios, sino que él nos amó a nosotros". Su amor va antes que el nuestro. Un padre ama a su hijo, aún cuando el hijo no conoce al padre, mucho menos lo ama. Sí, somos por naturaleza *theostugeis*[43] (Rom. 1:30), es decir aborrecedores de Dios. Él es en su propia naturaleza es *philanthrōpos*[44] -amador de la humanidad; y seguramente todo el amor mutuo entre él y nosotros necesariamente debe comenzar en su mano.

2. Su amor es previo con respecto a todas las otras causas del amor, lo que sea. No sólo precede a nuestro amor, sino también a todo lo que hay en nosotros que sea amoroso (Dt. 7:6-8),[45] "Pero Dios demuestra su amor para con nosotros, en que siendo aún pecadores, Cristo murió por nosotros" (Ro. 5:8). No sólo su amor, sino el fruto eminente de él, es hecho hacia nosotros como pecadores. El pecado sostiene toda la maldad y la repugnancia que puede haber en una criatura. La mera mención de eso elimina todas las causas para amarle, todas las oportunidades emotivas de amor. Sin embargo, tenemos la demostración del amor del Padre hacia nosotros, por medio de un testimonio muy claro. No sólo cuando no hemos hecho nada bueno, sino cuando estábamos con sangre en las manos, él nos amó. No porque seamos mejores que los demás, sino porque él es infinitamente bueno. Su bondad aparece cuando somos necios y desobedientes. Por eso se dice que "ama al mundo ", es decir, a los que no tienen otra cosa que lo que hay en el mundo y lo que hay en él, y todo lo que hay en el mundo es maldad.

ii. Nuestro amor es consecuente (que sigue) de dos maneras

---

[43] Gr. θεοστυγεῖς.

[44] Gr. Φιλάνθρωπος.

[45] Cf. Ezequiel 16.1–14; Romanos 9.11–12; Tito 3.3–6; Deuteronomio 7.6–8; Mateo 11.25–26; Juan 3.16.

1. Con respecto al amor de Dios. Nunca la criatura volvió sus afectos hacia Dios, si el corazón de Dios no hubiera sido puesto primero sobre él.

2. Con respecto a las causas suficientes de amor. Dios debe ser revelado a nosotros como algo bello y deseable, como un objeto hermoso y deseable para que el alma pueda descansar sobre él, antes de que podamos mostrarle amor alguno. Los santos (en este sentido) no aman a Dios por nada, sino por la excelencia, la belleza y la deseabilidad que hay en él. Como dice el salmista en un salmo en particular, "Amo al Señor, porque...?" (Salmo 116:1) así podemos nosotros en general decir que amamos al Señor, ¡por lo que todo lo que él es! O, como David en verso dice, "¿Qué he hecho ahora?"(1 Sam. 17.29) ¿No hay una causa? Si alguien pregunta por nuestro amor a Dios, podemos decir: "¿Qué hemos hecho ahora?"¿No tiene que haber una causa? Le amamos por lo que Él es.

> **Salmo 116.1–5** Amo al Señor, porque oye mi voz *y* mis súplicas. Porque a mí ha inclinado su oído; Por tanto *le* invocaré mientras yo viva. Los lazos de la muerte me rodearon, y los terrores del Seol vinieron sobre mí; angustia y tristeza encontré. Invoqué entonces el nombre del Señor, *diciendo:* "Te ruego, oh Señor: salva mi vida." Clemente y justo es el Señor; Sí, compasivo es nuestro Dios.

c. El amor del Padre está de acuerdo con lo que él es, el nuestro de acuerdo a lo que somos

El amor del Padre y el nuestro se diferencian también en esto:

El amor de Dios es como él mismo: igual, constante, incapaz de aumentar o disminuir. Nuestro amor es como nosotros mismos: desigual, en aumento, menguando, creciendo, declinando.

Su amor, como el sol, siempre es el mismo en su luz, aunque a veces una nube pueda interponerse. Nuestro amor, como la luna, tiene sus aumentos y reducciones.

El amor del Padre es igual; a quien ama, ama hasta el final, y los ama siempre igual (Is. 46:10, Jer. 31:3, Mal. 3:6, Sant. 1:17, 2 Ti. 2:19). La *Gloria de Israel* no es un hombre, para que se arrepienta (1 Samuel 15.29 "También la Gloria de Israel no mentirá ni cambiará su propósito, porque Él no es hombre para que cambie de propósito."). En quien fija su amor, es inmutable; no crece hasta la eternidad, no se disminuye en ningún momento. Es un amor eterno, que no tenía principio, que no tendrá fin; que no puede ser elevado por ningún acto nuestro, que no puede ser disminuido por nada en nosotros. Lo digo, el amor del Padre en sí mismo es así.

Sin embargo, hay un doble sentido en que puede admitir el cambio:

i. Diferente en cuanto a sus frutos

Es, como dije antes, un amor fructífero, un amor generoso. En referencia a esos frutos, a veces puede ser mayor, a veces menor. Sus comunicaciones son diversas. ¿A quién de los santos no le ha pasado esto? Algunas veces, ¡qué vida, qué luz, qué fuerza!, y otras veces, ¡qué muerte, qué oscuridad, qué debilidad! A Dios le agrada a veces dejar que broten o restringir los frutos, las muestras externas de su amor. Todas las gracias del Espíritu están en nosotros, todos los gozos santificados, son frutos de su amor. Sin embargo, con cuanta variadamente se entregan, cuán diferente en diversas estaciones a las mismas personas, la experiencia testificará abundantemente.

ii. Diferente con respecto a sus descubrimientos y manifestaciones

Él "derrama su amor en nuestros corazones por el Espíritu Santo" (Rom. 5:5). Esto nos da un sentido de ello, nos lo manifiesta (Salmo 31.16;

67.1; 119.135; 13.1; 27.9; 30.7; 88.14; Isaías 8.17). Ahora, esto es variado y cambiante, a veces más, a veces menos; ahora él brilla, ahora esconde su rostro, según sea para nuestro beneficio. Nuestro Padre no siempre reprenderá, para que no seamos abatidos; él no siempre sonríe, para que no nos saciemos y lo descuidemos; pero aún así, su amor en sí mismo es el mismo. Incluso cuando por un momento esconde su rostro, nos reúne con eterna bondad.

d. Objeciones y respuestas

Objeción. Pero ustedes dirán: "Esto se acerca a esa blasfemia, que Dios ama a su pueblo tanto en su pecado como en su obediencia más estricta; y, si es así, ¿a quién le importará servirle más, o andar con él para complacerlo?"[46]

Respuesta. Hay pocas verdades de Cristo que, por unos u otros, no hayan recibido una atención semejante. Muchos impostores de la fe se han aprovechado de estas verdades para establecer sus propios términos de obediencia y hacer su propia voluntad. Sin embargo, el amor de Dios en sí mismo es el propósito eterno y el acto de su voluntad. Esto no es más cambiante que Dios mismo: si lo fuera, ninguna persona podría ser redimida. Pero su amor no cambia, y es por esto por lo que no somos consumidos, "Porque Yo, el Señor, no cambio; por eso ustedes, oh hijos de Jacob, no han sido consumidos" Mal. 3:6). ¿Entonces qué? ¿Ama a su pueblo en su pecado? Sí, ama a su pueblo, pero no sus pecados. ¿Altera su amor hacia ellos? No altera el propósito de su voluntad, pero sino las dispensaciones de su gracia para con ellos. (Salmo 39.11; Hebreos 12.7–8; Apocalipsis 3.19; Isaías 8.17; 57.17; Job 6.4; Salmo 6.6; 38.3–5).

---

[46] Esto es característico de los sermones puritanos. Hacia la parte final de sus sermones, tenían una sección apologética, en la que respondían posibles objeciones en la mente de sus oyentes a los argumentos levantados. Debemos recordar que *Comunión con Dios* es una colección de sermones que luego fue editada en forma de libro, y como tal sigue el patrón de los puritanos de incluir una sección apologética de objeciones y respuestas hacia el final de sus sermones, en este caso hacia el final del capítulo.

Hebreos 12.7–8 Es para *su* corrección (disciplina) que sufren (lo soportan). Dios los trata como a hijos; porque ¿qué hijo hay a quien *su* padre no discipline? Pero si están sin disciplina, de la cual todos han sido hechos participantes, entonces son hijos ilegítimos y no hijos *verdaderos*.

Él los reprende, los castiga, esconde su rostro de ellos, los golpea, los llena de un sentimiento de indignación; pero ¡ay de nosotros, ay de nosotros, si el Padre cambiara en su amor, o nos quitara su bondad! Las mismas cosas que parecen ser demostraciones del cambio de sus afectos hacia su pueblo, proceden tan claramente del amor como las que parecen ser las cuestiones más genuinas del mismo.

Pero, "¿no nos anima entonces esto a pecar?" Aquel que piensa seriamente de esta manera nunca ha probado el amor de Dios. La doctrina de la gracia puede convertirse en desenfreno; el principio de la gracia no. No perjudicaré a los santos dando otra respuesta a esta objeción: la detestación del pecado en cualquiera de ellos bien puede consistir en la aceptación de sus personas, y su designación a la vida eterna.

Pero ahora nuestro amor a Dios está menguando y fluyendo, menguando y aumentando. Perdemos nuestro primer amor, y volvemos a crecer en el amor; apenas un día a la vez. (Apocalipsis 2.4; 3.2; Efesios 3.16–19) ¡Qué pobres criaturas somos! ¡Qué diferente al Señor y a su amor! Nuestro amor: "Inestable es como el agua, no podemos ser mejores." Ahora su amor es: "Aunque todos los hombres te abandonen, yo no lo haré". Nosotros decimos un día, "Nunca seré conmovido, mi colina es tan fuerte"; pero al día siguiente, "Todos los hombres son mentirosos, moriré'". ¿Cuándo fue el momento, dónde fue el lugar, que nuestro amor fue un día, o por un instante igual al de Dios?

Y así, estos acuerdos y discrepancias describen más lejos ese amor mutuo del Padre y de los santos, en el que tienen comunión. No daré otros ejemplos sobre la persona del Padre, sino que me esforzaré por mejorarla en el próximo capítulo.

CAPÍTULO 4: CÓMO DESARROLLAR LA COMUNIÓN CON EL PADRE EN AMOR

Bosquejo: "Capítulo 4: Cómo desarrollar la comunión con el Padre en amor"

1. Exhortaciones a tener comunión con el Padre
   a. Es el deber de los creyentes tener comunión con el Padre en amor
      i. Mira al Padre como lleno de amor
      ii. ¿De quién procede este amor?
   b. ¿Cómo es el amor del Padre?
      i. Su amor es eterno
      ii. Su amor es libre
      iii. Su amor es inmutable
      iv. Su amor es particular
   c. Debemos creer que el Padre nos ama
      i. Debemos contemplar su amor para recibirlo
      ii. Debemos responder en amor al amor del Padre
2. Consideraciones para nuestro deber diario
   a. No debemos pensar en el Padre como alguien severo
   b. Mientras más conscientes seamos del amor del Padre, más nos deleitáramos en Él

c. Objeciones y respuestas
    i. No es posible saber que el Padre me ama
    ii. El Padre no tiene ninguna razón para amarme
    iii. El Padre no me ama, debido a que no le amo
3. Aclaraciones finales con respecto al amor del Padre
    a. El amor del Padre es el privilegio de los creyentes
    b. El amor del Padre es un dulce refugio
    c. El disfrute del amor del Padre: La diferencia entre verdaderos y falsos creyentes

Habiendo explicado de esta manera la naturaleza de la comunión específica que tenemos con el Padre, queda que hagamos algunas exhortaciones, indicaciones en ella y tomemos algunas observaciones sobre la misma.

1. Exhortaciones a tener comunión con el Padre

a. Es el deber de los creyentes tener comunión con el Padre en amor

Este es un deber en el que es más evidente que los cristianos están poco ejercitados, es decir, en mantener la comunión inmediata con el Padre en amor. La insatisfacción con nuestras bendiciones y privilegios es tanto nuestro pecado como nuestra angustia. No escuchamos la voz del Espíritu que se nos ha dado, "para que conozcamos las cosas que Dios nos ha concedido gratuitamente" (1 Co. 2:12).

Esto nos hace ir pesadamente, cuando podemos regocijarnos; y ser débiles, cuando podemos ser fuertes en el Señor. ¡Cuán pocos de los santos conocen experimentalmente este privilegio de tener comunión inmediata con el Padre en amor! ¡Con qué pensamientos ansiosos y dudosos lo miran! ¡Qué temores, qué interrogantes hay, de su buena voluntad y de su bondad! En el mejor de los casos, muchos piensan que no hay ninguna dulzura en él hacia nosotros, sino solo aquella mostrada en el alto precio de la sangre de Jesús. ¡Qué temores, qué interrogantes hay, de su buena voluntad y de su bondad! En el mejor de los casos, muchos piensan que no hay ninguna dulzura en él hacia nosotros, sino lo que se compra al alto precio de la sangre de Jesús.

Es verdad que sólo eso es el camino de la comunicación; pero la fuente libre y la manantial de todo está en el seno del Padre. "La vida eterna estaba con el Padre y se nos ha manifestado." (1 Jn. 1:12)

i. Mira al Padre como lleno de amor

Mirad al Padre como amor; no lo veáis como un padre siempre abatido, sino como uno de los más bondadosos y tiernos.

> **Salmo 103.9** No luchará *con nosotros* para siempre, Ni para siempre guardará *Su enojo*.
>
> **Miqueas 7.18** ¿Qué Dios hay como Tú, que perdona la iniquidad Y pasa por alto la rebeldía del remanente de su heredad? No persistirá en Su ira para siempre, Porque se complace en la misericordia.

Miremos en él por la fe, como alguien que ha tenido pensamientos de bondad hacia nosotros desde la eternidad. Es un malentendido de Dios que hace que cualquiera huya de él, de quien dependemos incluso para nuestro más mínimo aliento. "Aquellos que te conocen pondrán su confianza en ti." (Sal, 9:10) La razón por la que los hombres no pueden permanecer con Dios en meditaciones espirituales, y pierden este deseo por su compañía es por la falta de esta visión de su amor. Ellos fijan sus pensamientos sólo en su terrible majestad, severidad y grandeza; y así sus espíritus no son encariñados con él.

Si un alma mirara continuamente su eterna ternura y compasión, sus pensamientos de bondad que han sido desde la antigüedad, su actual aceptación de la gracia, no podría soportar una hora de ausencia de él. Mientras que ahora, quizás, no puede velar con él ni una hora. Que esta sea, pues, la primera noción de los santos del Padre, como uno lleno de amor eterno y libre hacia ellos: que sus corazones y pensamientos destruyan todos los desánimos que yacen en el camino.

ii. ¿De quién procede este amor?

Es el amor de aquel que es en sí mismo suficiente, infinitamente saciado de sí mismo y de sus propias excelencias y perfecciones gloriosas; que no tiene necesidad de extenderse con su amor a los demás, ni de buscar un objeto de amor fuera de sí mismo. Puede descansar con deleite y complacencia hasta la eternidad. Él es suficiente para su propio amor. Él tenía a su Hijo, también, su Sabiduría eterna, para regocijarse y deleitarse desde toda la eternidad (Prov. 8:30). "La belleza del Hijo es la delicia del Padre".[1]

Esto era suficiente para saciar todo el deleite del Padre; pero amó también a sus santos. Y es tal amor, que no sólo busca su propia satisfacción, sino también nuestro bien. El amor de un Dios, el amor de un Padre, cuyos recursos son la bondad y la generosidad.

b. ¿Cómo es el amor del Padre?

i. Su amor es eterno

Su amor estaba fijado en nosotros antes de la fundación del mundo. Antes de que fuéramos, o hubiéramos hecho el menor bien, entonces estaban sus pensamientos sobre nosotros; entonces estaba su deleite en nosotros. Entonces el Hijo se regocijó en los pensamientos de cumplir el deleite de su Padre en él (Prov. 8.30). Sí, el deleite del Padre en el

---

[1] Lat. *Optime in Dei Filium quadrat patris delicias.* Jean Mercier. Jean Mercier, en latín Joannes Mercerus (Uzès ca. 1510 - 1570) fue un hebraísta francés. Fue alumno del menos conocido François Vatable, y sucedió a éste como profesor de hebreo en el Collège Royal. Entre sus alumnos se encuentran Philippe du Plessis-Mornay, Zacharius Ursinus, Andrew Melville y Pierre Martinius, que llegó a ser profesor en La Rochelle. Mercier fue Lecteur du Roi a partir de 1546. Huyó a Venecia por sus simpatías con el protestantismo, pero regresó a Francia y murió de peste. Entre sus obras se encuentran: *Gramática aramea Tabulae in grammaticen linguae Chaldaeae* (París, 1560), *De notis Hebraeorum liber* (1582), *Comentario al Génesis* (Ginebra, póstumo, 1598), publicado por Théodore de Beza.

Hijo, allí mencionado, no es tanto su deleite absoluto en él como la imagen expresa de su persona y el resplandor de su gloria, en la que puede contemplar todas sus propias excelencias y perfecciones; como con respecto a su amor y su deleite en los hijos de los hombres. Así que el orden de las palabras nos exige que lo entendamos: "Yo era diariamente su delicia", y, "Mis deleites estaban con los hijos de los hombres", es decir, en los pensamientos de bondad y redención para ellos; y en ese aspecto, también, era el deleite de su Padre.

Fue desde la eternidad que puso en su propio seno un diseño para nuestra felicidad. El solo pensar en esto es suficiente para hacer que todo lo que hay dentro de nosotros, como el bebé en el vientre de Isabel, salte de alegría (Luc. 1:41). Un entendimiento de esto no puede dejar de postrar nuestras almas hasta la más baja humillación de una humilde y santa reverencia, y nos hace regocijarnos delante de él con temblor.

ii. Su amor es libre

Él nos ama porque quiere. "Nadie ha sido encontrado digno de este gran e indecible bien. La naturaleza humana sin la gracia esta corrompida".[2]

> **Mateo 11.25–26** En aquel tiempo, Jesús dijo: "Te alabo, Padre, Señor del cielo y de la tierra, porque ocultaste estas cosas a sabios e inteligentes, y las revelaste a los niños. "Sí, Padre, porque así fue de Tu agrado."

No había, no hay nada en nosotros por lo que debamos ser amados. Y aún si hubiéramos merecido su amor, debería ser muchísimo menos de

---

[2] Lat. *Hoc tanto et tam ineffabili bono, nemo inventus est dignus; sordet natura sine gratia.* Prospero de Aquitania, *Carta a Rufo.* Prosper of Aquitaine, *Letter to Rufinus* in Ancient Christian Writers, trans. and ann. P. De Letter (Westminster, PA: Newman Press, 1963), 32:27–28.]. "Próspero de Aquitania (390-455). Próspero de Aquitania o Próspero de Tiro fue discípulo de san Agustín y primer continuador de la crónica universal iniciada por San Jerónimo. Si bien Próspero era laico, participó activamente en las principales controversias religiosas de la época y trabajó para el papa León I."

lo que es. Las posesiones de deudas vencidas rara vez son cuestión de gratitud. Pero aquello que nos es dado eternamente antes de que existiésemos, debe ser absolutamente gratuito en lo que respecta a nuestras acciones. Es su amor lo que nos da vida y existencia, nuestra razón de ser y nuestro valor (Rom. 9:11; Ef. 1:3-4; Tito 3:5; Santiago 1:18).

iii. Su amor es inmutable

Aunque cambiamos cada día, su amor no cambia. Si algún tipo de provocación podría cambiarlo, hacía tiempo que hubiera desaparecido. (Mal. 3:6; Sant. 1:17; Os. 11:9). Su inmutabilidad es lo que lleva al Padre a esa infinitud de paciencia y paciencia (sin la cual morimos, perecemos) (2 Ped. 3:9), que él ejerce hacia nosotros.

iv. Su amor es particular

> **Romanos 9.11–15** Porque cuando aún *los mellizos* no habían nacido, y no habían hecho nada, ni bueno ni malo, para que el propósito de Dios conforme a *Su* elección permaneciera, no por las obras, sino por Aquél que llama, se le dijo a Rebeca: "El mayor servirá al menor." Tal como está escrito: "A Jacob amé, pero a Esaú aborrecí." ¿Qué diremos entonces? ¿Qué hay injusticia en Dios? ¡De ningún modo! Porque Él dice a Moisés: "Tendré misericordia del que Yo tenga misericordia, y tendré compasión del que Yo tenga compasión."

Sin embargo, el Padre no ha amado así a todo el mundo: "A Jacob he amado, pero a Esaú he odiado" (Mal. 1:2-3, Ro. 9:13). Agustín escribe:

> Dios ama todas las cosas que ha hecho. Y de entre toda su creación, ama más a las criaturas más racionales. Y de estas de estas criaturas

racionales ama más aún a aquellas que están unidas a Su Hijo unigénito. Y al Hijo unigénito ama mucho más que todas las cosas.[3]

¿Por qué debería fijar su amor en nosotros, y pasar de largo a millones de personas de las que no diferimos por naturaleza (Ef. 2:3), para que nos haga partícipes de esto, y de todos los frutos de su amor, de los cuales la mayoría de los hombres grandes y sabios del mundo son excluidos? (Mat. 11:25-26, 1 Co. 1:20). Sólo menciono la punta del iceberg aquí. ¡Que se ensanchen los corazones de los que han sido tocados por su amor!

Que el alma mire con frecuencia el amor del Padre, y que bajo estas reflexiones, todo en ella sea conquistada y cautivada por el amor del Padre.

c. Debemos creer que el Padre nos ama

i. Debemos contemplar su amor para recibirlo

Así que créanlo para recibirlo. A menos que creas en el amor del Padre para contigo, todo es en vano en cuanto a cualquier comunión con Dios. No tenemos comunión con él en nada, hasta que sea recibido por la fe. Esto, entonces, es lo que yo animaría a los santos de Dios a creer, en este amor de Dios por sí ellos mismos y por su bienestar (1 Jn. 4:16)

Crean que así es el corazón del Padre hacia ustedes, acepten su testimonio en esto. Su amor no es nuestro en su dulzura hasta que sea recibido. Continuamente, entonces, tengan pensamientos de fe en Dios, como amor para con ustedes, como abrazarlos con el eterno amor gratuito antes descrito. Cuando el Señor sea presentado como tal por su palabra, que tu mente lo sepa, y consienta en que así es; y que tu voluntad lo abrace de la misma manera. Y que todos tus afectos se

---

[3] Lat. *Omnia diligit Deus, quæ fecit; et inter ea magis diligit creaturas rationales; et de illis eas amplius quæ sunt membra unigeniti sui. Et multo magis ipsum unigenitum.* Agustín. [Augustine, Tract. in Joan, cx, citado en Aquinas, Summa Theologia, q. 20).]

llenen de ella. Pon todo tu corazón en ello. Que se ate con las cuerdas de este amor. Si el Rey es atado en las galerías con tu amor, ¿no deberías ser atado en el cielo con el suyo? (Cant. 7:5).

ii. Debemos responder en amor al amor del Padre

Que tenga su propio fruto y eficacia en tu corazón, y se manifieste en una respuesta en amor a él. Así caminaremos a la luz del rostro de Dios, y tendremos comunión santa con nuestro Padre todo el día. No tratemos mal con él, y le devolvamos el desprecio por su buena voluntad. Que no haya en nosotros un corazón tal que trate tan desgraciadamente con nuestro Dios.

2. Consideraciones para nuestro deber diario

Ahora, para avanzar en este ejercicio, y en la práctica diaria y constante del mismo, añadiré una o dos consideraciones que pueden ser importantes.

a. No debemos pensar en el Padre como alguien severo

Es sumamente aceptable para Dios, nuestro Padre, que así podamos tener comunión con él en su amor, para que sea recibido en nuestras almas como alguien lleno de amor, ternura y bondad hacia nosotros. La carne y la sangre es propensa a tener pensamientos muy duros acerca de él: pensar que siempre está enojado, sí, que es implacable. Que no corresponde a las pobres criaturas acercarse a él; que nada en el mundo es más deseable que no venir nunca a su presencia, o, como se dice, que con él no tenemos nada que ver con él. ¿Quién de nosotros morará con el fuego devorador? ¿Quién de nosotros morará con quemaduras eternas? dicen los pecadores en Sión (Is. 33:14). Y, "Yo sabía que eras un hombre severo", dice el siervo malvado en los evangelios (Lc. 19:21).

Ahora, no hay nada más penoso para el Señor, ni más servicial al propósito de Satanás sobre el alma, que pensamientos como estos. Satanás aplaude (si se me permite decirlo) cuando puede llenar el alma con tales pensamientos de Dios: con esto tiene suficiente, es todo lo que desea. Este ha sido su diseño y forma desde el principio. La primera sangre que derramó el asesino fue por este medio (Gn. 3:5). Él conduce a nuestros primeros padres a pensamientos duros de Dios: "¿Dios te ha dicho que no comas del fruto? ¿Te ha amenazado de muerte? Es porque él sabe que será mejor para ti si lo haces". Con este mecanismo golpeó y derrocó a toda la humanidad a la vez (Rom. 5:12). Y siendo consciente de su antigua conquista, usa prontamente las mismas armas con las que entonces luchó tan exitosamente.

Ahora, es sumamente penoso para el Espíritu de Dios ser tan calumniado en los corazones de aquellos a quienes ama de corazón. ¡Cómo se explica que aquellos que están Sión tengan pensamientos así! "¿Qué iniquidad has visto en mí?" (Jer. 2:5, 21). Dice él: "¿He sido para ti un desierto, o una tierra de tinieblas?" (Jer. 2:31) Sión dijo:

Isaías 49.14–15 Pero Sion dijo: "El Señor me ha abandonado, El Señor se ha olvidado de mí." ¿Puede una mujer olvidar a su niño de pecho, Sin compadecerse del hijo de sus entrañas? Aunque ella se olvidara, Yo no te olvidaré.

Nada apena más al Señor que la obra de sus manos tenga pensamientos tan duros sobre él. Sabiendo muy bien qué fruto produce esta raíz amarga, qué alienaciones de corazón, qué retrocesos en la fe, qué incredulidad y apostasía en nuestro caminar con él. ¡Cuán poco dispuesto está un niño a venir en presencia de un padre enojado! Consideren, entonces, esto en primer lugar: aceptar al Padre como aquel que nos ama entrañablemente, le da el honor al que aspira y es sumamente agradable para él. A menudo expresa esto de una manera muy clara, para que pueda ser recibido así: "Él nos encomienda su amor" (Rom. 5, 8). "¡Mirad qué amor nos ha dado el Padre!" (1 Juan 3:1). ¿De dónde, entonces, viene esta locura de considerarlo severo?

Los hombres tienen miedo de tener buenos pensamientos de Dios. Ellos piensan que es una audacia para ver a Dios como bueno, misericordioso, tierno, amable, amoroso, me refiero a los creyentes aquí.

Pero en vez de esto, muchos creyentes lo juzgan como duro, austero, severo, casi implacable y feroz. Como si el Padre tuviera para con ellos los peores afectos de loa peores de los hombres, y como si ellos fueran los más odiados del Padre (Rom. 1:31; 2 Tim. 3:3), y piensan que en esto hacen bien. ¿No es esto un engaño del alma de Satanás? ¿Acaso no fue su designio desde el principio inyectar tales pensamientos de Dios? Te aseguro, entonces, que no hay nada más aceptable para el Padre, que el que nosotros mantengamos nuestros corazones con él como la fuente eterna de toda esa gracia rica que fluye hacia los pecadores en la sangre de Jesús.

b. Mientras más conscientes seamos del amor del Padre, más nos deleitaremos en él

Cuanto más veamos del amor de Dios, tanto más nos deleitaremos en él, y en esta misma proporción. Esto será muy eficaz para hacer que tu alma se acerque a Dios, para hacer que te deleites en él, y para hacer tu morada con él. Muchos santos no tienen una mayor carga en sus vidas, que el que sus corazones no se puedan levantar clara, plena, y constantemente para deleitarse y regocijarse en Dios. Y esto porque todavía hay una indisposición de espíritu en ellos que obstaculiza el caminar con él. ¿Qué hay en el fondo de esta aflicción? ¿No es acaso su falta de habilidad o negligencia en este deber? ¿No es acaso una negligencia en mantener la comunión con el Padre en amor? En la misma proporción que veamos del amor de Dios, nos deleitaremos en él, y no más.

Cualquier otro conocimiento de Dios, sin este conocimiento de su amor, sólo hará que el alma se aleje de él. Pero si el corazón está absorto meditando en esto, es decir, en la grandeza del amor del Padre para con ellos, entonces el corazón no tiene otra opción sino ser dominado, conquistado por su amor y amarlo. Esto, más que cualquier otra cosa, trabajará en nosotros para hacer que permanezcamos en él.

Si el amor de un padre no hace que un hijo se deleite en él, ¿qué lo hará? Poned, pues, esto a la prueba: ejercitad vuestros pensamientos sobre esta misma cosa, el amor eterno, libre y fructífero del Padre, y mirad si vuestros corazones no se ven forzados a deleitarse en él. Me atrevo a decir con osadía que los creyentes lo encontrarán tan provechoso como nunca antes en sus vidas. Siéntese por un momento junto a la fuente y rápidamente descubrirá la dulzura de los arroyos. Y todos ustedes que han huido del Padre, no podrán, después de un tiempo, mantenerse separados de él ni siquiera por un momento.

c. Objeciones y respuestas

i. No es posible saber que el Padre me ama

Pero algunos pueden decir: "¡Ay! ¿Cómo podré mantener la comunión con el Padre en amor? No sé con certeza si me ama o no; y ¿me atreveré a depositar mi confianza en él? ¿Qué pasa si no soy aceptado? ¿Acaso no debería más bien perecer por mi presunción, que encontrar dulzura en su seno? Dios me parece sólo como un fuego consumidor y quemaduras eternas, así que temo mirarlo a él".

No sé lo que puede entenderse aquí por conocer el amor de Dios. Aunque es apreciado por de una manera espiritual y por la experiencia, sin embargo, es recibida puramente por la fe. Nuestro conocimiento de su amor, se basa en nuestra creencia de aquello que ha sido revelado. Hemos conocido y creído el amor que Dios nos tiene. Dios es amor' (1 Juan 4:16). Esta es la seguridad que, en al inicio mismo de nuestro caminar con Dios, podemos tener de este amor. Aquel que es la verdad lo ha dicho; y todo lo que te dice tu corazón, o lo que te dice Satanás, a menos que este de acuerdo con este testimonio del Padre, tiene el propósito de hacer de aquel que ha dicho esto un mentiroso (1 Juan 5:10).

ii. El Padre no tiene ninguna razón para amarme

"Puedo creer que Dios es amor a los demás, porque ha dicho que es amor; pero que lo será para mí, no veo ningún motivo de persuasión; no hay causa, ninguna razón en el mundo, por la que deba dirigir un solo pensamiento de amor o de bondad hacia mí. Y por eso no me atrevo a depositar mi confianza en él, para mantener la comunión con él en su amor especial".

Él ha hecho esta promesa de amor tan explícitamente a usted como a cualquier otra persona en el mundo. Y por causa de su amor, él tiene tanta voluntad para fijarlo en ti como en cualquiera de los hijos de los hombres, o en ninguno por sus propios méritos. Para que pueda agilizar el desarrollo de esta objeción. Desde la fundación del mundo, nadie que creyera tanto en el amor del Padre y le devolviera el amor, ha sido nunca engañado, ni tampoco lo será hasta el fin del mundo.

Te encuentras, entonces, en esto, en un piso muy seguro. Si crees y recibes al Padre como amor, él será infaliblemente así para ti, aunque otros puedan caer bajo su severidad.

iii. El Padre no me ama, debido a que no le amo

"No puedo hacer que mi corazón responda al amor de Dios. Si pudiera tener mi alma puesta sobre él, podría creer que su alma se deleita en mí."

Este es el argumento más absurdo que posiblemente sus pensamientos puedan sostener, una manera muy fácil de robarle a Dios su gloria. En esto consiste el amor -dice el Espíritu Santo-, "no en que nosotros hayamos amado a Dios, sino en que él nos amó primero" (1 Juan 4:10-11). Ahora, invertiríais este orden y diríais: "En esto consiste el amor, no en que Dios me amó a mí, sino en que yo lo ame a él primero, y que por eso él me ama". Esto es para quitarle la gloria de Dios: que, mientras que él nos ama sin una causa en nosotros mismos, y todos tenemos una causa en el mundo para amarlo, tú tengas lo contrario, es decir, que haya en ti algo por lo cual Dios te ame, es decir tu amor a él; y que debes amar a Dios, antes de que conozcas algo hermoso en él; o de saber si te ama o no.

Este es un tipo de pensamiento de la carne, que nunca traerá gloria a Dios, ni paz a tu propia alma. Entonces, deja tus razonamientos. Toma el amor del Padre en un acto puro de fe, y eso abrirá tu alma para dejarla salir al Señor en la comunión de amor.

3. Aclaraciones finales con respecto al amor del Padre

a. El amor del Padre es el privilegio de los creyentes

Para hacer aún más amplia la profundización de esta verdad tan explícita y recomendada anteriormente; debemos descubrir la grandeza y el privilegio de los santos de Dios. Aunque sean muy pobres los pensamientos que tengan los hijos de los hombres de estas verdades del amor de Dios, tienen en ellos más carne que la que tienen aquellos que no conocen al Padre. Tienen una comunión y un compañerismo estrechos con el Padre. Ellos se relacionan con él en el intercambio de amor.

Los hombres son generalmente estimados de acuerdo con la compañía que tienen. Es un honor estar en presencia de príncipes, pero como sirvientes. ¡Qué honor, entonces, tienen todos los santos, de estar con denuedo en la presencia del Padre, y de gozar allí de su amor íntimo! ¡Qué bendición pronunció la reina de Sabá sobre los siervos de Salomón, que estaban delante de él, y oyeron su sabiduría! (1 Re. 10:8) !Cuánto más benditos, entonces, son los que están continuamente delante del Dios de Salomón, oyendo su sabiduría, disfrutando de su amor! Mientras otros tienen su comunión con Satanás y sus propias concupiscencias, proveyendo para ellas, y recibiendo bocadillos perecederos de ellas ("cuyo fin es la destrucción, cuyo dios es su vientre, y cuya gloria está en su vergüenza, los que se preocupan de las cosas terrenales" Fil. 3:19), ellos tienen esta dulce comunión con el Padre.

b. El amor del Padre es un dulce refugio

Además, qué refugio tan seguro y dulce es este lugar para los santos, en todos los desprecios, reproches, escándalos y tergiversaciones que sufren en el mundo. Cuando un niño es maltratado en la calle por extraños, corre con rapidez al seno de su padre (Is. 26:20); allí hace su queja y es consolado.

En todas las duras acusaciones e insultos que los santos encuentran en las calles del mundo, pueden correr con sus gemidos a su Padre, y ser consolados. "Como a quien su madre consuela, así os consolaré yo a vosotros", dice el Señor (Is. 66:13). Para que el alma pueda decir: "Si tengo odio en el mundo, iré adonde estoy seguro del amor. Aunque todos los demás son hostiles contra mí, mi Padre es tierno y lleno de compasión: Iré a él, y me convenceré de ello. Aquí soy considerado vil, despreciado y rechazado; pero tengo honor y amor con él, cuya bondad es mejor que la vida misma. Allí tendré todas las cosas en la fuente, mientras que otros solo tienen gotas. Hay en el amor de mi Padre todo lo deseable. Hay la dulzura de todas las misericordias en su amor, y eso plena y duraderamente".

Evidentemente, entonces, los santos son los hombres más injuriados del mundo. Si los cristianos les dicen: "Venid y cohabitad con nosotros" (1 Jn. 1:3), pero los hombres están prontos a decir: "¿Por qué, qué sois? Una lamentable compañía de personas sediciosas y facciosas (Hech. 17:6, 28:22). Que sepas que despreciamos tu hermandad. Cuando intentemos dejar la comunión con todos los hombres honrados, y hombres de valor, entonces iremos a ti."

Pero, ¡ay! ¡Cómo se equivocan los hombres! Verdaderamente su comunión es con el Padre; que los hombres piensen en ella como les plazca. En la comunicación mutua de amor con el Padre mismo, tienen un frescor cercano, espiritual y celestial. Cómo son generalmente mal vistos, el apóstol declara: "Como engañadores, pero verdaderos; como desconocidos, pero bien conocidos; como moribundos, y he aquí que vivimos; como castigados, y no muertos; como afligidos, pero siempre gozosos; como pobres, pero enriqueciendo a muchos; como no teniendo nada, y aun así poseyendo todas las cosas" (2 Corintios. 6:8-10). Y por si todo esto fuera poco, son vistos como personas pobres, humildes, despreciables, cuando en realidad son los únicos grandes y nobles personajes del mundo. Considerad la compañía que guardan: es con el Padre; ¿quién tan glorioso como él? La mercancía que comercian es amor; ¿qué es tan precioso? Sin duda son los excelentes en la tierra (Salmo 16:3).

c. El disfrute del amor del Padre: la diferencia entre verdaderos y falsos creyentes

Más aún, en esto se descubrirá una diferencia principal entre los verdaderos y los falsos creyentes: en cuanto al cumplimiento de los mandamientos y, por tanto, al disfrute de los privilegios externos, los falsos creyentes caminan a menudo de la mano con ellos.

Pero ahora observen sus vidas secretas, ¡y qué diferencia hay! Allí los santos mantienen la comunión con Dios: los hipócritas, en su mayoría, con el mundo y sus propias concupiscencias; con ellos conversan y se comunican. Ellos escuchan lo que les dirán, y hacen provisión para ellos, cuando los santos son envueltos dulcemente en el seno del amor de su Padre.

A menudo es casi imposible que los creyentes, en su justicia exterior, sobrepasen a aquellos que tienen el corazón muy podrido. Pero esta es la comida que tienen, que otros no conocen. Este alimento en la casa de banquetes, donde otros no tienen participación; en la multitud de sus pensamientos, las comodidades de Dios su Padre refrescan sus almas.

Ahora bien, entonces (para cerrar este discurso), si estas cosas son así, "¿qué clase de hombres debemos ser, en toda clase de conversación santa?" Debido a que "nuestro Dios es un fuego consumidor'" (Heb.

12:29). ¿Qué comunión hay entre la luz y las tinieblas? (2 Co. 6:14) ¿Habitará el pecado y la lujuria en los pensamientos que reciben y llevan el amor del Padre y para el Padre? La santidad se convierte en su presencia para siempre. Un espíritu inmundo no puede acercarse a él; un corazón impío no puede hacer morada con él.

Una persona lasciva no deseará tener comunión con un hombre sobrio. ¿Y tendrá un hombre de imaginaciones vanas y tontas comunión, y morará con el Dios santísimo? La consideración de este amor es un motivo poderoso para la santidad, y conduce a eso. Efraín dice: "¿Qué más puedo hacer con los ídolos?" (Os. 14:8). La comunión con el Padre es totalmente inconsistente con el caminar sin rumbo.

Si decimos que tenemos comunión con él, y andamos en tinieblas, mentimos, y no practicamos la verdad' (1 Jn. 1:6). "El que dice: Yo le conozco (tengo comunión con él), y no guarda sus mandamientos, es un mentiroso, y la verdad no está en él" (1 Jn. 2:4). La más engañosa y magnífica farsa de decir conocer al Padre, pero vivir sin santidad y obediencia a sus mandamientos. Esto sólo sirve para probar que los pretendientes son unos mentirosos. El amor del mundo y del Padre no moran juntos.

Y si esto es así (para callar a todos), ¡cuántos que van bajo el nombre de cristianos, están destituidos de la verdad! ¡Qué poco familiarizados están los creyentes con el misterio de esta comunión y sus frutos! ¿No es muy evidente que muchos mantienen comunión con sus deseos carnales y con el mundo, y sin embargo piensan que tienen una porción y herencia entre los que son santificados? No tienen un nuevo nombre ni una piedra blanca, (Ap. 2:17) y sin embargo se llaman el pueblo del Altísimo.

¿No puede decirse de muchos de ellos, más bien, que Dios no está en todos sus pensamientos (Sal. 10:4), y que por lo tanto no tienen comunión con él? ¡Que el Señor abra los ojos de los hombres, para que vean y sepan que caminar con Dios no es un asunto de formas externas, sino del poder del Espíritu! Y sobre esta comunión particular que tenemos con el Padre hemos considerado que es particularmente en amor.

Ahora también es fiel el que nos ha llamado a la comunión de su Hijo Jesucristo nuestro Señor (1 Co. 1:9), sobre quien pasaremos a explicar a continuación.

SEGUNDA PARTE: COMUNIÓN CON EL HIJO CRISTO JESÚS – PARTE I

CAPÍTULO 1: LOS CREYENTES TIENEN COMUNIÓN CON CRISTO JESÚS

Bosquejo: "Capítulo 1: Los creyentes tienen comunión con Cristo Jesús"

1. Los creyentes tienen comunión con el Hijo de Dios
    a. Cristo, la rosa más pura de Sarón
    b. El deleite de los creyentes en su comunión con Cristo
2. Características de la comunión con Cristo
    a. Dulzura
    b. Deleite
    c. Seguridad
    d. Apoyo y consuelo
3. Conclusión

De esa comunión particular que tenemos con la persona del Padre que hemos tratado en los capítulos anteriores, procedemos ahora a la consideración de lo que tenemos con su Hijo, Jesucristo nuestro Señor.

Ahora bien, la comunión que tenemos con la segunda persona de la Trinidad es como Mediador, en ese oficio al cual, por dispensación, se sometió por nosotros; siendo "nacido de mujer, nacido bajo *la* Ley, a fin de que redimiera a los que estaban bajo *la* Ley, para que recibiéramos la adopción de hijos." Gálatas 4:4–5.

Y en esto haré estas dos cosas:

1.   Explicare que tenemos comunión con el Hijo de Dios.
2.   Mostrare en qué consiste ese compañerismo o comunión.

1. Los creyentes tienen comunión con el Hijo de Dios

En primer lugar, sólo presentaré algunos lugares de la Escritura para confirmar que es así: "Dios es fiel, por quien fuisteis llamados a la comunión de su Hijo Jesucristo nuestro Señor" (1 Co. 1:9). Esto es a lo que todos los santos son llamados, y en lo cual, por la fidelidad de Dios, serán preservados, y tendrán comunión con Jesucristo nuestro Señor. Somos llamados por Dios Padre, como Padre, en la búsqueda de su amor, a la comunión con el Hijo, como nuestro Señor.

"He aquí, yo estoy a la puerta y llamo; si alguno oye mi voz y abre la puerta, entraré a él, y cenaré con él, y él conmigo" (Apc. 3:20 cf. Jn. 14:23). Ciertamente si esto no es comunión, entonces no sé lo que es. Cristo cenará con los creyentes: se renueva con sus propias gracias en ellos, por el Espíritu que les ha concedido. El Señor Jesucristo está sumamente complacido en probar los dulces frutos del Espíritu en los santos. Esta es la oración del esposo para que la esposa tenga algo para su disfrute cuando él venga a ella:

> **Cantares 4.16** "Despierta, *viento del* norte, y ven, *viento del* sur; hagan que mi huerto exhale *fragancia*, que se esparzan sus aromas. Entre mi amado en su huerto y coma sus mejores frutas."

Las almas de los santos son el jardín de Jesucristo, la buena tierra (Hebreos 6:7). Un jardín para su deleite. Él se regocija en ellos; "sus deleites están con los hijos de los hombres" (Prov. 8:31); y "se regocija en ellos" (Sof. 3:17); y un jardín de frutos, sí, de frutos agradables. Así lo describe:

> **Cantares 4.12–14** Huerto cerrado eres, hermana mía, esposa *mía,* huerto cerrado, fuente sellada. Tus renuevos son paraíso de granados, con frutas escogidas, alheña y nardos, nardo y azafrán, cálamo aromático y canela, con todos los árboles de incienso, mirra y áloes, con todos los mejores bálsamos.[1]

Todo lo que es dulce y delicioso para el gusto, todo lo que es sabroso y odorífero, todo lo que es útil y medicinal, está en este jardín. Hay toda clase de banquetes espirituales, de todo tipo, en las almas de los santos, para el Señor Jesús. Por este motivo, el esposo es tan ferviente en la oración citada para un aumento de estas cosas. Para que su amado pueda cenar con ella, como él ha prometido. "Despierta, oh viento del norte...", etc. "Oh, que los alientos y las obras del Espíritu de toda gracia despierten en mí todos sus dones y gracias, para que el Señor Jesús, el amado de mi alma, se encuentre conmigo y se divierta agradablemente." Dios se queja de la falta de frutos en su viña (Isaías 5:2; Oseas 10:1).

La falta de buena comida para el regocijo de Cristo es lo que la esposa temía, y se esfuerza por evitarlo. Un corazón estéril no es apto para recibirlo. Y el deleite que él toma del fruto del Espíritu es indecible. Esto lo expresa en general: "He venido", dice; "He comido, me he refrescado" (Cantar de los Cantares 5:1). Lo llama *peri megadim,*[2] "El fruto de sus dulzuras" o lo más agradable para él. Además, así como Cristo cena con sus santos, así también ha prometido que cenarán con

---

[1] Aunque Owen considera el significado para la audiencia original, también tiene en cuenta que todas las Escrituras son acerca de Cristo. Siguiendo a la mayor parte de la tradición de la Iglesia, interpreta el Cantar de los Cantares como un poema sobre la belleza y los atributos de Cristo, sin que esto signifique que también es a su vez un poema de amor entre un hombre y una mujer, pero dicho poema de amor, para Owen, apunta a una realidad mayor, la cual es el amor entre Cristo y Su Iglesia.

[2] Heb. פְּרִי מְגָדִים.

él, para completar esa comunión que tienen con él. Cristo provee para su entretenimiento de la manera más eminente.

Hay ganado siendo preparado, y el vino es mezclado, y una mesa amueblada (Prov. 9:2). Llama a las delicadezas espirituales que tiene para ellos una "fiesta", una "boda", una "fiesta de gordura, vino sobre posos".

> **Isaías 25.6** El Señor de los ejércitos preparará en este monte para todos los pueblos un banquete de manjares suculentos, un banquete de vino añejo, pedazos escogidos con tuétano, *y* vino añejo refinado.
> **Mateo 22.8** "Luego dijo a sus siervos: 'La boda está preparada, pero los que fueron invitados no eran dignos.
> **Apocalipsis 19.7** "Regocijémonos y alegrémonos, y démosle a Él la gloria, porque las bodas del Cordero han llegado y Su esposa se ha preparado."

El ternero engordado es asesinado para su disfrute. Tal es la comunión, y tal es el entretenimiento mutuo de Cristo y sus santos en esa comunión.

a. Cristo, la rosa más pura de Sarón

> **Cantares 2.1–7** "Yo soy la rosa de Sarón, El lirio de los valles." "Como el lirio entre los espinos, así es mi amada entre las doncellas." "Como el manzano entre los árboles del bosque, así es mi amado entre los jóvenes. A su sombra placentera me he sentado, y su fruto es dulce a mi paladar. Él me ha traído a la sala del banquete, y su estandarte sobre mí es el amor. Susténtenme con tortas de pasas, reanímenme con manzanas, porque estoy enferma de amor. Que su izquierda esté bajo mi cabeza y su derecha me abrace." "Yo les ruego, oh, hijas de Jerusalén, por las gacelas o por las ciervas del campo, que no levanten ni despierten a *mi* amor hasta que quiera."

En los dos primeros versículos usted tiene la descripción que Cristo da, primero de sí mismo, luego de su iglesia. De sí mismo, es decir, lo que él es para su esposa: "Yo soy la rosa de Sarón y el lirio de los valles" (v. 1). El Señor Jesucristo es, en la Escritura, comparado con todas las cosas de excelencia en toda la creación.[3] Él es en los cielos el sol y la estrella resplandeciente de la mañana; como el león entre las bestias, el león de la tribu de Judá. Entre las flores del campo, aquí está la rosa y el lirio. Las dos maravillas de las flores, la dulzura del sabor y la belleza del color, se dividen entre ellas. La rosa para la dulzura, y el lirio para la belleza ("Salomón en toda su gloria no se vistió como uno de ellos" Mat. 6:29), ambas tienen la preeminencia.

Más aún, él es "la rosa de Sarón", una llanura fructífera, donde las manadas más selectas fueron alimentadas (1 Cr. 27:29); tan prominente, que está prometido a la iglesia que se le dará la excelencia de Sarón (Is. 35:2, cf. Is. 33:9, 65:10). Este lugar fructífero, sin duda, produjo las rosas más preciosas. Cristo, en el sabor de su amor, y en su justicia (que es como el manto en que Jacob recibió su bendición, dando un olor como el olor de un campo agradable, Génesis 27:27), es como esta excelente rosa, para atraer y seducir los corazones de sus santos hacia él.

Como Dios olió un aroma dulce de en la sangre de su expiación (Ef. 5:2); así también sus santos reciben un aroma refrescante y precioso de las gracias con que son ungidos por él (Cantar de los Cantares 1:3). Un sabor dulce expresa lo que es aceptable y delicioso (Génesis 8:21). Él es también "el lirio de los valles"; que de todas las flores es la más eminente en belleza (Mat. 6:29). El más deseable es él, por la hermosura y perfección de su persona; incomparablemente más justo que los hijos de los hombres. Hablaré más de esto después. El Hijo sacia abundantemente todos sus sentidos espirituales, él es su refrigerio, su ornamento, su deleite, su gloria. En el siguiente versículo nos dice lo que ellos son para él. Ellos, los santos, son para él, "Como el lirio entre

---

[3] Mal. 4:2, Apo. 12:1, Luc. 1:78, Num. 24:17, 2 Pe. 1:19, Apo. 22:16, Gen. 49:9, Mic. 5:8, Apo. 5:5.

espinas, así es mi amada entre las hijas" (Cant. 2;20. Cristo y su iglesia son comparados y llamados lo mismo aquí. A ambos se les llama aquí "como el lirio". Esto solo es posible en virtud de su unión por la vida en el mismo Espíritu (Ro. 8:29). Esta es la causa de esa conformidad y semejanza que entre ellos, y a la cual los santos son designados. Ellos son un lirio, muy bello para Cristo; "como el lirio entre espinas":

i.   **A través de su pre-eminencia.** Así como el lirio supera a las espinas, así también los santos superan en belleza todo lo demás, en el ojo de Cristo. Este es el propósito de dicha comparación en este pasaje.

ii. **A través de ser probados.** El resto del mundo comparado con ellos son "cardos que pinchan y espinas que duelen a la casa de Israel" (Ezequiel 28:24). El mejor de ellos es como una zarza, el más erguido es más afilado que un seto de espino" (Miq. 7:4). Y así está ella, su amada, entre las hijas de los hombres. Incluso los más bellos y mejores de aquellos que dicen ser creyentes pero que no lo son, no son más que eso "un seto de espinos". No puede haber en ninguna comparación mayor, una mayor exaltación de la belleza de ninguna otra cosa.

Es de esta manera como Cristo es para ellos (Cant. 2:1), y como verdaderamente es él para ellos (Cant. 2:2). La manera como los santos lo aman lo vemos de la siguiente manera.

b. El deleite de los creyentes en su comunión con Cristo

Como los santos lo estiman, lo tenemos aquí:

Cantares 2.3 Como el manzano entre los árboles del bosque, así es mi amado entre los jóvenes. A su sombra placentera me he sentado, y su fruto es dulce a mi paladar.

Para llevar a cabo esta relación, la esposa comienza a hablar de su pensamiento y a mostrar su deleite en el Señor Jesucristo; y así como él la compara con el lirio entre las espinas, así ella lo compara con el manzano entre los árboles del bosque. Y ella lo explica así, porque el esposo tiene las dos cosas destacadas de los árboles, que el resto de ellos no tienen: fruta para comer y sombra para refrescarse. De la una come, debajo de la otra descansa; ambas con gran deleite. Todos los demás hijos, ya sean ángeles (los hijos de Dios por creación cf. Job 1:6, 38:7), o los hijos de Adán, (aquí se incluyen a sus mejores de sus descendientes, aquellos que encabezan quienes la acompañan, que son llamas las doncellas (v. 2); o simplemente los hijos de la vieja creación, las mejores ramas de otros arboles con todas sus cosas deseables), son para su alma hambrienta y cansada (sólo las almas cansadas y sedientes buscan su sombra y su fruto), como los demás árboles del bosque, sin hojas y sin fruto, que no les darán ni alimento ni refrigerio.

"En Cristo" -dice ella- "hay fruto, fruto dulce al gusto". Sí, "su carne es verdadera carne, y su sangre es verdadera bebida" (Juan 6:55). La esposa dice:

> Además, él me ha traído delante esa justicia eterna que satisfará abundantemente a cualquier alma hambrienta, después de que he ido a muchos árboles estériles en busca de alimento, y no he encontrado ningún fruto. Además, él abunda en gracias preciosas y agradables, de las cuales puedo comer. Sí, me llama y anima a hacer eso y que lo haga en abundancia.

> **Cantares 5.1** "He entrado en mi huerto, hermana mía, esposa *mía*; he recogido mi mirra con mi bálsamo. He comido mi panal y mi miel; he bebido mi vino y mi leche. Coman, amigos; beban y embriáguense, oh amados."

Estos son los frutos que Cristo da. Hablan de un árbol que produce todas las cosas necesarias para la vida, en alimentos y vestidos. Cristo es el árbol de la vida, que ha hecho nacer todas las cosas que son necesarias para la vida eterna. En él está la justicia de la que tenemos hambre; en él está el agua de vida, la cual el que bebe de ella no tendrá más sed (Mat. 5:6). ¡Oh, cuán dulces son los frutos de la intercesión de Cristo para la fe de sus santos! El que no puede encontrar alivio en la misericordia, el perdón, la gracia, la aceptación con Dios, la santidad, la santificación, es un completo extraño a estas cosas (el vino sobre las lías) que se prepara para los creyentes.

> **Isaías 25.6** El Señor de los ejércitos preparará en este monte para todos los pueblos un banquete de manjares suculentos, un banquete de vino añejo, pedazos escogidos con tuétano, *y* vino añejo refinado.
> **Proverbios 9.2–5** Ha preparado su alimento, ha mezclado su vino, ha puesto también su mesa; ha enviado a sus doncellas, *y* clama desde los lugares más altos de la ciudad: "El que sea simple que entre aquí." Al falto de entendimiento le dice: "Ven, come de mi pan, y bebe del vino que he mezclado.

Además, él tiene sombras para protegerse y refrescarse (Cant. 2:3). Para protegerse de la ira exterior, y para refrescarse a causa del cansancio interior. El primer uso de la sombra es para protegernos del calor del sol, como lo hizo la calabaza de Jonás (cf. Jon. 4:6, Is. 25:4, 32:2, 2 Cor. 5:21, Gal. 3:13, Mal. 4:2). Cuando el calor de la ira está listo para quemar el alma, Cristo, interponiéndose, lo soporta todo. Bajo la sombra de sus alas nos sentamos constantemente, tranquilamente, a salvo, poniendo nuestra confianza en él; y todo esto con gran deleite. Sí, ¡Quien puede expresar el gozo de un alma a salvo de la ira bajo la sombra de la justicia del Señor Jesús! También hay un refrigerio del cansancio en su sombra.

Él es "como la sombra de una gran peña en una tierra árida" (Isa. 32:2). Del poder de las corrupciones, de la angustia de las tentaciones, de la angustia de las persecuciones, hay en él paz, reposo y sosiego (Mat. 11:27-28).

2. Características de la comunión con Cristo

Habiéndose descrito el esposo y la esposa mutuamente de esta manera, y habiéndose puesto de manifiesto que no pueden sino deleitarse en el compañerismo y la comunión, en los versículos siguientes se expone y describe en general esa comunión de ellos. Observaré brevemente cuatro cosas: dulzura, deleite, seguridad y consuelo.

a. Dulzura

Cristo hace que todas sus reuniones sean casas de banquetes; y allí alegra a sus santos. "Me llevó a la casa de banquetes", o "casa del vino". Todo este pasaje está presentado con expresiones de la mayor dulzura y de los más deliciosos platillos: platos, manzanas, vino. "Él me agasaja," dice la esposa, "como a alguien muy importante." Personas eminentes de gran importancia son traídas a eventos en grandes entretenimientos, son introducidos en la casa de banquetes: la casa del vino y de las delicadezas. Estas son las preparaciones de gracia y misericordia: amor, bondad, provisiones reveladas en el evangelio, declaradas en las asambleas de los santos, exhibidas por el Espíritu. Este "amor es mejor que el vino" (Cantar de los Cantares 1:2); no es "comida y bebida, sino justicia, paz y gozo en el Espíritu Santo".

> **Romanos 14.17** Porque el reino de Dios no es comida ni bebida, sino justicia y paz y gozo en el Espíritu Santo.
> **Juan 7.37** En el último día, el gran *día* de la fiesta, Jesús puesto en pie, exclamó en alta voz: "Si alguien tiene sed, que venga a Mí y beba.
> **Proverbios 27.7** El hombre saciado aborrece la miel, Pero para el hombre hambriento todo lo amargo le es dulce.

Las delicadezas del Evangelio son banquetes dulces. Ya sea que estas "casas de vino" sean las Escrituras, el evangelio, o las ordenanzas impartidas en las congregaciones de los santos, o cualquier manifestación eminente y explicita de amor especial (ya que el banquete no es una obra de todos los días, ni se usa en los entretenimientos ordinarios), todo es uno solo.

El vino, que alegra el corazón del hombre, que le hace olvidar su miseria (Prov. 31:6-7), que le da una mirada y un semblante alegre (Gén. 49:12), es lo que está prometido. La gracia exhibida por Cristo en sus ordenanzas es refrescante, fortalecedora, consoladora y llena de dulzura para las almas de los santos. ¡Ay de las almas llenas que odien estos panales de miel! Pero así Cristo hace que todas sus reuniones sean casas de banquetes; y allí da gozo a sus santos.

b. Deleite

El cónyuge está muy encantado con la dulzura de este banquete, encontrando el amor, y el cuidado, y la bondad, otorgados por Cristo en las congregaciones de los santos. Por eso eleva su voz diciendo: "Susténtenme con tortas de pasas, Reanímenme con manzanas, Porque estoy enferma de amor (Cant. 2.5)." Al descubrir la excelencia y la dulzura de Cristo en la casa de banquetes, el alma se siente inmediatamente abrumada y clama para ser hecha partícipe de su plenitud. Está "enferma de amor". No está (como algunos suponen) desmayándose por no sentir el amor del esposo, y la sensación de estar bajo la aprehensión de la ira. Sino que está enferma y se desmaya, incluso vencida, por los poderosos actos de ese afecto divino, después de haber probado una vez la dulzura de Cristo en la casa de banquetes.

Su deseo diferido, hace que su corazón se enferme (Pr. 13:12). Por lo tanto, la esposa levanta su voz diciendo:

> Quédate conmigo... He visto un vislumbre del "Rey en su belleza", saboreado del fruto de su justicia; mi alma se derrite al anhelarlo. ¡Oh! Apoyen y sostengan mi espíritu con su presencia en sus ordenanzas - besos "cántaros y manzanas de su casa de banquetes"- o me hundiré y me desmayaré. ¡Oh, qué has hecho, bendito Jesús! Te he visto, y mi alma se ha vuelto como los carros de Aminadib (Cant. 6:12). Dame algo de ti para apoyarme, o moriré.

Cuando una persona se desmaya en cualquier ocasión, se deben hacer estas dos cosas por ella: se debe usar fuerza para sostenerla, para que no se hunda en el suelo; y se deben aplicar cosas cómodas, para refrescar su espíritu. El alma, animada por la belleza de Cristo, ora por estas dos cosas, dominada y desmayada por la fuerza de su propio amor por él. El esposo le da la gracia fortalecedora para sostenerla en esa condición, para que pueda atender su deber; y los consuelos suaves del Espíritu Santo, para contentarla, revivirla y saciarla, hasta que llegue a un disfrute pleno de Cristo. Y así, dulcemente y con deleite se lleva a cabo esta comunión entre los creyentes y Cristo.

c. Seguridad

"Su estandarte sobre mí es el amor" (Cant. 2:4). El estandarte es un emblema de seguridad y protección, un signo de la presencia de un anfitrión. Las personas que pertenecen a un ejército acampan bajo su bandera en seguridad. Así lo hicieron los hijos de Israel en el desierto; cada tribu mantuvo sus campamentos bajo su propio estandarte. Es también una señal de éxito y victoria (Sal. 20:5). Cristo tiene un estandarte para sus santos; y este es amor. Toda su protección es de su amor; y ellos tendrán toda la protección que su amor puede darles. Esto los salvará del infierno, de la muerte, de todos sus enemigos. Lo que sea que los presione, debe pasar por el estandarte del amor del Señor Jesús. Tienen, pues, una gran seguridad espiritual, que es otro adorno o excelencia de su comunión con él.

d. Apoyo y consuelo

"Su mano izquierda está debajo de mi cabeza, y su mano derecha me abraza" (Cant. 2:6). Cristo tiene aquí la postura del amigo más tierno hacia cualquiera en la enfermedad y la tristeza. El alma se desmaya con el amor, con los anhelos espirituales después de disfrutar de su presencia, y Cristo entra con sus abrazos. Él alimenta y cuida su iglesia (Ef. 5:29 cf. Is. 63:9).

> **Efesios 5.29** Porque nadie aborreció jamás su propio cuerpo, sino que lo sustenta y lo cuida, así como también Cristo a la iglesia.
> **Isaías 63.9** En todas sus angustias Él estuvo afligido, y el ángel de su presencia los salvó. En su amor y en su compasión los redimió, los levantó y los sostuvo todos los días de antaño.

Ahora bien, "la mano debajo de la cabeza" es una señal de apoyo, gracia sustentadora, en las presiones y dificultades; y "la mano que abraza", la mano sobre el corazón, es gozo y consuelo; en ambos, Cristo se regocija, como "el novio se regocija en la novia" (Isa. 62:5). Ahora bien, estar en los brazos del amor de Cristo, bajo una influencia perpetua de apoyo y deleite, es ciertamente mantener comunión con él. Y en este momento el cónyuge está muy interesado en la continuación de su compañerismo, encargando a todos que bajen la voz de tal manera que su Amado no se inquiete, ni se le provoque a irse (Cant. 2:7).

3. Conclusión

En resumen, todo este libro de Cantar de los Cantares está tomado en la descripción de la comunión que es entre el Señor Cristo y sus santos; y por lo tanto, es muy innecesario tomar de allí más casos particulares de la misma. Sólo añadiré:

> **Proverbios 9.1–5** La sabiduría ha edificado su casa, ha labrado sus siete columnas; ha preparado su alimento, ha mezclado su vino, ha puesto también su mesa; ha enviado a sus doncellas, *y* clama desde los lugares más altos de la ciudad: "El que sea simple que entre aquí." Al falto de entendimiento le dice: "Ven, come de mi pan, y bebe del vino que he mezclado.

El Señor Cristo, la eterna Sabiduría del Padre, y quien nos ha hecho sabios con Dios, erige una casa espiritual, en la que hace provisión para el goce de los huéspedes que tan libremente invita. Su iglesia es la casa que él ha construido sobre un número perfecto de pilares, para que tenga un fundamento estable: sus bestias sacrificadas y el vino mezclado, con el cual está amueblada su mesa, son esas cosas espiritualmente apetitosas del evangelio, que él ha preparado para los que entran por invitación suya. Ciertamente, comer de este pan y beber de este vino, que él ha preparado con tanta gracia, es tener comunión con él; porque ¿de qué maneras o en que cosas hay una comunión más cercana que en éstas?

Podría dar más evidencias de esta verdad al considerar todas las relaciones en las que Cristo y sus santos se encuentran. Esta relación necesariamente requiere que haya una comunión entre ellos, sí suponemos que son fieles en esas relaciones. Pero de esto se tratará más adelante, y algo se le dirá en una instancia brevemente después.

CAPÍTULO 2: COMUNIÓN CON DIOS HIJO EN SU GRACIA

Bosquejo: "Capítulo 2: Comunión con Dios Hijo en su gracia"

1. La gracia en la persona de Cristo
   a. Diversos usos teológicos de la palabra gracia
      i. Gracia de la presencia personal y la belleza
      ii. Gracia de libre favor y aceptación
      iii. Gracia de los frutos del Espíritu
2. La gracia de Cristo en su oficio de Mediador
   a. Cristo, el más bello de los hijos de los hombres
   b. La naturaleza santa de su Divinidad
   c. La naturaleza santa de su humanidad
      i. De manera física
      ii. De manera moral
3. La manera como los creyentes tienen comunión con Cristo en su oficio de Mediador
   a. Su idoneidad para salvar
   b. Su poder para salvar
   c. Su voluntad para salvar
4. Conclusión
   a. Primera aplicación
   b. Segunda aplicación

Habiendo manifestado que los santos tienen una comunión particular con el Señor Jesús, a continuación, mostramos en qué consiste esta comunión peculiar con él.

1. La gracia en la persona de Cristo

Ahora, nuestra comunión es en la gracia. Esto se le atribuye en todas partes de manera muy clara. "Habitó entre nosotros, lleno de gracia y de verdad" (Juan 1:14) - gracia y verdad son su misma sustancia (Hch. 15:11, Ro. 16:24, 1 Co. 16:23).

> **2 Corintios 13.14** La gracia del Señor Jesucristo, el amor de Dios y la comunión del Espíritu Santo sean con todos ustedes.
>
> **Gálatas 6.18** Hermanos, la gracia de nuestro Señor Jesucristo sea con el espíritu de ustedes. Amén.
>
> **Efesios 6.24** La gracia sea con todos los que aman a nuestro Señor Jesucristo con *amor* incorruptible.

Todo lo revelado anteriormente no era sino tipo y representación. La verdad y su sustancia vinieron sólo por Cristo. "La gracia y la verdad vinieron por Jesucristo" (Jn. 1:17); "y de su plenitud hemos recibido todos, y gracia sobre gracia" (Jn. 1:16); es decir, tenemos comunión con él en la gracia; recibimos de él toda clase de gracias, y es en esto que tenemos comunión con él.

Vemos esto también en la bendición apostólica de la cual participamos, y en la que se distingue tan claramente la comunicación de las bendiciones espirituales de las diversas personas de la Trinidad a los santos. De entre las personas de la Trinidad, es la gracia de manera particular la que se atribuye a nuestro Señor Jesucristo:

> **2 Corintios 13.14** La gracia del Señor Jesucristo, el amor de Dios y la comunión del Espíritu Santo sean con todos ustedes.

Sí; Pablo está tan contento con esto, que lo convierte en su lema, y en la señal con la que quiere que se le conozca en sus epístolas:

2 Tesalonicenses 3.17–18 Yo, Pablo, escribo este saludo con mi propia mano, y ésta es una señal distintiva en todas *mis* cartas; así escribo yo. La gracia de nuestro Señor Jesucristo sea con todos ustedes.

Sí, Pablo hace que estas dos frases, "la gracia sea con vosotros" y "el Señor Jesús sea con vosotros", sean expresiones equivalentes. Porque mientras que afirma uno como señal en todas sus epístolas, sin embargo, a veces usa uno solo, a veces el otro, y a veces pone los dos juntos. Esto, entonces, es lo que peculiarmente debemos mirar en el Señor Jesús, para recibir de él, particularmente la gracia, la gracia evangélica, revelada en o exhibida por el evangelio. Él es la piedra angular en el edificio del templo de Dios, a quien se debe clamar "gracia, gracia" (Zacarías 4:7).

a. Diversos usos teológicos de la palabra gracia

Gracia es una palabra de varias acepciones. En sus significados más claros puede ser referida a uno de estos tres usos:

i. Gracia de la presencia personal y la belleza

Por lo tanto, decimos: "Una persona agraciada y bella", ya sea de sí mismo o de sus adornos (Pr. 1:9, 3:22,32; Cant. 3:6-11, 5:9-16, etc). Esto en Cristo (con relación a este uso) es el tema de casi la mitad del libro de Cantar de los Cantares. También se menciona: "Más hermoso eres tú que los hijos de los hombres; en tus labios se derrama la gracia" (Sal. 45:2). Y con este primer uso del término, con respecto a Cristo, me refiero también a esa aceptación de la gracia que nos es dada a nosotros. Esto se verá en el tercer uso. Los dones y frutos maravillosos del Espíritu que le fueron otorgados y producidos en Cristo concuerdan con su excelencia personal, como se explicara más tarde.

ii. Gracia de libre favor y aceptación

"Por esta gracia somos salvos"; es decir, el favor gratuito y la aceptación misericordiosa de Dios en Cristo.[4] En este sentido se usa en esa frecuente expresión, "Si he hallado gracia ante tus ojos"; es decir, si soy libre y favorablemente aceptado ante ti. Así que él "da gracia" (es decir, favor) "a los humildes" (Santiago 4:6; Génesis 39:21, 41:37; Hechos 7:10; 1 Samuel 2:26; 2 Reyes 25:27).

iii. Gracia de los frutos del Espíritu

Esto es santificando y renovando nuestra naturaleza, capacitando para el bien y previniendo el mal. Así el Señor le dice a Pablo que "le bastó su gracia", es decir, la ayuda contra la tentación que le dio (Col. 3, 16; 2 Cor. 8:6-7; Heb. 12:28).

Estos dos últimos usos del término, cuando se usan en relación con Cristo y con nosotros que las recibimos, yo las llamo "gracia comprada", siendo en verdad que las gracias que recibimos fueron compradas por él para nosotros; y nuestra comunión con él en esto se llama una "comunión en sus padecimientos, y en el poder de su resurrección" (Fil. 3, 10).

Comencemos con la primera, que llamo la gracia personal; y con respecto a esto, hagamos estas dos cosas:

1. Mostrar lo que es, y en qué consiste. Me refiero aquí a la gracia personal de Cristo *en su oficio de Mediador*. Esto lo veremos en este capítulo.

2. Declarar cómo los santos mantienen una comunión inmediata con Cristo en esta gracia. Esto se verá en el próximo capítulo.

---

[4] Cf. Esd. 9:8; Hec. 4:33; Luc. 2:40; Est. 2:17; Sal. 84:11; Ef. 2:6; Hec. 15:40, 18:27; Ro. 1:7, 4:4, 16, 5:2, 20, 11:5-6; 2 Tes. 2:16; Tit. 3:7, Ap. 1:4, etc.

2. La gracia de Cristo en su oficio de Mediador

Para el estudio del primer uso, sólo escribiré esta observación: Cristo es como mediador de quien hablamos; y por lo tanto, por la "gracia de su persona", no me refiero a:

i. Las gloriosas excelencias de su Deidad consideradas en sí mismas, abstrayéndose del oficio de Mediador para con nosotros, que como Dios y hombre asumió.

ii. La apariencia externa de su naturaleza humana, ni cuando caminó aquí en la tierra, llevando nuestras enfermedades. (Sobre esta apariencia externa, a causa de la carga que le fue impuesta, el profeta nos dice que su apariencia no era agraciada. Isaías 52.14 "De la manera que muchos se asombraron de ti, *pueblo Mío,* así fue desfigurada Su apariencia más que la de *cualquier* hombre, y Su aspecto más que el de los hijos de los hombres."

Sin embargo, con respecto a esto algunos de los antiguos eran muy poéticos en sus expresiones. El Señor no había sido todavía exaltado en gloria. Por lo tanto, una vana imaginación de cómo era él hace que muchos tengan una falsa y corrompida imagen de Cristo, llegando a tener incluso un entendimiento carnal de su naturaleza exaltada. Esto no es sino "conocer a Cristo según la carne" (2 Cor. 5:16), una maldad que se ha hecho mucho peor por la abominación de las imágenes (retratos) insensatas sobre su persona.

Sin embargo, esto es lo que pretendo explicar, las gracias de la persona de Cristo al ser investido con el oficio de la mediación, esta eminencia y belleza espiritual, como fue designado y ungido por el Padre para la gran obra de traer a todos sus elegidos a su seno.

a. Cristo, el más bello de los hijos de los hombres

Ahora bien, con respecto a esto, la Escritura lo describe como sumamente excelente, atractivo y deseable, muy por encima de la comparación con el más importante y mejor ser de la creación, o con cualquier otro afecto imaginable.

"Eres más hermoso que los hijos de los hombres; la gracia se ha derramado en tus labios" (Sal. 45:2). Él es incomparable, más bello y amable que cualquiera de los que están aquí en la tierra,[5] *yaph^e yaphîta*;[6] la palabra es doble, para aumentar su significado, y para exaltar al sujeto más allá de toda comparación. La versión caldea[7] lo traduce como *Shwphrk mlk' mshych' 'dyph mbny nsh*[8]: "Tu justicia, oh rey Mesías, es más excelente que la de los hijos de los hombres", y la versión latina: "Eres increíblemente bello, más que todos los hijos de los hombres".[9]

La belleza y la gloria interiores se expresan aquí por las características exteriores, la forma y la apariencia; porque eso era muy estimado en los que iban a gobernar o gobernantes. Se dice del emperador que "era tan consciente de que la modestia de su expresión estaba a su favor, que una vez hizo este alarde en el senado: "Hasta ahora, en todo caso, habéis aprobado mi corazón y mi rostro".[10]

---

[5] Cf. Is. 11:1; Jer. 23:5, 33:15; Zac, 3:8, 6:12.

[6] Heb. יָפְיָפִיתָ

[7] Owen se refiere aquí a los targúmenes arameos. Owen usa el termino caldeo para referirse al arameo. Esto debido a que en el siglo XVII, se creía que la lengua que hablaban en Babilonia era el arameo, por eso se le llamaba caldeo. En la actualidad, y después de mucha investigación arqueológica, se sabe que el arameo no era la lengua hablada en Babilonia, sin embargo, en el siglo XVII aun se usaba esta denominación.

[8] Ara. ‏שופרך מלכא משיחא עדיף מבני נשא‎.

[9] Lat. *Pulcher admodum præ filiis hominum*

[10] Lat. *Commendari se verecundiâ oris adeo sentiebat, ut apud senatum sic quondam jactaverit; usque adhuc certe animum meum probastis et vultum.* Suetonio (70-126). [Suetonius, *Suetonius II*, Loeb Classical Library, trans. J. C. Rolfe (Cambridge, MA: Harvard University Press, 1959), 379.]. "Suetonio, fue un escritor romano, hasta 121/2 secretario del emperador Adriano. Parece ser que fue uno de los primeros escritores paganos en mencionar el cristianismo. Su "Vida de los Césares" se refiere a la expulsión de los judíos de Roma por parte de Claudio (m. 54), alegando que habían provocado disturbios "por instigación de Chrestus"

También Porfirio escribe: "Cuan dulce es la belleza, cuando la cordura acompaña al pensamiento. El que posee dichas virtudes es digno del reino".[11]

Sobre este pasaje Juan Calvino comenta:

La belleza personal es atribuida al rey. No necesariamente porque la belleza física no hubiera sido apreciada en un rey, aunque no es primariamente a esta virtud a la que se refiere el pasaje, sino que a través de esta expresión se denota una disposición noble del carácter que brilla a través del rostro de un hombre.[12]

(Claudio, 25. 4); probablemente se trata de un relato confuso de los problemas entre judíos y cristianos. Parece haber aprobado la persecución de los cristianos por parte de *Nerón, "una clase de hombres entregados a una nueva y maliciosa superstición" (Nerón, 16)." F. L. Cross and Elizabeth A. Livingstone, eds., *The Oxford Dictionary of the Christian Church* (Oxford; New York: Oxford University Press, 2005), 1565.

[11] Lat. *Hōs hēdu kalos hotan echei noun sōphrona, prōton men eidos axion turannidos.* Porfirio. *[Porphyrii Isagoge et in Aristotelis Categorias Commentarium: Sive Quinque Voces*, 4.1, line 1, ed. Adolfus Busse (Berlin: Typis et Impensis Georgii Reimer, 1887), 4; *Porphyry: Introduction*, trans. Jonathan Barnes (Oxford: Clarendon Press, 2003), 5. Cf. Menander, "The Maxims of Menander," line 555, *The Fragments of Attic Comedy*, vol. 3b, 3 vols. en 4, ed. y trad. John Maxwell Edmonds (Leiden: E. J. Brill, 1961), 949; Euripides, *Aileus Aiolos,* frag. 15, line 2, *Tragicorum Graecorum Fragmenta* ed. Augustus Nauck and Bruno Snell (Georg Olms Verlagsbuchhandlung Hildesheim, 1964), 367.] Porfirio (233-304) fue un filosofo neo-platónico que escribió una introducción filosófica a la obra "Categorías" de Aristóteles. El libro Categorías de Aristóteles fue traducido del griego al latín por Boecio, y se convirtió en el manual estándar de lógica por mas de mil años.

[12] Lat. *Formæ elegantia in Rege laudatur, non quod per se decor oris magni æstimari debeat, sed quia in ipso vultu sæpe reluceat generosa indoles.* Juan Calvino. [John Calvin, *Commentary on the Book of Psalms*, trans. James Anderson (Grand Rapids, MI: Baker, 2003), 2:175.]. "Juan Calvino (1509-1564). Líder de la Reforma en Ginebra, Calvino era francés de nacimiento. Con una amplia formación en teología y derecho, estudió en París, Orleans y Brouges, y estuvo bajo la influencia del humanismo cristiano y las ideas de Lutero. En 1533, la participación de Calvino en la redacción de un discurso reformista pronunciado por Nicolás Cop le llevó al exilio de Francia. Vivió en Basilea y luego se unió a Guillermo Farel en Ginebra en el verano de 1536. Dos años más tarde, él y Farel se vieron obligados a abandonar la ciudad debido a la reacción negativa a su rigurosa interpretación de la disciplina eclesiástica y el confesionalismo. Durante tres años fue pastor de una congregación francesa en Estrasburgo por invitación de Martín Bucero. Durante este tiempo, se casó con Idellette de Bure y tuvo un hijo llamado Jacques. La mente poderosa y sistemática de Calvino dio lugar a su obra *La Institución de la Religión Cristiana,*

El profeta, llamándolo "el renuevo del Señor" (Isa. 4:2) y "el fruto de la tierra", afirma que será "hermoso y glorioso, excelente y hermoso"; "porque en él habita corporalmente toda la plenitud de la divinidad" (Col. 2:9).

En Cant. 5:9, se le pregunta a la esposa sobre esto mismo, incluso sobre las excelencias personales del Señor Cristo, su amado, las hijas de Jerusalén le preguntan: Cantares 5.9 "¿Qué clase de amado es tu amado, Oh la más hermosa de las mujeres? ¿Qué clase de amado es tu amado, Que así nos ruegas?" Ella les responde, "Mi amado es blanco y rubio, el más importante entre diez mil" (v. 10), y así procede a una descripción particular de él por sus excelencias hasta el final del capítulo, y allí concluye que "es todo él codiciable" (v. 16); de lo cual, describe con detalle en los versos que siguen.[13]

En particular, se afirma aquí que es "blanco y rubio"; una mezcla debida de cuyos colores compone la tez más bella.[14] Veremos tres características en las que se muestra la belleza de su santidad.

---

llamada simplemente *Las Instituciones* de Calvino. Al regresar a Ginebra en 1541, inició una exitosa campaña de reforma que condujo al establecimiento de prácticamente una teocracia, que contaba con un consistorio que mantenía las normas de moralidad y aplicaba la disciplina. La influencia de Calvino fue inmensa y se hizo efectiva a través de numerosos comentarios bíblicos, cartas, tratados y los Institutos, así como la influencia personal sobre otros líderes de la Reforma como John Knox y Teodoro de Beza". Nathan P. Feldmeth, *Pocket Dictionary of Church History: Over 300 Terms Clearly and Concisely Defined*, The IVP Pocket Reference Series (Downers Grove, IL: IVP Academic, 2008), 31.

[13] La traducción de Cantares 5:10 es difícil. Vea diferentes traducciones del verso: "Mi amado es apuesto y sonrosado, Distinguido entre diez mil" (NBLH). "Mi amado es blanco y rubio, Señalado entre diez mil" (RVR 60). "Mi amado es apuesto y trigueño, y entre diez mil hombres se le distingue." (NVI)

[14] Literalmente Owen dice "blanco y rubio" (*White and ruddy*). Pero la traducción del término hebreo al inglés arcaico es de difícil traducción. La mayoría de hebraístas están de acuerdo con que la palabra traducida como blanco (צַח) *sāh*, se refiere a su tez, como radiante o resplandeciente. La palabra traducida como rubio (אָדֹם) *ā-dōm*, puede ser traducida literalmente como rojizo, carmesí o castaño. La primera palabra traducida como "blanco", no hace referencia a un color de piel, sino a una cualidad de la persona, y el sentido es radiante o lleno de vida. Sería mejor traducirlo como "apuesto". Mas aún, en el siguiente verso, Cant. 5:11, se afirma que los cabellos del esposo son de color negro, por lo cual no puede ser que la traducción "rubio" sea la correcta. Quizá la mejor descripción sea "de tez

b. La naturaleza santa de su Divinidad

"Mi amado es blanco y rubio, el más importante entre diez mil" (Cant. 5:10).[15] Es blanco en la gloria de su Deidad, y rubio en la preciosidad de su humanidad. Sus dientes son blancos como la leche y sus ojos rojos como el vino" (Génesis 49:12).[16] La blancura (si se me permite decirlo) refleja la tez de la gloria. En la aparición del Altísimo, el "Anciano de días" (Dan. 7:9), se dice que "su vestido era blanco como la nieve, y el pelo de su cabeza como la lana pura"; y de Cristo en su transfiguración, cuando tenía en él un brillo poderoso de la Deidad, se dice que "su rostro resplandeció como el sol, y sus vestidos fueron blancos como la luz" (Mat. 17:2). Mas aún, usando la frase de otro evangelista, dice sobre el Señor, "sus vestiduras se volvieron resplandecientes, muy blancas, tal como ningún lavandero sobre la tierra las puede blanquear." (Mar. 9:3)

Era una gloria divina, celestial, y suprema que estaba sobre él (Apc. 1:14). Por eso los ángeles y los santos glorificados, son transformados completamente a la imagen de la misma gloria a través de contemplarlo siempre, y son vestidos de ropas blancas (Apo. 3:4-5, 6:11, 7:9,13, 19:14). Su blancura es su Deidad, y su gloria. Y por eso la paráfrasis caldea atribuye todo este pasaje a Dios:

> Entonces la congregación de Israel comenzó a declarar las alabanzas del Gobernante del mundo y dijo: "Serviré a ese Dios que está vestido con un manto blanco como la nieve, cuyo esplendor de gloria es como el fuego".

---

radiante y bronceado, o rosado". Sin embargo, para guardar fidelidad con la traducción de Owen, usaremos los términos "blanco y rubio".

[15] Traducción del hebreo de John Owen.

[16] **Génesis 49.9–12** Cachorro de león, Judá; De la presa subiste, hijo mío. Se encorvó, se echó como león, Así como león viejo: ¿quién lo despertará? No será quitado el cetro de Judá, ni el legislador de entre sus pies, hasta que venga Siloh; y a él se congregarán los pueblos. Atando a la vid su pollino, y a la cepa el hijo de su asna, lavó en el vino su vestido, y en la sangre de uvas su manto. *Sus ojos, rojos del vino, y sus dientes blancos de la leche.* (RVR 60) (Énfasis añadido).

También está lleno de la belleza de su humanidad. El primer hombre fue llamado Adán, hecho de la tierra roja de la que fue hecho.[17] La palabra aquí usada lo señala como el segundo Adán, participante de carne y sangre, porque los hijos también participaron de lo mismo (Heb. 2:14). La belleza y la hermosura del Señor Jesús en la unión de ambas naturalezas en una sola persona, serán estudiadas con mayor detalle después.

c. La naturaleza santa de su humanidad

Es blanco en la belleza de su inocencia y santidad, y rubio en la sangre de su oblación. La blancura es la insignia de la inocencia y la santidad. Se dice de los nazarenos, por su típica santidad, que "eran más puros que la nieve, más blancos que la leche" (Lam. 4:7). Y el profeta nos muestra que el escarlata, el rojo, y el carmesí son colores asociados con el pecado y la culpabilidad, mientras que la blancura se asocia con la inocencia (Isa. 1:18).

Nuestro amado era "un cordero sin mancha y sin contaminación" (1 Ped. 1:19). No cometió pecado, ni se halló engaño en su boca" (1 Ped. 2:22). Era "santo, inocente, sin mancha, apartado de los pecadores" (Heb. 7:26); como vera más adelante. Y, sin embargo, el que era tan blanco en su inocencia, se hizo rojizo en su propia sangre; y eso de dos maneras:

i. De manera física

---

[17] Hay un juego de palabras en el hebreo. Adam, que significa hombre o tierra, (אָדָם) *ā-dām* y (אָדֹם) *ā-dōm*, que es traducido en el pasaje como rubio, ver nota 11, son la misma palabra en hebreo. La diferencia se encuentra en las vocales, las cuales fueron añadidas mucho después. En el texto original, sin vocales, ambas palabras se escriben igual. Owen hace un estudio exegético aquí del uso de estas dos palabras blanco y carmesí (rojo) en las Escrituras, tomando como punto de partida Cantares 5:10, en el cual se usan estos dos adjetivos para describir las características principales del esposo, quien para Owen, y para casi la totalidad de la Iglesia por diecinueve siglos, representa a Cristo.

Esto se dio en el derramamiento de su sangre, su preciosa sangre, en esa agonía de su alma cuando gruesas gotas de sangre se derramaron en el suelo (Lucas 22:44); así también cuando los látigos y espinas, clavos y lanzas, cayeron sobre él abundantemente: "Salió sangre y agua'"(Juan 19:34). ¡Estaba teñido de rojo por estar empapado en su propia sangre!

ii. De manera moral

Esto se dio por la imputación del pecado, cuyo color se asocia con el rojo y carmesí. "Dios lo hizo pecado por nosotros, que no conocimos pecado" (2 Cor. 5:21). El que era blanco en su pureza, se hizo rojizo por nosotros, derramando su sangre como ofrenda por el pecado. En esto también está lleno de gracia: por su blancura (pureza) cumplió la ley a nuestro favor; y por su rojez (culpa) satisfizo la justicia de Dios. "Este es nuestro amado, oh, hijas de Jerusalén".[18]

d. La naturaleza santa de su Reino

Su entrañable excelencia en la administración de su reino también se expresa en esto. Es blanco en la pureza de su amor y misericordia para con los suyos, y rojo en justicia y venganza para con sus enemigos (Isa. 63:3; Apc. 19:3).

> **Isaías 63.3** El lagar lo he pisado yo solo; de los pueblos, ningún hombre *estaba* conmigo. Los pisé en mi ira y los aplasté en mi furor. Su sangre salpicó mis vestiduras y manché todo mi ropaje.

---

[18] Owen se refiere claramente aquí al concepto de la doble imputación de justicia. Fue en virtud de la pureza de Cristo, y el hecho de que guardo la ley durante su vida que su obediencia nos es imputada. Esto es lo que se conoce como la obediencia active de Cristo. Por otro lado, en la Cruz los pecados de los escogidos de Dios le son imputados. Esto es su obediencia pasiva. La doble imputación, nuestros pecados le son imputados a Cristo, mientras que su santidad y justiciar nos son imputados a nosotros.

Apocalipsis 19.3 Y dijeron por segunda vez: "¡Aleluya! El humo de ella sube por los siglos de los siglos."

3. La manera como los creyentes tienen comunión con Cristo en su oficio de Mediador

Hay tres cosas en general en las que consiste esta excelencia y gracia personal del Señor Cristo.

1. Su idoneidad para salvar. Esto es en virtud de la gracia derramada en la unión de su naturaleza humana y divina en su persona, y sus capacidades en virtud de esta doble naturaleza.
2. Su poder para salvar. Esto es en virtud de la gracia derramada a nosotros en virtud, y como consecuencia, de nuestra unión con él.
3. Su excelencia para salvar. Esto es virtud de su carácter amoroso, que lo hace completamente dispuesto y capaz para satisfacer todas las necesidades de las almas de los hombres.

a. Su idoneidad para salvar

Cristo mismo es en su ser *hikanos*[19], es decir, un Salvador idóneo, adecuado para la obra; y esto es debido a la gracia de la unión de sus dos naturalezas. La unión de las naturalezas, la Divina y la humana en una sola persona lo hizo apto para ser un Salvador completo. Pone su mano sobre Dios, participando de su naturaleza Divina (Zacarías 13:7); y pone su mano sobre nosotros, participando de nuestra naturaleza humana (Hebreos 2:14,16); y así se convierte en un mediador o un árbitro entre ambos.

---

[19] Gr. ἱκανὸς

Hebreos 2.14–16 Así que, por cuanto los hijos participan de carne y sangre, también Jesús participó de lo mismo, para anular mediante la muerte el poder de aquél que tenía el poder de la muerte, es decir, el diablo, y librar a los que por el temor a la muerte, estaban sujetos a esclavitud durante toda la vida. Porque ciertamente no ayuda a los ángeles, sino que ayuda a la descendencia de Abraham.

Por este medio él llena toda la distancia que fue hecha por el pecado entre Dios y nosotros; y nosotros que estábamos lejos somos hechos cercanos en él. Por este motivo, tenía suficiente acogida en su pecho para recibir todo el castigo, y suficiente poder en su espíritu para soportar toda la ira que estaba preparada para nosotros. El pecado era infinito sólo con respecto al *objeto*; pero el castigo era infinito con respecto al *sujeto*. Esto solo es posible por la unión de sus naturalezas.[20] La unión es la conjunción de las dos naturalezas, la de Dios y la del hombre en una persona (Juan 1:14; Isa. 9:6; Rom. 1:3,9,5). Las consecuencias necesarias de la misma son:

i.   La existencia de la naturaleza humana en la persona del Hijo de Dios, la cual no poseía ninguna subsistencia propia en si misma (Lucas 1:35; 1 Tim. 3:16).

---

[20] Owen hace una distinción muy conocida en la teología reformada, en las distinciones entre el objeto y sujeto en relación con el pecado y la imputación. Todo pecado es una ofensa hacia Dios. El objeto (sobre quien recae la acción) del pecado es Dios mismo, mientras que el sujeto (quien lleva a cabo la acción) es el hombre. Mientras más grande el objeto de la ofensa, mayor es la ofensa. Por ejemplo, una ofensa a la Reina de Inglaterra, de manera publica y flagrante, tiene una mayor condenación que una ofensa hacia un mero soldado del ejercito británico. Porque mientras mayor el objeto de la ofensa, mayor la culpa. En el caso del pecado, el objeto de la ofensa es Dios mismo, por lo cual la naturaleza del pecado es infinita; no porque alguien haya cometido pecados de manera infinita, sino porque el objeto del pecado es infinito, es decir, Dios mismo. Es por esto que el hombre, como ser finito, nunca podría expiar los pecados contra Dios, un ser infinito. Es por esto que Cristo es mediador en su persona. Su naturaleza humana garantiza la identificación con el sujeto del pecado (el hombre), mientras que su naturaleza Divina garantiza la satisfacción para con el objeto del pecado (Dios mismo).

ii. *Koinōnia idiōmatōn.*[21] Esto es: La comunicación de los
atributos dentro de la persona de Cristo. En otras palabras,
los atributos de cualquiera de las naturalezas, la humana o la
Divina, son predicadas o adjudicadas indiscriminadamente
a la persona de Cristo. Lo que se dice que una naturaleza,
humana o divina, se dice de la persona de Cristo.

Hechos 20.28 "Tengan cuidado de sí mismos y de toda la
congregación, en medio de la cual el Espíritu Santo les ha hecho
obispos (supervisores) para pastorear la iglesia de *Dios,* la cual *El*
compró con Su propia sangre.

Hechos 3.21 "A *El,* el cielo debe recibir hasta el día de la restauración
de todas las cosas, acerca de lo cual Dios habló por boca de Sus santos
profetas desde tiempos antiguos.

iii. El ejercicio de su oficio de mediación lo lleva a cabo su
persona como una unidad, pero lo hace con respecto a ambas
naturalezas. Donde consideramos, *Ho energōn*[22] - es decir,
el agente de la mediación es Cristo mismo: Dios y hombre
al mismo tiempo. (a) Cristo es "el principio que da vida"[23] y
"eficacia a toda la obra"[24] de mediación.[25] (b) Cristo es la
"energía que lleva a cabo"[26] la obra de mediación, y esto lo
hace distintivamente de acuerdo con cada una de sus
naturalezas.[27] (c) Él lleva a cabo la obra de mediación de
manera idónea y eficiente en virtud a cada naturaleza.[28] (d)
El efecto o producto final de la obra de la mediación de cada

---

[21] Gr. Κοινωνία ἰδιωμάτων
[22] Gr. ὀ ἐνεργῶν
[23] Lat. *principium quo*
[24] Gr. ἐνεργητικὸν
[25] Es decir, el agente de la obra de mediación.
[26] Lat. *principium quod*
[27] Es decir, el principio formal de la mediación.
[28] Gr. ἐνέργεια. δραστικὴ τῆς φύσεως κίνησις. Es decir, la energía y vitalidad
para continuar llevando a cabo la obra de la mediación.

una de las naturalezas, es la obra de la persona de Cristo.[29]
Y todo esto se lleva a cabo en virtud de la excelencia de la
unión de ambas naturalezas en su persona.[30]

b. Su poder para salvar

Su plenitud para salvar, de la gracia de la comunión o de los efectos de
su unión, que son gratuitos; y las consecuencias de ello, que son todas
las capacidades que recibió del Padre por la unción del Espíritu, para la
obra de nuestra salvación: "Puede también salvar perpetuamente a los
que por él se acercan a Dios" (Heb. 7:25); teniendo toda la plenitud para
este fin comunicada a él: "porque agradó al Padre que en él habitase
toda plenitud" (Col. 1:19); y no recibió "el Espíritu por medida" (Juan
3:34). Y de esta plenitud hace un suministro adecuado a todos los que
son suyos; "gracia por gracia" (Juan 1:16). Si se le hubiera dado por
medida, la habríamos agotado.

c. Su voluntad para salvar

Su Excelencia para querer salvar, desde su completa idoneidad a todos
los deseos de las almas de los hombres. No hay hombre alguno que

---

[29] Gr. ἐνέργημα, or ἀποτέλεσμα.

[30] Owen toma esta sección casi de manera integra de Juan de Damasco (675-
749), en su tratado "Exposición de la fe ortodoxa 4.18". [John Damascene, «An
Exact Exposition of the Orthodox Faith», en *St. Hilary of Poitiers, John of Damascus*,
ed. Philip Schaff y Henry Wace, trans. S. D. F. Salmond, vol. 9b, A Select Library of
the Nicene and Post-Nicene Fathers of the Christian Church, Second Series (New
York: Christian Literature Company, 1899), 90-92]. "Juan de Damasco, (c. 675-c.
749) es considerado a menudo como el último gran teólogo ortodoxo oriental.
Juan, criado en Damasco, se hizo monje a los cuarenta años en Palestina. Su obra
clave, La fuente de la sabiduría, fue una síntesis del pensamiento ortodoxo sobre
la filosofía, la verdadera fe y la herejía. Juan es famoso por defender el uso de
iconos en la devoción privada y el culto público. En la divisiva controversia
iconoclasta, escribió Sobre las imágenes divinas: Tres apologías contra los que
atacan las imágenes sagradas." Nathan P. Feldmeth, *Pocket Dictionary of Church
History: Over 300 Terms Clearly and Concisely Defined*, The IVP Pocket Reference
Series (Downers Grove, IL: IVP Academic, 2008), 83.

tenga deseo alguno en cuanto a las cosas de Dios, pero Cristo será para él lo que quiera: Hablo de aquellos que le han sido dados por su Padre (Col. 3:4, 1 Co. 1:24, 30, Jer. 23:6). ¿Está muerto? Cristo es la vida. ¿Es débil? Cristo es el poder de Dios y la sabiduría de Dios. ¿Tiene el sentido de la culpa sobre él? Cristo es la justicia completa, "El Señor nuestra justicia". Muchas pobres criaturas son sensibles a sus deseos, pero no saben dónde está el remedio. En efecto, ya sea vida o luz, poder o alegría, todo está envuelto en él.

Esto, entonces, por el momento, puede ser suficiente en general para hablar de la gracia personal del Señor Cristo: Él tiene la aptitud para salvar, teniendo piedad y capacidad, ternura y poder, para llevar a cabo esa obra hasta el final; y una plenitud para salvar, de redención y santificación, de justicia y del Espíritu; y una adecuación a las necesidades de todas nuestras almas: por lo que se hace sumamente deseable, sí, totalmente encantador; como se verá después en particular. Y en cuanto a esto, en primer lugar, los santos tienen una clara comunión con el Señor Cristo; la manera de hacerlo será explicada en el capítulo siguiente.

4. Conclusión

Según esta introducción que se ha hecho en la descripción de aquel con quien los santos tienen comunión, se pueden tomar algunos motivos para incitarnos a ello; como también consideraciones para dejar abierta la desnudez e insuficiencia de todas las demás formas y cosas a las que los hombres se dedican sus pensamientos y deseos, algo que se explicara ahora.

Cantares 5.10–16 "Mi amado es apuesto y sonrosado, distinguido entre diez mil. Su cabeza es *como* oro, oro puro, sus cabellos, *como* racimos de dátiles, negros como el cuervo. Sus ojos son como palomas Junto a corrientes de agua, bañados en leche, colocados en *su* engaste. Sus mejillas, como eras de bálsamo, *como* riberas de hierbas aromáticas; sus labios son lirios que destilan mirra líquida. Sus manos son barras de oro engastadas de berilo; su vientre es marfil tallado recubierto de zafiros. Sus piernas son columnas de alabastro asentadas sobre basas de oro puro; su aspecto es como el líbano, gallardo como los cedros. Su paladar es dulcísimo, y todo él, deseable. Este es mi amado y éste es mi amigo, Hijas de Jerusalén."

Las hijas de Jerusalén, creyentes comunes y corrientes, habiendo oído a la esposa describir a su Amado (Cantar de los Cantares 5:10-16), se despiertan al instante para buscarlo junto con ella: "¿Adónde se ha apartado tu Amado? para que lo busquemos contigo" (Cantar de los Cantares 6:1). Lo que Pablo dice de los que lo crucificaron, puede ser dicho de todos los que lo rechazan, o rechazan la comunión con él: "Si lo hubieran conocido, no habrían crucificado al Señor de la gloria" (1 Cor. 1:28). Si los hombres lo conocieran, si lo conocieran en alguna medida, no rechazarían al Señor de la gloria. Él mismo los llama "simples", "tontos" y "despreciadores" que desprecian su amable invitación (Prov. 1:22). No hay nadie que desprecie a Cristo, sino sólo los que no lo conocen; cuyos ojos el dios de este mundo ha cegado para que no vean su gloria (2 Cor. 4:4).

Las almas de los hombres buscan naturalmente algo en que descansar y reposar, algo con que saciarse y deleitarse, con lo que [puedan] mantener la comunión; y hay dos maneras en que los hombres proceden en la búsqueda de lo que tanto aspiran. Algunos ponen ante ellos un cierto fin, tal vez el placer, el beneficio o, en la religión misma, la aceptación con Dios. Otros buscan algún fin, pero sin ninguna certeza, complaciéndose ahora con un camino, ahora con otro, con varios pensamientos y caminos como ellos porque algo entra por la vida de la mano, no se dan por vencidos, aunque estén cansados (Isa. 57:10).

En cualquier condición en que os encontréis (ya sea en la avidez de perseguir algún fin determinado, ya sea laico o religioso; o vagando en vuestra propia imaginación, cansándoos en la amplitud de vuestros caminos), comparad un poco lo que pretendéis, o lo que hacéis, con lo que ya habéis oído de Jesucristo: si algo que pretendéis es semejante a él, si algo que deseáis es igual a él, que sea rechazado como algo que no tiene forma ni atractivo en él. Pero si, en efecto, todos vuestros caminos no son más que vanidad y vejación del espíritu, en comparación con él, ¿por qué gastáis vuestro "dinero para lo que no es pan, y vuestro trabajo para lo que no satisface"? (Is. 55:2)

a. Primera aplicación

Ustedes que están todavía en la flor de sus días, llenos de salud y fuerza, y, con todo el vigor de sus espíritus, persiguen alguna cosa, alguna otra, consideren, les ruego, ¿qué son todos sus amados para este Amado? ¿Qué has conseguido con ellos? ¿Mostrad la paz, la tranquilidad, la seguridad de la bendición eterna que os han dado? Sus caminos son torcidos, quienquiera que vaya por ellos no conocerá la paz. Contemplen aquí un objeto adecuado para sus afectos más selectos, uno en el que puedan encontrar descanso para sus almas, uno en el que no haya nada que los aflija y los perturbe hasta la eternidad. Mirad, está a la puerta de vuestras almas, y llama (Ap. 3:20). ¡No lo rechacéis, no sea que lo busquéis y no lo encontréis! Te lo ruego, ¡estúdialo un poco! No le améis, porque no le conocéis. ¿Por qué uno de vosotros pasa su tiempo en la ociosidad y la locura, y pierde un tiempo precioso, quizás de forma pervertida? ¿Por qué otro se asocia y se reúne con los que se burlan de la religión y de las cosas de Dios? Simplemente porque no conoce a nuestro querido Señor Jesús.

Oh, cuando se revele a vosotros y os diga que es Jesús, a quien habéis despreciado y rechazado, ¡cómo os romperá el corazón y os hará llorar como una paloma que le habéis descuidado! (Is. 38:14, 59:11) Y si nunca lo conocéis, es mejor que nunca lo hayáis conocido. Mientras que hoy se llama así, no endurezcáis vuestros corazones (Heb. 3:13)

b. Segunda aplicación

Vosotros que, tal vez, buscáis seriamente una justicia, y que sois personas religiosas, considerad un poco con vosotros mismos, ¿tiene

Cristo su debido lugar en vuestros corazones? ¿Es él todo para vosotros? ¿Permanece en vuestros pensamientos? ¿Lo conocéis en su excelencia y su atractivo? ¿Realmente consideráis todas las cosas "pérdida y estiércol" por su excelencia? (Fil. 3:8) O más bien, ¿prefieren casi cualquier cosa en el mundo antes que él? Pero estudiaremos más de estas cosas después.

CAPÍTULO 3: LA MANERA EN LA QUE LOS CREYENTES TIENEN COMUNIÓN CON CRISTO

Bosquejo: "Capítulo 3: La manera en la que los creyentes tienen comunión con Cristo"

1. Los creyentes se encuentran en una relación marital con Cristo.
   a. La iglesia es el gozo y la corona de Cristo.
      i. Honor.
      ii. Deleite.
2. El compromiso mutuo de la Iglesia y de Cristo.
   a. Cristo es el regalo al alma del creyente.
   b. Los creyentes por su propia voluntad se someten al señorío de Cristo.
      i. El deseo por Cristo.
      ii. El ejercicio de la voluntad sometiéndose a Cristo.

La siguiente cosa que se considera es la forma en que mantenemos la comunión con el Señor Cristo, con respecto a la gracia personal de la que hemos hablado.

1. Los creyentes se encuentran en una relación marital con Cristo

Ahora, esto la Escritura lo manifiesta por medio de una relación conyugal. Él está casado con nosotros, y nosotros con él; cuya relación espiritual es atendida con afectos conyugales adecuados. Y esto nos da comunión con él en cuanto a sus excelencias personales.

Esto lo expresa el cónyuge: "Mi amado es mío y yo soy suyo" (Cantar de los Cantares 2:16): "Él es mío, yo lo poseo, tengo interés en él, como mi cabeza y mi marido; y yo soy suya, poseída por él, propiedad de él, entregada a él: y eso en cuanto a mi amado en una relación conyugal".

Así que Isaías 54:5 dice "Tu marido es tu Hacedor; el Señor de los ejércitos es su nombre; y tu Redentor el Santo de Israel; el Dios de toda la tierra será llamado". Esta es la razón por la que la iglesia no se avergonzará ni se confundirá, en medio de sus problemas y pruebas. Está casada con su Creador, y su Redentor es su marido. Y en Isaías 61:10, estableciendo la gloria mutua de Cristo y su iglesia en su caminar juntos, dice que es "como un novio que se adorna con ornamentos, y como una novia que se adorna con joyas". Tal es su condición, porque tal es su relación, que también expresa más lejos, "Como el novio se regocija por la novia, así se regocijará tu Dios por ti" (Is. 62:5). Como sucede con tales personas en el día de sus bodas, en el día de la alegría de sus corazones, así sucede con Cristo y sus santos en esta relación (Cant. 3:11). Él es un esposo para ellos, siempre que pueda estar con ellos de acuerdo con el estado y condición en que los ha tomado. Es el principal designio del ministerio del evangelio, convencer a los hombres de que se entreguen al Señor Jesucristo.

Con este propósito tenemos su fiel compromiso:

Oseas 2.19–20 Te desposaré conmigo para siempre; sí, te desposaré conmigo en justicia y en derecho, en misericordia y en compasión; te desposaré conmigo en fidelidad, y tú conocerás al Señor.

Y es el principal designio del ministerio del evangelio, prevalecer con los hombres para entregarse al Señor Jesucristo, al revelar su bondad en este compromiso. Por eso Pablo dice a los corintios que "los había desposado con un solo marido, para presentarlos como una virgen casta a Cristo" (2 Cor. 11:2). Esto les había convencido para que, mediante la predicación del evangelio, se entregaran como vírgenes al que las había desposado con él como esposo.

a. La iglesia es el gozo y la corona de Cristo

Y esta es una relación en la que el Señor Jesús se complace enormemente, e invita a otros a contemplarlo en esta su gloria: "Salid," dice él, "Oh vosotras, hijas de Jerusalén, y mirad al rey Salomón con la corona con la que su madre le coronó en el día de sus esponsales, y en el día de la alegría de su corazón" (Cantar de los Cantares 3:11). Llama a las hijas de Jerusalén (todo tipo de creyentes) a considerarlo en la condición de desposorio y desposar a su iglesia con él. Además, les dice que encontrarán en él dos cosas esenciales en este sentido:

i. Honor

Es el día de su coronación, y su esposa es la corona con la que es coronado. Porque así como Cristo es una diadema de belleza y una corona de gloria para Sión (Isa. 28:5); así también Sión es una diadema y una corona para él (Isa. 62:3). Cristo hace esta relación con sus santos para ser su gloria y su honor.

ii. Deleite

El día de sus bodas, de tomar en su seno a las pobres almas pecadoras, es el día de la alegría de su corazón. Juan no era más que el amigo del Esposo, que se puso de pie y escuchó su voz, cuando llevaba a su esposa hacia él; y se regocijó enormemente (Juan 3:29): ¡cuánto más, entonces, debe ser la alegría y el gozo del mismo Esposo! Incluso lo que se expresa, "se regocija con la alegría, se alegra con el canto" (Sof. 3:17).

Es la alegría del corazón de Cristo, la alegría de su alma, llevar a los pobres pecadores a esta relación consigo mismo. Se regocija con los pensamientos de ello desde la eternidad (Prov. 8:31); y siempre expresa la mayor disposición a someterse a la dura tarea que se requiere para ello (Sal. 40:7-8; Heb. 10:7).

> **Salmo 40.7–8** Entonces dije: "Aquí estoy; En el rollo del libro está escrito de mí; Me deleito en hacer Tu voluntad, Dios mío; Tu ley está dentro de mi corazón."
>
> **Hebreos 10.7** Entonces dije: 'Aquí estoy, Yo he venido (en el rollo del libro esta escrito de Mi) para hacer, oh Dios, tu voluntad.' "

Sí, él estaba adolorido como una mujer de parto, hasta que lo había logrado (Lucas 12:50). Porque amaba a su iglesia, se entregó a sí mismo por ella (Ef. 5:25), despreciando la vergüenza, y soportando la cruz (Heb. 12:2), para poder disfrutar de su novia, para que él fuera para ella, y ella para él, y no para otro (Oseas 3:3). Esta es la alegría, cuando él es coronado así por su madre. Son los creyentes que son madre y hermano de este Salomón (Mat. 12:49-50). Lo coronan en el día de sus esponsales, dándose a él, y convirtiéndose en su gloria (2 Cor. 8:23).

Así que establece toda su comunión con su iglesia bajo esta referencia, y con la mayor frecuencia. El tiempo de llevar la iglesia para sí mismo es el día de su matrimonio; y la iglesia es su novia, su esposa (Apocalipsis 19:7-8).

> **Apocalipsis 19:7–8** »Regocijémonos y alegrémonos, y démosle a Él la gloria, porque las bodas del Cordero han llegado y Su esposa se ha preparado». Y a ella le fue concedido vestirse de lino fino, resplandeciente y limpio, porque las acciones justas de los santos son el lino fino.

El entretenimiento que hace para sus santos es una cena de boda (Mat. 22:3). Las gracias de su iglesia son los adornos de su reina (Sal. 45:9-14); y la comunión que tiene con sus santos es como la que tienen los que se aman mutuamente en una relación conyugal (Cantar de los Cantares 1). Por lo tanto, Pablo, al describir estos dos, realiza cambios repentinos e inesperados de uno a otro (Ef. 5:22-32); concluyendo el conjunto con una aplicación a Cristo y a la iglesia.

A continuación, se pregunta cómo es que mantenemos la comunión con la persona de Cristo en lo que respecta a las relaciones y afectos conyugales, y en qué consiste. Ahora, en esto hay algunas cosas que son comunes a Cristo y a los santos, y algunas cosas que son peculiares a cada uno de ellos, como la naturaleza de esta relación lo requiere. El conjunto puede reducirse a estos dos puntos: a) la mutua renuncia de uno a otro, b) los mutuos afectos conyugales, consecuentes.[1]

2. El compromiso mutuo de la Iglesia y de Cristo

Mira las almas de sus santos, los quiere bien, los considera bellos y hermosos, porque él los ha hecho así. Hay una rendición mutua, o la entrega de sus personas entre sí. Este es el primer acto de comunión, en cuanto a la gracia personal de Cristo. Cristo se entrega al alma, para ser suya, como a todo el amor, cuidado y ternura de un esposo; y el alma se entrega totalmente al Señor Jesucristo, para ser suyo, con toda la obediencia amorosa y tierna. Y en esto está la esencia del matrimonio de Cristo y de los santos. Esto, en el profeta, está expuesto bajo una parábola de él y una ramera (Oseas 3:3): "Tú permanecerás para mí -le dice él-, no serás para otro, y yo seré para ti"; "Pobre ramera -dice el Señor Jesucristo-, te he comprado para mí con el precio de mi propia sangre; y ahora, esto es lo que consentiremos: yo seré para ti, y tú serás para mí, y no para otro".

---

[1] Owen desarrolla el primer punto "la mutua renuncia de uno a otro" en lo que resta de este capitulo. El siguiente punto, "los mutuos afectos conyugales, consecuentes", los desarrolla en el capitulo 4 de esta sección.

a. Cristo es el regalo al alma del creyente

Cristo se entrega al alma del creyente, con todas sus excelencias, justicia, preciosidad, gracias y eminencias, para ser su salvador, cabeza y esposo, para siempre, para habitar con él en esta santa relación. Él mira el alma de sus santos, la aprecia bien, la considera bella y hermosa, porque él la ha hecho así. "He aquí que eres hermosa, compañera mía; he aquí que eres hermosa; tienes ojos de paloma" (Cantar de los Cantares 1:15). Que otros piensen lo que quieran, Cristo lo redobla, que las almas de sus santos son muy hermosas, incluso perfectas, por su hermosura, que él pone sobre ellos: "He aquí que sois hermosos, sois justos" (Ezequiel 16:14): particularmente, que su luz espiritual es muy excelente y gloriosa; como los ojos de una paloma, tiernos, perspicaces, claros y brillantes.[2]

Por lo tanto, agrega ese doloroso deseo de gozo de su esposa, "Paloma mía -dice él-, que estás en las hendiduras de la roca, en los escondrijos de las escaleras, déjame ver tu rostro, déjame oír tu voz; porque dulce es tu voz y hermoso tu rostro" (Cantar de los Cantares 2:14) "No te escondas como quien vuela a las grietas de las rocas; no te dejes abatir como quien se esconde detrás de la escalera y teme salir a la compañía que la busca. No dejes que tu espíritu se hunda por la debilidad de tus súplicas, déjame oír tus suspiros y gemidos, tu respiración y tus despedidas; son muy dulces, muy deliciosos; y tu rostro espiritual, tu apariencia en las cosas celestiales, es bella y deliciosa para mí".

Tampoco la deja así, sino que la presiona con fuerza para que se acerque más a él en este vínculo conyugal:

---

[2] Lat. *Repetit non citra pathos, en tu pulchra es.* Owen cita en este punto para apoyar su exegesis el comentario de Joannis Merceri, considerado como uno de los más importantes comentarios en el siglo XVII. Cita: "Lo repite vez tras vez, y *no son sin pasión, he aquí que tu eres hermosa"*. *Joannis Merceri (Jean Mercier), Commentarii Iobus et Solomonis, Proverbia, Ecclesiastem, Canticum Canticorum* (Luduni Batavorum [Leyden]: Ex Offiina Francisci Hackii, 1651), 612.]

Cantares 4.8–9 *Ven* conmigo desde el Líbano, esposa *mía*, ven conmigo desde el Líbano. Baja desde la cumbre del Amaná, desde la cumbre del Senir y del Hermón, desde las guaridas de los leones, desde los montes de los leopardos. Has cautivado mi corazón, hermana mía, esposa *mía*; has cautivado mi corazón con una sola *mirada* de tus ojos, con una sola hebra de tu collar.

"Estáis en una condición errante (como los israelitas de antaño), entre leones y leopardos, pecados y problemas; venid de allí a mí, y os daré un refrigerio" (Mt. 11:28). Sobre esta invitación, el esposo concluye audazmente (Cantares 7:10), que el deseo de Cristo es hacia ella; que él la ama de verdad, y tiene como objetivo llevarla a esta comunión con él. Así que, al llevar a cabo esta unión, Cristo se otorga libremente al alma del creyente. Precioso y excelente como es, se convierte en nuestro. Se hace así y con él, todas sus gracias. Así dice el esposo: "Mi amado es mío; en todo lo que es, es mío".

Isaías 45.24–25 De Mí dirán: 'Sólo en el Señor hay justicia y fuerza.' A El vendrán y serán avergonzados todos los que contra Él se enojaron. En el Señor será justificada y se gloriará toda la descendencia de Israel."

Porque él es la justicia, es 'El Señor nuestra justicia' (Jer. 23:6). Porque él es la sabiduría de Dios, y el poder de Dios, él es "hecho para nosotros sabiduría" (1 Cor. 1:30). Así, pues, "el renuevo del Señor es hermoso y glorioso, y el fruto de la tierra es excelente y hermoso para los que escapan de Israel" (Isa. 4:2). Esto es lo primero por parte de Cristo - la entrega y donación gratuita de sí mismo para ser nuestro Cristo, nuestro Amado, en cuanto a todos los fines y propósitos de amor, misericordia, gracia y gloria; a lo que en su mediación está destinado, en un pacto matrimonial que nunca se romperá.

Esta es la suma de lo que se pretende: El Señor Jesucristo, equipado y preparado, por la realización y el equipamiento de su persona como mediador, y la gran compra de gracia y gloria que ha hecho, para ser esposo de sus santos, su iglesia, se ofrece a sí mismo en las promesas del evangelio a ellos en toda su conveniencia; los convence de su buena voluntad hacia ellos, y de su suficiencia para suplir sus necesidades; y sobre su consentimiento para aceptarlo -que es todo lo que él requiere o espera de sus manos- se compromete en un pacto matrimonial de amor para ser de ellos para siempre.

b. Los creyentes por su propia voluntad se someten al señorío de Cristo

Por parte de los santos, es su consentimiento libre y voluntario para recibir, abrazar y someterse al Señor Jesús, como su esposo, Señor y Salvador, para permanecer con él, someter sus almas a él y ser gobernados por él para siempre. Ahora bien, esto en el alma es o bien inicial, el consentimiento solemne en la primera entrada de la unión con Cristo; o bien consecuente, en actos renovados de consentimiento todos nuestros días. Hablo de ello especialmente en este último sentido, en el que es propio de la comunión; no en el primero, en el que pretende principalmente la unión con Cristo.

Hay dos cosas que completan esta auto-resignación del alma:

i. El deseo por Cristo

El amor a Cristo, por su excelencia, gracia e idoneidad, está muy por encima de todos los demás seres queridos, prefiriéndolo a él en el juicio y la mente por encima de todos ellos. En el lugar mencionado (Cantares 5:9), el cónyuge, presionado por los que profesan ser cristianos en general, para dar en sus pensamientos sobre la excelencia de su Amado en comparación con otros afectos, responde expresamente, que él es "el primero de diez mil, sí" (v. 16), "completamente encantador", infinitamente más allá de la comparación con el más selecto bien creado o afecto imaginable. El alma mira todo lo que hay en este mundo, "los deseos de la carne, los deseos de los ojos y la vanagloria de la vida", y ve que todo es vanidad, que "el mundo pasa y sus deseos" (1 Juan 2:16-17).

> **1 Juan 2.16–17** Porque todo lo que hay en el mundo, la pasión de la carne, la pasión de los ojos, y la arrogancia de la vida (las riquezas), no proviene del Padre, sino del mundo. El mundo pasa, y *también* sus pasiones, pero el que hace la voluntad de Dios permanece para siempre.

Estos otros amantes no son comparables con él. También ve la justicia legal, irreprensible ante los hombres, la rectitud de la conversación, los deberes sobre la convicción, y concluye de todo como lo hace Pablo, 'Sin duda, considero todas estas cosas como una pérdida por la excelencia del conocimiento de Cristo Jesús mi Señor' (Fil. 3:8). Así, también, la iglesia (Oseas 14:3), rechaza todas las apariencias de asistencia cualquiera que sea - tan bueno como Asiria, tan prometedor como los ídolos - que sólo Dios puede ser preferido. Y esta es la entrada del alma en la comunión conyugal con Jesucristo en cuanto a la gracia personal - la constante preferencia de él sobre todos los pretendientes a sus afectos, contando todas las pérdidas y estiércol en comparación con él. La paz amada, las relaciones naturales amadas, la sabiduría y el aprendizaje amados, la justicia amada, los deberes amados, [son] toda pérdida, comparada con Cristo. Digámosle que seremos para él, y no para otro; que lo sepa de nosotros; le encanta oírlo.

ii. El ejercicio de la voluntad sometiéndose a Cristo

La aceptación de Cristo por la voluntad del creyente, como su único esposo, Señor y Salvador. A esto se le llama "recibir" a Cristo (Juan 1:12); y no sólo está destinado a ese acto solemne por el cual al principio nos acercamos a él, sino también al marco constante del alma al permanecer con él y poseerlo como tal.

Romanos 9.31–32 pero Israel, que iba tras una ley de justicia, no alcanzó *esa* ley. ¿Por qué? Porque no *iban tras ella* por fe, sino como por obras. Tropezaron en la piedra de tropiezo.

Romanos 10.3–4 Pues desconociendo la justicia de Dios y procurando establecer la suya propia, no se sometieron a la justicia de Dios. Porque Cristo es el fin de la ley para justicia a todo aquél que cree.

Cuando el alma consiente en tomar a Cristo en sus propios términos, en lugar de tratar de salvarse a su manera, y dice: "Señor, quise tenerte a ti y la salvación a mi manera, para que fuera en parte de mis esfuerzos, y por así decirlo por las obras de la ley; pero ahora estoy dispuesto a recibirte y a ser salvado a tu manera, meramente por gracia". "Y aunque hubiera querido andar según mi propia mente, ahora me entrego totalmente para ser gobernado por tu Espíritu; porque en ti tengo la justicia y la fuerza, en ti soy justificado y me glorió" (Is. 45:24) - entonces continúa la comunión con Cristo en cuanto a la gracia de su persona. Esto es recibir al Señor Jesús en su bondad y eminencia. Que los creyentes ejerciten sus corazones abundantemente en esto.

Esta es la comunión de elección con el Hijo Jesucristo. Recibámoslo en todas sus excelencias, como él se otorga a sí mismo; seamos frecuentes en los pensamientos de fe, comparándolo con otros amados, el pecado, el mundo, la justicia legal; y prefiriéndolo a él antes que a ellos, considerándolos a todos como pérdida y estiércol en comparación con él. Y que nuestras almas estén persuadidas de su sinceridad y voluntad de darse a sí mismo, en todo lo que es, como mediador para nosotros, para ser nuestro; y que nuestros corazones se entreguen a él.

Digámosle que seremos para él, y no para otro; que lo sepa por nosotros; le encanta oírlo, y dice: "Dulce es nuestra voz y bello nuestro rostro", y no fracasaremos en el suministro de dulce refrigerio junto a él.

Cantares 2.13–14 'La higuera ha madurado sus higos, y las vides en flor han esparcido *su* fragancia. ¡Levántate amada mía, hermosa mía, y ven conmigo!' " "Paloma mía, en las grietas de la peña, en lo secreto de la senda escarpada, déjame ver tu semblante, déjame oír tu voz; porque tu voz es dulce, y precioso tu semblante."

PRIMERA DIGRESIÓN: LAS EXCELENCIAS DE CRISTO

Bosquejo: "Primera digresión: Las excelencias de Cristo"

1. La excelencia de la deidad de Cristo.
    a. Deseable y excelente.
    b. Lleno de gloria.
    c. Lleno de gracia y compasión.
    d. Lleno de amor libre, inmutable y eterno.
        i. El amor de Cristo es eterno.
        ii. El amor de Cristo es inmutable.
        iii. El amor de Cristo es fructífero.
2. La excelencia de la humanidad de Cristo.
    a. Cristo estaba completamente libre de pecado.
        i. Objeción y respuesta.
        ii. Cristo nunca estuvo federalmente en Adán.
        iii. Su naturaleza humana no estuvo contaminada.
    b. Cristo estaba lleno de gracia.
3. Cristo: Una persona, dos naturalezas.
    a. Cristo era idóneo para sufrir y soportar nuestro castigo.
    b. Cristo se convirtió en una fuente inagotable de gracia para todos los que creen.
    c. Cristo fue un mediador perfecto para la obra.
    d. Cristo fue exaltado e investido de toda autoridad.
4. Interpretación teológica de Cantares 5:10-16.
    a. Su cabeza es como oro, oro puro.
        i. Su reino es un reino glorioso.

        ii.   Su reino es un reino eterno.
   b.   Los ornamentos de su cabeza.
   c.   Sus ojos como paloma.
        i.   Ternura.
        ii.   Pureza.
        iii.   Discernimiento.
        iv.   Gloria.
   d.   Sus mejillas como de bálsamo.
        i.   Un dulce olor, orden y eminencia.
        ii.   El orden y la belleza.
        iii.   Eminencia.
   e.   Sus labios, manos y fortaleza.

Síntesis: Algunas excelencias de Cristo que se proponen a la consideración, para que nuestro corazón se encariñe con él: Su descripción. Una explicación de Cantares 5.

Para fortalecer nuestros corazones en la entrega que se menciona de nosotros mismos al Señor Cristo como nuestro esposo, así como para dar paso a la incitación de nosotros hasta esos consecuentes afectos conyugales de los que se mencionará después, me apartaré para una descripción más completa de algunas de las excelencias personales del Señor Jesucristo, por las cuales los corazones de sus santos le son verdaderamente queridos.

En "El Señor nuestra Justicia", entonces, pueden considerarse estas cosas que siguen; que son muy adecuadas para prevalecer sobre nuestros corazones para que se entreguen a ser totalmente de él.

1. La excelencia de la deidad de Cristo

a. Deseable y excelente

Él es sumamente excelente y deseable en su Deidad, y en su gloria.[1] Él es 'Jehová nuestra justicia' (Jer. 23:6). En el regocijo de Sión por su venida a ella, este es el fundamento, "¡Contempla a tu Dios! (Isaías 40:9). "Hemos visto su gloria", dice el apóstol. ¿Qué gloria es esa? "La gloria del Hijo unigénito de Dios" (Juan 1:14). Los santos más selectos se han asustado y asombrado por la belleza de un ángel; y los pecadores más robustos han temblado ante la gloria de una de esas criaturas de aspecto bajo, que no representan más que las partes más bajas de su gloria, dicho seres, quienes aún, en su más alto perfeccionamiento, se cubren el rostro ante la presencia de nuestro Amado, como conscientes de su total incapacidad para soportar los rayos de su gloria (Isaías 6:2; Juan 12:39-41).

Isaías 6:2 Por encima de Él había serafines. Cada uno tenía seis alas: con dos cubrían sus rostros, con dos cubrían sus pies y con dos volaban. **Juan 12:39–41** Por eso no podían creer, porque Isaías dijo también: «Él ha cegado sus ojos y endurecido su corazón, para que no vean con los ojos y entiendan con el corazón, y se conviertan y Yo los sane». Esto dijo Isaías porque vio Su gloria, y habló de Él.

b. Lleno de gloria

Él es 'el compañero del Señor de los ejércitos' (Zacarías 13:7). Y aunque una vez apareció en forma de siervo, "no le pareció un deshonor ser igual a Dios" (Fil. 2:6). En la gloria de esta majestad él habita en una luz inaccesible (1 Ti. 6:16). No podemos, buscando, encontrar al Todopoderoso a la perfección: es tan alto como el cielo; ¿qué podemos

---

[1] Num. 21:5; 1 Cor. 10:9; Sal. 68:18; Ef. 4:8, 10; Sal. 97:7; Heb. 1:6; Sal. 102:25; Isa. 7:14; Lucas 2:34; Rom. 9:5; 1 Ped. 2:6; Isa. 40:3; 44:6; 45:22; 48:12; Rom. 14:10; Ap. 1:11; Mal. 3:1; Sal. 2:12;Isa. 35:4; 52:5-6; 45:14-15; Zac. 2:8, 12; 3:1; 12:10; Mat. 16:16; Lc. 1:16-17; Jn. 5:18-19;10:30; 1:1, 3, 10, 14; 6:62; 8:23, 58; Col. 1:16; Heb. 1:2, 10-12; Jn. 3:13, 31; 16:28; Mic. 5:2; Prov. 8:23; Juan 17:5; Jer. 23:6; 1 Juan 5:20; Ap. 1:18, 4:8; Hechos 20:28; 1 Juan 3:16; Fil. 2:6-8; 1 Tim. 3:16; Heb. 2:16; 1 Juan 4:3; Heb. 10:5; Juan 20:28; Juan 10:29-31; Mat. 16:16; Rom. 8:32; Juan 3:16, 18; Col. 1:15; Juan 17:10; Isa. 9:6; Col. 2:9; 1 Cor. 8:6; 2:8; Sal. 68:17.

hacer? Más profundo que el infierno; ¿qué podemos saber? Su medida es más larga que la tierra y más ancha que el mar" (Job 11:7-9). Todos podemos decirnos unos a otros de esto:

> Seguramente somos más brutos que cualquier hombre,
> y no tenemos la comprensión de un hombre.
> Tampoco hemos aprendido la sabiduría,
> ni tenemos el conocimiento de lo sagrado.
> ¿Quién ha subido al cielo, o ha bajado?
> ¿Quién ha recogido el viento en sus puños?
> ¿Quién ha atado las aguas con un vestido?
> ¿Quién ha establecido todos los confines de la tierra?
> ¿Cuál es su nombre, y cuál es el nombre de su Hijo,
> si se puede saber (Prov. 30:2-4).

Si alguien preguntara, ahora, con ellos en el Cantar de los Cantares, ¿qué hay en el Señor Jesús, nuestro amado, más que en otros amados, que lo haga tan deseable, y amigable, y digno de ser aceptado? ¿Qué es él más que los demás? Pregunto, ¿qué es un rey más que un mendigo? Mucho en todos los sentidos. ¡Ay! Esto no es nada; nacieron igual, deben morir igual, y después de eso es el juicio. ¿Qué es un ángel más que un gusano? Un gusano es una criatura, y un ángel no es más que una criatura; ha hecho que uno se arrastre por la tierra y que el otro habite en el cielo.

Hay todavía una proporción entre estos, están de acuerdo en algo; pero ¿qué son todas las cosas del mundo para el Dios infinitamente bendito para siempre? ¿Se pondrá el polvo de la balanza o la gota del cubo en la balanza contra él? (Is. 40:12, 15) Este es aquel de quien los pecadores de Sión temen y claman: "¿Quién de nosotros habitará con el fuego devorador, quién de nosotros habitará con las quemaduras eternas? (Is. 33:14) Ahora puedo daros un vistazo a su excelencia en muchas de esas propiedades y atributos por los que se descubre a sí mismo a la fe de los pobres pecadores; pero como el que va a un jardín donde hay innumerables flores en gran variedad, no recoge todo lo que ve, sino que cultiva aquí y allá una y otra vez, me esforzaré por abrir una puerta y dar entrada a la infinita excelencia de las gracias del Señor Jesús, ya que él es "Dios bendito para siempre" (Ro. 9:5), presentando al lector uno o dos ejemplos, dejándole que recoja para su propio uso lo que más le plazca.

c. Lleno de gracia y compasión

Observamos aquí, *la gracia y compasión infinita,* sin fondo, sin límites que hay en él que es nuestro marido, ya que es el Dios de Sión. No es la gracia de una criatura, ni toda la gracia que puede habitar en una naturaleza creada, lo que servirá a nuestro favor. Estamos demasiado necesitados para que nos sirvan con tal suministro. Había una plenitud de gracia en la naturaleza humana de Cristo - no recibió "el Espíritu por medida" (Juan 3:34); una plenitud como la de la luz en el sol, o del agua en el mar (no hablo con respecto a la comunicación, sino a la suficiencia); una plenitud incomparablemente por encima de la medida de los ángeles: sin embargo, no era propiamente una plenitud infinita - era una plenitud creada, y por lo tanto una plenitud limitada.

Si se pudiera concebir como separado de la Deidad, seguramente tantas almas sedientas y culpables, como todos los días beben de él grandes y profundos tragos de gracia y misericordia, lo hundirían (si se me permite hablar así) hasta el fondo; no podría permitirse ningún suministro, sino sólo de manera moral. Pero cuando el conducto de su humanidad está inseparablemente unido a la fuente infinita e inagotable de la Deidad, ¿quién puede mirar en las profundidades de la misma? Si ahora hay suficiente gracia para los pecadores en un Dios todopoderoso, está en Cristo; y, en efecto, en cualquier otro no puede haber suficiente. El Señor da esta razón para la paz y la confianza de los pecadores: "No serás avergonzado ni confundido, porque no serás avergonzado" (Isaías 54:4-5).

Pero, ¿cómo será esto? ¡Tanto pecado, y no avergonzarse! ¡Tanta culpa, y no serás confundido! "Tu Hacedor -dice él- es tu marido; Jehová de los ejércitos es su nombre; y tu Redentor el Santo de Israel;

el Dios de toda la tierra será llamado" (Is. 54:5). Este es el fondo de toda paz, confianza y consuelo, la gracia y la misericordia de nuestro Creador, del Dios de toda la tierra. Así son la bondad y el poder contenidos en él; él nos hace y nos destruye, es nuestro Dios y nuestro Göel, nuestro Redentor.[2] Mirad a mí,' dice él, 'y sed salvos, porque yo soy Dios, y nadie más' (Is. 45:22), 'Ciertamente, uno dirá, En el Señor tengo yo justicia' (Is. 45:24).

> **Isaías 45:22–24** »Vuélvanse a Mí y sean salvos, todos los términos de la tierra; Porque Yo soy Dios, y no hay ningún otro. »Por Mí mismo he jurado, ha salido de Mi boca en justicia una palabra que no será revocada: Que ante Mí se doblará toda rodilla, *y toda lengua jurará lealtad.* »De Mí dirán: "Solo en el Señor hay justicia y fuerza". A Él vendrán y serán avergonzados todos los que contra Él se enojaron.

Muéstrame el pecador que puede extender sus iniquidades a las dimensiones de esta gracia.

Y sobre esta base es que si todo el mundo se pusiera (si puedo decirlo así) a beber la gracia gratuita, la misericordia y el perdón, sacando agua continuamente de las fuentes de la salvación; si se pusieran a sacar de una sola promesa, un ángel que estuviera de pie y gritara: "Bebed, amigos míos, sí, bebed en abundancia, tomad tanta gracia y perdón como sea suficiente para el mundo del pecado que está en cada uno de vosotros", no podrían hundir la gracia de la promesa ni un pelo de ancho.[3]

Hay suficiente gracia en Cristo para millones de mundos, si lo fueran, porque fluye en él desde una fuente infinita y sin fondo. "No temas, gusano Jacob, yo soy Dios y no hombre" (Is. 41:14), es el fondo del consuelo de los pecadores. Esta es la "cabeza de oro" mencionada (Cant. 5:11), la fuente más preciosa de gracia y misericordia. Esta infinidad de gracia, respecto a su fuente, responderá a todas las

---

[2] Göel del participio hebreo del verbo gaal ("redimir").
[3] Cantares 5:1; Isa. 55:1; Apocalipsis 22:17; Juan 7:37-38.

objeciones que puedan impedir que nuestras almas se acerquen a la comunión con él y lo abracen libremente. ¿No nos convendrá esto en todas nuestras angustias? ¿Cuál es nuestra culpa finita ante él? Muéstrame el pecador que puede extender sus iniquidades a las dimensiones (si puedo decirlo) de esta gracia. Aquí hay suficiente misericordia para el más grande, el más viejo, el más obstinado transgresor "¿Por qué moriréis, casa de Israel?" (Ez. 18:31).

Tened cuidado con aquellos que os roben la Deidad de Cristo. Si no hubiera más gracia para mí que la que se puede atesorar en un simple hombre, me regocijaría si mi porción fuera estar bajo las rocas y las montañas.

d. Lleno de amor libre, inmutable y eterno

Considera, por lo tanto, su eterno, libre e inmutable amor. Si el amor de Cristo no fuera para nosotros sino el amor de un simple hombre, aunque nunca tan excelente, inocente y glorioso, debe tener un principio, un final y quizás ser infructuoso. El amor de Cristo en su naturaleza humana hacia el que es suyo es sobrecogedor, intenso, tierno, precioso, compasivo, abundantemente aumentado por el sentido de nuestras miserias, el sentimiento de nuestras necesidades, la experiencia de nuestras tentaciones; todo ello fluyendo de esa rica reserva de gracia, piedad y compasión, que, a propósito para nuestro bien y suministro, le fue otorgada; pero aún así este amor, como tal, no puede ser infinito ni eterno, ni de por sí absolutamente inmutable.

Si no fuera más, aunque no se puede comparar ni comprender, nuestro Salvador no podría decir de él, como lo hace, "Como el Padre me ha amado, así os he amado yo a vosotros" (Juan 15:9). Su amor en su estado encarnación no puede ser comparado e igualado al amor divino del Padre, en esas propiedades de eternidad, fecundidad e inmutabilidad, que son las principales anclas del alma, rodando en el seno de Cristo.

i. El amor de Cristo es eterno

"Acércate a mí, escucha esto; no he hablado en secreto desde el principio, desde el tiempo que fue, allí estoy; y ahora el Señor Dios, y su Espíritu, me ha enviado" (Isaías 48:16). Él mismo es "ayer, hoy y por los siglos" (Heb. 13:8); y así es su amor, siendo el suyo el "Alfa y Omega, el primero y el último, el principio y el fin, el que es, el que era y el que ha de venir" (Ap. 1:8).

ii. El amor de Cristo es inmutable

Nuestro amor es como nosotros mismos. Como nosotros, también lo son todos nuestros afectos. El amor de Cristo es como él mismo. Nosotros amamos alguien un día, y lo odiamos al siguiente. Nuestro amor cambia, y nosotros también: un día decimos "él es nuestra mano derecha, nuestro ojo derecho" (Gal. 4:14-15); al día siguiente, "córtenlo, sáquenlo".
Jesucristo sigue siendo el mismo; y también su amor.

> **Hebreos 1:10–12** También: «Tú, Señor, en el principio pusiste los cimientos de la tierra, Y los cielos son obra de Tus manos; Ellos perecerán, pero Tú permaneces; Y todos ellos como una vestidura se envejecerán, Y como un manto los enrollarás; Como una vestidura serán mudados. Pero Tú eres el mismo, Y Tus años no tendrán fin».

Él es el Señor, y no cambia; y por eso no somos consumidos. A quien ama, lo ama hasta el final. Su amor es tal que nunca tuvo principio, y nunca tendrá fin (Mal. 3:6, Jn. 13:1)

iii. El amor de Cristo es fructífero

También es fructífero, fructífero en todos los asuntos y efectos de gracia. Un hombre puede amar a otro como a su propia alma, pero tal vez ese amor suyo no pueda ayudarle. Puede que se compadezca de él en la prisión, pero no lo alivie; que se lamente en la miseria, pero no puede ayudarlo; que sufra con él en las dificultades, pero no lo alivie. No podemos dar gracia a un niño amado, ni misericordia a un amigo; no podemos amarlo en el cielo, aunque sea el gran deseo de nuestra alma. Fue el amor lo que hizo gritar a Abraham: "¡Oh, que Ismael viva antes que tú!" (Gen. 17:18), pero puede que no sea así.

Pero ahora el amor de Cristo, siendo el amor de Dios, es eficaz y fructífero para producir todas las cosas buenas que quiere para su amado. Él ama la vida, la gracia y la santidad en nosotros; nos ama también en el pacto, nos ama en el cielo. El amor en él es apropiado para hacer el bien a cualquiera. Lo que Cristo, por su amor, quiere a alguien, esa voluntad es operativa de ese bien.

Estas tres cualidades del amor de Cristo lo hacen sumamente eminente, y a él sumamente deseable. ¡Cuántos millones de pecados, en cada uno de los elegidos, cada uno de los cuales fueron suficientes para condenarlos a todos, ha superado este amor! ¡Cuántas montañas de incredulidad ha removido! Mirad la conversación de cualquier santo, considerad el marco de su corazón, ved las muchas manchas e impurezas con las que se contamina su vida, y decidme si no hay que admirar el amor que conlleva todo esto. ¿Y no es lo mismo hacia miles de personas cada día? ¡Cuántas corrientes de gracia, purgando, perdonando, acelerando, asistiendo, fluyen de él cada día! Esta es nuestro amado, oh, hijas de Jerusalén (Cant. 5:16).

2. La excelencia de la Humanidad de Cristo

Él es deseable y digno de nuestra aceptación, como se considera en su humanidad; incluso allí también, en referencia a nosotros, es sumamente deseable. En esto, sólo les señalaré dos cosas:

1. Su libertad de pecado.
2. Su plenitud de gracia.

En ambos aspectos la Escritura lo presenta como sumamente encantador y gentil.

a. Cristo estaba completamente libre de pecado

Estaba libre de pecado; el Cordero de Dios, sin mancha y sin defecto (1 Pe. 1:19); el macho del rebaño, para ser ofrecido a Dios, cayendo la maldición sobre todas las demás oblaciones, y los que las ofrecen (Mal. 1:14). La pureza de la nieve no debe compararse con la blancura de este lirio, de esta rosa de Sarón (Cant. 2:1), incluso desde el vientre: "Porque tal sumo sacerdote se convirtió en nosotros. Aquel que es santo, inofensivo, sin mancha, separado de los pecadores".

> **Hebreos 7:26–27** Porque convenía que tuviéramos tal Sumo Sacerdote: santo, inocente, inmaculado, apartado de los pecadores, y exaltado más allá de los cielos, que no necesita, como aquellos sumos sacerdotes, ofrecer sacrificios diariamente, primero por sus propios pecados y después por los *pecados* del pueblo. Porque esto Jesús lo hizo una vez para siempre, cuando Él mismo se ofreció.

Las personas santificadas, cuyas manchas se han lavado en cualquier medida, son sumamente hermosas a los ojos de Cristo mismo. "Todos vosotros sois justos", dice, "mi amor, no tenéis ninguna mancha".[4] ¡Qué justo, entonces, es el que nunca tuvo la más mínima mancha o mancha!

Es cierto que Adán en su creación tenía esta pureza inmaculada (Ec. 7:29), al igual que los ángeles; pero ellos vinieron inmediatamente de la mano de Dios, sin concurrencia de ninguna causa secundaria. Jesucristo es una planta y raíz de una tierra seca (Is. 53:2), una flor del tallo de Isaí, un brote de los lomos de un hombre pecador, nacido de un pecador, después de no haber existido carne inocente en el mundo durante cuatro mil años, cada uno en el rollo de su genealogía siendo infectado con ella.

---

[4] Cant. 1:15-16, 4:1, 7, 10.

Tener una flor de maravillosa rareza para crecer en el paraíso, un jardín plantado por el propio Dios, no manchado en lo más mínimo, no sería tan extraño; pero, como habla el salmista (Sal. 107:35-37); en otra manera, oír hablar de ella en un bosque, encontrarla en un bosque, hacer brotar un capullo inmaculado en el desierto de la naturaleza humana corrupta, es una cosa que los ángeles desean mirar.

Salmo 107:33–37 Él convierte los ríos en desierto Y los manantiales en secadales; La tierra fértil en salinas, Por la maldad de los que moran en ella. Transforma el desierto en estanque de aguas, Y la tierra seca en manantiales; En ella hace morar a los hambrientos, Para que establezcan una ciudad donde vivir, Y siembren campos, planten viñas, Y recojan una cosecha abundante.

No, más aún, toda esta naturaleza no sólo fue profanada, sino también maldecida; no sólo sucia, sino también culpable de la transgresión de Adán, en la que todos hemos pecado. Que la naturaleza humana de Cristo se derive de ahí libre de culpa, libre de contaminación, esto debe ser adorado.

Objeción y respuesta

Pero dirás: "¿Cómo puede ser esto? ¿Quién puede traer una cosa limpia de una inmunda? ¿Cómo pudo Cristo tomar nuestra naturaleza, y no las contaminaciones de ella, y la culpa de ella? Si Leví pagó los diezmos en los lomos de Abraham (Heb. 7:9-10), ¿cómo es que Cristo no pecó en los lomos de Adán?" Hay dos cosas con respecto al pecado original:

i.   **La culpa del primer pecado, que se nos imputa.** Todos pecamos en él [Adán] [5] (Rom. 5:12), ya sea que lo traduzcamos relativamente como "en quién", o por

---

[5] Gr. Ἐφ' ᾧ πάντες ἥμαρτον

inferencia "siendo todos los que han pecado", la verdad es uno: el pecado de Adán es el pecado de todos nosotros. Agustín escribe: "todos éramos ese hombre". [6] Todos estábamos en un pacto con él; no sólo era una cabeza natural, sino también una cabeza federal para nosotros. Como Cristo es para los creyentes (Rom. 5:17; 1 Cor. 15:22), así fue para todos nosotros; y su transgresión de ese pacto se nos imputa a nosotros.

ii. **De él [Adán] se deriva una naturaleza contaminada y corrompida**: "¿Quién puede sacar algo limpio de lo inmundo?" "Lo que nace de la carne es carne", y nada más; cuya sabiduría y mente también están corrompidas: una fuente contaminada tendrá arroyos contaminados. [7] La primera persona corrompió la naturaleza, y esa naturaleza corrompe a todas las personas que la siguen.

Y de ambas cosas era Cristo el más libre.

i. Cristo nunca estuvo federalmente en Adán.

Por lo tanto no está sujeto a la imputación de su pecado por ese motivo. Es cierto que el pecado le fue imputado cuando fue hecho pecado (2 Co. 5:21); por lo tanto quitó el pecado del mundo (Juan 1:29). Pero dicho pecado le fue imputado en el pacto del Mediador, a través de su susceptibilidad voluntaria, y no en el pacto de Adán, por una imputación legal. Si se le hubiera considerado como descendiente de Adán, no habría sido un sumo sacerdote idóneo para ofrecer sacrificios por nosotros, por no estar "separado de los pecadores" (Hebreos 7:26).

---

[6] Lt. *Omnes eramus unus ille homo.* Agustín, *La ciudad de Dios* [Augustine, *The City of God*, NPNF¹ 2:251; PL 41, col. 386].

[7] Job 14:4; Rom. 8:7, *phronēma tēs sarkos* ["la mente carnal"]; Juan 3:16; Col. 2:18, *noos tēs sarkos* ["la mente carnal"].

Si Adán hubiera permanecido en su inocencia, Cristo no se hubiera encarnado para ser un mediador por los pecadores. Por lo tanto, en el *Consejo [Divino]* con respecto a su encarnación (Ge. 3:15), con relación a su moralidad, no fue designado que tuviera lugar sino hasta después de la caída.[8] Aunque estaba en Adán en un sentido natural desde su primera creación, es decir con respecto al propósito de Dios (Lucas 3:23, 38), sin embargo, no estaba en él en un sentido *legal* sino hasta después de la caída. De modo que, en cuanto a su propia persona, no tenía más que ver con el primer pecado de Adán, que con cualquier pecado personal de cualquier persona cuyo castigo asumió voluntariamente. Es decir, de la misma manera que no somos responsables de la culpa de los progenitores que siguieron a Adán, tampoco lo es él, aunque naturalmente no estábamos menos en ellos que en él.

Por lo tanto, Cristo, todos los días de su carne, sirvió a Dios en un pacto de obras; y fue aceptado en él, no habiendo hecho nada que pudiera anular la virtud de ese pacto en cuanto a él. Esto no se aparta, pues, en lo más mínimo de su perfección.

ii. Su naturaleza humana no estuvo contaminada de pecado

Se impidió en él la contaminación de su naturaleza humana desde el instante de la concepción (Lc. 1:35). "El Espíritu Santo vendrá sobre ti, y el poder del Altísimo te cubrirá con su sombra; por eso también esa cosa santa que nacerá de ti se llamará Hijo de Dios" (Lucas 1:35). Cristo

---

8 La palabra que Owen usa en ingles es "counsel", que literalmente se traduciría como *consejo*, y es una referencia a un concilio o acuerdo entre varias partes. La referencia de Owen es al Pacto de la Redención que tuvo lugar antes de la fundación del mundo. Cada vez que Owen hace referencia al Concilio de Dios o Consejo, es una referencia al Pacto de la Redención. Kelly Kapic escribe: "El "consejo de su encarnación" se refiere al justo acuerdo del consejo trino (Padre, Hijo y Espíritu Santo) de que, a la luz de la caída de la humanidad en el pecado, el Hijo debía encarnarse (es decir, convertirse en el Dios-hombre, asumiendo una naturaleza humana además de su naturaleza divina)." John Owen y Kevin J. Vanhoozer, *Communion with the Triune God,* ed. Justin Taylor y Kelly M. Kapic (Wheaton, IL: Crossway, 2007), 166.

fue "hecho de una mujer" (Gálatas 4:4); pero la parte de la que fue hecho fue santificada por el Espíritu Santo, para que lo que nació de ella fuera una cosa santa. No sólo la conjunción de la unión del alma y el cuerpo, por la cual el hombre se hace partícipe de toda su naturaleza humana y en ella de la contaminación del pecado siendo hijo de Adán, fue impedida por la santificación del Espíritu Santo, sino que también el Espíritu Santo acompañó la misma separación de su sustancia corporal en el vientre de su madre para ese propósito sagrado al que fue apartado. De modo que en todas las cosas él es "santo, sin defecto y sin mancha" (Heb. 7:26).

Añado ahora a esto, que él "no cometió pecado, ni se halló engaño en su boca" (1 Ped. 2:22); que él "cumplió toda justicia" (Mat. 3:15); su Padre siempre "se complació" con él (v. 17), a causa de su perfecta obediencia. Sí, incluso en el sentido en que acusa a sus ángeles de insensatez, y que esos habitantes del cielo no son limpios a sus ojos al lado de Él; y su excelencia y conveniencia en este sentido estará ante nosotros. Tal era él. Tal es él. Y sin embargo, por nuestro bien, se contentó no sólo con ser estimado por el más vil de los hombres como un transgresor, sino con sufrir de Dios el castigo debido a los más viles pecadores. Explicare más sobre esto más adelante.

b. Cristo estaba lleno de gracia

La plenitud de la gracia en la naturaleza humana de Cristo pone de manifiesto su bondad y atractivo. Si me ocupara de considerar sus perfecciones, en cuanto a esta parte de su excelencia, la que tuvo desde el vientre de su madre (Lucas 1:35), las perfecciones que recibió el crecimiento y la mejora en cuanto al ejercicio en los días de su carne (Lucas 2:52), con el complemento de todas ellas en la gloria, el conjunto de la explicación de todo redundaría más allá del propósito que nos ocupa.

Lucas 1:35 El ángel le respondió: «El Espíritu Santo vendrá sobre ti, y el poder del Altísimo te cubrirá con su sombra; por eso el Niño que nacerá será llamado Hijo de Dios.

Lucas 2:52 Y Jesús crecía en sabiduría, en estatura y en gracia para con Dios y los hombres.

No hago más que tomar una visión de estas cosas de manera rápida (*in transitu*).

Estas dos cosas están a la vista de todos en la primera consideración: toda la gracia estaba en él en todas las formas, en todas sus perfecciones; y todo lo que conforma esa plenitud de gracia de todo *tipo de gracia* y en todo *grado de gracia*, estaban en él. Es la gracia humana que fue creada a la que me refiero; y por eso hablo de los tipos de gracia: es la gracia inherente a una naturaleza creada, no infinita; y por eso hablo de los grados de ella.

En cuanto a la fuente de la gracia, el Espíritu Santo, no lo recibió 'por medida' (Juan 3:34); y en cuanto a las comunicaciones del Espíritu, 'le agradó al Padre que en él habitara toda la plenitud' (Col. 1:19), 'para que en todo tuviera la preeminencia' (Col. 1:18). Pero de estas cosas ya se ha hablado bastante.

Este es el Amado de nuestras almas, "santo, puro, sin mancha"; "lleno de gracia y de verdad" (cf. Juan 1:14, 16; 1 Cor. 11:1; Ef. 5:2; 1 Ped. 2:21; Mat. 3:17; Heb. 2:18; 7:25).

Hebreos 2:18 Pues por cuanto Él mismo fue tentado en el sufrimiento, es poderoso para socorrer a los que son tentados.

Hebreos 7:25 Por lo cual Él también es poderoso para salvar para siempre a los que por medio de Él se acercan a Dios, puesto que vive perpetuamente para interceder por ellos.

Él estaba:

- Lleno, hasta la suficiencia para todo fin de la gracia.

- Lleno, para la práctica, a fin de que sea ejemplo para los hombres y los ángeles en cuanto a la obediencia.
- Lleno, para la certeza de una comunión ininterrumpida con Dios.
- Lleno, para estar dispuesto a abastecer a los demás.
- Lleno, para adaptarse a todas las circunstancias y necesidades de las almas de los hombres.
- Lleno, hasta una gloria no impropia de una subsistencia en la persona del Hijo de Dios.
- Lleno, para una perfecta victoria en las pruebas y sobre todas las tentaciones.
- Lleno, para una exacta conformidad con toda la ley, con cada justa y santa ley de Dios.
- Lleno hasta la máxima capacidad que podría tener una naturaleza humana limitada, creada y finita.
- Lleno, hasta la mayor belleza y gloria de un templo vivo de Dios.
- Lleno, para el pleno placer y deleite del alma de su Padre.
- Lleno como un monumento eterno de la gloria de Dios, al dar tales excelencias inconcebibles al Hijo del hombre.

Y esta es la segunda cosa de consideración para el afecto de nuestras almas hacia nuestro Amadísimo Señor Jesucristo.

3. Cristo: Una persona, dos naturalezas

Consideremos que Él es todo esto en una sola persona. No hemos estado hablando de dos personas, un Dios y un hombre, sino uno que es Dios y hombre al mismo tiempo. Leon el Grande (390-461) escribe:

Con el propósito de librar al hombre de la muerte eterna, él se hizo hombre: de modo que se inclinó a tomar sobre sí nuestra humildad sin disminución de su propia majestad, para que permaneciendo lo que era y asumiendo lo que no era, pudiera unir la verdadera forma de esclavo a aquella forma en la que es igual a Dios Padre, y unir ambas naturalezas por un pacto tal, que la naturaleza inferior no fuera absorbida en su exaltación ni la naturaleza superior perjudicada por su nueva naturaleza asociada. Por tanto, sin perjuicio de las propiedades de una y otra sustancia [naturaleza] que entonces se unieron en una sola persona, la majestad tomó la humildad, la fuerza la debilidad, la eternidad la mortalidad: y esto para el pago de la deuda, perteneciente a nuestra condición, la naturaleza inviolable se unió con la naturaleza pasible.[9]

Aquel Verbo que estaba con Dios en el principio, y era Dios (Jn.1:1), también se hizo carne (v. 14); no por una conversión de sí mismo en

---

[9] Lat. *Qui, propter homines liberandos ab æternâ morte, homo factus est, et ita ad susceptionem humilitatis nostræ, sine suæ majestatis diminutione inclinans, ut manens quod erat, assumensque quod non erat; veram servi formam, ei formæ, in qua Deo patri est æqualis, adunaret, ut nec inferi-orem absumeret glorificatio, nec superiorem minueret assumptio; salvâ enim proprietate utriusque substantiæ, et in unam coëunte personam, suscipitur a majestate humilitas, a virtute infirmitas, a mortalitate æternitas, et ad rependendum nostræ conditionis debitum, natura inviolabilis naturæ est unita passibili*, etc. Leon el Grande, *Sermones* I [Leo the Great, *Serm*, I, *De Nat.*, "On the Feast of the Nativity" in *Sermons of Leo the Great: Sermon XXI*, NPNF[2] 12:129; PL 54, cols. 191C–192A.]. "León el Grande. León, que ocupó el cargo de papa del 440 al 461, magnificó el papado de varias maneras. No sólo se veía a sí mismo como el sucesor de Pedro, sino que creía que Pedro hablaba realmente a través de todo lo que predicaba o escribía. De ahí que esperara que todas sus afirmaciones como papa fueran aceptadas sin discusión. En el plano político, obtuvo del emperador Valentiniano III (425-55) una jurisdicción efectiva sobre el Imperio de Occidente. Si algún obispo se resistía a la autoridad papal, el papa podía ahora recurrir a la autoridad secular. León también añadió los decretos de sus predecesores al derecho canónico occidental, del que se convirtió en guardián efectivo. León mejoró su posición política gracias a sus logros en la negociación con los enemigos de Roma, los hunos y los vándalos. Además, impulsó la propia tradición cristiana de la ciudad de Roma al reivindicar a Pedro y Pablo como sus patronos en sucesión de Rómulo y Remo. León hizo una importante contribución a las controversias cristológicas orientales de su época. León repudió el nestorianismo, que interpretó como una forma de adopcionismo. De este modo, León subrayaría la conexión indivisible que se logró cuando las dos naturalezas se unieron en Jesucristo. Pero el hecho es que León no explicó la unidad de la persona de Cristo tan bien como la manifestación de las dos naturalezas en la vida de Cristo encarnado." G. A. Keith, "Leo the Great", in *New Dictionary of Theology*, eds. Sinclair B. Ferguson and J.I. Packer (Downers Grove, IL: InterVarsity Press, 2000), 381–382.

carne, ni presentándose sólo en forma externa y semejante a la carne; sino por asumir a aquella criatura santa que nació de la virgen (Lc. 1:35), en unión personal con Él mismo.

Así, el "Dios Poderoso" (Is. 9:6), es un "niño dado" a nosotros; aquella criatura santa que nació de la virgen es llamada "el Hijo de Dios" (Lc. 1:35). Lo que hizo que el hombre Cristo Jesús fuera *un* hombre verdadero, fue la unión del alma y el cuerpo. Lo que lo hizo *ese* hombre Cristo Jesús, y sin lo cual no era *el* hombre, fue la subsistencia de ambas naturalezas en la persona del Hijo de Dios. En cuanto a la prueba de esto, ya he hablado de ella en otro lugar con amplitud.[10] Ahora la expongo sólo en general, para mostrar la bondad de Cristo por este motivo. Aquí radica, y de ahí surge, la gracia, la paz, la vida y la seguridad de la iglesia, de todos los creyentes, como pueden demostrarlo claramente algunas consideraciones que presento a continuación.

a. Cristo era idóneo para sufrir y soportar nuestro castigo

De ahí que fuera apto para sufrir y capaz de cargar con lo que nos correspondía, en esa misma acción en la que el "Hijo del hombre dio su vida en rescate por muchos" (Mt. 20:28).

Y el verdadero Dios y el verdadero hombre se combinaron para formar un solo Señor, de modo que, según las necesidades de nuestro caso, un mismo Mediador entre Dios y los hombres, el Hombre Cristo Jesús, pudiera tanto morir con el uno como resucitar con el otro.[11]

---

[10] Cf. John Owen, *Vindiciae Evangelicae* [*Misterio del Evangelio reivindicado* (1655), *Works* 12].

[11] Lat. *Deus versus, et homo verus in unitatem Domini temperatur, ut, quod nostris remediis congruebat, unus atque idem Dei hominumque mediator et mori possit ex uno, et resurgere possit ex altero.* Leon el Grande, *Sobre la fiesta de Natividad* [Leo the Great, "On the Feast of the Nativity," in *Sermons of Leo the Great: Sermon XXI*, NPNF2 12:129; PL 54, col. 192A.]

Dios redimió a su iglesia "con Su propia sangre" (Hch 20:28); y en esto se vio el "amor de Dios, en que Él puso Su vida por nosotros" (1 Jn. 3:16).

Por eso, en su pecho había espacio suficiente para recibir las puntas de todas las cuchillas afiladas por la ley contra nosotros, y en sus hombros había la fuerza suficiente para soportar la carga de la maldición que nos correspondía. De ahí que estuviera tan dispuesto a emprender la obra de nuestra redención (Heb. 10:7-8), "aquí estoy, Yo he venido para hacer, oh Dios, Tu voluntad", porque conocía su capacidad para llevarla a cabo.

> **Hebreos 10:7–9** »Entonces dije: "Aquí estoy, Yo he venido (En el rollo del libro está escrito de Mí) Para hacer, oh Dios, Tu voluntad"». Habiendo dicho anteriormente: «Sacrificios y ofrendas y holocaustos, y *sacrificios* por el pecado no has querido, ni *en ellos* Tu te has complacido» (los cuales se ofrecen según la ley), entonces dijo: «He aquí, Yo he venido para hacer Tu voluntad». Él quita lo primero para establecer lo segundo.

Si no hubiera sido hombre, no habría podido sufrir; si no hubiera sido Dios, su sufrimiento no habría servido ni para Él ni para nosotros. No habría bastado. El sufrimiento de un simple hombre no podría guardar ninguna proporción con lo que en cualquier aspecto era infinito. Si el Dios grande y justo hubiera reunido todos los pecados cometidos por sus elegidos desde la fundación del mundo, y hubiera escudriñado en el seno de todos los que habían de venir hasta el fin del mundo, y los hubiera tomado todos, desde el pecado de su naturaleza hasta la menor desviación de la rectitud de su santísima ley, y la más alta provocación en su condición de regenerados y no regenerados, y los hubiera depositado en una simple criatura santa e inocente; ¡oh, cómo lo habrían abrumado, y enterrado para siempre fuera de la presencia del amor de Dios!

Por lo tanto, el apóstol presupone esa gloriosa calificación Suya para la purificación de nuestro pecado cuando escribe:

Hebreos 1:2–3 en estos últimos días nos ha hablado por *Su* Hijo, a quien constituyó heredero de todas las cosas, por medio de quien hizo también el universo. Él es el resplandor de Su gloria y la expresión exacta de Su naturaleza, y sostiene todas las cosas por la palabra de Su poder. Después de llevar a cabo la purificación de los pecados, el Hijo se sentó a la diestra de la Majestad en las alturas.

El que purgó nuestros pecados fue el Hijo y heredero de todas las cosas, por quien el mundo fue hecho: el resplandor de la gloria de su Padre y la imagen expresa de su persona. Él lo hizo, sólo Él pudo hacerlo. "Dios fue manifestado en carne" (1Ti. 3:16) para esta obra. La espada despertó contra el compañero del Señor de los ejércitos (Zac. 13:7); y por las heridas de ese gran pastor son sanadas las ovejas (1P. 2:24-5).

b. Cristo se convirtió en una fuente de inagotable gracia para todos los que creen

Por lo tanto, llega a ser una fuente inagotable e ilimitada de gracia para todos los que creen. La plenitud que el Padre quiso encomendar a Cristo, para que fuera el gran tesoro y reserva de la iglesia, no residía, ni reside, en la naturaleza humana, considerada en sí misma; sino en *la persona* del mediador, Dios y hombre.

Consideremos en qué consiste su comunicación de la gracia, y esto resultará evidente. El fundamento de todo se encuentra en su satisfacción, mérito y compra; éstos son la causa moralmente procuradora de toda la gracia que recibimos de Cristo. Por lo tanto, toda la gracia llega a ser suya (Jn. 16:14-15); todos los aspectos del nuevo pacto, todas las promesas de Dios, toda la misericordia, todo el amor, la gracia y la gloria que se prometieron, llegaron a ser suyos. No como si todas ellas estuvieran realmente investidas, o residieran y estuvieran en la naturaleza humana, y fueran desde allí realmente comunicadas a nosotros por una participación de una porción de lo que allí residía. En cambio, sucede que son moralmente suyas por un pacto para ser otorgadas por Él,[12] según lo considere conveniente, ya que es mediador, Dios y hombre (cf. Is. 53:11-12, Jn. 1:16, Col. 1:19-20); es decir, el Hijo unigénito hecho carne (Jn. 1:14), "de cuya plenitud recibimos, y gracia sobre gracia" (Jn. 1:16).

> **Isaías 53:11–12** Debido a la angustia de Su alma, Él *lo* verá *y* quedará satisfecho. Por Su conocimiento, el Justo, mi Siervo, justificará a muchos, y cargará las iniquidades de ellos. Por tanto, Yo le daré parte con los grandes y con los fuertes repartirá despojos, porque derramó Su alma hasta la muerte y con los transgresores fue contado; llevó el pecado de muchos, e intercedió por los transgresores.
>
> **Juan 1:16** Pues de Su plenitud todos hemos recibido, y gracia sobre gracia.

La verdadera comunicación de la gracia consiste en que Cristo envía al Espíritu Santo para regenerarnos y crear toda la gracia habitual, con los suministros diarios de la misma de los que somos hechos partícipes, en nuestros corazones. Ahora bien, el Espíritu Santo es enviado por Cristo como mediador, Dios y hombre, como se declara ampliamente (Jn. 14-16). De ello se hablará más adelante. Esto es, pues, lo que quiero decir con esta plenitud de gracia que hay en Cristo, de donde tenemos tanto nuestro principio como todos nuestros suministros; lo que le hace, como es el Alfa y la Omega de su iglesia (Ap. 1:11), el iniciador y el consumador de nuestra fe (Heb. 12:2), excelente y deseable para nuestras almas. Al pagar el gran precio de su sangre, y al quedar plenamente absuelto por la satisfacción que hizo, toda la gracia (de la que hablaremos más adelante) pasa a ser, en sentido moral, suya, a su disposición.

En consecuencia, Cristo la otorga, o la obra, en los corazones de los suyos por medio del Espíritu Santo, según, en su infinita sabiduría,

---

[12] La referencia de Owen es al pacto de obras bajo el que Cristo como Segundo Adán se encontraba, y en el cual, a través del cumplimiento de los requerimientos de la ley, obtuvo la salvación para los suyos.

lo considera necesario. ¡Cuán glorioso se muestra Él para el alma al considerar esto! Lo más excelente para nosotros es lo que nos conviene en una condición de carencia: lo que da pan al hambriento, agua al sediento, misericordia al que perece. Todos nuestros alivios se encuentran, pues, en nuestro Amado. Aquí está la vida de nuestras almas, la alegría de nuestros corazones, nuestro alivio contra el pecado y la liberación de la ira venidera.

c. Cristo fue un mediador perfecto para la obra

Así, Cristo es apto para ser mediador, intermediario, árbitro entre Dios y nosotros, siendo uno con Él y uno con nosotros, y uno en sí mismo en la unidad de una persona. De ahí que su capacidad y aptitud universal para su oficio de mediador queden ampliamente demostradas. Y en esto es "Cristo, el poder de Dios y la sabiduría de Dios" (1 Co. 1:24). En esto brilla la infinitamente gloriosa sabiduría de Dios, que podemos admirar más que expresar. ¿Qué alma que conozca estas cosas no quedará rendida en reverencia y asombro? ¡Cuán glorioso es el Amado de nuestras almas! ¿Qué puede faltar para animarnos a descansar y a encontrar la paz en su seno? A menos que todos los caminos de alivio y refresco estén tan obstruidos por la incredulidad que ninguna consideración pueda llegar al corazón para prestarle la menor ayuda, es imposible que no ocurra, sino que a partir de ahí el alma pueda obtener lo que la hará querer a Aquel de quien hablamos. Meditemos en sus pensamientos.

Este es el misterio oculto, grande sin lugar a dudas, admirable hasta la eternidad. ¡En qué cosas pobres, bajas y perecederas gastamos nuestras contemplaciones! Si no tuviéramos ninguna ventaja por esta asombrosa dispensación, aún así, su excelencia, su gloria, su belleza, su profundidad, merecen la flor de nuestras indagaciones, el vigor de nuestros espíritus, la sustancia de nuestro tiempo. Pero cuando nuestra vida, nuestra paz, nuestro gozo, nuestra herencia, nuestra eternidad, nuestro todo, reside en esto, ¿no habrán de morar siempre los pensamientos de ello en nuestros corazones, refrescando y deleitando siempre nuestras almas?

d. Cristo fue exaltado e investido de toda autoridad

Él es excelente y glorioso en esto: en que es exaltado e investido de toda autoridad. Cuando Jacob se enteró de la exaltación de su hijo José en Egipto, y vio los carros que había enviado por él, su espíritu se desvaneció y se recuperó de nuevo, por la abundante alegría y otros afectos desbordantes (Gn. 45:26-27). ¿Está perdido nuestro Amado, que por nosotros estuvo en la tierra pobre y perseguido, y fue vilipendiado, asesinado? No, estaba muerto, pero está vivo, y vive por los siglos de los siglos al tiempo que tiene las llaves del infierno y de la muerte (Ap. 1:18). Nuestro Amado es hecho señor y gobernante (Hch. 2:36). ¡Es hecho rey! Dios lo pone como rey en su santo monte de Sión (Sal. 2:6 cf. Gen. 49:10; Num. 24:17, 19; Sal. 2:1-9; 89:19-25; 110:1-3; Isa. 11:1, 4; 32:1-2; 53:12; 63:1-3; Jer. 23:5-6; Dan. 7:13-14; Lc. 2:11; 19:38; Jn 5:22-23; Hch. 2:34-36, 5:31; Fil. 2:9-11; Ef. 1:20-22; Ap. 5:12-14; 19:1), y es coronado con honor y dignidad, después de haber sido "hecho un poco más bajo que los ángeles por el padecimiento de la muerte" (Heb. 2:7-9).

¿Y de qué se le hace rey? "Todo está sujetado bajo sus pies" (v. 8). ¿Y qué poder sobre ello tiene nuestro Amado? "Toda autoridad en el cielo y en la tierra" (Mt. 28:18).

> **Hebreos 2:7–9** »Lo has hecho un poco inferior a los ángeles; Lo has coronado de gloria y honor, Y lo has puesto sobre las obras de Tus manos; Todo lo has sujetado bajo sus pies». Porque al sujetarlo todo a él, no dejó nada que no le sea sujeto. Pero ahora no vemos aún todas las cosas sujetas a él. Pero vemos a Aquel que fue hecho un poco inferior a los ángeles, *es decir,* a Jesús, coronado de gloria y honor a causa del padecimiento de la muerte, para que por la gracia de Dios probara la muerte por todos.

En cuanto a los hombres, tiene el poder que se le ha dado "sobre todo ser humano" (Jn. 17:2). ¿Y en qué gloria ejerce este poder? Da vida eterna a sus elegidos; los gobierna con el poder de Dios (Miq. 5:4), hasta llevarlos a sí mismo. En cambio, para sus enemigos, sus flechas son afiladas en sus corazones (Sal. 45:5); moja su vestidura en su sangre (Is. 63:3 cf. Ap. 19:13). Oh, ¡cuán glorioso es en su autoridad sobre sus enemigos! En este mundo, aterroriza, asusta, convence, hiere sus corazones y conciencias, los llena de miedo, terror e inquietud, hasta que le rinden obediencia fingida; y a veces, con juicios externos, los hiere, los rompe, les cambia las circunstancias, mancha toda su vestimenta con su sangre, llena la tierra con sus restos (Sal. 110:6): y al final los reunirá a todos, a la bestia, al falso profeta y a las naciones, y los arrojará al lago que arde con fuego y azufre (Ap. 19:20).

Él es gloriosamente exaltado por encima de los ángeles (buenos y malos) en esta su autoridad, esta "muy por encima de todo principado, autoridad, poder, dominio y de todo nombre que se nombra, no solo en este siglo sino también en el venidero" (Ef. 1:20-22). Todo está bajo sus pies, a su mando y disposición absoluta. Él está a la derecha de Dios, en la más alta exaltación posible, y en plena posesión de un reino sobre toda la creación; habiendo recibido un "nombre sobre todo nombre" (Fil. 2:9). De esta manera él es:

- Glorioso en su trono, que está "a la diestra de la Majestad en las alturas" (Heb. 1:3).
- Glorioso en su comisión, que es "todo poder en el cielo y en la tierra" (Mt. 28:18).
- Glorioso en su nombre, un nombre sobre todo nombre: "Señor de señores y Rey de reyes" (Ap. 45:6).
- Glorioso en su cetro: "un cetro de justicia es el cetro de su reino" (Sal. 45:6).
- Glorioso en sus acompañantes: "sus carros son veinte mil, miles de ángeles" (Sal. 68:17), entre los que cabalga por los cielos y

envía la voz de su fuerza, acompañado de diez millares de sus santos (Dan. 7:10).

* Glorioso en sus súbditos: todas las criaturas del cielo y de la tierra, no queda nada que no esté sometido a Él (Ef. 1:22)

* Glorioso en su manera de gobernar y en la administración de su reino: lleno de dulzura, eficacia, poder, serenidad, santidad, justicia y gracia, en y para con sus elegidos; y de terror, venganza y destrucción segura para con los ángeles y los hombres rebeldes.

* Glorioso en el desenlace de su reino, cuando toda rodilla se doble ante Él y todos estén de pie ante su tribunal (Fil. 2:10-11).

¡Y qué pequeña porción de su gloria es la que hemos señalado! Este es el Amado de la iglesia, su cabeza, su esposo; este es Aquel con quien tenemos comunión: pero de toda la exaltación de Jesucristo he hablado extensamente en otro tratado.

4. Interpretación teológica de Cantares 5:10-16

Habiendo insistido en estas generalidades, para llevar más lejos los motivos de comunión con Cristo, en la relación mencionada, tomada de sus excelencias y perfecciones, reflexionaré sobre la descripción que de Él hace la esposa en el Cantar de los Cantares, con este mismo fin y propósito:

Mi amado es apuesto y sonrosado, Distinguido entre diez mil. Su cabeza es *como* oro, oro puro, Sus cabellos, *como* racimos de dátiles, Negros como el cuervo. Sus ojos son como palomas Junto a corrientes de agua, Bañados en leche, Colocados en *su* engaste. Sus mejillas, como eras de bálsamo, *Como* riberas de hierbas aromáticas; Sus labios son lirios Que destilan mirra líquida. Sus manos son barras de oro Engastadas de berilo; Su vientre es marfil tallado Recubierto de zafiros. Sus piernas son columnas de alabastro Asentadas sobre basas de oro puro; Su aspecto es como el Líbano, Gallardo como los cedros. Su paladar es dulcísimo, Y todo él, deseable. Este es mi amado y este es mi amigo, Hijas de Jerusalén. **Cantares 5:10–16**

La descripción general que se hace de Él (v. 10, "Mi amado es apuesto y sonrosado, Distinguido entre diez mil") ya ha sido considerada; los detalles que siguen son instancias que confirman la afirmación de que es "el distinguido entre diez mil". La esposa comienza con su cabeza y su rostro (v. 11-13). En cuanto a su cabeza, habla primero en general, de la sustancia de la misma: es "oro puro". Luego, en particular, habla en cuanto a sus ornamentos: "sus cabellos son tupidos, y negros como un cuervo".[13]

a. Su cabeza es como oro, oro puro

"Su cabeza es como el oro más fino", o "Su cabeza es de oro, de oro macizo", según interpretan algunos; "hecha de oro puro", según otros; *chrusion kephalē*[14], como dicen los LXX [Septuaginta], conservando parte de ambas palabras hebreas, *ketem pazs*[15] - "massa auri".[16] Dos

---

[13] En el caso de este versículo y en donde la traducción del autor no coincida con su equivalencia al español en la versión bíblica utilizada por la editorial, se traducen literalmente las palabras empleadas en el inglés original para conservar el sentido. Owen a menudo proporciona su propia traducción del griego y hebreo. (Nota del traductor).

[14] Gr. χρυσίον κεφαλή

[15] Heb. כֶּתֶם פָּז

[16] William Goold, el editor del siglo XVIII de las Obras de Owen, escribe: "Así se citan las palabras en todas las ediciones de este tratado. Para desarrollar plenamente el significado de la alusión, parece necesario que se cite toda la traducción de la Septuaginta: *Kephalē autou chrusion kephaz*. Es la última palabra en la que se dice que se conserva parte de las dos palabras hebreas. Hay cierta dificultad para fijar el significado del hebreo *paz.*, William Gesenius, nos remite al Salmo 19:10, como prueba de que significa fino, a diferencia del oro común; de *pazaz*, una raíz que no se usa en hebreo, pero que significa, en el dialecto afín del árabe, separar, purificar los metales. Algunos relacionan el término con Uphaz, un distrito del que se obtenía oro (Jer. 10:9). Schultens, Albert, deriva la palabra de *kazaz*, saltar, brotar a la vista, en alusión a la cantidad de oro que se descubre en la superficie de la tierra, por la desintegración previa de la roca en la que estaba

cosas son notables en el oro: el esplendor (o la gloria) y la duración. Esto es lo que la esposa habla de la cabeza de Cristo. Su cabeza es su gobierno, autoridad y reino. De ahí que se diga: "Corona de oro fino colocas en su cabeza" (Sal. 21:3); y aquí se dice que su cabeza es de oro, por la corona de oro que la adorna, así como la monarquía de los tiempos de Daniel que era más eminente por su gloria y duración, y se le denomina "cabeza de oro" (Dn. 2:38). Estas dos cosas son eminentes en el reino y la autoridad de Cristo:

i. Su reino es un reino glorioso

Está lleno de gloria y majestad, y en su majestad cabalga "prósperamente" (Sal. 45:3-4). "Grande es su gloria por Tu salvación, esplendor y majestad has puesto sobre él. Pues le haces bienaventurado para siempre" (Sal. 21:5-6). Podría insistir en detalles, y mostrar que no hay nada que pueda hacer glorioso a un reino o gobierno, sino éste de Cristo en todas sus excelencias. Es un reino celestial, espiritual, universal e inamovible; todo lo cual lo hace glorioso. Pero de esto, nada más.

ii. Su reino es un reino es eterno

"Tu trono, oh Dios, es eterno y para siempre" (Salmo 45:6); "el aumento de Su soberanía y de la paz no tendrán fin, sobre el trono de David y sobre su reino, para afianzarlo y sostenerlo con el derecho y la justicia desde entonces y para siempre" (Is. 9:7). "Su reino es un reino eterno" (Dn. 7:27), "un reino que jamás será destruido" (Dn. 2:44); porque debe

---

diseminado, y cuando una lluvia lo ha lavado del suelo por el que estaba cubierto. Hay coincidencia entre la etimología de la palabra sugerida por el crítico holandés, y el hecho de que las mayores cantidades de oro y de mineral de oro han sido descubiertas, no por excavación, sino por el lavado de detritus en regiones de estratos primarios y transitorios donde se ha producido la erupción de rocas ígneas: 'En cuanto a la tierra, ... tiene polvo de oro' (Job 28:5-6)".

reinar hasta que todos sus enemigos sean sometidos. Esta es la cabeza de oro: el esplendor y la eternidad de su gobierno.

Ya sea que a lo que se refiera aquí sea a la cabeza en un sentido natural, o bien se considera aquí la gloria de su Deidad, o bien la plenitud y excelencia de su sabiduría, de la que la cabeza es la sede; la alegoría no tiene que ser forzada, siempre y cuando nos mantengamos en la analogía de la fe.[17]

b. Los ornamentos de su cabeza

Por los adornos de su cabeza; se dice que sus mechones son "tupidos" o rizados, "negros como un cuervo". Sus mechones rizados son negros, "como un cuervo" se añade a modo de ilustración de la negrura de sus cabellos, no con ninguna alusión a la naturaleza del cuervo. Tomemos la cabeza de la que se habla en un sentido político: sus mechones de pelo —que se dice que están rizados, como si estuvieran enredados, pero que en realidad caen en perfecto orden y belleza, como mechones tupidos— reflejan sus pensamientos, consejos, y caminos, en la administración de su reino. Son negros u oscuros, por su profundidad y su naturaleza inescrutable, ya que se dice que Dios habita en densas tinieblas.

Además, son rizados o tupidos, por su exacto entrelazamiento, debido a su infinita sabiduría. Sus pensamientos son muchos como los cabellos de la cabeza, que parecen estar enmarañados y confusos, pero que en realidad están dispuestos en un orden elegante, como los cabellos rizados y tupidos; profundos e inescrutable, y terribles para sus enemigos, y llenos de belleza y hermosura para sus amados. Tales son los pensamientos de su corazón, los consejos de su sabiduría, en

---

[17] Kevin J. Vanhoozer escribe: "La analogía de la fe (*analogia fidei*) es el sentido general del significado de la Escritura, por el que se utilizan pasajes claros y cruciales de la Escritura para interpretar pasajes poco claros o ambiguos. Para la opinión de Owen sobre la analogía de la fe, véase Obras 4:199, 216; 21:315-16." Kevin J. Vanhoozer, *Communion with the Triune God*, ed. Justin Taylor and Kelly M. Kapic (Wheaton, IL: Crossway, 2007), 174.

referencia a las administraciones de su reino: oscuros, perplejos, complicados, para un ojo carnal; en sí mismos, y para sus santos, profundos, múltiples, ordenados en todas las cosas, hermosos, deseables.

En un sentido natural, los mechones negros y rizados denotan la belleza y el vigor de la juventud. La fuerza y el poder de Cristo en la ejecución de sus consejos, en todos sus caminos, se muestra gloriosa y hermosa.

Lo siguiente que se describe en Él son sus ojos. "Sus ojos son como palomas junto a corrientes de agua, bañados en leche y colocados en su engaste" (Cnt. 5:12). La razón de esta alusión es obvia: las palomas son aves tiernas, no aves de rapiña; y de todas las demás aves tienen los ojos más brillantes y penetrantes. También es conocido su gusto por las corrientes de agua. El hecho de que se bañen en leche, o en agua clara, blanca y cristalina, aumenta su belleza. Y aquí se dice que sus ojos están "bien engastados"; es decir, en la debida proporción para la belleza y el brillo, como una piedra preciosa en la lámina o la extensión de un anillo, como indica la palabra.

c. Sus ojos como palomas

Los ojos son para la vista, el discernimiento, el conocimiento y el saber de las cosas que han de verse. El conocimiento, el entendimiento, el Espíritu de discernimiento de Cristo Jesús, están aquí contemplados. En la alusión utilizada se les atribuyen cuatro cosas: ternura, pureza, discernimiento y gloria.

i. Ternura

La ternura y la compasión de Cristo hacia su iglesia es lo que se busca señalar aquí. Él la mira con ojos de paloma sin malicia; con ternura y cuidadosa compasión. Sin ira, furia o pensamientos de venganza. Así se interpreta el ojo (Dt. 11:12), "los ojos del Señor tu Dios están sobre esa tierra". ¿Por qué? "Es una tierra que el Señor tu Dios cuida", la cuida con misericordia. Así están los ojos de Cristo sobre nosotros, la mirada de alguien que se preocupa por nosotros con ternura; que extiende su sabiduría, su conocimiento y su comprensión, con todo su tierno amor, en nuestro favor. Él es la piedra, la piedra angular de la iglesia, sobre la que hay siete ojos (Zac. 3:9); en la que hay una perfección de sabiduría, conocimiento, cuidado y bondad, para guiarla.

ii. Pureza

Pureza; como los ojos de las palomas lavados para la pureza. Esto puede tomarse subjetivamente, por la excelencia e inmaculada limpieza y claridad de su vista y conocimiento en sí mismo; u objetivamente, por su deleite al contemplar la pureza en otros. "Es de ojos muy puros para mirar el mal" (Hab. 1:13). "No se complace en la maldad; los que se ensalzan no estarán delante de sus ojos" (Sal. 5:4-5). Si el alma justa de Lot se irritó al ver las inmundicias de los impíos (2P. 2:8), teniendo sin embargo ojos de carne, en los que se mezclaba la impureza, ¡cuánto más abominan los ojos puros de nuestro querido Señor Jesús toda la inmundicia de los pecadores! Pero en esto radica la excelencia de su amor hacia nosotros, en que se ocupa de quitar nuestras inmundicias y manchas, para poder deleitarse en nosotros; y viendo que estamos tan contaminados, que no podría hacerse de otra manera, lo hará con su propia sangre:

> **Efesios 5:25–27** Maridos, amen a sus mujeres, así como Cristo amó a la iglesia y se dio Él mismo por ella, para santificarla, habiéndola purificado por el lavamiento del agua con la palabra, a fin de presentársela a sí mismo, una iglesia en toda su gloria, sin que tenga mancha ni arruga ni cosa semejante, sino que fuera santa e inmaculada.

El fin de esta obra es que la iglesia sea así presentada gloriosamente a Él, porque es de ojos muy puros como para poder contemplarla con gozo y deleite bajo cualquier otra condición. No deja a su esposa hasta que dice de ella: "Toda tú eres hermosa, amada mía, y no hay defecto en ti" (Cnt. 4:7). Por un lado, nos quita las manchas por la "renovación del Espíritu Santo" (Tit. 3:5), y por otro, nos adorna con su propia justicia, y eso por la pureza de sus ojos, que "no pueden ver la maldad" (Hab. 1:13), para presentarnos el mismo como santos.

iii. Discernimiento

Él ve como las palomas, con rapidez, claridad y profundidad, hasta lo más profundo de aquello que mira. Por eso, en otro lugar se dice que sus "ojos eran como llama de fuego" (Ap. 1:14). ¿Y por qué? Para que las iglesias sepan que Él es el que "escudriña las mentes y los corazones" (Ap. 2:23). Tiene ojos que disciernen, nada se le oculta; todas las cosas están abiertas y desnudas ante Aquel al que nos dirigimos. Se dice de Él, mientras estaba en este mundo, que "Jesús, por su parte, no se confiaba a ellos, porque conocía a todos, y no tenía necesidad de que nadie le diera testimonio del hombre, pues Él sabía lo que había en el hombre" (Jn. 2:24-25).

Sus ojos penetrantes miran a través de todas las gruesas cubiertas de los hipócritas, y los fingimientos de las pretensiones que hay en ellos. Él ve el interior de todos; y lo que los hombres son allí, eso son para Él. Él no ve como nosotros vemos, sino que pondera lo que está oculto en el corazón del hombre (1 Pe. 3:4). Ningún alma humilde, quebrantada y contrita, perderá un suspiro o un gemido por Él ni la comunión con Él. Ningún lamento de amor o de anhelo le es oculto: Él ve en lo secreto. Ninguna actuación gloriosa del más glorioso hipócrita le servirá de nada. Sus ojos miran dentro de todo, y la suciedad de sus corazones yace desnuda ante Él.

iv. Gloria

La belleza y la gloria también se contemplan aquí. Todo en Cristo es bello, pues es "todo Él hermoso" (Cnt. 5:16), pero lo más glorioso es Él en su vista y sabiduría. Él es la misma sabiduría eterna de Dios; su entendimiento es infinito. ¡Cuántas manchas hay en todo nuestro conocimiento! Aun cuando se perfeccione, seguirá siendo finito y limitado. El suyo es sin mancha de oscuridad, sin mácula de limitación.

Así, pues, es bello y glorioso: su "cabeza es como oro, sus ojos son como palomas, bañados en leche, colocados en su engaste" (Cnt. 5:11-12).

d. Sus mejillas como de bálsamo

La siguiente cosa en la que se insiste es en sus mejillas. "Sus mejillas como eras de bálsamo, como riberas de hierbas aromáticas" (Cnt. 5:13) o "torres de perfumes", o flores bien cultivadas. Hay tres cosas que evidentemente se señalan en estas palabras:

    i.   Un aroma dulce, como el de las especias, las flores y las galerías de perfumes.

    ii.   La belleza y el orden, como las especias colocadas en hileras o recintos, tal y como indican las palabras.

    iii.   Eminencia en la expresión, como flores dulces o bien cultivadas, grandes.

Estas cosas están en las mejillas de Cristo. El parafraseo caldeo, que aplica todo este canto a los tratos de Dios con el pueblo de los judíos, hace que estas mejillas del esposo de la iglesia sean las dos tablas de piedra, con las diversas líneas dibujadas en ellas; pero esa alusión es forzada, como lo son la mayoría de las conjeturas de ese erudito.

Las mejillas de un hombre son asiento de la elegancia y el valor masculino. La elegancia de Cristo, como se ha declarado en parte, se debe a su plenitud de gracia en sí mismo para con nosotros. Su valor varonil se refiere a la administración de su dominio y gobierno, desde su plenitud de autoridad, como se declaró antes. A esta hermosura y valentía la esposa, al describir a Cristo como un personaje hermoso y deseable, para mostrar que espiritualmente lo es, le llama sus mejillas. De este modo describe sus partes y su proporción. Y a ellas les atribuye:

i. Un dulce olor, orden y eminencia

Un aroma dulce; así como se dice que Dios huele un aroma dulce de la gracia y la obediencia de sus siervos (Gn. 8:21), el Señor olió un aroma de descanso del sacrificio de Noé, así los santos huelen un aroma dulce de su gracia depositada en Cristo (Cnt. 1:3). Es aquello en lo que descansan, en lo que se deleitan, en lo que se refrescan. Como el olor de las especias aromáticas y de las flores agrada al sentido natural, refresca los espíritus y deleita a la persona, así hacen las gracias de Cristo a sus santos. Agradan a su sentido espiritual, refrescan sus espíritus decaídos y dan deleite a sus almas. Si está cerca de ellos, huelen sus vestiduras, como Isaac hizo con las vestiduras de Jacob. Dicen: "Es como aroma de un campo que el Señor ha bendecido" (Gn. 27:27); y sus almas se refrescan con él.

ii. El orden y la belleza

El orden y la belleza son como las hierbas aromáticas puestas en un lecho de jardín. Así son las gracias de Cristo. Cuando estas hierbas están ordenadas, cualquiera puede saber qué es lo que necesita, y tomarlo y recogerlo en consecuencia. Además, el hecho de que se relacionen unas con otras las hace hermosas. Así son las gracias de Cristo; en el Evangelio se exponen de forma clara y ordenada, para que los pecadores, por la fe, puedan verlas y tomar de Él según su necesidad. Están ordenadas para el uso de los santos en las promesas del evangelio.

Hay luz en Él, vida en Él, poder en Él, y todo consuelo se encuentra en Él. Una constelación de gracias, brillando con gloria y belleza. Los creyentes las contemplan todas, ven su gloria y excelencia, pero se fijan especialmente en aquello que, en la condición en que se encuentran, les es más útil. Uno toma la luz y la alegría; otro, la vida y el poder. Por la fe y la oración recogen estas cosas en este cúmulo de hierbas aromáticas.

Ninguno de los que acuden a Él se va sin refrescarse. ¿Qué hay que no se pueda tomar, qué hay que no se pueda recoger? ¿Qué es lo que desea la pobre alma? He aquí que todo está provisto y ordenado en las promesas del Evangelio, que son como los lechos en los que se colocan estas especias para nuestro uso, y por ello se dice que el pacto está "ordenado en todo" (2S. 23:5).

iii. Eminencia

Sus mejillas son "una torre de perfumes" levantada, hecha visible, eminente. Lo mismo sucede con las gracias de Cristo, cuando se las expone y eleva en la predicación del Evangelio. Son una columna de perfumes, un dulce aroma para Dios y para los hombres.

e. Sus labios, manos y fortaleza

La siguiente cláusula de ese versículo es: "Sus labios son lirios, que destilan mirra líquida". Aquí se alude a dos perfecciones en las cosas naturales: primero, la gloria del color en los lirios, y segundo, la dulzura del olor en la mirra. La gloria y la belleza de los lirios en aquellos países era tal que nuestro Salvador nos dice que "ni Salomón en toda su gloria se vistió como uno de ellos" (Mt. 6:29); y el aroma de la mirra es tal que, cuando la Escritura quiere presentar algo como un aroma excelente, lo compara con éste (Sal. 45:8); y de este se hacía principalmente el dulce y santo ungüento (Ex. 30:23-5). También se menciona con frecuencia en otros lugares, con el mismo propósito.

Se dice de Cristo que "la gracia se derrama en sus labios" (Sal. 45:2), por lo que los hombres se maravillaron o se asombraron — *tois logois tēs charitos*[18] (Lc. 4:22)— de las palabras de gracia que salían de su boca. Así que, por los labios de Cristo, y por su emisión de mirra aromática, se entiende la palabra de Cristo, su gusto, excelencia y

---

[18] Gr. τοῖς λόγοις τῆς χάριτος.

utilidad. En esto es excelente y glorioso en verdad, superando las excelencias de aquellas cosas naturales que sin embargo son más preciosas en su clase, incluso en la gloria, belleza y utilidad de su palabra.

De ahí que se diga que los que predican su palabra para la salvación de las almas de los hombres son "fragante aroma para Dios" (2 Cor. 2:15); y se dice que la fragancia del conocimiento de Dios se manifiesta en ellos (v. 14).

> **2 Corintios 2:14–16** Pero gracias a Dios, que en Cristo siempre nos lleva en triunfo, y que por medio de nosotros manifiesta la fragancia de Su conocimiento en todo lugar. Porque fragante aroma de Cristo somos para Dios entre los que se salvan y entre los que se pierden. Para unos, olor de muerte para muerte, y para otros, olor de vida para vida. Y para estas cosas, ¿quién está capacitado?

Podría insistir en las diversas propiedades de la mirra, con las que se compara aquí la palabra de Cristo —su sabor amargo, su eficacia para preservar de la putrefacción, su utilidad en los perfumes y unciones— y presionar la alegoría al exponer las excelencias de la palabra en alusiones a ellas; pero sólo indico lo general. Esto es lo que el Espíritu Santo pretende aquí: la palabra de Cristo es dulce, deliciosa, preciosa para los creyentes; y ellos lo ven excelente, deseable, hermoso, en los preceptos, promesas, exhortaciones y en las más amargas amenazas de la misma.

La esposa añade: "Sus manos son barras de oro engastadas de berilo" (Cnt. 5:14). La palabra "berilo", en el original, es "Tarshish". La Septuaginta (LXX) la ha conservado, sin restringirla a ninguna piedra preciosa peculiar. El ónice, dicen algunos; el crisolito, dicen otros; cualquier piedra preciosa que brille con un color verde marino, pues la palabra significa también mar. Los anillos de oro engastados con piedras preciosas y brillantes, son valiosos y deseables, para beneficio y ornamento. Así son las manos de Cristo; es decir, todas sus obras, los efectos, por la causa. Todas sus obras son gloriosas, todas son fruto de la sabiduría, el amor y la generosidad. Y "su vientre es marfil tallado recubierto de zafiros" (Cnt. 5:14). La suavidad y el brillo del marfil, la preciosidad y el color celestial de los zafiros, son aquí requeridos, para hacer resaltar la excelencia de Cristo.

A éstos se compara su vientre, o más bien sus entrañas (que incluyen también el corazón). Son las entrañas interiores, y no la masa exterior, lo que se quiere expresar aquí. Ahora bien, no es necesario mostrar que por "entrañas" en la Escritura, atribuidas a Dios o al hombre, se entienden los afectos. El tierno amor, los indecibles afectos y la bondad de Cristo hacia su iglesia y su pueblo, se exponen así. ¡Qué hermoso espectáculo resulta para el ojo ver el marfil puro y pulido con montones de zafiros preciosos! ¡Cuánto más gloriosos son los tiernos afectos, las misericordias y la compasión del Señor Jesús hacia los creyentes!

La fuerza de su reino, la fidelidad y la estabilidad de sus promesas, la altura y la gloria de su persona en su dominio, la dulzura y la excelencia que suponen la comunión con Él, se exponen en estas palabras:

Cantares 5:15–16 »Sus piernas son columnas de alabastro asentadas sobre basas de oro puro; su aspecto es como el Líbano, gallardo como los cedros. Su paladar es dulcísimo, y todo él, deseable. Este es mi amado y este es mi amigo, hijas de Jerusalén».

Una vez que la esposa ha avanzado tanto en su descripción, concluye todo con esta afirmación general: "Y todo él, deseable. Este es mi amado". Como si dijera: "He contado así algunas de las perfecciones que poseen las criaturas (cosas de mayor valor, precio, utilidad, belleza, gloria, aquí abajo), y he comparado con ellas algunas de las excelencias de mi Amado. En esta forma de alegoría no puedo llevar las cosas más arriba; no encuentro nada mejor ni más deseable para sombrear y presentar su hermosura y deseabilidad. Pero, ¡ay!, todo esto se queda corto en cuanto a sus perfecciones, belleza y hermosura; él es totalmente deseable, digno de ser amado". Él es:

- Digno de ser amado en su persona, en la gloriosa autosuficiencia de su Deidad, en la pureza llena de gracia y santidad de su humanidad, en su autoridad y majestad, en su amor y poder.
- Digno de ser amado en su nacimiento y encarnación. Cuando era rico, por nosotros se hizo pobre, tomando parte de la carne y de la sangre, porque nosotros participamos de lo mismo. Así, nació de mujer, para que por nosotros se sometiera a la ley, por nuestro bien.
- Digno de ser amado en todo el curso de su vida. Y su santidad y obediencia son mayores que la de los ángeles, tanto que las ejerció aun durante la profundidad de la pobreza y la persecución; haciendo el bien, recibiendo el mal; bendiciendo, y siendo maldecido, injuriado, reprochado, todos sus días.
- Digno de ser amado en su muerte. Sí, en ella es más hermoso para los pecadores; nunca fue más glorioso y deseable que cuando se presentó quebrantado, muerto, en la cruz. Entonces llevó todos nuestros pecados a la tierra del olvido. Entonces hizo la paz y la reconciliación por nosotros. Entonces procuró para nosotros la vida y la inmortalidad.
- Digno de ser amado en toda su labor, en su gran obra: en su vida, muerte, resurrección y ascensión. Siendo mediador entre Dios y nosotros, a fin de recuperar la gloria de la justicia divina y salvar nuestras almas, para llevarnos al disfrute de Dios, a nosotros que estábamos a una distancia tan infinita de Él a causa del pecado.
- Digno de ser amado en la gloria y la majestad con la que está coronado. Ahora está sentado a la derecha de la Majestad en lo alto, donde, aunque es temible para sus enemigos, está lleno de misericordia, amor y compasión hacia sus amados.

- Digno de ser amado en todas las provisiones de gracia y consuelo, en todas las dispensaciones de su Espíritu Santo, de las que sus santos son hechos partícipes.

- Digno de ser amado en todo el tierno cuidado, el poder y la sabiduría que ejerce en la protección, la salvaguarda y la liberación de su iglesia y pueblo, en medio de todas las oposiciones y persecuciones a las que están expuestos.

- Digno de ser amado en todas sus ordenanzas, y en todo el culto espiritualmente glorioso que ha asignado a su pueblo, por el cual se acercan y tienen comunión con Él y con su Padre.

- Digno de ser amado y glorioso en la venganza que toma, y que finalmente ejecutará, sobre los obstinados enemigos Suyos y de su pueblo.

- Digno de ser amado en el perdón que ha comprado y que dispensa, en la reconciliación que ha establecido, en la gracia que comunica, en los consuelos que administra, en la paz y el gozo que da a sus santos, en la segura preservación de ellos para la gloria.

¿Qué podría decir? Sus excelencias y su atractivo son infinitos. "Este es nuestro Amado, y este es nuestro amigo, oh hijas de Jerusalén".

SEGUNDA DIGRESIÓN: LA SABÍDURIA Y EL CONOCIMIENTO EN CRISTO

Bosquejo: "Segunda digresión: La sabiduría y el conocimiento en Cristo"

1. El conocimiento de Dios.
    a. Los atributos de Dios.
        i.   Atributos divinos mostrados sólo a través de Cristo.
        ii. Atributos divinos mostrados con mayor claridad en Cristo.
    b. El conocimiento salvífico en encuentra sólo en Cristo.
        i.   Dios se revela en Cristo para nuestro bien.
        ii.   Cristo está ejerciendo los atributos de Dios para nuestro bien.
        iii. Cristo es capaz de cumplir el pacto.
2. El conocimiento de nosotros mismos.
    a. Con respecto a nuestro pecado.
        i.   El castigo del pecado.
        ii.   La impotencia del hombre.
        iii. La muerte del pecado.

        iv.   El propósito del pecado.

   b. Con respecto a la justicia.

        i.   La justicia no se alcanza por la ley.

        ii.   La justicia no se alcanza por otros caminos.

        iii.   La justicia se encuentra solo en Cristo.

   c. Con respecto al juicio.

        i.   Sabiduría en la verdad de Cristo.

        ii.   Sabiduría en cuanto al modo que Cristo lo hizo.

3.   El conocimiento de como caminar en comunión con Dios.

   a. Condiciones requeridas para el cultivo de la comunión.

        i.   Acuerdo mutuo.

        ii.   Conocimiento mutuo.

        iii.   Un camino mutuo.

        iv.   Fortaleza para caminar por el camino.

        v.   Confianza para acercarse a Dios.

        vi.   Un mismo propósito.

   b. Conocimiento y sabiduría aparte de Cristo.

        i.   La insuficiencia del aprendizaje académico.

        ii.   La insuficiencia del gobierno civil.

   c. La educación y la legislación no logran la verdadera sabiduría.

Síntesis: Toda la sabiduría sólida depositada en Cristo. La verdadera sabiduría, y en qué consiste. El conocimiento de Dios se obtiene sólo en Cristo. Lo que de Dios puede conocerse por sus obras. Algunas propiedades de Dios no se descubren sino en Cristo solamente; el amor, la misericordia. Otras no se conocen plenamente sino en él; como la justicia vindicativa, la paciencia, la sabiduría, la omnipotencia. Ninguna propiedad de Dios conocida salvíficamente sino en Cristo. Lo que se requiere para un conocimiento salvador de las propiedades de Dios. Ningún conocimiento verdadero de nosotros mismos sino en Cristo. Conocimiento de nosotros mismos, y en qué consiste. El conocimiento del pecado, cómo se tiene en Cristo;

también de la justicia y del juicio. La sabiduría de caminar con Dios escondida en Cristo. Lo que se requiere para ello. Otros pretendientes al título de sabiduría examinados y rechazados. Sólo Cristo es exaltado.

Una segunda consideración de las excelencias de Cristo, que sirve para enternecer los corazones de los que se encuentran en relación con Él, surge de aquella que (en la errónea aprehensión de la misma), es la gran predilecta de los hombres, y en su verdadera noción es el gran objetivo de los santos: la sabiduría y el conocimiento.

Sea evidente que todo el conocimiento verdadero y sólido se encuentra en el Señor Jesucristo y sólo puede ser alcanzado por medio de Él, y los corazones de los hombres, si son fieles a sí mismos y a sus principios más fundamentales, deben necesariamente estar comprometidos con Él. Este es el gran objetivo de todos los hombres que se apartan de la esclavitud profesada al mundo, y de la búsqueda de maneras sensuales y licenciosas para ser sabios. Más adelante se considerarán las formas en que la mayoría de los hombres se comprometen para lograr ese fin. Para gloria y honor de nuestro querido Señor Jesucristo, y para establecer nuestros corazones en comunión con Él, el propósito de esta digresión es evidenciar que toda la sabiduría está depositada en Cristo, y que sólo de Él debe obtenerse.

El Espíritu Santo nos dice que "Cristo es poder de Dios y sabiduría de Dios" (1Co. 1:24), no se refiere a la Sabiduría esencial de Dios, ya que es el Hijo eterno del Padre (por lo que se le llama "Sabiduría" en Proverbios 8:22-23); sino se refiere al hecho que está crucificado (1Co. 1:23).

1 Corintios 1:22–24 Porque en verdad los judíos piden señales y los griegos buscan sabiduría; pero nosotros predicamos a Cristo crucificado, piedra de tropiezo para los judíos, y necedad para los gentiles. Sin embargo, para los llamados, tanto judíos como griegos, Cristo *es* poder de Dios y sabiduría de Dios.

En su crucifixión, es la sabiduría de Dios. Es decir, toda la sabiduría que Dios pone a disposición para el descubrimiento y la manifestación de sí mismo, y para la salvación de los pecadores, y que vuelve insensata toda la sabiduría del mundo, está entera en Cristo crucificado, y se mantiene en Él, por Él, y sólo puede obtenerse de Él. Y así en Él vemos la gloria de Dios (2Co. 3:18).

Porque no sólo se dice que es "la sabiduría de Dios", sino también que "se hizo para nosotros sabiduría" (1Co. 1:30). Él es hecho, no por creación, sino por ordenación y nombramiento, sabiduría por nosotros; no sólo por enseñarnos la sabiduría (por una metonimia del efecto por la causa),[19] ya que Él es el gran profeta de su iglesia, sino también porque por el conocimiento de Él llegamos a conocer la sabiduría de Dios, que es nuestra sabiduría. Se trata de una metonimia del adjunto.[20] Sin embargo, esta prometida con toda seguridad, y sólo se puede conseguir esta sabiduría de esta manera. La suma de lo que se pretende se afirma en los términos: En Él "están escondidos todos los tesoros de la sabiduría y del conocimiento" (Col. 2:3).

Hay dos cosas que podrían parecer tener alguna relevancia a la hora de reclamar un título e interés en este asunto: la sabiduría civil y la prudencia, para la gestión de los asuntos, y la capacidad de aprendizaje y la literatura. Pero Dios rechaza ambas cosas, como si no sirvieran en absoluto para el fin y la intención de la verdadera sabiduría. Hay en el mundo lo que se llama "entendimiento"; pero no llega a nada. Hay lo que se llama "sabiduría", pero se convierte en necedad (1Co. 1:19-20), "Dios destruye la sabiduría del sabio, y desecha el entendimiento de los inteligentes".

1 Corintios 1:19–20 Porque está escrito: «Destruiré la sabiduría de los sabios, Y el entendimiento de los inteligentes desecharé». ¿Dónde está el sabio? ¿Dónde está el escriba? ¿Dónde está el que sabe discutir en

---

[19] El efecto es nombrado, pero la causa es referida.
[20] Una adición es nombrada pero el sujeto es referido.

este siglo? ¿No ha hecho Dios que la sabiduría de este mundo sea necedad?

Y si no hay sabiduría ni conocimiento (como sin duda no lo hay), sin el conocimiento de Dios (Jer. 8:9), toda sabiduría está encerrada en el Señor Jesucristo: "Nadie ha visto jamás a Dios; el unigénito Dios, que está en el seno del Padre, Él lo ha dado a conocer". No se le ha visto en otro tiempo (Jn. 1:18), ni se le conoce por otro motivo, sino sólo por la revelación del Hijo. Él lo ha manifestado desde su propio seno; y por eso se dice que él es "la Luz verdadera que, al venir al mundo, alumbra a todo hombre" (Jn. 1:9). La verdadera Luz, que la tiene en sí mismo, y nadie la tiene sino de Él. La tienen todos los que vienen a Él. El que no la tiene, está en las tinieblas.

La suma de toda la verdadera sabiduría y conocimiento puede reducirse a estos tres puntos:

1. El conocimiento de Dios, su naturaleza y sus propiedades.
2. El conocimiento de nosotros mismos en referencia a la voluntad de Dios respecto a nosotros.
3. La habilidad para caminar en comunión con Dios.

El conocimiento de las obras de Dios, y el fin principal de todo, necesariamente acompaña a estos. En estos tres puntos se resume toda la verdadera sabiduría y conocimiento; y ninguno de ellos puede obtenerse o manifestarse, sino en y por el Señor Cristo.

1. El conocimiento de Dios

a. Los atributos de Dios

Dios, por la obra de la creación, por la creación misma, se reveló en muchas de sus propiedades a todas sus criaturas capaces de conocerlo.

Así se conoce su poder, su bondad, su sabiduría, su omnipotencia. Esto lo afirma el apóstol (Ro. 1:19-21).

Romanos 1:19–21 Pero lo que se conoce acerca de Dios es evidente dentro de ellos, pues Dios se lo hizo evidente. Porque desde la creación del mundo, Sus atributos invisibles, Su eterno poder y divinidad, se han visto con toda claridad, siendo entendidos por medio de lo creado, de manera que ellos no tienen excusa. Pues aunque conocían a Dios, no lo honraron como a Dios ni *le* dieron gracias, sino que se hicieron vanos en sus razonamientos y su necio corazón fue entenebrecido.

Lo llama *to gnōston tou theou*[21] (Ro.1:19), es decir, su poder eterno y su divinidad (Ro. 1:20), un conocimiento de Dios (Ro. 1:21), y todo esto por la obra de la creación. Plotino escribe: "Puesto que, entonces, lo que ha surgido es todo el universo, si lo contemplas, podrías oír decir: 'un dios me hizo'."[22]

Sin embargo, hay algunas propiedades de Dios que ni todas las obras de la creación pueden revelar o dar a conocer, como su paciencia, su longanimidad y su tolerancia. Pues siendo hechas todas las cosas buenas (Gn. 1:31), no podría haber lugar para el ejercicio de ninguna de estas propiedades de Dios, o la manifestación de las mismas. Todo el conjunto de los cielos y de la tierra considerados en sí mismos, tal como fueron creados, no revela nada parecido a la paciencia y a la longanimidad en Dios. Por lo cual:

Es cierto que el cuidado y la misericordia especiales de Dios eligieron al pueblo de Israel como propio, mientras que a las demás naciones se les dejó andar por sus propios caminos, es decir, vivir según su propia elección. Sin embargo, la eterna bondad de su Creador no se apartó de

---

[21] Gr. τὸ γνωστὸν τοῦ θεοῦ

[22] Lt. *Epei oun to genomenon ho kosmos estin ho xumpas, ho touton theōrōn tacha an akousai par autou, ōs eme pepoiēken ho theos.* Plotino. [Plotinus, *Plotinus: Enneads III.1–9*, Loeb Classical Library, trans. A. H. Armstrong (Cambridge, MA: Harvard University Press, 1967), 53.]

ellos como para no amonestarlos con algunas muestras propias, de su deber de conocerlo y temerlo.[23]

Y también Agustín:

Y también el cielo, y la tierra, y todo lo que hay en ellos, he aquí que por todas partes dicen que debo amarte; tampoco dejan de hablar a todos, 'para que no tengan excusa'.[24]

Sin embargo, todas estas son propiedades eminentes de su naturaleza, como Él mismo proclama y declara (Ex. 34:6-7).

Éxodo 34:6–7 Entonces pasó el Señor por delante de él y proclamó: «El Señor, el Señor, Dios compasivo y clemente, lento para la ira y abundante en misericordia y verdad (fidelidad); que guarda misericordia a millares, el que perdona la iniquidad, la transgresión y el pecado, y que no tendrá por inocente *al culpable*; que castiga la iniquidad de los padres sobre los hijos y sobre los hijos de los hijos hasta la tercera y cuarta generación»

Por lo tanto, el Señor va más allá, y mediante las obras de su providencia, al preservar y gobernar el mundo que hizo, manifiesta y revela también estas propiedades. En efecto, mientras que al maldecir la tierra y llenar todos los elementos a menudo con señales de su cólera e indignación, ha revelado, como nos dice el apóstol, "desde el cielo la ira de Dios contra toda impiedad e injusticia de los hombres" (Ro. 1:18);

---

[23] Lat. *Quamvis speciali cura atque indulgentia Dei, populum Israeliticum constat electum, omnesque alias nationes suas vias ingredi, hoc est, secundum propriam permissæ sunt vivere voluntatem, non ita tamen se æterna Creatoris bonitas ab illis hominibus avertit, ut eus ad cognoscendum atque metuendum nullis significationibus admoneret.* Prospero de Aquitania. [Prosper of Aquitaine, *De Vocatione Gentium* 2, 4, The Call of All Nations, vol. 14 of *Ancient Christian Writers*, trans. and ann. P. DeLetter (New York; Ramsey, NJ: Paulist Press, 1978), 95.]

[24] Lt. *Coelum et terra, et omnia quæ in eis sunt, ecce undique mihi dicunt ut te amem, nec cessant dicere omnibus, ut sint inexcusabiles.* Agustín, *Confesiones.* [Augustine, *The Confessions of Saint Augustine*, NPNF1 1:144; PL 32, col. 0782.]

sin embargo, no ha procedido inmediatamente a la destrucción de todas las cosas, sino que ha manifestado a todos su paciencia y tolerancia.

Esto nos dice Pablo: "Él permitió que todas las naciones siguieran sus propios caminos; y sin embargo, no dejó de dar testimonio de Él mismo, haciendo bien y dándoles lluvias del cielo y estaciones fructíferas, llenando sus corazones de sustento y de alegría" (Hch. 14:16-17). De su bondad y sabiduría en esto nos da cuenta el salmista (Sal. 54). De esta manera dio testimonio de su propia bondad y paciencia, y por eso se dice que "soporta con mucha paciencia" (Ro. 9:22). Pero ahora, todo el mundo está paralizado; con todo esto no tienen más que una oscura visión de Dios, y no ven ni siquiera su espalda. Moisés no vio eso hasta que fue puesto en la roca (Ex. 33:22). Y esa roca era Cristo (1 Co. 10:4).

> **Éxodo 33:21–23** Entonces el Señor dijo: «Hay un lugar junto a Mí, y tú estarás sobre la peña; y sucederá que al pasar Mi gloria, te pondré en una hendidura de la peña y te cubriré con Mi mano hasta que Yo haya pasado. »Después apartaré Mi mano y verás Mis espaldas; pero Mi rostro no se verá».
>
> **1 Corintios 10:3–4** Todos comieron el mismo alimento espiritual, y todos bebieron la misma bebida espiritual, porque bebían de una roca espiritual que los seguía. La roca era Cristo.

Hay algunas de las propiedades más eminentes y gloriosas de Dios (quiero decir, en cuya manifestación será más glorioso; de lo contrario, sus propiedades no son comparables) que no se pueden vislumbrar en lo más mínimo fuera del Señor Jesucristo, sino sólo por Él y en Él. Y algunas de las que comparativamente no tenemos luz sino en Él; y de todas las demás no hay luz verdadera sino por Él.

i. Atributos divinos mostrados sólo a través de Cristo

De la primera clase, de la que no puede acceder al corazón del hombre la menor conjetura o imaginación sino por Cristo, son el amor y la misericordia perdonadora.

1. El amor de Dios hacia los pecadores

Sin esto, el hombre es el más miserable de todas las criaturas; y no hay el menor atisbo de ello que pueda descubrirse más que en Cristo. El Espíritu Santo dice: "Dios es amor" (1 Jn. 4:8, 16). Es decir, Dios no sólo es de naturaleza amorosa y tierna, sino que es de una naturaleza que se revela en una dispensación de amor, el amor eterno, hacia nosotros. Es alguien que tiene propósitos de amor para nosotros desde la antigüedad, y los cumplirá todos hacia nosotros a su debido tiempo. Pero, ¿cómo se demuestra esto? ¿Cómo podemos llegar a conocerlo? Nos dice: "En esto se manifestó el amor de Dios en nosotros: en que Dios ha enviado a Su Hijo unigénito al mundo para que vivamos por medio de Él" (1 Jn. 4:9). Este es el único anuncio que Dios ha hecho de tal propiedad en su naturaleza, o de cualquier pensamiento de ejercerla hacia los pecadores: que ha enviado a Jesucristo al mundo, para que vivamos por medio de Él.

¿Dónde está ahora el sabio, dónde está el escriba, dónde está el disputador de este mundo, con toda su sabiduría? (1 Co. 1:20) Su voz debe ser la de los hipócritas en Sión (Is. 33:14-15). *Aquella sabiduría que no puede enseñarme que Dios es amor, será siempre tenida por necedad.*

Que los hombres acudan al sol, a la luna y a las estrellas, a las lluvias y a las estaciones fructíferas, y respondan con verdad lo que por ellos aprenden de esto. Que no se crean más sabios o mejores que los que les precedieron, quienes, en su totalidad, no obtuvieron nada de ellos, sino que quedaron sin excusa.

2. La misericordia perdonara o la gracia de Dios

Sin esta misericordia, incluso su amor sería infructuoso. El descubrimiento que puede hacer de esto un hombre pecador, puede verse en [Adán], el padre de todos nosotros; quien, cuando pecó, no tuvo ninguna comprensión de misericordia, sino que se escondió (Gn. 3:8). Lo hizo *leruakh hayyom*,[25] cuando el viento no hacía más que soplar un poco ante la presencia de Dios; y lo hizo tontamente, pensando en "esconderse entre los árboles" (Sal. 139:7-8). "Porque la ley fue dada por medio de Moisés; la gracia y la verdad fueron hechas realidad por medio de Jesucristo" (Jn. 1:17). La gracia en la verdad y la sustancia. Misericordia indulgente, que viene sólo por Cristo; esa misericordia indulgente que se manifiesta en el evangelio, y en la que Dios será glorificado por toda la eternidad (Ef. 1:6).

No me refiero a esa misericordia ordinaria, es decir a esa veleidad[26] de aceptación en la que algunos hombres ponen sus esperanzas: a esas *pathos*[27] (las cuales si se atribuyen a Dios, es la mayor deshonra que se le puede hacer) que no brillan de Cristo ni siquiera en un solo rayo.

Que la piedad sea, pues, una especie de dolor provocado por la visión del mal, mortal o doloroso, que le ocurre a quien no lo merece.[28]

¿Y qué es la compasión, sino un sentimiento de compañerismo por la miseria de otro, que nos impulsa a ayudarle si podemos?[29]

---

[25] Heb. לְרוּחַ הַיּוֹם .

[26] Veleidad: un deseo sin plena voluntad.

[27] Gr. πάθος = pasiones. Owen esta haciendo referencia aquí a la doctrina de la impasibilidad divina, en la cual Dios no tiene pasiones. Para Owen, no hay una mayor blasfemia al carácter y naturaleza de Dios, que la negación de la impasibilidad.

[28] Gr. ῎Εστω δὴ ἔλεος, λύπη τὶς ἐπὶ φαινομένῳ κακῷ φθαρτικῷ καὶ λυπηρῷ τοῦ ἀναξίου τυγχάνειν." Aristóteles, *El Arte de la retórica*. Aristotle, *The "Art" of Rhetoric*, Loeb Classical Library, trans. John Henry Freese (Cambridge, MA: Harvard University Press, 1967), 225.]

[29] Lt. *Quid autem misericordia, nisi alienæ miseriæ quædam in nostro corde compassio; quâ alicui, si possumus, subvenire compellimur?*. Agustín, *La ciudad de Dios*. [Augustine, The City of God, NPNF1 2:169; PL 41, col. 0261.]

Esta misericordia está enteramente atesorada en Él, y es revelada por Él. La misericordia perdonadora es la aceptación gratuita y bondadosa de Dios hacia el pecador por la satisfacción hecha a su justicia en la sangre de Jesús. Ningún reconocimiento de ella, si no es en relación con la satisfacción de la justicia, es consistente con la gloria de Dios. Es una misericordia de inconcebible condescendencia en el perdón, templada con exacta justicia y severidad, "la misericordia triunfa contra el juicio" (Stg. 2:13).[30]

Se dice que Dios a Cristo "exhibió públicamente como propiciación por Su sangre a través de la fe, como demostración de Su justicia" (Ro. 3:25). Su justicia se manifiesta también en el acto del perdón de los pecados, y por eso se dice en muchas partes que este perdón está enteramente en Cristo (Ef. 1:7). De modo que esta gracia evangélica y la misericordia perdonadora sólo son compradas por Él, y se revelan en Él. Y éste era el propósito principal de todas las instituciones de los tipos: manifestar que la remisión de pecados y el perdón están enteramente comprendidos en el Señor Cristo, y que fuera de Él no hay la menor conjetura que se pueda hacer, ni el menor bocado que se pueda probar. Si Dios no hubiera manifestado al Señor Cristo, ni todos los ángeles del cielo ni todos los hombres de la tierra habrían podido jamás comprender que existiera en la naturaleza de Dios algo semejante a esta increíble gracia de la misericordia perdonadora de Dios (1 Pe. 1:12).

El apóstol afirma que la plena manifestación, así como el ejercicio de esta misericordia, se produjo sólo en Cristo (Tit. 3:4-5), "pero cuando se manifestó la bondad de Dios nuestro Salvador, y Su amor hacia la humanidad", es decir, se manifestó en el envío de Cristo, y la declaración de Él en el Evangelio. Entonces se descubrió esta misericordia perdonadora y la salvación que no es por obras.

Estas son de las propiedades de Dios por las que se le conoce, de las que no se puede obtener el menor atisbo sino por y en Cristo; y quien no lo conoce por ellas, no lo conoce en absoluto. Conocen a un ídolo, y no al

---

30 Gr. Κατακαυχᾶται ἔλεος κρίσεως

único Dios verdadero. El que no tiene al Hijo, no tiene al Padre (1 Jn. 2:23). Y no tener a Dios como Padre, es no tenerlo en absoluto. Y sólo se le conoce como Padre en la medida en que es amor y está lleno de misericordia perdonadora en Cristo. El Espíritu Santo nos dice cómo es esto: "El Hijo de Dios ha venido y nos ha dado entendimiento a fin de que conozcamos a Aquel que es verdadero" (1Jn. 5:20).

Sólo por Él disponemos de entendimiento para conocer al que es verdadero. Ahora bien, estas propiedades de Dios las revela Cristo en su doctrina, en la revelación que Cristo hace de Dios y de su voluntad, como el gran profeta de la iglesia (Jn. 17:6). Y a través de Él el conocimiento de las mismas está disponible para todos, con una evidencia indeciblemente superior a la que evidencia que da la creación de su eterno poder y divinidad. Pero la vida de este conocimiento radica en el conocimiento de su persona, en la que resplandecen la imagen y los resplandores expresos de la gloria de su Padre (Heb. 1:3).

Hebreos 1:1–3a Dios, habiendo hablado hace mucho tiempo, en muchas ocasiones y de muchas maneras a los padres por los profetas, en estos últimos días nos ha hablado por *Su* Hijo, a quien constituyó heredero de todas las cosas, por medio de quien hizo también el universo. Él es el resplandor de Su gloria y la expresión exacta de Su naturaleza, y sostiene todas las cosas por la palabra de Su poder.

ii. Atributos divinos mostrados con mayor claridad en Cristo

Hay otras propiedades de Dios que, aunque también se descubren de otra manera, sin embargo, son más claras, eminentes y salvadoras sólo en Jesucristo:

1. Su justicia vindicativa al castigar el pecado.
2. Su paciencia, tolerancia y longanimidad hacia los pecadores.
3. Su sabiduría, al gobernar las cosas para su propia gloria.
4. Su suficiencia total, en sí mismo y para con los demás.

Todas estas cosas, aunque puedan ser manifestadas en menor grado fuera de Cristo, sólo brillan claramente en Él, por lo que es conveniente que las conozcamos.

1. Su Justicia vindicativa al castigar el pecado

En efecto, Dios ha manifestado de muchas maneras su indignación y enojo contra el pecado, de modo que los hombres no pueden dejar de saber que "el decreto de Dios que los que practican tales cosas son dignos de muerte" (Ro. 1:32). En la ley ha amenazado con encender un fuego en su ira que arderá hasta el mismo corazón del infierno. E incluso en muchas dispensaciones providenciales, "su ira se revela desde el cielo contra toda impiedad e injusticia de los hombres" (Rom. 1:18). De modo que los hombres deben reconocer que Dios es un Dios de juicio. Y quien considere que los ángeles fueron arrojados del cielo por el pecado, encerrados bajo las cadenas de las tinieblas eternas hasta el juicio del gran día. Este es un rumor que parece haberse difundido entre los gentiles, por lo cual el poeta hace que su Júpiter amenace con ese castigo a las deidades inferiores rebeldes. Homero escribe:

> Lo tomaré y lo arrojaré al tenebroso Tártaro, lejos, muy lejos, donde está el golfo más profundo bajo la tierra, cuyas puertas son de hierro y el umbral de bronce, tan lejos bajo el Hades como el cielo está sobre la tierra.[31]

Y también cómo Sodoma y Gomorra fueron condenadas a caer, y quemadas hasta convertirse en cenizas, para que fueran "ejemplo para los que habrían de vivir impíamente después" (2P. 2:6); quien considere todo esto no puede sino descubrir bastante de la justicia vindicativa de

---

[31] Gr. "Η μιν ἑλὼν ῥίψω ἐς Τάρταρον ἠερόεντα, Τῆλε μάλ', ἧχι βάθιστον ὑπὸ χθονός ἐστι βέρεθρον, Ἔνθα σιδήρειαί τε πύλαι καὶ χάλκεος οὐδός, Τόσσον ἔνερθ' Ἀΐδεω, ὅσον οὐρανός ἐστ' ἀπὸ γαίης. Homero, La Iliada. Homer, *The Illiad I*, Loeb Classical Library, trans. A. T. Murray (Cambridge, MA: Harvard University Press, 1954), 339.]

Dios y su ira contra el pecado. Pero su ira brilla mucho más claramente para nosotros en el Señor Cristo:

1.1. En la muerte de Cristo

En Él Dios ha manifestado la naturalidad de esta justicia para Él, en el sentido de que era imposible que su justicia fuera desviada de los pecadores sin la interposición de una propiciación. Aquellos que ponen la necesidad de la satisfacción de la justicia de Dios meramente en la cuenta de un acto y determinación libre de la voluntad de Dios, no dejan, a mi entender, ningún fundamento justo e indispensable para la muerte de Cristo, sino que la sitúan en una suposición de lo que podría haber sido de otra manera.[32] Pero es evidente que Dios, al no escatimar a su único Hijo, sino que hizo de su alma una ofrenda por el pecado, y al no admitir otra expiación por el pecado que la de su sangre, ha manifestado abundantemente que le es necesario (es decir su santidad y justicia lo exigen) hacer sufrir al pecado indignación, ira, tribulación y angustia (cf. Rom. 8:32; Isa. 53:10; Heb. 10:7-9; Rom. 1:32; 2 Tes. 1:5-6; Sal. 5:5-6; Hab. 1:13; Sal. 119:137).

> **2 Tesalonicenses 1:5–6** *Esta es* una señal evidente del justo juicio de Dios, para que sean considerados dignos del reino de Dios, por el cual en verdad están sufriendo. Porque después de todo, es justo delante de Dios que Él pague con aflicción a quienes los afligen a ustedes.

El conocimiento de esta naturalidad de la justicia vindicativa, con la necesidad de su ejecución en la suposición del pecado, es el único conocimiento verdadero y útil de ella. Considerarla como algo que Dios puede ejercer o dejar de ejercer hace que su justicia no sea una propiedad de su naturaleza, sino un acto libre de su voluntad; y una

---

[32] John Owen, *Vid. Diatrib. De Just. Divin.* ["A Dissertation on Divine Justice: or, the Claims of Vindicatory Justice Vindicated" (1653), *Works*, 10:481–624.]

voluntad de castigar donde se puede hacer otra cosa sin que haya injusticia, es más bien una mala voluntad que un acto de justicia.

1.2. En la pena infligida a Cristo por el pecado

En esto esta justicia se manifiesta de manera mucho más gloriosa que de otro modo. En efecto, ver un mundo que fue hecho bueno y hermoso, envuelto en ira y maldiciones, vestido de espinas y cardos; ver toda la hermosa creación sometida a la vanidad, entregada a la esclavitud de la corrupción; oírla gemir de dolor bajo esa carga; considerar legiones de ángeles, criaturas gloriosas e inmortales, arrojadas al infierno, atadas con cadenas de oscuridad, y reservadas para un juicio más terrible por un solo pecado; ver el océano de la sangre de las almas derramada hasta la eternidad por este motivo (cf. Gn. 3:17-19, 8:21; Ro. 8:21-22; 2 Pe. 2:4-6; 3:6; Jud. 6-7), nos dará alguna idea de este asunto.

Pero, ¿qué es todo esto con respecto a la perspectiva que puede tener un ojo espiritual en el Señor Cristo? Todas estas cosas son como gusanos, y no tienen ningún valor en comparación con Él. Ver a Aquel que es la sabiduría de Dios, y el poder de Dios (1 Co. 1:30), siempre amado por el Padre (Mt. 3:17); verle temer, y temblar, e inclinarse, sudar, orar, y morir. Verle levantado en la cruz, la tierra temblando bajo Él, como si no pudiera soportar su peso; y los cielos oscurecidos sobre Él, como si se cerraran a su clamor. Y Él mismo suspendido entre ambos, como si fuera rechazado por ambos; y todo esto porque nuestros pecados recayeron sobre Él (cf. Mat. 26:37-38; Mr. 14:33; Lc. 22:43-44; Heb. 5:7; Mat. 27:51; Mr. 15:33-34; Isa. 53:6).

Mateo 26:37–38 Y tomando con Él a Pedro y a los dos hijos de Zebedeo, comenzó a entristecerse y a angustiarse. Entonces les dijo: «Mi alma está muy afligida, hasta el punto de la muerte; quédense aquí y velen junto a Mí».
Marcos 14:33 Tomó con Él a Pedro, a Jacobo y a Juan, y comenzó a afligirse y a angustiarse mucho.

Lucas 22:43–44 Entonces se apareció un ángel del cielo, que lo fortalecía. Y estando en agonía, oraba con mucho fervor; y Su sudor se volvió como gruesas gotas de sangre, que caían sobre la tierra.

Esto, de entre todas las cosas, manifiesta más abundantemente la severidad de la justicia vindicativa de Dios. Si no lo aprendemos aquí, no lo aprenderemos en ningún otro lugar.

2. Su paciencia, tolerancia y longanimidad hacia los pecadores

Su paciencia, tolerancia y longanimidad hacia los pecadores. Hay muchos atisbos de la paciencia de Dios que brillan en las obras de su providencia; pero todos están muy por debajo de la revelación que tenemos en Cristo, especialmente en estas tres cosas.

2.1. La manera como es presentada

Resulta, en efecto, evidente para todos, que Dios no suele castigar inmediatamente a los hombres por sus ofensas. Esto se puede conocer por su manera habitual de gobernar el mundo. A pesar de todas las provocaciones, hace el bien a los hombres, dejando que su sol brille sobre ellos, enviándoles lluvia y estaciones fructíferas, llenando sus corazones de alimento y alegría (cf. Mt. 5:45; Hch. 14:17-18). De ahí que les fuera fácil concluir que había en Él abundancia de bondad y tolerancia. Pero todo esto se encuentra todavía en mucha oscuridad, siendo la fuerza de los razonamientos de los hombres a partir de sus observaciones. Es más, la gestión de la misma [la paciencia de Dios] ha sido tal que ha resultado ser una trampa casi universal para aquellos hacia los que se ha ejercido (Ecl. 8:11), así como una tentación para los que han mirado (Job 21:7; Sal. 73:2-4; Jer. 12:1; Hab. 1:13).

El descubrimiento de la misma en Cristo es completamente de otra naturaleza. En Cristo se revela que la naturaleza misma de Dios es amor y bondad; y que ejercerá lo mismo con los pecadores, lo ha prometido, jurado y se ha comprometido solemnemente por medio de un pacto. Y para que no dudemos sobre el objetivo que tiene en esto, hay un fondo y un fundamento estables para actuar de manera adecuada a esas propiedades de gracia de su naturaleza, a saber, la reconciliación y la expiación que se hace en la sangre de Cristo. Cualquiera que sea el descubrimiento de la paciencia y la clemencia de Dios para con nosotros, si no se revelara también que las otras propiedades de Dios, como su justicia y venganza por el pecado, tienen también sus actuaciones asignadas en su totalidad, poco consuelo se podría obtener de las primeras.

Y, por lo tanto, aunque Dios enseñe a los hombres su bondad y tolerancia enviándoles lluvia y estaciones fructíferas, pero al mismo tiempo, en todas las ocasiones, "revelando su ira desde el cielo contra toda impiedad e injusticia de los hombres" (Ro. 1:18), es imposible que hagan otra cosa que fluctuar y temblar miserablemente ante el advenimiento de estas dispensaciones.

Romanos 1:18–20 Porque la ira de Dios se revela desde el cielo contra toda impiedad e injusticia de los hombres, que con injusticia restringen la verdad. Pero lo que se conoce acerca de Dios es evidente dentro de ellos, pues Dios se lo hizo evidente. Porque desde la creación del mundo, Sus atributos invisibles, Su eterno poder y divinidad, se han visto con toda claridad, siendo entendidos por medio de lo creado, de manera que ellos no tienen excusa.

Con todo, esto es lo mejor que los hombres pueden tener fuera de Cristo, lo máximo a lo que pueden aspirar. Con la presente posesión de cosas buenas administradas en esta paciencia, los hombres podrían, y lo hicieron por un tiempo, ocuparse de sus pensamientos y darse por satisfechos; pero, sin embargo, no fueron liberados en lo más mínimo de la esclavitud en que se encontraban a causa de la muerte y de la oscuridad que la acompaña.

Fugaz dulzura de ciervo, pequeña alma
Compañera de mi cuerpo y su huésped,

¿Qué región ha de ser ahora tu meta,
Pobre pequeña alma marchita, entumecida y desnuda,
Incapaz, como antaño, de bromear?[33]

La ley no revela ninguna paciencia ni tolerancia en Dios; no habla, en cuanto al resultado de las transgresiones, más que de la espada y el fuego, si Dios no hubiera intervenido por un acto de soberanía. Pero ahora, como se dijo, con esa revelación de la paciencia que tenemos en Cristo, se descubre también la satisfacción de su justicia e ira contra el pecado. Así, no debemos temer que ningún acto propio interfiera con las obras de su paciencia, que son tan dulces para nosotros. De ahí que se diga que Dios está "en Cristo reconciliando al mundo con Él mismo" (2 Co. 5:19); manifestándose en Él como alguien que ya no tiene más que hacer para la manifestación de todos sus atributos —es decir, para la glorificación de sí mismo—, sino sólo para tolerar, reconciliar y perdonar el pecado en Él.

2.2. La naturaleza de la misma

¿Qué hay en esa clemencia que se revela en Cristo? Simplemente es un castigo no inmediato sobre la ofensa, y ello, con el propósito de dar y mantener las misericordias temporales; cosas de las que los hombres son propensos a abusar, y pueden perecer con el pecho lleno de ellas eternamente. Lo que está oculto en Cristo, y se revela desde Él, está lleno de amor, dulzura, ternura, bondad y gracia. Su clemencia es la espera del Señor para ser bondadoso con los pecadores; la espera de una ventaja para mostrar amor y bondad, para que el alma se enamore de la manera más eminente hacia sí mismo. "Por tanto, el Señor desea tener piedad de ustedes, y se levantará para tener compasión de ustedes" (Is. 30:18).

---

[33] Lt. *Animula vagula, blandula / Hospes comesque corporis / Quæ nunc abibis in loca / Pallida, rigida, nudula? / Nec ut soles dabis jocos.* "Hadrian's Dying Farewell to His Soul," en *Minor Latin Poets*, vol. 2, Loeb Classical Library, trans. J. Wight Duff and Arnold M. Duff (Cambridge, MA: Harvard University Press, 1998), 445.]

Tampoco hay ninguna revelación de Dios en la que el alma encuentre más dulzura que ésta. Cuando el alma del hombre se convence experimentalmente de que Dios, en ocasiones, ha pasado por alto muchas e innumerables iniquidades, se asombra de pensar que Dios lo hiciera de ese modo, y se admira de que no haya tomado ocasión de sus provocaciones para expulsarlo de su presencia. Encuentra que, con infinita sabiduría, en toda la longanimidad, ha gestionado todas sus dispensaciones hacia él para rescatarle del poder del demonio, para reprender y castigar su espíritu por el pecado, para hacerle que lo quiera. No hay, diría, nada de mayor dulzura para el alma que esto. Y por eso el apóstol dice que todo es "por la tolerancia de Dios" (Ro. 3:25). Dios hace posible el perdón total de los pecados por medio de esta paciencia suya, que de otra manera no tendría lugar.

2.3. Diferentes objetivos y propósitos

Difieren en sus fines y propósitos. ¿Cuál es el objetivo y el designio de Dios en la dispensación de esa clemencia que se manifiesta y puede descubrirse en Cristo? El apóstol nos dice: "¿Y qué, si Dios, aunque dispuesto a demostrar Su ira y hacer notorio Su poder, soportó con mucha paciencia a los vasos de ira preparados para destrucción?" (Ro. 9:22). No fue más que dejarlos inexcusables, para que su poder e ira contra el pecado se manifestaran en su destrucción. Y por eso lo llama "permitir que anden en sus propios caminos" (Hch. 14:16); lo cual en otras partes lo presenta como un juicio muy terrible, es decir, con respecto a ese asunto al que ciertamente se llegará. Como en el Salmo 81:12, "los entregué a la dureza de su corazón, para que anduvieran en sus propias intrigas", lo cual es la condición más terrible en la que una criatura puede caer en este mundo.

Sin embargo, a los que parece favorecer, a los que parece perdonar, en realidad los está ablandando contra los males venideros.[34]
¿Por qué, dioses inmortales, cuando los hombres cometen los mayores crímenes, a veces los pasáis por alto o reserváis para algún día futuro el castigo por un crimen del presente?[35]

Y lo llama un "acto de pasar por alto los pecados de su ignorancia" (Hch. 17:30), como si no se preocupara ni pensara en ellos en su oscura condición, como se muestra en la antítesis: "Dios declara ahora a todos los hombres, en todas partes, que se arrepientan" (Hch. 17:30). No se fijó tanto en ellos entonces como para ordenarles que se arrepintieran mediante una clara revelación de su intención y voluntad.

Por lo tanto, la exhortación del apóstol: "¿O tienes en poco las riquezas de Su bondad y tolerancia y paciencia, ignorando que la

---

[34] Lt. *Eos, quibus indulgere videtur, quibus parcere, molles venturis malis (Deus) format.* Seneca, Ensayos Morales [*Seneca: Moral Essays I*, Loeb Classical Library, trans. John W. Basore (Cambridge, MA: Harvard University Press, 1958), 29.]. "Lucio Anneo Séneca (4 a. C.- 65 d. C.), llamado Séneca el joven para distinguirlo de su padre, fue un filósofo, político, orador y escritor romano conocido por sus obras de carácter moral. Hijo del orador Marco Anneo Séneca, fue cuestor, pretor, senador y cónsul sufecto durante los gobiernos de Tiberio, Calígula, Claudio y Nerón, además de tutor y consejero del emperador Nerón. Séneca destacó como intelectual y como político. Consumado orador, fue una figura predominante de la política romana durante los reinados de Claudio y Nerón, siendo uno de los senadores más admirados, influyentes y respetados. Como escritor, Séneca pasó a la historia como uno de los máximos representantes del estoicismo. Su obra constituye la principal fuente escrita de filosofía estoica que se ha conservado hasta la actualidad. Abarca tanto obras de teatro como diálogos filosóficos, tratados de filosofía natural, consolaciones y cartas. Usando un estilo marcadamente retórico, accesible y alejado de tecnicismos, delineó las principales características del estoicismo tardío, del que junto con Epicteto y Marco Aurelio está considerado su máximo exponente. La influencia de Séneca en generaciones posteriores fue inmensa. Durante el Renacimiento fue admirado y venerado como un oráculo de edificación moral, incluso cristiana; un maestro de estilo literario y un modelo para las artes dramáticas."

[35] Lt. *Pro dii immortales! Cur interdum in hominum sceleribus maximis, aut connivetis, aut præsentis fraudis poenas in diem reservatis!* Cicerón [Cicero, *Pro Caelio*, 24, *Cicero XII: Pro Caelio, De provinciis consularibus, and Pro Balbo*, Loeb Classical Library, trans. R. Gardner (Cambridge, MA:Harvard University Press, 1999), 479.]

bondad de Dios te guía al arrepentimiento?" (Ro. 2:4) se dirige a los judíos, quienes tenían ventajas para aprender la tendencia natural de esa bondad y paciencia que Dios ejerce en Cristo; la cual, en efecto, conduce al arrepentimiento. De otro modo, en general, insinúa que, con toda razón, los hombres deberían hacer otro uso de esas cosas que el que suelen hacer, y de las que los acusa, "pero por causa de tu terquedad y de tu corazón no arrepentido" (Ro. 2:5).

En el mejor de los casos, pues, la paciencia de Dios para con los hombres que están fuera de Cristo, a causa de su propia e incorregible obstinación, no resulta sino como las aguas del río Fasis, que son dulces en la parte superior y amargas en el fondo. "Si uno se sumerge justo debajo de la superficie, es posible sacar agua dulce, pero luego, hundiendo la taza más profundamente, sacar agua salada."[36] Nadan por un tiempo en las cosas dulces y buenas de esta vida (Lc. 16:25); con las que, una vez llenos, se hunden hasta el fondo de toda amargura.

Pero ahora, evidente y directamente, el propósito de esa paciencia y longanimidad de Dios que se ejerce en Cristo, y que se nos revela en Él, es el de salvar y llevar a Dios a aquellos con quienes se complace en ejercerlas. Y por eso Pedro dice que Él es "paciente para con ustedes, no queriendo que nadie perezca, sino que todos vengan al arrepentimiento" (2P. 3:9), es decir, todos nosotros hacia quienes ejerce la paciencia. Porque ese es el fin de ella, que se cumpla su voluntad respecto a nuestro arrepentimiento y salvación. Y su naturaleza, junto con su fin, está bien expresada: "Porque esto es para Mí como en los días de Noé, cuando juré que las aguas de Noé nunca más inundarían la tierra, así he jurado que no me enojaré contra ti" (Is. 54:9).

Dios, en su infinita sabiduría y bondad, ha decidido que no seamos destruidos a pesar de nuestros pecados; y por eso (Ro. 15:5), estas dos cosas están juntas en Dios, por proceder de Él, "El Dios de paciencia y consolación" (Ro. 15:5). Su paciencia es motivo de la mayor

---

[36] Gr. Κατὰ μὲν τοῦ ἐπιρρέοντος βάψαντα, γλυκὺ τὸ ὕδωρ ἀνιμήσασθαι· εἰ δὲ εἰς βάθος τὶς καθῆκεν τὴν κάλπιν, ἀλμυρόν. Arriano de Nicomedia. [Arrian of Nicomedia, *Arrian: Periplus Ponti Euxini*, ed. and trans. Aiden Little (London: Bristol Classical Press, 2003), 61.]

consolación. Y éste es otro atributo de Dios, que, aunque puede manifestarse en algunos matices, para algunos fines y propósitos, en otras cosas, sin embargo, tiene sus tesoros escondidos en Cristo. Nadie que este familiarizado con ello obtiene algún provecho espiritual si no lo aprende en Él.

3. Su sabiduría, al gobernar las cosas para su propia gloria

Se manifiesta en su sabiduría, su infinita sabiduría, en el manejo de las cosas para su propia gloria, y el bien de aquellos hacia quienes tiene pensamientos de amor. El Señor, en efecto, ha dispuesto y manifestado una sabiduría infinita en sus obras de creación, de providencia y de gobierno en su mundo: con sabiduría ha hecho todas sus criaturas. "Si la sabiduría con el conocimiento de las cosas creadas es hermosa, ¡qué hermosa es la sabiduría que creó todas las cosas de la nada!"[37]

---

[37] Lt. *Si amabilis est sapientia cum cognitione rerum conditarum, quam amabilis est sapientia, quæ condidit omnia ex nihilo!* Agustín. *Meditaciones* [Augustine, *Meditations* (PL 40, cols. 897–942). Ver: *Meditations of Saint Augustine*, trans. Matthew J. O'Connell and ed. John E. Rottelle (Villanova, PA: Augustinian Press, 1995)]. Esta es una obra comúnmente atribuida a Agustín de Hipona. "Agustín de Hipona (354-430). Agustín, una de las figuras dominantes de la teología latina (occidental), ascendió en la Iglesia hasta convertirse en obispo de Hipona, en el norte de África, y a través de sus obras escritas tuvo un profundo impacto en el desarrollo de la teología en las épocas medieval y de la Reforma. Sus primeros días, y sobre todo su peregrinaje espiritual, fueron delineados en la obra autobiográfica *Confesiones*. Nacido en Tagaste, cerca de Cartago, de padre pagano y madre cristiana devota, Mónica, Agustín perdió la fe en su adolescencia al buscar la fama como profesor de retórica. Así comenzó una búsqueda de la verdad en varios sistemas filosóficos, que finalmente le llevó al maniqueísmo. Por el camino tuvo una amante y un hijo, Adeodato. Atraído a Italia por la posibilidad de la fama, Agustín enseñó en Roma y Milán. Los sermones de Ambrosio, obispo de Milán, le llevaron a la conversión en el año 386. El regreso de Agustín a África inició un rápido ascenso a la prominencia en la iglesia. Como obispo, las dotes intelectuales y las habilidades retóricas de Agustín se pusieron al servicio de la Iglesia al tratar las controversias donatista y pelagiana y al escribir obras clave, como *La ciudad de Dios* (un tratado sobre la Iglesia y el Estado), *Sobre la Trinidad*, *Sobre la doctrina cristiana* (un manual de interpretación de las Escrituras) y muchos comentarios sobre libros de la Biblia." Nathan P. Feldmeth, *Pocket Dictionary of Church History: Over 300 Terms Clearly and Concisely Defined*, The IVP Pocket Reference Series (Downers Grove, IL: IVP Academic, 2008), 19–20.

"¡Cuán numerosas son Tus obras, oh Señor! Con sabiduría las ha hecho todas, llena está la tierra de Tus posesiones" (Sal. 104:24). Así también en su providencia, su sostén y guía de todas las cosas, en orden unas a otras, y su propia gloria, a los fines señalados para ellas; porque todo esto "procede del Señor de los ejércitos, que ha hecho maravilloso Su consejo y grande Su sabiduría" (Is. 28:29). Su ley también es para siempre admirada, por la excelencia de la sabiduría que contiene (Dt. 4:7-8).

> **Deuteronomio 4:7–8** »Porque, ¿qué nación grande hay que tenga un dios tan cerca de ella como está el Señor nuestro Dios siempre que lo invocamos? »¿O qué nación grande hay que tenga estatutos y decretos tan justos como toda esta ley que hoy pongo delante de ustedes?

Pero hay algo de lo que Pablo se asombra, y en lo que Dios será exaltado para siempre, que él llama "profundidad de las riquezas y de la sabiduría y del conocimiento de Dios" (Ro. 11:33). Eso sólo está oculto en Cristo y es revelado por Él.

Por lo tanto, así como se dice que Él es "la sabiduría de Dios" (1 Co. 1:20-30) y que "se ha hecho sabiduría por nosotros" (1 Co. 1:30), el designio de Dios, que se lleva a cabo en Él y se revela en el Evangelio, es llamado "la sabiduría de Dios" y un "un misterio, la *sabiduría* oculta que, desde antes de los siglos, Dios predestinó para nuestra gloria. *Esta sabiduría* que ninguno de los gobernantes de este siglo ha entendido, porque si la hubieran entendido no habrían crucificado al Señor de gloria." (1 Co. 2:7-8). En Efesios 3:10 es llamada "la multiforme sabiduría de Dios"; y para descubrir la profundidad y las riquezas de esta sabiduría, nos dice en ese versículo que es tal, que los principados y las potencias, que los mismos ángeles, no pudieron conocerla en lo más mínimo, hasta que Dios, al reunir una iglesia de pecadores, la reveló realmente. Por lo tanto, Pedro nos informa que los que conocen tan bien todas las obras de Dios, todavía se inclinan y desean con fervor mirar estas cosas (lo relativo a la sabiduría de Dios en el evangelio, 1 P. 1:12).

Se requiere mucha sabiduría para hacer una obra, un tejido y un edificio vistosos; pero si uno viene y lo deforma, para levantar el mismo edificio a más belleza y gloria que nunca, esto es excelencia de sabiduría en verdad. Dios en el principio hizo todas las cosas buenas, gloriosas y bellas. Cuando todas las cosas tenían inocencia y belleza, la clara impresión de su sabiduría y bondad sobre ellas (Gn. 1:31), eran muy gloriosas; especialmente en el hombre, que fue hecho para su especial gloria. Ahora bien, toda esta belleza fue desfigurada por el pecado, y toda la creación quedó sumida en las tinieblas, en la ira, en las maldiciones, en la confusión, y la gran alabanza de Dios quedó enterrada en todo ello (Gn. 3:17-18, Ro. 1:18).

El hombre, especialmente, se perdió por completo y quedó desprovisto de la gloria de Dios, para la cual fue creado (Ro. 3:23). Aquí, ahora, se revela la profundidad de las riquezas de la sabiduría y el conocimiento de Dios. De su seno resplandece un designio, que estaba alojado allí desde la eternidad, de recuperar las cosas a un estado tal que sea sumamente ventajoso para su gloria, infinitamente superior a lo que inicialmente parecía, y para poner a los pecadores en una condición inconcebiblemente mejor que la que tenían antes de la aparición del pecado.

Ahora aparece glorioso; se sabe que es un Dios que perdona la iniquidad y el pecado (cf. Ex. 33:18-19, 34:6-7), y manifiesta las riquezas de su gracia, que era su designio (Ef. 1:6).

Éxodo 33:18–19 Entonces *Moisés* dijo: «Te ruego que me muestres Tu gloria» Y el Señor respondió: «Yo haré pasar toda Mi bondad delante de ti, y proclamaré el nombre del Señor delante de ti. Tendré misericordia del que tendré misericordia, y tendré compasión de quien tendré compasión».

Éxodo 34:6–7 Entonces pasó el Señor por delante de él y proclamó: «El Señor, el Señor, Dios compasivo y clemente, lento para la ira y abundante en misericordia y verdad (fidelidad); que guarda misericordia a millares, el que perdona la iniquidad, la transgresión y el pecado, y que no tendrá por inocente *al culpable*; que castiga la iniquidad de los padres sobre los hijos y sobre los hijos de los hijos hasta la tercera y cuarta generación»

También ha reivindicado infinitamente su justicia, ante los hombres, los ángeles y los demonios, al presentar a su Hijo como propiciación por el pecado (Ro. 3:24-25). Asimismo, esto nos beneficia a nosotros. Estamos más plenamente establecidos en su favor, y somos llevados hacia un peso de gloria más grande que el que antes se había revelado. De ahí la efervescente exclamación en adoración de uno de los antiguos: "¡Oh, dichosa culpa, que mereció tan grande Redentor!"[38]

Así, Pablo nos dice: "Grande es el misterio de la piedad" (1 Ti. 3:16), y eso es "indiscutible". Recibimos "gracia sobre gracia" (Jn. 1:16). Por aquella gracia perdida en Adán, obtenemos una gracia mejor en Cristo. Ciertamente confesamos: En esto hay una profunda sabiduría. Y en cuanto al amor de Cristo a su iglesia, y su unión con ella, para llevar a cabo este asunto, "grande es este misterio" (Ef. 5:32), dice el apóstol; gran sabiduría hay en esto.

Así, pues, esto también está escondido en Cristo: las grandes e indecibles riquezas de la sabiduría de Dios, al perdonar el pecado, salvar a los pecadores, satisfacer la justicia, cumplir la ley, restaurar su propio honor, y proporcionarnos un peso de gloria aún mayor. Y todo esto a partir de una condición tal que era imposible para el corazón de los ángeles o de los hombres poder entender cómo se podría restaurar la gloria de Dios, y liberar a una criatura pecadora de la ruina eterna. Por eso se dice que en el último día Dios "será glorificado en Sus santos en aquel día y admirado entre todos los que han creído" (2 Ts. 1:10). Será algo admirable, y Dios será por siempre glorioso en ello, por llevar a los creyentes a sí mismo.

---

[38] Lt. "*¡Oh, felix culpa, quæ talem meruit redemptorem!*". "Owen también utiliza esta misma expresión en su sermón "A Vision of Unchangeable, Free Mercy", en *Works*, 8:35. Esta traducción es la propia de Owen, que se encuentra en ese sermón. Originalmente esta expresión proviene del Himno Exultante, aparentemente utilizado en la liturgia romana entre los siglos V y VII. John Owen and Kevin J. Vanhoozer, *Communion with the Triune God*, ed. Justin Taylor and Kelly M. Kapic (Wheaton, IL: Crossway, 2007), 194."

Salvar a los pecadores por medio de la fe es una obra mucho más admirable que crear el mundo de la nada.

4. Su plena suficiencia

La omnipotencia de Dios en sí mismo es su perfección absoluta y universal, por la que nada le falta, nada le sobra. No se puede añadir nada a su plenitud, no puede disminuirla ni perderla. Hay también en Él una suficiencia total para los demás, que es su poder de impartir y comunicar su bondad y a sí mismo de manera que los satisfaga y llene, en su máxima capacidad, con todo lo que es bueno y deseable para ellos. Por lo que respecta a lo primero —su suficiencia total para la comunicación de su bondad, es decir, en el efecto externo de la misma—, Dios lo manifestó abundantemente en la creación, en la que hizo todas las cosas buenas, todas las cosas perfectas. Es decir, que no les faltaba nada en su propia especie. Puso un sello de su propia bondad en todas ellas.

Pero ahora, por lo que respecta a esto último —su entrega como Dios todopoderoso, para ser disfrutado por las criaturas, para disponer de todo lo que hay en Él para saciarlas y hacerlas bienaventuradas—, eso sólo se descubre por y en Cristo. En Cristo, Dios es un Padre, un Dios en pacto, en el cual ha prometido entregarse por ellos. En Él ha prometido entregarse en su eterna fruición, como su grandísima recompensa.

Y así he insistido en la segunda clase de cualidades de Dios, de las cuales, aunque tenemos cierta visión oscura en otras cosas, sin embargo, el conocimiento claro de ellas, y la familiaridad con ellas, sólo se obtiene en el Señor Cristo. Nos queda, pues, declarar brevemente que ninguna de las propiedades de Dios puede ser conocida, salvíficamente y para consuelo, sino solamente a través de Cristo. Por consiguiente, toda la sabiduría del conocimiento de Dios está escondida sólo en Él, y de Él debe obtenerse.

b. El conocimiento salvífico se encuentra sólo en Cristo

No hay conocimiento salvador [redentor] de ningún atributo de Dios, y tampoco un conocimiento que traiga consuelo, sino el que sólo se tiene en Cristo Jesús, estando guardado en Él y manifestado por Él. Algunos observan la justicia de Dios, y saben que ésta es "que los que hacen tales cosas" (como el pecado) "son dignos de muerte" (Ro. 1:32). Pero esto no tiene otro fin que el de hacerles gritar: "¿Quién de nosotros habitará con el fuego consumidor?" (Is. 33:14). Otros se fijan en su paciencia, su bondad, su misericordia, su longanimidad; pero esto no los conduce en absoluto al arrepentimiento, sino que "tienen en poco las riquezas de su bondad, y por su terquedad y su corazón no arrepentido, están acumulando ira para sí mismos en el día de la ira" (Ro. 2:4-5). Otros, a través de las obras de la creación y de la providencia, llegan a conocer "Su eterno poder y divinidad; pero no lo honraron como a Dios ni le dieron gracias, sino que se hicieron vanos en sus razonamientos y su necio corazón fue entenebrecido" (Ro. 1:20-21). Todo lo que los hombres descubren de la verdad fuera de Cristo, "lo tienen restringido con la injusticia" (Ro. 1:18). De ahí que Judas nos diga que "las cosas que como animales irracionales conocen por instinto, por estas cosas son ellos destruidos" (Jud.10).

A fin de tener un conocimiento redentor de los atributos de Dios, junto con la experiencia de Su consolación, se requieren tres cosas:

1. Que Dios haya manifestado la gloria de todas ellas de manera que nos haga el bien.
2. Que todavía las ejerza y disponga al máximo en nuestro favor.
3. Que, estando así manifestadas y ejercidas, sean aptas y poderosas para llevarnos al eterno disfrute de Él mismo, que es nuestra bienaventuranza.

Ahora bien, todas estas tres cosas están escondidas en Cristo, y no se puede alcanzar el menor atisbo de ellas fuera de Él.

i. Dios se revela en Cristo para nuestro bien

Esto es lo que hay que aceptar: que Dios ha manifestado realmente la gloria de todos sus atributos para obrar en nuestro bien. ¿De qué servirá a nuestras almas, qué consuelo nos traerá, qué cariño pondrá en nuestros corazones hacia Dios, el saber que es infinitamente justo, recto y santo, inmutablemente verdadero y fiel, si no sabemos cómo puede conservar la gloria de su justicia y fidelidad en sus mandatos y amenazas, sino sólo en nuestra ruina y destrucción? ¿Qué consuelo habría si de ahí sólo podemos decir que es cosa justa para Él retribuirnos la tribulación por nuestras iniquidades? ¿Qué fruto de esta consideración tuvo Adán en el jardín? (Gn. 3). ¿Qué dulzura, qué estímulo hay en saber que Él es paciente y lleno de clemencia, si la gloria de esto ha de ser exaltada al soportar los vasos de la ira preparados para la destrucción? Es más, ¿de qué nos servirá oírle proclamarse "El Señor, el Señor Dios, misericordioso y clemente, abundante en bondad y en verdad", y sin embargo, con eso, "no exculpará de ninguna manera al culpable" (Ex. 34:6-7), cerrando así el ejercicio de todas sus otras propiedades hacia nosotros, a causa de nuestra iniquidad? Sin duda, de ninguna manera.

Bajo esta consideración desnuda de las propiedades de Dios, la justicia hará que los hombres huyan y se escondan (Gn. 3; Is. 2:21, 33:15-16).

Isaías 2:21 Y se meterá en las cavernas de las rocas y en las hendiduras de las peñas, Ante el terror del Señor y *ante* el esplendor de Su majestad, Cuando Él se levante para hacer temblar la tierra.

Isaías 33:15–16 El que anda en justicia y habla con sinceridad, El que rehúsa la ganancia injusta, Y se sacude las manos para que no retengan soborno; El que se tapa los oídos para no oír del derramamiento de sangre, Y cierra los ojos para no ver el mal. Ese morará en las alturas, En la peña inconmovible estará su refugio; Se le dará su pan, *Tendrá* segura su agua.

La paciencia, los hará obstinados (Ecl. 8:11). Su santidad los aleja por completo de todo pensamiento de acercamiento a Él (Jos. 24:19). ¿Qué alivio encontramos en los pensamientos de su inmensidad y omnipresencia, si sólo tenemos motivos para idear cómo huir de Él (Sal. 139:11-12), si no tenemos la garantía de su bondadosa presencia con nosotros? Esto es lo que trae la salvación, cuando vemos que Dios ha glorificado todos sus atributos para hacernos el bien.

Ahora bien, todo esto lo ha hecho en Jesucristo. En Él ha hecho que su justicia sea gloriosa, cargando todas nuestras iniquidades sobre Él, haciéndole cargar con todas ellas, como el macho cabrío en el desierto. No perdonándole, sino entregándole a la muerte por todos nosotros (cf. Is. 53:5-6, Lv. 16:21, Ro. 8:12); exaltando así su justicia y su indignación contra el pecado para librarnos de su condena (Ro. 3:25, 8:33-34). En Él ha hecho gloriosa su veracidad, y su fidelidad, en el cumplimiento exacto de todas sus amenazas y promesas absolutas. Aquella amenaza-fuente y conminación de la que fluyen todas las demás, "el día que de él comas, ciertamente morirás" (Gn. 2:17); secundada con una maldición, "maldito todo el que no cumpla" (Dt. 27:26; Gá. 3:10), se cumple en Él, se cumple, y la verdad de Dios en ellos se encamina hacia nuestro bien. Él, por la gracia de Dios, gustó la muerte por nosotros (Heb. 2:9). Y así nos libró a nosotros que estábamos sujetos a la muerte (Heb. 2:15). Él ha cumplido la maldición, al ser hecho maldición por nosotros (Gá. 3:13). De modo que, en sus mismas amenazas, su verdad se hace gloriosa en un sentido para nuestro bien.

Y en cuanto a sus promesas, "todas son sí. Por eso también por medio de Él, es nuestro Amén, para la gloria de Dios por medio de nosotros" (2 Co. 1:20). Y por su misericordia, su bondad y las riquezas de su gracia, ¡cuán eminentemente son hechas gloriosas en Cristo, y promovidas para nuestro bien! Dios lo ha puesto para declarar su justicia en el perdón de los pecados. Ha abierto un camino en Él para que se exalte para siempre la gloria de su misericordia perdonadora para con los pecadores. Declarar esto es el gran designio del evangelio, como lo expone admirablemente Pablo (Ef. 1:5-8). Nuestras almas deben llegar a su conocimiento, o vivirán para siempre en las tinieblas.

Se trata de un conocimiento salvador y lleno de consuelo cuando podemos ver todas las virtudes de Dios glorificadas y exaltadas para hacernos el bien. Y esta sabiduría sólo está escondida en Jesucristo. Por eso, cuando le pidió a su Padre que glorificara su nombre (Jn.12:2) — para hacer en Él mismo su nombre (es decir, su naturaleza, sus propiedades, su voluntad) todo glorioso en aquella obra de redención que tenía entre manos—, se le respondió al instante desde el cielo: "Lo he glorificado y lo glorificaré de nuevo" (Jn. 12:28).

Él [Hijo] le dará su máxima gloria [al Padre] en Él mismo.

ii. Cristo está ejerciendo los atributos de Dios para nuestro bien

Dios ejercerá y pondrá en práctica al máximo esas propiedades suyas en nuestro favor. Aunque las ha hecho todas gloriosas de manera que puedan tender a nuestro bien, no se deduce necesariamente que las empleará para nuestro bien. ¿No vemos que innumerables personas perecen eternamente, a pesar de la manifestación de sí mismo que Dios ha hecho en Cristo? Por lo tanto, además, Dios ha confiado todas sus propiedades en la mano de Cristo, si puedo decirlo así, para que las administre en nuestro favor y para nuestro bien. Él es "el poder de Dios, y la sabiduría de Dios" (1 Co. 1:24); es "el Señor nuestra Justicia" (Jer. 23:6), y es "hecho para nosotros por Dios sabiduría, justicia, santificación y redención" (1 Co. 1:30).

Habiendo Cristo glorificado a su Padre en todos sus atributos, ahora se le ha encomendado el ejercicio de los mismos, para que sea el capitán de la salvación de los que creen (Heb. 2:10). De modo que si en la justicia, la bondad, el amor, la misericordia, la suficiencia total de Dios, hay algo que nos haga bien, el Señor Jesús está absolutamente comprometido a dispensarlo en nuestro favor. Por eso se dice que Dios está "en Cristo reconciliando al mundo con Él mismo" (2 Co. 5:19). Todo lo que hay en Él, lo dispone para la reconciliación del mundo, en y por el Señor Cristo; y se convierte en "el Señor nuestra Justicia" (Is. 45:24-5). Y esto es lo segundo que se requiere.

iii. Cristo es capaz de cumplir el pacto

"Sólo en el Señor Cristo; sólo en él Dios es un Dios que basta a cualquiera". Sólo queda, pues, que estos atributos de Dios, así manifestados y ejercidos, sean poderosos y capaces de llevarnos al disfrute eterno de Él. Para demostrarlo, el Señor envuelve todo el pacto de gracia en una sola promesa, que significa nada menos que: "Yo seré tu Dios". En el pacto de gracia, Dios se convierte en nuestro Dios, y nosotros en su pueblo; y así todos sus atributos son también nuestros.

Y para que no dudemos —cuando nuestros ojos se abren para ver en alguna medida la inconcebible dificultad que hay en este asunto, los inimaginables obstáculos que se oponen a nosotros— de que a pesar de todo no es suficiente para librarnos y salvarnos, Dios lo ha envuelto en esta expresión (Gn. 17:1): "Yo soy", dice, "el Dios Todopoderoso" (totalmente suficiente); "soy totalmente capaz de realizar todas mis empresas, y de ser tu recompensa sumamente grande. Puedo eliminar todas las dificultades, responder a todas las objeciones, perdonar todos los pecados, vencer toda oposición: Yo soy el Dios todopoderoso". "El Shaddai, Aquila lo traduce como 'fuerte', porque podemos decir que es firme y equipado para hacer todas las cosas.[39]

---

[39] Lt. *Shaddai, Aquila interpretatur alkimon, quod nos robustum et ad omnia perpetranda sufficientem possumus dicere.* Jeronimo, Epistolas. [Jerome, Epistles cxxxvi; PL 22, col. 429.]. "Jerónimo (c. 345-420) estudió primero en Roma y viajó por la Galia, antes de entrar en la vida ascética y convertirse en exégeta bíblico. En el año 374, a la edad de treinta años, viajó a Palestina vía Antioquía, y luego se instaló en el desierto sirio, donde aprendió hebreo. En el año 385 regresó a Roma como secretario del Papa o del obispo Dámaso. Poco después se trasladó a Belén, donde se dedicó al estudio, acompañado y apoyado por una rica viuda romana, Paula, y su hija. Con su riqueza fundó un monasterio. Jerónimo destacó como exégeta y traductor bíblico, especialmente en una época en la que pocos de los Padres de la Iglesia estaban familiarizados con el hebreo. Su obra más conocida sigue siendo la traducción de la Biblia al latín, conocida como versio vulgate, o la Vulgata, que fue aceptada como autorizada por la Iglesia Católica Romana. También tradujo a Orígenes al latín. Anticipándose a los Reformadores, defendió

Ahora bien, ya sabemos en quién se ratifica este pacto y todas sus promesas, y en la sangre de quién se confirma, es decir, sólo en el Señor Cristo. Sólo en Él es Dios todopoderoso para cualquiera, y una recompensa sumamente grande. Y por eso se dice que Cristo mismo "salva para siempre a los que por medio de Él se acercan a Dios" (Heb. 7:25).

Y estas tres cosas, digo, deben ser conocidas para que podamos tener un conocimiento salvador de Dios, y que tal conocimiento esté acompañado de consuelo, con cualquiera de los atributos de Dios; y estando todo esto escondido sólo en Cristo, sólo de Él debe obtenerse.

Esta es, pues, la primera parte de nuestra primera demostración: que toda la sabiduría y el conocimiento verdaderos y sanos están depositados en el Señor Cristo, y sólo de Él deben obtenerse. Porque nuestra sabiduría que consiste, en una parte principal, en el conocimiento de Dios, de su naturaleza y de sus propiedades, está enteramente escondida en Cristo, y no puede obtenerse sino por Él.

2. El conocimiento de nosotros mismos

En cuanto al conocimiento de nosotros mismos, que es la segunda parte de nuestra sabiduría, consiste en estas tres cosas, de las que nuestro Salvador envía su Espíritu para convencer al mundo: "el pecado, la justicia y el juicio" (Jn. 16:8). Conocernos a nosotros mismos en referencia a estas tres cosas, es una parte primordial de la verdadera y sana sabiduría. "Esa sabiduría es tanto el Conocimiento Científico como la Inteligencia Intuitiva de lo más honorable por naturaleza".[40] Porque

---

la aceptación del canon hebreo en lugar del de los LXX. También fue un polemista y controversialista, atacó el arrianismo, el pelagianismo y el origenismo. Defendió el ascetismo extremo." Anthony C. Thiselton, "Jerome," *The Thiselton Companion to Christian Theology* (Grand Rapids, MI; Cambridge, U.K.: William B. Eerdmans Publishing Company, 2015), 491–492.

[40] Gr. ἐκ δὴ τῶν εἰρημένων δῆλον ὅτι ἡ σοφία ἐστὶ καὶ ἐπιστήμη καὶ νοῦς τῶν τιμιωτάτων τῇ φύσει. Aristoteles, *Ética a Nicomano*. [Aristotle: *The Nicomachean Ethics*, trans. H. Rackham (Cambridge, MA: Harvard University Press, 1962), 344–45 (bk. 6 ch. 7.5)]. Aristot., Nic. Eth. 1141b.1–5.]

todas ellas ["el pecado, la justicia y el juicio"] conciernen al fin sobrenatural e inmortal al que estamos destinados, y no hay ninguna de ellas que podamos alcanzar sino en Cristo.

a. Con respecto a nuestro pecado

Hay una percepción y un conocimiento del pecado que permanece en las conciencias de todos los hombres por naturaleza. Para saber lo que es bueno y malo en muchas cosas, para aprobar y desaprobar lo que hacen, en referencia a un juicio venidero, no necesitan ir más allá de ellos mismos (Ro. 2:14-15).

> **Romanos 2:14–16** Porque cuando los gentiles, que no tienen la ley, cumplen por instinto los *dictados* de la ley, ellos, no teniendo la ley, son una ley para sí mismos. Porque muestran la obra de la ley escrita en sus corazones, su conciencia dando testimonio, y sus pensamientos acusándolos unas veces y otras defendiéndolos, el día en que, según mi evangelio, Dios juzgará los secretos de los hombres mediante Cristo Jesús.

Sin embargo, su conocimiento es oscuro, y se relaciona sobre todo con los pecados mayores, y es en resumen lo que el apóstol nos dice: "conocen el decreto de Dios que los que practican tales cosas son dignos de muerte" (Ro. 1:32). Esto lo coloca entre las presunciones y *nociones comunes* que recibe la humanidad,[41] a saber, que es "justo para Dios

---

41 Sobre el uso del término *nociones comunes*, Richard Muller escribe: "*notiones communes*: (nociones comunes o concepciones comunes); el equivalente latino del griego κοιναὶ ἔννοιαι (koinai ennoiai) o, en algunos usos de la filosofía estoica, προλήψεις (prolēpseis, q.v.); concretamente, ideas básicas grabadas o implantadas en la mente humana que pertenecen por naturaleza a todas las personas, una teoría arraigada en la antigua filosofía estoica. Estas nociones comunes se consideraban universalmente ciertas en la filosofía tradicional, ya fuera aristotélica o platónica, de la Edad Media y principios de la era moderna y, junto con la supuesta fiabilidad de la percepción sensorial, proporcionaban una base sólida para el aprendizaje y la argumentación. La premisa de las nociones comunes consistentes en los principios (*principia*) y las conclusiones

que los que hacen tales cosas sean dignos de muerte" (Ro. 1:32).[42] [Por ejemplo]:[43]

Pero sólo con la contemplación del crimen se dio cuenta de su magnitud el César.[44]

Menelao: "¿Qué te aflige? ¿Qué enfermedad te arruina?". Orestes: "Mi conciencia, saber que he cometido un acto terrible".[45]

Y si es cierto, cosa que comúnmente se acepta, que ninguna nación es tan bárbara o salvaje como para que no conserve algún sentido de una Deidad; entonces también es cierto que no hay ninguna nación que no tenga un sentido del pecado, y el desagrado de Dios por ello. Porque esta es la primerísima noción de Dios en el mundo, que es el que retribuye el bien y del mal.

---

rudimentarias de la ley natural (*lex naturalis*) daban cuenta de las normas morales universales, tal y como se indicaba teológicamente en la exégesis de Romanos 2:14-15 y se enseñaba por los reformadores y los escolásticos protestantes. La negación de la *notiones communes* y de la validez de la percepción de los sentidos por parte de las nuevas filosofías del siglo XVII, especialmente el cartesianismo y la filosofía lockiana, así como por los posteriores teólogos remonstrantes, puso en cuestión toda la estructura y el lenguaje de la tradición cristiana, ya sea filosófica o teológica." Richard A. Muller, *Dictionary of Latin and Greek Theological Terms: Drawn Principally from Protestant Scholastic Theology* (Grand Rapids, MI: Baker Academic: A Division of Baker Publishing Group, 2017), 235.

[42] Gr. Τὸ δικαίωμα τοῦ Θεοῦ ἐπιγνόντες ὅτι οἱ τὰ τοιαῦτα πράσσοντες ἄξιοι ζανάτου εἰσίν.

[43] Owen presenta ejemplos derivados de varios filosofos griegos, y escritos estoicos como prueba de la existencia de "nociones comunes" y "ley natural", dado que incluso aquellos que recibieron solamente la revelación general poseían estas nociones comunes y estaban sujetos a la ley natural. Analice el lector cuales son los conceptos que Owen desea probar que todo ser humano posee por naturaleza.

[44] Lt. *Perfecto demum scelere, magnitudo ejus intellecta est.* Tacito, Anales de Tacito. [Tacitus, *The Annals of Tacitus*, in *Tacitus IV: The Annals, Books XIII–XVI*, Loeb Classical Library, trans. John Jackson (Cambridge, MA: Harvard University Press, 1937), 123.]

[45] Gr. Τί χρῆμα πάσχεις; τίς ο' ἀπόλλυσιν νόσος; Ἡ σύνεσις, ὅτι σύνοιδα δεῖν' εἰργασμένος. Orestes. [*Orestes*, from *Euripides II: Electra, Orestes, Iphigeneia in Taurica, Andromache, Cyclops*, Loeb Classical Library, trans. Arthur S. Way (Cambridge, MA: Harvard University Press, 1958), 157.]

La primera forma de adorar a los dioses es creer en ellos; la siguiente, reconocer su majestuosidad, reconocer su bondad sin la cual no hay majestuosidad. También, saber que son comandantes supremos en el universo, que controlan todas las cosas con su poder y que actúan como guardianes de la raza humana.[46]

Y ningún honor puede ser debido a Dios, si Él no ofrece nada a Sus adoradores; y ningún temor, si Él no se enfada con quien no Le adora.[47]

Rara vez la retribución no alcanza al criminal, a pesar de que su puerta cojea.[48]

---

[46] Lt. *Primus est deorum cultus, Deos credere: deinde reddere illis majestatem suam, reddere bonitatem, sine qua nulla majestas est. Scire illos esse qui præsident mundo: qui universa vi sua temperant: qui humani generis tutelam gerunt.* Seneca, Cartas a Lucilo. [Seneca, "Epistle 95," from *Seneca: Ad Lucilium epistulae morales in Three Volumes*, vol. 3, Loeb Classical Library, trans. Richard Gummere (Cambridge, MA: Harvard University Press, 1953), 89.]

[47] Lt. *Neque honor ullus deberi potest Deo, si nihil præstat colenti; nec ullus metus, si non irascitur non colenti.* Lactancio, *Un tratado sobre la ira de Dios.* [Lactantius, *A Treatise on the Anger of God: Addressed to Donatus*, ANF 7:262; PL 36, col.0755.] "Lactancio (c. 240-320) fue un apologista e historiador cristiano; el más citado de los Padres latinos de la Iglesia. Se sabe muy poco sobre la vida de Lactancio. Nacido probablemente en el norte de África, y del que se dice que fue alumno de Arnobio, a mitad de su vida fue nombrado por el emperador Diocleciano como profesor de retórica en Nicomedia, la capital imperial. Después de que Diocleciano comenzara a perseguir a los cristianos, Lactancio regresó a Occidente hacia el año 305. Su *Divinae institutiones* (siete volúmenes, c. 304-313), su principal obra, es aclamada como el primer relato latino sistemático de la actitud cristiana ante la vida. Combate el politeísmo como base de todos los errores, identifica a los demonios como fuente de error y expone la fragilidad de la filosofía. En la última parte de la obra se discuten las ideas éticas fundamentales, la forma correcta de adorar a Dios y la inmortalidad. Aunque Pico della Mirandola le llamó más tarde el "Cicerón cristiano", la teología de Lactancio se consideraba algo superficial, quizá porque sólo se hizo cristiano en la madurez. Otras obras suyas que han sobrevivido son *De Ira Dei*, que defiende la justicia punitiva de Dios, y *De Mortibus persecutorium*, producto de sus últimos años, que es una valiosa fuente histórica, aunque criticada por haberse detenido demasiado en los terribles destinos de los emperadores perseguidores." J.D. Douglas, "Lactantius," ed. J.D. Douglas and Philip W. Comfort, *Who's Who in Christian History* (Wheaton, IL: Tyndale House, 1992), 409–410.

[48] Lt. *Raro antecedentem scelestum, Deseruit pede pæna claudo.* Horacio. Horace, *Odes*, in *Odes and Epodes*, Loeb Classical Library, trans. and ed. Niall Rudd (Cambridge, MA: Harvard University Press, 2004), 147.]

¿Adónde te diriges, Encélado? Llegues a la costa que llegues, siempre estarás bajo Júpiter.[49]

Pero, ¿por qué suponer que escapa al castigo un hombre cuya mente se mantiene siempre aterrorizada por la conciencia de una mala acción que lo azota con golpes inauditos?[50]

Y Filemón de nuevo: "¿Piensas, Nicóstrato, que los muertos, que aquí gozaron de todo lo bueno que se le ofrece al hombre, escapan a la atención de la Divinidad, como si pudieran olvidarse de ella? No, hay un ojo de la justicia que lo vigila todo; pues si los buenos y los malos encuentran el mismo fin, entonces ve tú, roba, hurta, saquea, a tu antojo, haz todo el mal que a ti te parezca bueno. Pero no te engañes, porque debajo hay un trono y un lugar de juicio que ocupará Dios, el Señor de todo, cuyo nombre es terrible, ni me atreveré a pronunciarlo con débiles palabras humanas."[51]

De ahí surgen todos los sacrificios, las purgas y las expiaciones, que tan generalmente se extendieron sobre la faz de la tierra. Pero esto no era ni es más que una gran oscuridad con relación al conocimiento del pecado, con sus consecuencias, que ha de obtenerse.

Un conocimiento más profundo del pecado, en todos los sentidos, es dado por la ley; esa ley que fue "añadida a causa de las transgresiones" (cf. Gal. 3:19, Ro. 7:13). Esta ley aviva doctrinalmente

---

[49] Lt. *Quo fugis Encelade? quascunque accessseris oras, Sub Jove semper eris.* Atribuido comúnmente a Virgilio, citado por John Gill. [John Gill, *Complete Body of Doctrinal and Practical Divinity*, 2 vols. (Grand Rapids, MI: Baker, 1978), 1:63.]

[50] Lt. *Cur tamen hos tu evasisse putes, quos diri conscia facti mens habet attonitos et surdo verbere caedit.* Juvenal, *Juvenal y Perseo.* [Juvenal, *Satire XIII*, en *Juvenal and Persius*, Loeb Classical Library, trans. G. G. Ramsey (Cambridge, MA: Harvard University Press, 1965), 261.] [Juv., Sat. 13.192–194]

[51] Lt. *Oiei su tous thanontas ō Nikostrate, Truphēs hapasēs metalabontas en biō, Pepheugenai, to theion ōs lelēthotas; Estin Dikēs ophthalmos, hos ta panth hora. Kai gar kath hadēn duo tribous nomizomen, Mian dikaiōn, heteran d asebōn, ein hodon. K ei tous duo kalupsei hē gē, Phasio chronō Harpaz, apelthōn, klept, aposterei, kuka. Mēden planēthēs, estai kan hadou krisis. Hēnper poiēsei theos ho pantōn despotēs, ou tounoma phoberon oud an onomasami egō.* Justino Martir, *Justino sobre el gobierno de Dios.* Justino Martir, en *Justin on the Sole Government of God*, ANF 1:290–91; PG 6, col. 320A-B. Cf. Diphilus in Clement of Alexander, The Miscellanies, or Stromata, ANF 2:472; PG 9, col. 532A.]

todo el sentido del bien y del mal que fue implantado al principio en el hombre; y es un cristal, en el que quien es capaz de mirar espiritualmente, puede ver el pecado en toda su fealdad y deformidad.[52] La verdad es que, si se mira la ley en su pureza, santidad, alcance y perfección; su manera de ser entregada (cf. Ex. 19:18-20, Dt. 4:11, Heb. 12:18-21), con temor, terror, truenos, terremotos, fuego; la sanción de la misma, en la muerte, la maldición, la ira; se descubre admirablemente el pecado, en todo sentido.

---

[52] Owen se refiere aquí a la ley mosaica, y la conecta con el pacto de obras, y la ley natural (nociones comunes). Richard Muller escribe: "*lex Mosaica*: Ley mosaica; la ley moral, o *lex moralis*, dada a Israel por Dios en una revelación especial a Moisés en el Monte Sinaí. En contraste con la ley moral conocida de forma oscura por todas las criaturas racionales, la *lex Mosaica* es la regla clara, completa y perfecta de la conducta humana. Los escolásticos protestantes argumentan su integridad y perfección a partir de su cumplimiento, sin añadidos, por parte de Cristo. Dado que la ley promete la vida a cambio de la obediencia, los reformados argumentan que en un sentido mantiene el abrogado *foedus operum*, o pacto de obras, aunque sólo sea como la promesa inalcanzable del Dios justo y el requisito ahora humanamente inalcanzable para la salvación aparte de la gracia. Como declaración del pacto divino en la creación, o pacto de obras, el Decálogo es también un testimonio de la ley natural (*lex naturalis*). Además, los reformados pueden argumentar que la perfecta obediencia de Cristo cumplió con el pacto de obras y que hizo a Cristo capaz de reemplazar a Adán como cabeza federal de la humanidad. Sin embargo, los reformados consideran que la ley pertenece a la *dispensatio* del Antiguo Testamento del *foedus gratiae*, o pacto de gracia. Es la norma de obediencia dada al pueblo fiel de Dios para que la siga con la ayuda de la gracia. Como norma de obediencia perteneciente al *foedus gratiae*, la ley sigue vigente bajo la economía del Nuevo Testamento. Así, la distinción entre ley y evangelio (*evangelium*) no es idéntica a la distinción entre el Antiguo y el Nuevo Testamento. La ortodoxia luterana, que no sigue el esquema del pacto típico de los reformados, también considera la ley como el estándar perfecto de justicia y la norma absoluta de la moral, que requiere conformidad tanto en la conducta externa como en la obediencia interna de la mente, la voluntad y los afectos. En el sistema luterano, sin embargo, la ley aparece no tanto como un complemento del evangelio, sino como una norma frente al evangelio y en tensión dialéctica con él: mientras que el evangelio es promesa, la ley es amenaza. La ley conduce a Cristo humillando al pecador a través de su condena de los pecados, en lugar de someterse a la promesa. Esta diferencia entre los puntos de vista luterano y reformado es más evidente en la discusión del uso de la ley, el *usus legis*." Richard A. Muller, *Dictionary of Latin and Greek Theological Terms: Drawn Principally from Protestant Scholastic Theology* (Grand Rapids, MI: Baker Academic: A Division of Baker Publishing Group, 2017), 196–197.

Hebreos 12:18–21 Porque ustedes no se han acercado a *un monte* que se puede tocar, ni a fuego ardiente, ni a tinieblas, ni a oscuridad, ni a torbellino, ni a sonido de trompeta, ni a ruido de palabras *tal,* que los que oyeron rogaron que no se les hablara más. Porque ellos no podían soportar el mandato: «Si aun una bestia toca el monte, será apedreada». Tan terrible era el espectáculo, *que* Moisés dijo: «Estoy aterrado y temblando».

Su contaminación, su culpa y su excesiva pecaminosidad son vistas por ella. Pero todo esto no es suficiente para dar al hombre una convicción verdadera y completa del pecado. No es que el cristal no sea claro, sino que por nosotros mismos no tenemos ojos para mirarlo. La regla es recta, pero no podemos aplicarla: y por eso Cristo envía su Espíritu para convencer al mundo del pecado (Jn 16:8); quien, aunque, en cuanto a algunos fines y propósitos, se sirve de la ley, sin embargo, la obra de convicción, que es la única que sirve para conocer el pecado, es la obra peculiar del Espíritu. Y así también puede decirse que el descubrimiento del pecado es obra de Cristo, y que forma parte de la sabiduría que está oculta en Él. Pero hay un doble aspecto, además de éste, de su envío de su Espíritu para convencernos, en el que esta sabiduría se muestra oculta en Él (Col. 2:3).

En primer lugar, porque hay algunos asuntos relativos al pecado que se manifiestan más claramente en el hecho de que el Señor Cristo se hizo pecado por nosotros, que de cualquier otra manera.

En segundo lugar, porque no se puede tener conocimiento del pecado, para darle a éste algún provecho espiritual y salvador, sino sólo en Él.

Para lo primero, hay cuatro cosas en el pecado que resaltan claramente en la cruz de Cristo: el castigo del mismo, la impotencia del hombre por causa de él, la muerte del mismo, y un nuevo fin puesto en él.

i. El castigo del pecado

El desierto del pecado resplandece claramente en la cruz de Cristo por una doble razón, la de la persona que sufre por él y la de la pena que sufrió.

1. *La persona que sufrió por el pecado*

Esto es lo que la Escritura expone a menudo de manera muy enfática, y le da gran importancia: "De tal manera amó Dios al mundo, que dio a Su Hijo unigénito" (Jn. 3:16). Fue su único Hijo el que Dios envió al mundo para que sufriera por el pecado. "No negó ni a Su propio Hijo, sino que lo entregó por todos nosotros" (Ro. 8:32). Ver a un esclavo golpeado y corregido, alude a una falta cometida; aunque, sin embargo, tal vez el demérito de la misma no era muy grande. La corrección de un hijo argumenta una gran provocación; la de un hijo único, es la mayor imaginable.

Nunca se vio el pecado tan abominablemente pecaminoso y lleno de provocación como cuando la carga del mismo recayó sobre los hombros del Hijo de Dios. Habiendo hecho Dios a su Hijo, el Hijo de su amor, su unigénito, lleno de gracia y de verdad, pecado por nosotros (2 Co. 5:21), para manifestar su indignación contra el pecado, y cuán absolutamente imposible es que deje impune el menor pecado, sino que le pone la mano encima (Zac. 13:7) y no lo dispensa. Si el pecado se imputa al amado Hijo de su seno (Is. 53:6), como lo hizo al asumirlo voluntariamente (pues dijo a su Padre: "He aquí que vengo a hacer tu voluntad" (Heb. 10:7), y todas nuestras iniquidades recayeron sobre Él), no le escatimará nada del desierto del pecado que le corresponde. ¿Acaso no está más que claro, por tanto, incluso por la sangre de la cruz de Cristo, que es tal el demérito del pecado que es del todo imposible que Dios deje impune el más pequeño de todos? Si lo hubiera hecho por alguno, lo habría hecho con respecto a su único Hijo. Pero no lo perdonó.

Si la deuda del pecado se hubiera podido pagar a un precio más barato, nunca se habría saldado al precio de la sangre de Cristo.

Además, Dios no se complace en absoluto ni desea la sangre, las lágrimas, los gritos, los tormentos y los sufrimientos inexpresables del Hijo de su amor (pues no se deleita en la angustia de nadie: "no aflige voluntariamente, ni entristece a los hijos de los hombres" (Lam. 3:33), y mucho menos al Hijo de su seno). Únicamente exigía que se cumpliera su ley, que se satisficiera su justicia, que se expiara su ira por el pecado; y nada menos que todo esto lo conseguiría. Si la deuda del pecado se hubiera podido pagar a un precio más barato, nunca se habría saldado al precio de la sangre de Cristo. Aquí, entonces, alma, echa un vistazo al desierto del pecado. Míralo mucho más evidente que en todas las amenazas y maldiciones de la ley. "Yo pensaba, ciertamente —podrás decir entonces—, que el pecado, al ser hallado en un pobre gusano como yo, era digno de muerte; pero que tuviera este efecto si era cargado en el Hijo de Dios, eso nunca lo imaginé".

2. La pena que sufrió por el pecado

Considera, además, lo que sufrió. Porque al ser tan excelente, podría haberse pensado que sería solo una aflicción y una prueba leve la que sufriría, especialmente considerando la fuerza que tenía para soportarla. Sea lo que fuere, hizo que este "compañero del Señor de los ejércitos" (Zac. 13:7), este "león de la tribu de Judá" (Ap. 5:5), este "poderoso" (Sal. 89:19), "la sabiduría y el poder de Dios" (Pr. 8:22, 1 Co. 1:24), temblara, sudara, llorara, orara, luchara, y eso con fuertes súplicas (Mt. 26:37-38, Mr. 14:33-34, Lc. 22:44, Heb. 5:7).

> **Mateo 26:37–38** Y tomando con Él a Pedro y a los dos hijos de Zebedeo, comenzó a entristecerse y a angustiarse. Entonces les dijo: «Mi alma está muy afligida, hasta el punto de la muerte; quédense aquí y velen junto a Mí».
> **Marcos 14:33–34** Tomó con Él a Pedro, a Jacobo y a Juan, y comenzó a afligirse y a angustiarse mucho. «Mi alma está muy afligida, hasta el punto de la muerte», les dijo; «quédense aquí y velen».

Algunos de los escritores papistas [católicos romanos] nos dicen que una gota, la más pequeña, de la sangre de Cristo, fue abundantemente suficiente para redimir a todo el mundo. Pero se equivocan grandemente, al no conocer el desierto del pecado, ni la severidad de la justicia de Dios. Si se hubiese derramado una gota menos, infligido una punzada menos, esas otras gotas no se hubieran derramado, ni esos otros dolores se hubieran impuesto. Dios no crucificó al amado de su alma por nada. De esto se puede decir mucho más.

A Dios le plació magullarlo, someterlo a dolor, hacer de su alma una ofrenda por el pecado, y derramar su vida hasta la muerte (Is. 53:5-6). Se escondió de Él, se alejó de la voz de su clamor, hasta que gritó: "Dios mío, Dios mío, ¿por qué me has abandonado?" (Sal. 22:1). Lo hizo pecado (2 Co. 5:21) y maldición por nosotros (Gal. 3:13). El Padre ejecutó en Él la sentencia de la ley. Lo condujo a una agonía en la que sudó gruesas gotas de sangre, se turbó gravemente, y su alma se agravó hasta la muerte. El que era el poder de Dios y la sabiduría de Dios, se inclinó bajo la carga, hasta que toda la creación parecía asombrada por ello. Ahora bien, así como dije antes que el castigo revelaba la indignación de Dios contra el pecado, así también muestra claramente el desierto del mismo. ¿Quieres, entonces, ver el verdadero demérito del pecado? El pecado ha hecho que el Hijo de Dios, igual a Dios, Dios bendito por los siglos, se convirtiese en un siervo (Fil. 2:7) que no tenía dónde reclinar la cabeza. Le persiguió durante toda su vida con aflicciones y persecuciones; y, por último, le puso bajo la vara de Dios. Allí Dios le magulló y le quebró, dio muerte al Señor de la vida (1 Co. 2:7 cf. Hch. 3:15). De ahí la profunda humillación por ello, a cuenta de aquel a quien hemos traspasado (Zac. 12:10). Y esta es la primera visión espiritual del pecado que tenemos en Cristo.

ii. La impotencia del hombre

La sabiduría de entender nuestra impotencia, a causa del pecado, está encerrada en Él. Por nuestra impotencia a causa del pecado me refiero a dos cosas: primero, nuestra incapacidad para hacer cualquier expiación con Dios por el pecado y; segundo, nuestra incapacidad para responder a su mente y voluntad, ya sea en todo o en algo de la obediencia que Él requiere, a causa del pecado.

1. Nuestra incapacidad para hacer expiación por el pecado

En cuanto a lo primero, esto sólo se revela en Cristo. Los hijos de los hombres han hecho muchas preguntas en busca de una expiación, y han buscado muchos caminos para lograrla. Después de esto, preguntan: "¿Acaso habrá alguna clase de sacrificios, aunque sea de parte de Dios, como holocaustos y becerros de un año; aunque sea muy costoso, miles de carneros y diez mil ríos de aceite; aunque sea espantoso y tremendo, ofreciendo violencia a la naturaleza, como el entregar a mis hijos al fuego?" (Miq. 6:6-7). ¿Algunas de estas cosas servirán de expiación? En efecto, David determina positivamente este asunto: "Nadie" (de los mejores o más ricos hombres) "puede en manera alguna redimir a su hermano, ni dar a Dios rescate por él, la redención de su alma es muy costosa, y debe abandonar el intento para siempre" (Sal. 49:7-8). No se puede hacer, ningún tipo de expiación se puede hacer.

Sin embargo, los hombres querían seguir haciendo, seguir intentando: por eso amontonaron sacrificios, algunos costosos, otros sangrientos e inhumanos.[53] Los judíos, hasta el día de hoy, piensan que el pecado fue expiado ante Dios por los sacrificios de toros y machos cabríos, y otros similares. Y los socinianos no reconocen ninguna expiación, sino la que consiste en el arrepentimiento y la nueva obediencia de los hombres. En la cruz de Cristo se cierran las bocas de todos en cuanto a este asunto.

1.1. Los sacrificios son insuficientes para la expiación

---

[53] John Owen, *Diatrib. De Just. Divin.* ["A Dissertation on Divine Justice: or, the Claims of Vindicatory Justice Vindicated" (1653), *Works* 10:512–24.]

Dios ha revelado que ningún sacrificio por el pecado, aunque haya sido designado por Él, podrá jamás hacer perfectos a quienes lo ofrezcan (Heb. 10:11). Esos sacrificios nunca podrían quitar el pecado (Sal. 40:6-7); esos servicios nunca podrían hacer perfectos a los que los realizaban, en cuanto a la conciencia (Heb. 9:9); como lo demuestra el apóstol (Heb. 10:1). De ahí que el Señor rechace todos los sacrificios y ofrendas en lo referente a tal fin y propósito, Cristo, en su lugar, dice: "He aquí que vengo" (Heb. 10:6-8); y por él somos "justificados de todas las cosas de que no pudimos ser justificados por la ley de Moisés" (Hch. 13:39).

> **Hebreos 10:6–8** En holocaustos y *sacrificios* por el pecado no te has complacido. »Entonces dije: "Aquí estoy, Yo he venido (En el rollo del libro está escrito de Mí) Para hacer, oh Dios, Tu voluntad"». Habiendo dicho anteriormente: «Sacrificios y ofrendas y holocaustos, y *sacrificios* por el pecado no has querido, ni *en ellos* Tú te has complacido» (los cuales se ofrecen según la ley).

Dios, por lo tanto, en Cristo, ha condenado todos los sacrificios, por ser totalmente insuficientes para la expiación del pecado. Y cuán grande fue instruir a los hijos de los hombres en esta sabiduría, lo ha manifestado el acontecimiento.

1.2. Cristo no fue una propiciación en vano

[El sacrificio de Cristo] ha tachado como vanos todos los demás esfuerzos que se han emprendido con ese propósito. Al exponer a su único Hijo "para ser propiciación" (Ro. 3:24-26) no deja ninguna duda en los espíritus de los hombres de que en sí mismos no podían hacer ninguna expiación; porque "si la justicia fuera por la ley, entonces Cristo habría muerto en vano" (Gal. 2:21). ¿Para qué iba a servir de propiciación, si nosotros mismos no fuéramos débiles y carentes de fuerza para tal fin? Así argumenta el apóstol (Ro. 5:6), cuando no teníamos poder, entonces Él por la muerte hizo una expiación por nosotros (Ro. 5:8-9).

Esta sabiduría, pues, también está escondida en Cristo. Los hombres pueden ver con otras ayudas, tal vez, lo suficiente como para llenarlos de temor y asombro, como los de Isaías 33:14. Pero una perspectiva y visión de ella que pueda llevar a un alma a cualquier solución conveniente sólo se descubre en este tesoro del cielo, el Señor Jesús.

2. Nuestra incapacidad para responder a Dios

Nuestra incapacidad para responder a la mente y a la voluntad de Dios, en la totalidad o en parte de la obediencia que Él exige, sólo puede descubrirse en Cristo. Esto, en verdad, es algo que muchos no conocerán hasta el día de hoy. Enseñar a un hombre que no puede hacer lo que debe hacer, y por lo cual se condena a sí mismo si no lo hace, no es tarea fácil. El hombre se levanta con todo su poder para alegar contra la convicción de su impotencia. Por no hablar de los orgullosos engreimientos y expresiones de los filósofos, "Porque cada uno obtiene la virtud por sí mismo; ninguno de los filósofos dio gracias a Dios por ello".[54]

¡Cuántos que se llamarían cristianos se arrastran, sin embargo, en diversos niveles, hasta persuadirse de que tienen el poder de cumplir la ley! ¿Y de dónde, en efecto, han de tener los hombres este conocimiento que nosotros no tenemos? No se enseñará a través de la naturaleza, pues la naturaleza humana es orgullosa y engreída; y es parte de su orgullo, debilidad y corrupción, el no conocerlo en absoluto.[55] Pues "Es evidente que la naturaleza está tan corrompida, que no ve su propia mancha

---

[54] Lt. *Quia unusquisque sibi virtutem acquirit; nemo sapientum de ea gratias Deo egit.* Cicerón.

[55] Owen expone en esta sección los limites de la ley natural, la revelación general, y la revelación especial aparte de la obra regeneradora del Espíritu Santo. A pesar de que todo hombre tiene acceso a la revelación de Dios y sus caminos, la corrupción de su pecado lo vuelve impotente para lograr su salvación, sin importar el grado de revelación que el hombre pueda tener.

bastante grande".[56] La ley no lo enseñará, porque, aunque nos muestre lo que hemos hecho mal, no nos revelará que no podríamos hacerlo mejor. Efectivamente, al exigirnos obediencia exacta, da por sentado que tal poder está en nosotros para ese propósito. No se percata de que lo hayamos perdido, ni le interesa hacerlo. Por lo tanto, esto también está oculto en el Señor Jesús.

> **Romanos 8:2–4** Porque la ley del Espíritu de vida en Cristo Jesús te ha libertado de la ley del pecado y de la muerte. Pues lo que la ley no pudo hacer, ya que era débil por causa de la carne, Dios *lo hizo*: enviando a Su propio Hijo en semejanza de carne de pecado y *como ofrenda* por el pecado, condenó al pecado en la carne, para que el requisito de la ley se cumpliera en nosotros, que no andamos conforme a la carne, sino conforme al Espíritu.

La ley no puede producir ninguna justicia, ninguna obediencia; es débil para tal fin, a causa de la carne, y de la corrupción que ha recaído sobre nosotros. Estas dos cosas se hacen en Cristo, y por Él: primero, el pecado es condenado en cuanto a su culpa, y nosotros somos liberados de ella; la justicia de la ley por su obediencia se cumple en nosotros, lo cual nunca podríamos hacer nosotros mismos. Y, en segundo lugar, su Espíritu obra en nosotros esa obediencia que se nos exige. De modo que esa perfección de la obediencia que tenemos en Él se nos imputa, y la sinceridad que tenemos en la obediencia proviene de su Espíritu otorgado a nosotros. Y este es el espejo más excelente, en el que vemos nuestra impotencia; ya que ¿para qué necesitamos que su perfecta obediencia se haga nuestra, sino porque no la tenemos, ni podemos alcanzarla? ¿Por qué necesitamos su Espíritu de vida para revivirnos, sino porque estamos muertos en delitos y pecados?

iii. La muerte del pecado

---

[56] Lt. *Natura sic apparet vitiata, ut hoc majoris vitii sit non videre.* Agustín, *Sobre la Naturaleza y la Gracia.* [Augustine, On Nature and Grace, NPNF1 5:140; PL 44, col. 274.]

El pecado muere en nosotros ahora, en cierta medida, mientras estamos vivos. Esta es una tercera preocupación relacionada con el pecado que es nuestra sabiduría conocer, y está escondida sólo en Cristo. Hay una doble muerte del pecado: en cuanto a su ejercicio en nuestros miembros mortales; y en cuanto a su raíz, principio y poder en nuestras almas.

La primera, en efecto, puede aprenderse parcialmente fuera de Cristo. Los hombres sin Cristo pueden tener el pecado muriendo en ellos, en cuanto al ejercicio o manifestación externa del mismo. Los cuerpos de los hombres pueden estar incapacitados para el servicio de sus concupiscencias, o la práctica de las mismas puede no coincidir con su interés. El pecado nunca está más vivo que cuando está muriendo.[57]

Pero hay una muerte en cuanto a la raíz del pecado, el principio del mismo, la decadencia diaria de la fuerza, poder y vida del mismo; y esto solamente se tiene en Cristo. El pecado es algo que por sí mismo no es apto para morir o decaer, sino para ganar terreno, fuerza y vida en el sujeto en el que se encuentra, hasta la eternidad. Con todo, si no se evitan todas sus erupciones en el presente, su enemistad original contra Dios seguirá creciendo. En los creyentes sigue muriendo y decayendo, hasta que sea totalmente abolida. La revelación de este tesoro se encuentra en Romanos 6:3-6:

> **Romanos 6:3–6** ¿O no saben ustedes que todos los que hemos sido bautizados en Cristo Jesús, hemos sido bautizados en Su muerte? Por tanto, hemos sido sepultados con Él por medio del bautismo para muerte, a fin de que como Cristo resucitó de entre los muertos por la gloria del Padre, así también nosotros andemos en novedad de vida. Porque si hemos sido unidos *a Cristo* en la semejanza de Su muerte, ciertamente lo seremos también *en la semejanza* de Su resurrección. Sabemos esto, que nuestro viejo hombre fue crucificado con *Cristo*,

---

[57] En esta sección Owen esta haciendo referencia a la obra "Of the Mortification of Sin in believers". Esta obra ha sido publicada en español bajo el título: John Owen, *Victoria sobre el pecado y la tentación*, ed. Jaime D. Caballero (Lima, Perú: Teología para Vivir, 2019), 47-236.

para que nuestro cuerpo de pecado fuera destruido, a fin de que ya no seamos esclavos del pecado.

Este es el propósito del apóstol en el comienzo de ese capítulo, no sólo manifestar de dónde proviene el principio y el surgimiento de nuestra mortificación y la muerte del pecado, incluso de la muerte y la sangre de Cristo; sino también la manera de la permanencia y muerte del pecado en nosotros, a partir de la forma en que Cristo murió por el pecado.

Él fue crucificado por nosotros, y así el pecado fue crucificado en nosotros. Él murió por nosotros, y el cuerpo del pecado es destruido, para que no sirvamos al pecado. Y así como Él resucitó de entre los muertos, porque la muerte no se enseñoreó de Él, así también nosotros resucitamos del pecado, porque éste no se enseñorea de nosotros. Esta sabiduría está escondida sólo en Cristo. Moisés, en el día de su muerte, tenía toda su fuerza y su vigor. Así también el pecado y la ley siguen teniendo toda su fuerza aparte de Jesús. Hasta el día de su muerte, el pecado no pierde su vigor de ninguna manera.

Ahora bien, junto a la recepción de la justicia preparada para nosotros, conocer esto es la parte más importante de nuestra sabiduría. Conocer verdaderamente el principio de la muerte del pecado, sentir la virtud y el poder que fluyen de la cruz de Cristo para ese propósito, encontrar el pecado crucificado en nosotros, como Cristo fue crucificado por nosotros: esta es la sabiduría en verdad, que se encuentra sólo en Él.

iv. El propósito del pecado

Hay un fin glorioso para el cual el pecado está designado y ordenado, y que se descubre en Cristo, el cual otros desconocen. El pecado, en su propia naturaleza, tiende meramente a la deshonra de Dios, al envilecimiento de su majestad y a la ruina de la criatura en la que se encuentra. El infierno mismo no es más que el hartazgo de las miserables criaturas con el fruto de sus propios designios (Pr. 1:31, Jer. 17:10).

Las disposiciones y amenazas de Dios en la ley manifiestan otro fin de la misma, que es la demostración de la justicia vindicativa de Dios, al medirle una recompensa adecuada. Pero aquí la ley se detiene (y con ella toda otra luz) y no descubre ningún otro uso o fin de ella (2 Tes. 1:6). En el Señor Jesús se manifiesta otro y más glorioso fin, a saber, la alabanza de la gloriosa gracia de Dios en el perdón y la remisión del pecado (Ef. 1:6). Dios ha ordenado en Cristo que aquello que tendía meramente a su deshonra sea gestionado para su infinita gloria, y que sea lo que de todas las cosas desea exaltar (Heb. 8:6-13), a fin de que sea conocido y creído como un "Dios que perdona la iniquidad, la transgresión y el pecado" (Miq. 7:18).

Volviendo, pues, a esta parte de nuestra demostración, gran parte de nuestra sabiduría consiste en el conocimiento de nosotros mismos, en referencia a nuestra condición eterna. No hay nada que nos preocupe más, en esta condición depravada de la naturaleza, que el pecado. Sin un conocimiento de éste, no nos conocemos a nosotros mismos. "Los necios se burlan del pecado" (Pr. 14:9). Un verdadero conocimiento salvador del pecado sólo puede obtenerse en el Señor Cristo: en Él podemos ver el desierto de nuestras iniquidades, y su contaminación, que no podría ser soportada o expiada sino por su sangre. Tampoco hay ninguna consideración cabal de éstas sino en Cristo.

En Cristo y en su cruz se descubre nuestra impotencia universal, tanto para expiar la justicia de Dios como para cumplir su voluntad. La muerte del pecado se consigue y se descubre en la muerte de Cristo, así como la manifestación de las riquezas de la gracia de Dios en su perdón. Un conocimiento real y experimental, en cuanto a nosotros mismos, de todo esto, es nuestra sabiduría; y esto es de más valor que toda la sabiduría del mundo.

b. Con respecto a la justicia

La justicia es la segunda cosa de la que el Espíritu Santo de Cristo convence al mundo, y la principal que es nuestra sabiduría conocer. Todos los hombres están persuadidos de que Dios es un Dios muy justo. Esa es una noción natural de Dios en la que Abraham insistió, "El Juez de toda la tierra, ¿no hará justicia?" (Gn. 18:25). Ellos "conocen el decreto de Dios que los que practican tales cosas son dignos de muerte" (Ro. 1:32); que "es justo delante de Dios que Él pague con aflicción a quienes aflijen" (2 Ts. 1:6), que Él es "un Dios de ojos muy limpios para mirar el mal" (Hab. 1:13). Por lo tanto, "no se sostendrán los impíos en el juicio" (Sal. 1:5).

En consecuencia, la gran pregunta de todo aquel (que se encuentra en alguna medida bajo el poder de ella) que esté convencido de la inmortalidad y del juicio venidero, es acerca de la justicia con la que presentarse en la presencia de este Dios justo. De esto se preocupan en mayor o menor medida todos sus días; y así, como dice el apóstol, "por el temor a la muerte están sujetos a la esclavitud durante toda la vida" (Heb. 2:15). Están perplejos con los temores relacionados con el resultado de su justicia, no sea que termine en muerte y destrucción.

i. La justicia no se alcanza por la ley

Para los hombres que se dedican a este estudio, lo primero y lo más natural que se presenta para dirigirlos y ayudarlos, prometiéndoles con seguridad una justicia que resistirá la prueba de Dios, siempre que sigan su dirección, es la ley. La ley tiene muchos argumentos justos para prevalecer con un alma a fin de lograr la justicia ante Dios. La ley fue dada por Dios mismo para ese fin y propósito. Contiene toda la obediencia que Dios requiere de cualquiera de los hijos de los hombres. Tiene la promesa de vida anexa: "Haz esto y vivirás" (Lc. 10:28), "los cumplidores de la ley son justificados por la ley" (Ro. 2:13), y "si quieres entrar en la vida, guarda los mandamientos" (Mt. 19:17).

Efectivamente, es muy cierto que la ley debe cumplirse en su totalidad, si alguna vez pensamos presentarnos confiadamente ante Dios. Siendo ésta una parte del argumento de la ley, no hay hombre que busque la justicia que no la atienda, una u otra vez, e intente dirigirse por ella. Muchos lo hacen todos los días, pero no quieren reconocer que lo hacen. En razón de ello, se esfuerzan por corregir sus vidas, enmendar sus caminos, cumplir con los deberes requeridos, y así seguir una justicia de acuerdo con la prescripción de la ley.

Y en este curso muchos hombres continúan por mucho tiempo con mucha perplejidad; a veces esperando, a menudo temiendo; a veces listos para rendirse del todo; a veces jurando persistir (sin que sus conciencias estén satisfechas, ni la justicia en ninguna medida alcanzada) todos sus días. Después de que se han cansado quizás por una larga temporada, en la amplitud de sus caminos, llegan finalmente, con temor, temblor y desilusión, a la misma conclusión del apóstol: "Por las obras de la ley nadie puede ser justificado" (Gal. 2:16); y con el grito de temor por el hecho de que, si Dios nota lo que se ha hecho mal, no hay posibilidad de estar ante Él. El apóstol da testimonio de que tienen este problema: "Pero Israel, que iba tras una ley de justicia, no alcanzó *esa* ley", (*persiguiendo la ley de la justicia, no alcanzaron la ley de la justicia*),[58] "¿Por qué? Porque no *iban tras ella* por fe, sino como por obras. Tropezaron en la piedra de tropiezo (Ro. 9:31-32).

No fue solamente por la falta de esfuerzo en sí mismos que fueron desilusionados, ya que siguieron fervientemente la ley de la justicia; sino por la naturaleza misma del asunto: no la soportó. La justicia no podía obtenerse de esa manera: "Porque —dice el apóstol— si los que son de la ley son herederos, vana resulta la fe y anulada la promesa, porque la ley produce ira" (Ro. 4:14-15). La ley misma es ahora tal que no puede dar vida, "si se hubiera dado una ley capaz de impartir vida, entonces la justicia ciertamente hubiera dependido de la ley" (Gá. 3:21). Y en el versículo siguiente da la razón por la que no podía dar vida;

---

[58] Gr. Διώκων νόμον δικαιοσύνης εἰς νόμον δικαιοσύνης οὐκ ἔφθασε. Esta es la parafrasis de Owen del texto griego.

porque "la Escritura lo encerró todo bajo pecado" (Gal. 3:22), es decir, es muy cierto, y la Escritura lo afirma, que todos los hombres son pecadores, y la ley no dice una sola palabra a los pecadores que no sea muerte y destrucción. Por eso el apóstol nos dice claramente que Dios mismo encontró una "falla"[59] en esta forma de alcanzar la justicia (Heb. 8:7-8). Se queja de ella; es decir, la declara insuficiente para ese fin y propósito.

Ahora bien, hay dos consideraciones que revelan a los hombres la vanidad y la desesperanza de buscar la justicia por este camino de la ley [aparte de Cristo].

1. Hemos pecado

Que ya hemos pecado: "Por cuanto 'todos pecaron,'[60] y no alcanzan la gloria de Dios" (Ro. 3:23 cf. Ro. 5:12). Son suficientemente conscientes del hecho de que, aunque puedan cumplir toda la ley en el futuro, ya hay una cuenta, un ajuste de cuentas, que no saben cómo compensar. ¿Acaso consultarían a su guía, la propia ley, cómo podrían liberarse de la cuenta que ya tienen? La ley no tiene una sola palabra de dirección o consuelo, sino que les pide que se preparen para morir. La sentencia ha sido dictada, y no hay escapatoria.

2. No podemos cumplir la ley

Incluso si todas las deudas anteriores fueran borradas, sin embargo, no es posible cumplir la ley en el futuro. Tanto pueden mover la tierra con un dedo, como responder a la perfección de la misma: y, por lo tanto, como dije, por esta doble razón, concluyen que este trabajo está perdido. "Por las obras de la ley nadie será justificado" (Gal. 3:11-12).

ii. La justicia no se alcanza por otros caminos

---

[59] Gr. Μεμφόμενος (cf. Heb. 8:7).
[60] Gr. Πάντες ἥμαρτον.

Así pues, en segundo lugar, al verse así defraudados por la severidad e inexorabilidad de la ley, los hombres suelen recurrir a algún otro camino que les satisfaga en cuanto a las consideraciones que los apartaron de sus anteriores esperanzas; y esto, por lo general, es fijándose en algunos modos de expiación para satisfacer a Dios, y ayudando a los demás con esperanzas de misericordia.

Para no hacer hincapié en las formas de expiación y de resarcimiento que los gentiles habían establecido, ni en las muchas formas e invenciones —por obras propias satisfactorias, "*supererogaciones*"[61] de otros, indulgencias y purgatorio final— que los papistas han encontrado para este fin y propósito, digo que es propio de todas las personas convencidas de su pecado, como ya se ha dicho, buscar una justicia, en parte tratando de satisfacer por lo pasado, y en parte esperando la misericordia general.

El apóstol llama a esto buscarla "como por las obras de la ley" (Ro. 9:32); no directamente, "sino como por las obras de la ley", compensando una cosa con otra. Y nos dice qué problema tienen en este asunto: "Desconociendo la justicia de Dios y procurando establecer la

---

[61] Lt. "*Opera supererogationis.*" Sobre este concepto Richard Muller escribe: *Opera supererogationis*: "obras de supererogación, obras más allá de las requeridas para la salvación; también *merita supererogationis*. Se trata de méritos de supererogación; un concepto de la teología medieval y posteriormente de la católica romana según el cual se creía que los santos habían realizado obras de pleno mérito (*meritum de condigno*) más allá de las exigidas por los mandatos de Dios en la ley. Su obediencia ulterior se definía en términos de la vida santa que se desprende de los consejos del Evangelio (*consilia evangelica*). El concepto de *opera supererogationis* se encuentra en la base de dos elementos de la piedad católica romana: las indulgencias y los rigores de la vida monástica. Por un lado, se argumentaba que los méritos supererogatorios de los santos podían ser dispensados por la iglesia de su tesoro de méritos y concedidos como indulgencias a aquellos cuyas vidas no cumplían los requisitos legales de salvación. Por otro lado, se suponía que la *opera supererogationis* de los santos era un modelo de conducta humana y que los religiosos eran capaces de cumplir tanto los mandatos de la ley como la del *consilia evangelica* en las condiciones de la vida monástica." Richard A. Muller, *Dictionary of Latin and Greek Theological Terms: Drawn Principally from Protestant Scholastic Theology* (Grand Rapids, MI: Baker Academic: A Division of Baker Publishing Group, 2017), 246.

suya propia, no se sometieron a la justicia de Dios" (Ro. 10:3). Fueron por ello enemigos de la justicia de Dios. El motivo de este intento de establecer su propia justicia era que ignoraban la justicia de Dios. Si hubieran conocido la justicia de Dios, y la exacta conformidad con su voluntad que Él requiere, nunca habrían emprendido una empresa tan infructuosa como la de haberla cumplido "como por las obras de la ley". Sin embargo, muchos se aferran a esto durante mucho tiempo. Algo hacen, algo esperan. Compensan algunas viejas faltas con una nueva obediencia. Y esto apacigua sus conciencias por un tiempo; pero cuando el Espíritu viene a convencerlos de la justicia (Jn. 16:8), tampoco esto resistirá.

iii. La justicia solo se encuentra en Cristo

El asunto llega finalmente a esta cuestión: [La justicia se encuentra solo en Cristo]. Se consideran a sí mismos bajo esta doble calificación como:

1. Pecadores, culpables de la ley de Dios y de la maldición de la misma; de modo que, a menos que se satisfaga eso, que nada de ello se les pueda imputar, es totalmente vano buscar siquiera una comparecencia en la presencia de Dios.
2. Como criaturas hechas para un fin sobrenatural y eterno, y por lo tanto obligadas a responder a toda la intención y voluntad de Dios en la obediencia que se les exige.

Ahora bien, como ya han descubierto que ambas cosas están más allá del alcance de sus propios esfuerzos y de la ayuda en la que antes se apoyaban, si su condición eterna les preocupa, su sabiduría consiste en encontrar una justicia que pueda responder a ambas cosas en la mayor medida posible. No obstante, ambas cosas sólo pueden obtenerse en el Señor Cristo, que es nuestra justicia. Esta sabiduría, y todos sus tesoros, están escondidos en Él.

1. Cristo ha hecho expiación por el pecado

Cristo expía las iniquidades anteriores, satisface por el pecado y procura su remisión. "Siendo justificados gratuitamente por Su gracia por medio de la redención que es en Cristo Jesús, a quien Dios exhibió públicamente como propiciación por Su sangre a través de la fe, como demostración de Su justicia, porque en Su tolerancia, Dios pasó por alto los pecados cometidos anteriormente" (Ro. 3:24-25). "Todos nosotros como ovejas..." (Is. 53:6). "En Él tenemos redención mediante Su sangre, el perdón de nuestros pecados" (Ef. 1:7). "Dios no negó a su propio Hijo, sino que lo entregó..." (Ro. 8:32).

En cuanto a la primera parte de ella, que consiste en la eliminación de toda la culpa del pecado, por la cual estamos destituidos de la gloria de Dios; esto, y sólo esto, es nuestra justicia. Por eso se nos asegura que nadie podrá acusarnos ni condenarnos (Ro. 8:33-34), ya que "no hay condenación para los que están en Cristo Jesús" (Ro. 8:1). Somos purificados por el sacrificio de Cristo, para no tener "más conciencia de pecado" (Heb. 10:2); es decir, problemas de conciencia al respecto. Esta sabiduría sólo está escondida en el Señor Jesús. Sólo en Cristo se descubre la expiación: y la sabiduría que elimina todas las cuentas con respecto al pecado, y deja que el mundo tome lo que queda.

2. Cristo cumplió toda la justicia

Sin embargo, todavía se requiere algo más. No solo basta con que no seamos culpables, sino que también debemos ser realmente justos. No sólo se debe pagar por todo el pecado, sino que se debe cumplir con toda la justicia. Al quitar la culpa del pecado, somos como personas inocentes; pero se requiere algo más para que se nos considere como personas obedientes. No conozco nada que me enseñe que una persona inocente irá al cielo y será recompensada, con tal de que no sea más culpable. Adán era inocente en su primea creación, pero debía "hacer esto", "guardar los mandamientos", antes de entrar en la "vida". No tenía derecho a la vida por la inocencia. Esto, además, es lo que se requiere, que se cumpla toda la ley, y que se realice toda la obediencia que Dios demanda de nuestras manos.

Esta es la segunda pregunta del alma, y sólo encuentra una solución en el Señor Jesucristo: "Porque si cuando éramos enemigos fuimos reconciliados con Dios por la muerte de Su Hijo, mucho más, habiendo sido reconciliados, seremos salvos por Su vida" (Ro. 5:10). Su muerte nos reconcilió; luego somos salvados por su vida. La obediencia real que Él rindió a toda la ley de Dios es la justicia por la cual somos salvados, si es que somos hallados en Él, no teniendo nuestra propia justicia que es de la ley, sino la justicia que es de Dios por la fe (Fil. 3:9). De esto tendré ocasión de hablar con mayor detalle más adelante.

Volviendo a lo anterior, supongo que no es difícil persuadir a los hombres, convencidos de la inmortalidad y del juicio venidero, de que lo principal de su sabiduría radica en encontrar una justicia que los acompañe para siempre y que resista la severa prueba del mismo Dios. Ahora bien, toda la sabiduría del mundo no es más que una locura con relación al descubrimiento de esto. Lo máximo que puede hacer la sabiduría del hombre es descubrir las formas más miserables, gravosas y fastidiosas de perecer eternamente. Todos los tesoros de esta sabiduría están escondidos en Cristo; Él "se hizo para nosotros sabiduría de Dios, y justificación" (1 Co. 1:30).

c. Con respecto al juicio

Llegamos a la última cosa, que sólo mencionaré brevemente, y es el juicio. La verdadera sabiduría de esto también está escondida en el Señor Cristo. Me refiero, en particular, a ese juicio que ha de venir: "Y cuando Él venga, convencerá al mundo de pecado, de justicia y de juicio" (Jn. 16:8). No hablaré de aquello que no nos concierne saber; de aquel tipo de juicio [razón] cuya influencia sobre los hijos de los hombres es el principio que los distingue de las bestias que perecen.

Con frases finas y acabadas habló Cayo César... de la vida y de la muerte, considerando como falsas, supongo, las historias que se cuentan del Mundo Inferior, donde dicen que los malvados toman un camino diferente al de los buenos, y habitan en las regiones sombrías, desoladas, antiestéticas y llenas de temores.[62]

Y es un hecho que los vivos se generan a partir de los muertos y que las almas de los muertos existen (y que a los buenos les va mejor y a los malos peor).[63]

Tampoco insistiré en las oscuras insinuaciones que nos dan los procedimientos [juicios] actuales de la Providencia en el gobierno del mundo ("Llegaron a la tierra de la alegría, a las verdes plazuelas y a los felices asientos de las dichosas arboledas"),[64] ni tampoco en la mayor luz que brilla en las amenazas [juicios] y promesas de la ley.

---

[62] Lt. *Bene et compositè C. Cæsar... de vita et morte disseruit, falsa, credo, existimans, ea quæ de infernis memorantur; diverso itinere malos a bonis loca tetra, inculta, foeda atque formidolosa habere.* Cato. [Marcus Porcius Cato, citado en *War with Catiline*, from Sallust, Loeb Classical Library, trans. J. C. Rolfe (Cambridge, MA: Harvard University Press, 1965), 103.]

[63] Gr. Ἀλλ' ἔστι καὶ τῷ ὄντι τὸ ἀνκριώσκεσθαι, καὶ ἐκ τῶν τεθνεώτων τοὺς ζῶντας γίγνεσθαι, καὶ τὰς τῶν τεθνεώτων ψυχὰς εἶναι. καὶ ταῖς μὲν ἀγαθαῖς ἄμεινον εἶναι, ταῖς δὲ κακαῖς, κάκιον. Platón. [Plato, *Phaedo*, Loeb Classical Library, trans. Arnold North Fowler (Cambridge, MA: Harvard University Press, 1971), 252–53.]. "Platón fue un filósofo griego (c. 427-347 a.C.) que fue alumno de Sócrates, maestro de Aristóteles y fundador de la Academia de Atenas. Platón nació en el seno de una familia aristocrática ateniense que se dedicaba a la política. Según *Vidas de filósofos eminentes* de Diógenes Laercio, se convirtió en alumno de Sócrates cuando tenía unos 20 años (Diógenes Laercio, *Vidas de filósofos eminentes*, 3.6). Tras la muerte de éste, en el año 399, Platón consideró que su vocación era la de pensador y no la de político. Tras pasar un tiempo fuera de Atenas, regresó y fundó la Academia hacia el año 387 a.C.. Sus estudios no se limitaban a la filosofía, sino que incluían también las matemáticas, la astronomía y las ciencias físicas. A lo largo de su carrera, Platón compuso cerca de 30 diálogos filosóficos, muchos de ellos con Sócrates como orador principal. No está claro hasta qué punto los oradores de los diálogos de Platón expresan sus propias ideas. Tampoco está claro en qué orden compuso Platón los diálogos, aunque Aristóteles menciona en su *Política* que las *Leyes* son una obra posterior, escrita después de la *República* (Aristóteles, *Política*, 1264b.25-29)." Elliot Ritzema, "Plato," ed. John D. Barry et al., *The Lexham Bible Dictionary* (Bellingham, WA: Lexham Press, 2016).

[64] Lt. "*Devenêre locos lætos, et amoena vireta / Fortunatorum nemorum, sedesque beatas,*" Virgilio, *La Eneida*. [Virgil, *Aeneid*, vi. 638.] [Virgil, *Virgil I: Eclogues, Georgics, Aeneid I–VI*, Loeb Classical Library, trans.H. R. Fairclough (Cambridge, MA: Harvard University Press, 1960), 551.] Owen se refiera con esta cita de Virgilio al particular uso de la palabra juicio en el sentido de la providencia

La sabiduría está oculta en el Señor Jesús en dos aspectos: en cuanto a su verdad y en cuanto a su forma.

i. Sabiduría en la verdad de Cristo

En cuanto a la verdad del mismo; y así en Él y por Él es confirmada, y eso de dos maneras: por su muerte y por su resurrección.

1. Confirmación por su muerte

Dios, en la muerte de Cristo, castigando y condenando el pecado en la carne de su propio Hijo, a la vista de los hombres, de los ángeles y de los demonios, ha ofrecido una abundante garantía de un juicio justo y universal por venir. Por qué, o por qué razón imaginable, podría ser inducido a poner tal carga sobre Él, sino que ciertamente juzgará un día a los hijos de los hombres por todas sus obras, caminos y andanzas ante Él. *La muerte de Cristo es anticipo más solemne del juicio final.* Aquellos que lo reconocen como el Hijo de Dios, no negarán un juicio venidero.

2. Confirmación por su resurrección

Por su resurrección (Hch. 17:31) "Pistin paraschōn pasin,"[65] ha dado fe y seguridad de esto a todos, resucitando a Cristo de entre los muertos, habiéndolo designado para ser el juez de todos; en quien y por quien juzgará al mundo con justicia.

ii. Sabiduría en cuanto al modo que Cristo lo hizo

---

de Dios. Owen cita constantemente a filósofos paganos como prueba o apoyo de sus puntos teológicos, el propósito de esto es mostrar que la revelación especial y la revelación general no son contradictorias. Es el equivalente a citar un filosofo, científico u otro como apoyo para una conclusión teológica en un sermón.

[65] Gr. Πίστιν παρασχὼν πᾶσιν

Por último, por el modo de hacerlo, la manera en que nos ha amado y se ha entregado por nosotros Aquél que es en Él mismo la justicia que se requiere de nuestras manos. La manera también en la que Cristo ha sido, en su persona, gracia, caminos, culto y servicio, vilipendiado, despreciado, desdeñado por los hombres del mundo; lo cual encierra un consuelo indecible, por una parte, y un terror por otra. Así pues, la sabiduría de esto también está escondida en Cristo.

Y esta es la segunda parte de nuestra primera demostración. Así, el conocimiento de nosotros mismos, con referencia a nuestro fin sobrenatural, no constituye una porción poco importante de nuestra sabiduría. Las cosas de mayor interés aquí son: el pecado, la justicia y el juicio. La sabiduría de todo lo cual está escondida solamente en el Señor Jesús. Esto era lo que pretendía demostrarse.

3. El conocimiento de como caminar en comunión con Dios

La tercera parte de nuestra sabiduría es caminar con Dios. Ahora bien, para que alguien pueda caminar en comunión con otro, se requieren seis cosas: acuerdo, conocimiento, un camino, fuerza, denuedo y un objetivo hacia el mismo fin. Todas estas cosas, con la sabiduría de ellas, están escondidas en el Señor Jesús.

a. Condiciones requeridas para el cultivo de la comunión

i. Acuerdo mutuo

El profeta nos dice que dos no pueden caminar juntos si no están de acuerdo (Am. 3:3). Hasta que no se llegue a un acuerdo, no hay comunión, y resulta imposible caminar juntos. Dios y el hombre por naturaleza (o mientras el hombre está en su estado natural) se encuentran en la mayor enemistad. Él no nos declara nada más que la ira (Ro. 1:18). De ahí que se diga que somos hijos de ella; es decir, que hemos nacido habituados a ella (Ef. 2:3).

Efesios 2:1–3 Y *Él les dio vida* a ustedes, que estaban muertos en sus delitos y pecados, en los cuales anduvieron en otro tiempo según la corriente de este mundo, conforme al príncipe de la potestad del aire, el espíritu que ahora opera en los hijos de desobediencia. Entre ellos también todos nosotros en otro tiempo vivíamos en las pasiones de nuestra carne, satisfaciendo los deseos de la carne y de la mente, y éramos por naturaleza hijos de ira, lo mismo que los demás.

Mientras permanecemos en esa condición, "la ira de Dios permanece sobre nosotros" (Jn. 3:36). Toda la revelación que Dios nos hace de sí mismo es que está inexpresablemente airado; y por lo tanto prepara la ira para el día de la ira, y la revelación de su justo juicio. El día de su encuentro con los pecadores, es llamado "el día de la ira" (Ro. 2:5-6). Tampoco nos quedamos cortos en nuestra enemistad contra Él. En efecto, primero la comenzamos, y continuamos por mucho tiempo en ella. Para expresar esta enemistad, el apóstol nos dice que nuestras mismas mentes, la mejor parte de nosotros, son "enemistad contra Dios" (Ro. 8:7-8); y que no estamos, ni queremos, ni podemos estar sujetos a Él.

Nuestra enemistad se manifiesta por la rebelión universal contra Él. Cualquier cosa que hagamos que parezca lo contrario, no es más que hipocresía o adulación. De hecho, es una parte de esta enemistad el minimizarla. En este estado, la sabiduría para caminar con Dios debe estar necesariamente muy alejada del alma. Él es "luz, y en Él no hay tinieblas"[66] (cf. 1 Jn. 1:5, Ef. 5:18, Ex. 15:11, 1 Jn. 4:8, Tit. 3:3); nosotros somos tinieblas, y en nosotros no hay luz. Él es vida, un "Dios vivo"; nosotros estamos muertos, pecadores muertos en delitos y pecados. Él es "santidad", y glorioso en ella; nosotros totalmente contaminados, una cosa abominable. Él es "amor"; nosotros estamos

---

[66] Gr. Σκοτία ἐν αὐτῷ οὐκ ἔστιν οὐδεμία.

llenos de odio: odiando y siendo odiados. Seguramente esto no es un fundamento para el acuerdo, una base para poder caminar juntos. Nada puede estar más alejado de tal condición que el presente esquema.

El fundamento, entonces, de esto, está puesto en Cristo, escondido en Cristo. "Él —dice el apóstol— es nuestra paz; Él ha hecho la paz" por nosotros (Ef. 2:14-15). Cristo dio muerte la enemistad en su propio cuerpo en la cruz (Ef. 2:16).

- Él suprime la causa de la enemistad que había entre Dios y nosotros: el pecado y la maldición de la ley. Pone fin al pecado, y lo hace expiando la iniquidad (Dn. 9:24); y borra el documento de las ordenanzas (Col. 2:14), redimiéndonos de la maldición, al "ser hecho maldición por nosotros" (Gá. 3:13).

- Él destruye al que quería continuar la enemistad y ampliar la brecha (Heb. 2:14) "Para anular mediante la muerte el poder de aquel que tenía el poder de la muerte, es decir, el diablo"; y (Col. 2:15), "habiendo despojado a los poderes y autoridades".

- "Hizo propiciación por los pecados del pueblo" (Heb. 2:17); hizo con su sangre una expiación con Dios, para apartar la ira que nos era debida, haciendo así la paz. Por eso se dice que Dios está "en Cristo, reconciliando al mundo consigo mismo" (2 Co. 5:19). Estando Él mismo reconciliado (2 Co. 5:18), depone la enemistad de su parte, y procede a lo que queda: matar la enemistad de nuestra parte, para que también nosotros seamos reconciliados.

- Y esto también lo hace; porque "por medio de nuestro Señor Jesucristo ahora hemos recibido la reconciliación" (Ro. 5:11), aceptamos la paz hecha y ofrecida, dejando nuestra enemistad con Dios; y confirmando así un acuerdo entre nosotros en su sangre. De modo que "por medio de Él tenemos acceso al Padre" (Ef. 2:18).

Ahora bien, toda la sabiduría de este acuerdo, sin el cual no se puede caminar con Dios, está escondida en Cristo. Fuera de Cristo, Dios es para nosotros un fuego consumidor; nosotros somos como hojarasca completamente seca, pero dispuestos a luchar contra ese fuego. Si nos acercamos, somos consumidos. Todos nuestros acercamientos a Dios fuera de Cristo no conseguirían más que nuestro detrimento; sólo en su sangre disponemos de este acuerdo. Y que ninguno de nosotros suponga una vez que hemos dado algún paso en los caminos de Dios con Cristo, que algún deber nuestro es aceptado y que todo no está perdido en cuanto a la eternidad, si no lo hemos hecho en virtud de Cristo.

ii. Conocimiento mutuo

Se requiere conocimiento, también, para caminar juntos. Dos pueden encontrarse en el mismo camino, y no tener ninguna disputa entre ellos, ninguna enemistad; pero si son meros extraños el uno para el otro, recorrerán la ruta sin la menor comunión entre ellos. No basta con que se elimine la enemistad entre Dios y nosotros, sino que es necesario que se nos dé a conocer. Nuestro desconocimiento de Él es una gran causa y una gran parte de nuestra enemistad. Nuestros entendimientos están "entenebrecidos" y estamos "excluidos de la vida de Dios" (Ef. 4:18). Por lo tanto, también hay que añadir esto, si alguna vez hemos de caminar con Dios, que es nuestra sabiduría.

Y esto también está escondido en el Señor Cristo, y proviene de Él. Es cierto que hay otros medios [de revelación], como su palabra y sus obras, que Dios ha dado a los hijos de los hombres a fin de hacerles un descubrimiento de sí mismo, y darles algún conocimiento de Él, para que, como dice el apóstol (Hch. 17: 27), "buscaran a Dios, y de alguna manera, palpando, lo hallen". Pero, así como el conocimiento de Dios que tenemos por sus obras es muy débil e imperfecto, el que tenemos por la palabra, la letra de la misma, a causa de nuestra ceguera, no nos salva si no tenemos otra ayuda; pues, aunque resulte tan claro como el sol en el firmamento, si no tenemos ojos para ver, ¿de qué puede servirnos? En tal caso, no se puede obtener ningún conocimiento salvador de Él que pueda dirigirnos a caminar con Él. Esto también está oculto en el Señor Jesús, y proviene de Él, "Él ha dado entendimiento a fin de que conozcamos a Aquel que es verdadero" (1 Jn. 5:20).

Toda otra luz que no nos otorgue entendimiento, no servirá. Él es la verdadera Luz que ilumina a todo el que es iluminado (Jn. 1:9). Él abre nuestros entendimientos para que podamos entender las Escrituras (Lc. 24:45). Nadie ha conocido a Dios en ningún momento, "sino que Él lo ha dado a conocer" (Jn. 1:18). Dios habita en esa "luz inaccesible" (1 Ti. 6:16). Nadie ha tenido jamás tal conocimiento de Él como para poder decir que lo ha visto, sino por la revelación de Jesucristo. Por eso les dice a los fariseos que, a pesar de todos los grandes conocimientos que decían tener, en realidad no habían "oído jamás Su voz ni han visto Su apariencia" (Jn. 5:37). No tenían ningún tipo de conocimiento espiritual de Dios, sino que Él era para ellos como un hombre al que nunca habían oído ni visto. No hay conocimiento de Dios, como amor, y lleno de bondad, paciencia, gracia y misericordia perdonadora (conocimiento en el cual, y solo en él, podemos caminar con Él), sino sólo en Cristo, pero esto ya he explicado anteriormente. Todo esto, pues, también está oculto en Él.

iii. Un camino mutuo

Debe haber, además, un camino en el que debemos caminar con Dios. Dios nos asignó al principio un camino para que caminásemos con Él, el camino de la inocencia y la santidad más elevada, en un pacto de obras.[67] Este camino, por el pecado, está tan lleno de espinas y abrojos,

---

[67] Con respecto al pacto de obras, Richard Muller afirma: "*Foedus operum*: pacto de obras; es decir, el primer pacto hecho por Dios con la humanidad, instituido antes de la caída, cuando los seres humanos estaban todavía en el *estatus integritatis* y eran capaces de una obediencia perfecta. La doctrina del *foedus operum* supone que Adán y Eva conocieron la ley moral, ya sea como *lex naturalis* aún no deteriorada ni enturbiada por el pecado, o como *lex paradisiaca* revelada por Dios. Entender la relación original entre Dios y los seres humanos de forma pactual, como también entender la relación entre Dios y el orden creado como un pacto, o *pactum*, tiene raíces patrísticas y medievales. Además, se encuentran

tan obstruido por las maldiciones y la ira, que ningún ser vivo puede dar un paso por él. Hay que encontrar un nuevo camino para nosotros si alguna vez hemos de tener comunión con Dios. Y esto también se basa en lo anterior. Está escondido en Cristo. El mundo entero no puede, salvo por y en Él, descubrir un camino por el que un hombre pueda andar un paso con Dios. Y por eso el Espíritu Santo nos dice que Cristo ha consagrado, dedicado y separado para ese propósito, "un camino

---

rastros de esta doctrina entre los propios reformadores, especialmente Zwinglio, Musculus y Calvino, y entre los escritores de la segunda mitad del siglo XVI, especialmente Ursinus y Olevianus. Otra línea de pensamiento que contribuyó a la doctrina fue la identificación del Decálogo como el pacto legal (*foedus legale* o *foedus legalis*) y como una reedición necesaria después de la caída de las enseñanzas básicas de la ley natural grabadas en el corazón humano, a diferencia del evangelio como *foedus evangelicum*. El lenguaje específico de un pacto de obras cobró importancia en la teología reformada después de 1590 en las obras de Perkins, Rollock, Polanus y otros. Varias generaciones de escritores reformados debatieron el número y la interrelación de los pactos, incluida la relación entre el pacto de obras prelapsariano y la ley mosaica, entendida al menos en parte como pacto de obras, o pacto legal. La terminología de este pacto prelapsariano se mantuvo fluida a lo largo de la era de la ortodoxia, siendo foedus operum y foedus naturae los dos términos más comunes. Otros términos para el pacto prelapsariano incluyen *foedus amicitiae, foedus primaevum, foedus naturae y foedus creationis*. Muchos de los reformados siguen la interpretación agustiniana tradicional de Génesis 2-3, tal como se encuentra en *De Genesi ad litteram* de Agustín, e identifican el árbol de la vida (*arbor vitae*) y el árbol de la ciencia del bien y del mal (*arbor scientiae boni et mali*) como signos sacramentales de la gracia disponible, a condición de la obediencia, para la primera pareja bajo el pacto de obras. Algunos entre los reformados, como Witsius, añaden el propio paraíso y el primer sábado como símbolos o sacramentos del primer pacto. Como sacramentos, estas cuatro cosas funcionaban como signos visibles del significado del pacto y, por tanto, servían como prendas visibles de las bendiciones conferidas bajo el pacto y como símbolos que confirmaban la fe, recordando a Adán y Eva los deberes debidos a Dios y apuntando hacia las bendiciones eternas. En la medida en que los dos árboles, y por tanto los mandatos de comer y no comer, tienen un amplio significado federal, los reformados interpretan invariablemente la violación del pacto de obras como algo más que una violación de un simple mandato simbólico de no comer, de hecho, como una violación de toda la *lex moralis*. Los luteranos, que no defienden un *foedus operum*, tienden a afirmar que la violación del mandato divino era sólo mediatamente una violación de toda la ley moral e, inmediatamente, una violación de una prueba que exigía la misma obediencia si no el comportamiento explícito estipulado por la ley moral." Richard A. Muller, *Dictionary of Latin and Greek Theological Terms: Drawn Principally from Protestant Scholastic Theology* (Grand Rapids, MI: Baker Academic: A Division of Baker Publishing Group, 2017), 130–131.

nuevo y vivo" hacia el Lugar Santísimo (Heb. 10:20). Uno nuevo, porque el primero y antiguo era inútil; uno vivo, porque el otro está muerto.

Por lo tanto, dice, "acerquémonos" (Heb. 10:22); teniendo un camino por el cual caminar, acerquémonos. Y este camino que ha preparado no es otro sino Él mismo (Jn. 14:6). En respuesta a los que querían ir al Padre y tener comunión con Él, les dice: "Yo soy el camino, y nadie viene al Padre sino por mí" (Jn. 14:6). Él es el medio de toda comunicación entre Dios y nosotros. En Él nos encontramos, en Él caminamos. Todas las manifestaciones de amor, bondad y misericordia de Dios hacia nosotros pasan por Él; todos nuestros impulsos de amor, deleite, fe y obediencia a Dios pasan por Él. Él es el "único camino" que Dios promete tan a menudo a su pueblo. Es un camino glorioso (Is. 35:8), un camino elevado, un camino de santidad, un camino en el que nadie puede perderse si entra en él, y que se abre para nosotros (Is. 42:16). Todos los demás caminos, todas las sendas menos ésta, descienden a las cámaras de la muerte; todas conducen a caminar en dirección contraria a Dios.

iv. Fortaleza para caminar por el camino

Pero supongamos todo esto: que se haya hecho un acuerdo, que se haya dado a conocer y que se haya proporcionado un camino. Sin embargo, si no tenemos fuerzas para andar por ese camino, ¿de qué nos servirá todo esto? A esto hay que añadir que nosotros mismos no tenemos fuerza (Ro. 5:6), pobres débiles, incapaces de dar un paso en los caminos de Dios. Cuando se nos encamina en esa senda, o bien nos derribamos por nuestra cuenta, o las tentaciones nos derriban, y no avanzamos: y el Señor Jesús nos dice claramente que "sin Él no podemos hacer nada" (Jn. 15:5), nada en absoluto que goce de la menor aceptación ante Dios. Aún todas las criaturas del cielo y de la tierra no podrían ayudarnos en lo más mínimo. El intento de los hombres de hacerlo con sus propias fuerzas no conduce a nada. Esta parte de esta sabiduría también está escondida en Cristo.

Toda la fuerza para caminar con Dios proviene de Él. "Todo lo puedo en Cristo que me fortalece", dice San Pablo (Fil. 4:13), quien niega que por nosotros mismos tengamos alguna suficiencia (2 Co. 3:5). Nosotros, que no podemos hacer nada por nuestra cuenta, siendo tan débiles, podemos hacer todo en Jesucristo, como gigantes. Por eso en Él somos, contra todas las oposiciones en nuestro camino, "más que vencedores" (Ro. 8:37); y eso porque "de Su plenitud todos hemos recibido, y gracia sobre gracia" (Jn. 1:16). De Él tenemos el Espíritu de vida y de poder, por el que nos lleva, como en alas de águila, con rapidez, con seguridad, por las sendas del caminar con Dios. Cualquier paso que se dé de cualquier manera, por medio de una fuerza que no provenga inmediatamente de Cristo, es un paso hacia el infierno. Él, primero, nos toma del brazo y nos enseña a andar, hasta llevarnos a la perfección. Él tiene leche y carne fuerte para alimentarnos; nos fortalece con todas las fuerzas, y está con nosotros en la carrera que tenemos por delante.

v. Confianza para acercarse a Dios

¿De dónde debemos obtener esta confianza para caminar con Dios, nuestro Dios, que es "un fuego consumidor"? (Heb. 12:29). ¿Acaso no había tal temor sobre su pueblo en la antigüedad, que se daba por sentado entre ellos que, si veían a Dios en algún momento, no habrían de soportar tal cosa, sino que morirían? ¿Puede alguien, salvo con extremo horror, pensar en aquella espantosa aparición que les hizo antiguamente en el monte Sinaí, al punto de que el mismo Moisés, que era su mediador, dijo: "Estoy aterrado y temblando"? (Heb. 12:21), y todo el pueblo dijo: "que no hable Dios con nosotros, no sea que muramos"? (Ex. 20:19). Es más, aunque los hombres tengan la impresión de la bondad y la amabilidad de Dios, al descubrir su gloria, ¡cómo tiemblan y se llenan de temor y asombro! ¿No ha sido así con los "más selectos de sus santos"? (Hab. 3:16; Is. 6:5; Job 42:5-6).

Habacuc 3:16 Oí, y se estremecieron mis entrañas; a *Tu* voz temblaron mis labios. Entra podredumbre en mis huesos, y tiemblo donde estoy. Tranquilo espero el día de la angustia, al pueblo que se levantará para invadirnos.

Job 42:5–6 »He sabido de Ti *solo* de oídas, pero ahora mis ojos te ven. »Por eso me retracto, y me arrepiento en polvo y ceniza».

¿De dónde, entonces, debemos tomar para nosotros esta confianza para caminar con Dios? El apóstol nos informará que es "por la sangre de Jesús" (Heb. 10:19), de modo que "en Él tenemos confianza y acceso con seguridad" (Ef. 3:12), no estando lejos, como el pueblo cuando se dio la ley, sino acercándonos a Dios con confianza. Esto, por este motivo: El temor y el terror de Dios entraron por el pecado. Adán no tuvo la menor idea de esconderse hasta que pecó. La culpa del pecado que pesa sobre la conciencia, y las "nociones comunes"[68] que quedan en el corazón de todos, de que Dios es un vengador sumamente justo, llena a los hombres de temor y horror al percibir su presencia, temiendo que venga a recordar sus pecados.

Ahora bien, el Señor Jesús, mediante el sacrificio y la expiación que ha realizado, ha eliminado esta conciencia de pecado, es decir, el temor a la venganza de Dios por la culpa de los pecados. Ha quitado la espada asesina de la ley, y por eso nos da gran confianza con Dios, mostrándolo ahora no como un juez vengador, sino como un Padre tierno, misericordioso y reconciliado. Además, mientras que por naturaleza tenemos un espíritu de esclavitud que nos llena de innumerables y atormentadores temores, Él nos lo quita y nos da "el Espíritu de adopción, por el cual clamamos Abba, Padre", y nos comportamos con confianza y graciosa audacia, como hijos: porque "donde está el Espíritu del Señor, hay libertad" (2 Co. 3:17). Se trata de una libertad de todo el temor y el terror que la administración de la ley traía consigo.

---

[68] Lt. *notiones communes.*

Ahora bien, así como no hay pecado que Dios vengue más severamente que cualquier atrevimiento que el hombre se tome fuera de Cristo, tampoco hay gracia más aceptable para Él que esa audacia que se complace en proporcionarnos en la sangre de Jesús.

vi. Un mismo propósito

Pero hay que añadir una cosa más, y es que dos no pueden caminar juntos si no tienen el mismo propósito en mente, y apuntan al mismo fin. Esto también, en resumen, se nos otorga en el Señor Jesús. El fin de Dios es el fomento de su propia gloria; nadie puede apuntar a este fin, sino únicamente en el Señor Jesús. El resumen de todo esto es que toda la sabiduría de nuestro andar con Dios está escondida en Cristo, y sólo se puede obtener de Él, como se ha manifestado por una enumeración de detalles.

Y así he concluido mi primera demostración de lo que pretendía, y he manifestado que toda la verdadera sabiduría y conocimiento se halla en el Señor Jesús, y que éste la expone. Lo hace mediante una inducción de los principales aspectos particulares de las cosas en que, según se confiesa, consiste nuestra sabiduría. Sólo tengo que añadir una cosa más, y seré breve.

b. Conocimiento y sabiduría aparte de Cristo

En segundo lugar, esta verdad se manifestará aún más al considerar la insuficiencia y la vanidad de cualquier otra cosa que pueda reclamar o pretender un grado de sabiduría aparte de Cristo. Hay dos cosas en el mundo que caen bajo esta categoría:

1. La primera es el aprendizaje o educación. Esto es la habilidad y el conocimiento de las artes, las ciencias y las lenguas, junto con el saber de las cosas pasadas.

2. La segunda es la prudencia y la habilidad para administrarnos a nosotros mismos en relación con los demás, en los asuntos civiles, para el bien público; que es la flor más hermosa dentro de los límites del jardín de la naturaleza.

Ahora bien, con respecto a ambas, demostraré brevemente (a) que son totalmente insuficientes para alcanzar y obtener los fines particulares a los que están destinadas, y (b) que ambas, en conjunto, en su máxima perfección, no pueden alcanzar el verdadero fin general de la sabiduría. Ambas consideraciones pondrán la corona, en el asunto, sobre la cabeza de Jesucristo.

i. La insuficiencia del aprendizaje académico

Comencemos con la primera de ellas, y eso en cuanto al primer punto en particular. La educación en sí misma, aun si un hombre la pudiera tener toda, no sería capaz de alcanzar el fin particular para el que está diseñada; lo cual escribe "vanidad y decepción" en su frente.

El fin o propósito particular de la educación (aunque no sea observado por muchos, ya que los ojos de los hombres están fijados en fines falsos, lo que les obliga en su progreso a "desviarse de su objetivo"[69]) no es otro que el de eliminar cierta parte de esa maldición que nos sobreviene por el pecado. El aprendizaje es el producto de la lucha del alma contra la maldición por el pecado.

Adán, en su primera creación, estaba completamente provisto de todo ese conocimiento (exceptuando las cosas u objetos que no existían entonces, ni en sí mismas ni en ninguna causa natural, como, por ejemplo, lo que ahora llamamos idiomas, y las cosas que son objeto de la historia), en la medida en que se encuentra en una tendencia necesaria para el fin supremo del hombre, que ahora perseguimos. No había ninguna limitación, y mucho menos oscuridad, en su entendimiento, que

---

[69] Lt. *"aberrare a scopo"*.

le hiciera esforzarse por perfeccionar y elaborar los conceptos generales de las cosas que tenía.

En cuanto al conocimiento de Adán de la naturaleza, resulta evidente por su imposición de nombres adecuados a todas las criaturas (las razones particulares de la mayoría de las cuales se han perdido para nosotros); en la que, a partir de la aprobación dada a su nominación de las cosas en la Escritura, y el significado de lo que aún sigue siendo evidenciable, es muy notorio que se hizo sobre un claro conocimiento de sus naturalezas de las cosas y objetos. Así, Platón pudo observar que quien primero puso nombres a las cosas era más sabio; sí, tenía más que la sabiduría humana ordinaria. Dice: "creo que la teoría más verdadera del asunto, Sócrates, es que el poder que primero dio nombres a las cosas es más que humano."[70]

Aunque el hombre más sabio que haya vivido, o aún una colección general de todos los hombres sabios en el mundo, hicieran un experimento de su habilidad y erudición, al dar nombres a todas las criaturas vivientes, conforme a sus naturalezas y lo expresivo de sus cualidades, rápidamente percibirían la derrota en la que han incurrido. Adán fue hecho perfecto, con el fin de gobernar a las criaturas y vivir para Dios, para lo cual fue creado; lo cual, sin el conocimiento de la naturaleza del uno y la voluntad del otro, no podía ser. Habiéndose perdido todo esto por el pecado, y habiéndose traído también la multiplicación de las lenguas, como maldición por una rebelión posterior (Gn. 11:3), todo el propósito de la educación no es más que desenredar el alma de este resultado del pecado.

La ignorancia, las tinieblas y la ceguera han caído sobre el entendimiento humano. El conocimiento de las obras de Dios, espirituales y naturales, se ha perdido. La comunicación es extraña, por la multiplicación de las lenguas. El tumulto de pasiones y afectos, con

---

[70] Gr. Οἶμαι μὲν ἐγὼ τὸν ἀληθέστατον λόγον περὶ τούτεν εἶναι, ᾧ Σώκρατες, μείζω τινὰ δύναμιν εἶναι ἤ ἀνθρωπείαν, τὴν θεμένην τὰ πρῶτα τοῖς πράγμασιν. [Plato, *Plato VI: Cratylus, Parmenides, Greater Hippias, Lesser Hippias*, Loeb Classical Library, trans. H.N. Fowler (Cambridge, MA: Harvard University Press, 1953), 183.]

innumerables prejuicios oscuros, también han surgido en nosotros. El objetivo y la tendencia que persigue la educación es eliminar todo esto, desentrañar la mente en sus razonamientos, recuperar el conocimiento de las obras de Dios y quitar del alma los efectos de la maldición de la división de los idiomas. Este es "el algo a lo que apunta"[71] la educación; y aquél que tiene otro objetivo en ella "sólo disparar al azar a los cuervos con tiestos y terrones".[72]

Ahora bien, para no insistir en esa vanidad y aflicción de espíritu, con los innumerables males que acompañan a esta empresa, sólo digo que la erudición no es en sí misma suficiente para la consecución de su fin, que inscribe la vanidad en su frente con caracteres que no han de ser borrados.

Con este propósito deseo observar estas dos cosas:

- Primero, que el conocimiento que se pretende recuperar le fue dado al hombre para que caminara con Dios, para ese fin sobrenatural al que fue destinado. En efecto, después de haber sido provisto de todas sus dotes, le fue dada la ley de la vida y de la muerte, para que supiera por qué las había recibido. Por lo tanto, el conocimiento en él fue espiritualizado y santificado: incluso aquel conocimiento que tenía por naturaleza, en cuanto a su principio y fin, era espiritual.

- Segundo, que su pérdida forma parte de la maldición que se nos infligió por el pecado. Todo lo que nos falta del estado del primer hombre en la inocencia, ya sea en la pérdida del bien o en la adición del mal, es todo a causa de la maldición por el pecado. Además, la ceguera, la ignorancia, las tinieblas y la muerte que se nos atribuyen por doquier en el estado de

---

[71] Lt. *"aliquid quo tendit"*.

[72] Lt. *"Passim sequitur corvum testâque lutoque"*. La cita completa proviene de Juvenal, y es la siguiente: "¿Tienes alguna meta en la vida? ¿Hay algún objetivo al que apuntar? ¿O sólo haces disparos al azar a los cuervos con los tiestos y los terrones?" Persius, *Juvenal and Persius*, Loeb Classical Library, trans. G. G. Ramsey (Cambridge, MA: Harvard University Press, 1965), 351.

naturaleza, comprenden también plenamente aquello de lo que hablamos.

Por estas dos consideraciones, es muy evidente que el aprendizaje no puede alcanzar por sí mismo el fin que persigue debido a que:

1). La luz de la naturaleza es insuficiente

La luz con la que se logra ver (que, el Señor sabe, es muy poca, débil, oscura, imperfecta, incierta, conjetural, y que en gran parte sólo permite a los hombres pelearse y oponerse unos a otros, para reproche de la razón, pero digo, lo que se logra con ella) no se espiritualiza en lo más mínimo, ni se lleva al orden de vivir para Dios y con Dios, en el que se encontraba al principio. Esto está totalmente fuera de su alcance. En cuanto a este fin, el apóstol nos asegura que el máximo resultado al que llegan los hombres es la oscuridad y la locura (Ro. 1:21-22).

> **Romanos 1:21–23** Pues aunque conocían a Dios, no lo honraron como a Dios ni *le* dieron gracias, sino que se hicieron vanos en sus razonamientos y su necio corazón fue entenebrecido. Profesando ser sabios, se volvieron necios, y cambiaron la gloria del Dios incorruptible por una imagen en forma de hombre corruptible, de aves, de cuadrúpedos y de reptiles.

¿Quién podría negar las profundas investigaciones, las sutiles disputas, los agudos razonamientos, los admirables descubrimientos de Sócrates, Platón y Aristóteles, y otros? ¿Qué es lo que, en cuanto al fin que se persigue, alcanzaron con todos sus estudios y esfuerzos? "Creyéndose sabios, se hicieron necios",[73] dice el apóstol: "se hicieron necios". Aquel que, por consenso general, lleva la corona de la reputación de la sabiduría de todos ellos, con quien haber vivido se contaba como una felicidad inestimable, murió como un gran tonto, sacrificando un gallo

---

[73] Gr. Ἐμωράνθησαν

a Esculapio.[74] "Y si entre los que hacen de la virtud su objetivo alguien ha estado en contacto con una persona más útil que Sócrates, considero a ese hombre digno de ser llamado el más bendito."[75]

Por otra parte, el apóstol nos asegura que sólo Jesucristo es "la verdadera Luz", que nos ilumina (Jn. 1:9). Y no hay nadie que tenga luz verdadera, sino la que proviene inmediatamente de Él. Luego de haber aprendido todo lo que los hombres pueden, si no tienen nada más, siguen siendo hombres naturales, y no perciben las cosas de Dios. Su luz no es más que tinieblas; ¡y qué grandes son esas tinieblas! Sólo el Señor Jesús es el ungido para abrir los ojos de los ciegos (Mt. 6:23). Los hombres no pueden espiritualizar una *noción común*, ni ponerla en orden para glorificar a Dios. Después de todos sus esfuerzos, siguen siendo ciegos y oscuros, es más, tinieblas mismas, sin saber nada de la forma en que deberían.

Sé que los hombres con esos logros suelen decir: "¿También nosotros somos ciegos?", con gran desprecio de los demás; pero Dios ha echado por tierra todo su orgullo: "¿Dónde está el sabio? ¿Dónde

---

[74] Justo antes de su muerte, Sócrates ordenó a Crito que sacrificara un gallo a Esculapio, o Asclepio, el semidiós griego de la medicina y la sanidad, para su curación: "El hombre que le había administrado el veneno le puso las manos encima y después de un rato le examinó los pies y las piernas, luego le pellizcó el pie con fuerza y le preguntó si lo sentía. Dijo que no; después, los muslos; y pasando así hacia arriba nos mostró que se ponía frío y rígido. Y de nuevo le tocó y dijo que cuando llegara a su corazón, se iría. El frío había llegado ahora a la región de la ingle, y descubriendo su rostro, que había sido cubierto, dijo -y éstas fueron sus últimas palabras-: "Crito, le debemos un gallo a Esculapio. Págalo y no lo descuides". "Eso", dijo Crito, "se hará; pero mira si tienes algo más que decir". A esta pregunta no respondió, pero al cabo de un rato se movió; el asistente lo descubrió; sus ojos estaban fijos. Y Crito, al verlo, le cerró la boca y los ojos. Ecócrates, tal fue el fin de nuestro amigo, que fue, como podemos decir, de todos los de su tiempo que hemos conocido, el mejor y más sabio y justo hombre". *Platón, Eutifrón, Apología, Crito, Fedón, Fedro*: texto en inglés, trans. Harold North Fowler, The Loeb Classical Library (Cambridge, MA; Londres, Inglaterra: Harvard University Press, 1914), 401-403. [Plato, Phaedo 117e–118ª]

[75] Gr. Ἐι δέ τις τῶν ἀρετῆς ἐφιεμένων ὠφελιμωτέρῳ τινὶ Σωκράτους συνεγένετο, ἐκεῖνον ἐγὼ τὸν ἄνδρα ἀξιομακαριστύτατον νομίζω. Jenofonte. [Xenophon, *Xenophon: Anabasis IV–VII Symposium and Apology*, Loeb Classical Library, ed. O. J. Todd and Carleton L. Brownson (Cambridge, MA.: Harvard University Press, 1961), 509.]

está el escriba?" (1 Co. 1:20), "¡Oh, orgullosa sabiduría! Te ríes del Cristo crucificado".[76] No añadiré lo que Pablo nos ha advertido más adelante, a la aparente condena de la filosofía por ser apta para despojar a las almas. Tampoco lo que Tertuliano con algunos otros de los antiguos [padres] han hablado de ella:

> Las herejías son instigadas por la filosofía. De esta fuente vinieron los eones, y no sé qué formas y la trinidad del hombre en el sistema de Valentín, que era de la escuela de Platón. De la misma fuente vino el diosecito mejorado de Marción, con la tranquilidad; él vino de los estoicos. Además, la opinión de que el alma muere es sostenida por los epicúreos; mientras que la negación de la restauración del cuerpo es tomada de la escuela agregada de todos los filósofos.... ¿Qué tiene que ver Atenas con Jerusalén? ¿Qué hay entre la Academia y la Iglesia? ¿Qué hay entre los herejes y los cristianos? Nuestra instrucción proviene del "pórtico de Salomón". No necesitamos ninguna curiosidad después de Cristo Jesús, ninguna inquisición después del Evangelio. Con nuestra fe, no deseamos ninguna otra creencia. Porque esta es nuestra primera fe, que no hay nada que debamos creer además de esta.[77]
>
> Ya que, por lo tanto, ha quedado suficientemente demostrado que las opiniones de tus filósofos están obviamente llenas de toda ignorancia y engaño.[78]

---

[76] Lt. *O Sapientia superba irridens Christum crucifixum!*. Agustín, Comentario al Evangelio de Juan. [Augustine, *Lectures or Tractatus on the Gospel According to John*, NPNF1 7:15; PL 35, col. 1390.]

[77] Lt. *Hæreses a philosophiâ subornantur. Inde Æones, et formæ nescio quæ, trinitas hominis apud Valentinum, Platonicus fuerat; inde Marcionis Deus melior de tranquillitate, a Stoicis venerat. Et ut anima interire dicatur, ab Epicureis observatur, et ut carnis restitutio negetur, de unâ omnium philosophorum scholâ sumitur... Quid ergo Athenis et Hierosolymis? quid Academiæ et Ecclesiæ? quid hæreticis et Christianis? Nostra institutio de porticu Salomonis est. Nobis curiositate opus non est post Jesum Christum; nec inquisitione post evangelium. Cum credimus, nihil desideramus ultra credere. Hoc enim priùs credimus, non esse quod ultra credere debeamus.* Tertuliano, *Sobre la herejías.* [Tertullian, *On the Prescription Against Heresies*, ANF 3:246; PL 2, cols. 19A–19B, 20B–21A.]

[78] Gr. Ἐπειδήπερ ἱκανῶς ἐκ τῶν προειρημένων τὰ τῶν φιλοσόφων ὑμῶν ἐλήλεγκται πράγματα πάσης ἀγνοίας καὶ ἀπάτης φανέντα πλήρη. κ. τ. λ. Justino

El marco que acompaña a las letras era lo único que me absorbía. Oriente y Occidente se combinaron para procurarme eso, y Atenas, la gloria de Grecia. Trabajé mucho durante mucho tiempo en el oficio de las letras; pero incluso estas dos las postré a los pies de Cristo en sujeción a la Palabra del gran Dios. Ésta eclipsa todos los retorcidos y abigarrados productos de la mente humana.[79]

Martir, *Discurso de la Hortensia a los griegos*. Justin Martyr, *Hortatory Address to the Greeks*, chap. 11, ANF, 1:278. "Justino Mártir, (c. 100-162/7), es quizás el apologista de habla griega más importante del siglo II. Las declaraciones autobiográficas y el material de la Historia de Eusebio sugieren que nació en Flavia Neapolis (cerca de Siquem) en el seno de una familia pagana hacia el año 100. Justino cuenta cómo, tras investigar diferentes filosofías paganas, un anciano le instruyó en la verdadera filosofía, el cristianismo. Justino probablemente enseñó en Roma en dos ocasiones, y fue martirizado en 162-7 bajo el mandato de Marco Aurelio, posiblemente por la enemistad de su oponente cínico, Crescens. Se le atribuyen muchas obras, pero sólo la Primera y Segunda *Apologías* y el *Diálogo con Trifón* pueden asignarse con seguridad. Las *Apologías* y el *Diálogo* tienen objetivos diferentes, ya que las primeras tratan de la posición de los cristianos en una sociedad pagana y las segundas de la relación entre las creencias cristianas y judías. La *Primera Apología* es, en forma, un llamamiento a la justicia del emperador Antonino Pío, y la *Segunda*, un discurso a los romanos. En las *Apologías*, Justino emplea argumentos que se convirtieron en típicos de la apologética cristiana. Sostiene que los cristianos no deben ser perseguidos sólo por su "nombre", sino por delitos concretos. Contrasta la vida moral cristiana con la inmoralidad pagana, y critica mordazmente la inmoralidad de la mitología grecorromana, argumentando que la religión pagana es un engaño demoníaco. En el *Diálogo* surgen dos estrategias clave: la ley del Antiguo Testamento no era un camino de salvación, y la profecía del Antiguo Testamento se refiere a Cristo. Justino interpreta característicamente las teofanías del Antiguo Testamento como apariciones del Hijo, una interpretación que persistió hasta Agustín y que tiene seguidores en la actualidad. Justino se asocia con una evaluación positiva de la filosofía pagana y su idea del *logos spermatikos*, que actúa en todos los seres humanos. De hecho, Justino sopesa este trabajo, y sus resultados en la filosofía pagana, frente a la revelación del Verbo divino en Jesús, que es lo único que considera completo. De ahí su postura de que el cristianismo es la verdadera filosofía." M. Ovey, "Justin Martyr (c. 100–162/7)," ed. Martin Davie et al., *New Dictionary of Theology: Historical and Systematic* (London; Downers Grove, IL: Inter-Varsity Press; InterVarsity Press, 2016), 483.

[79] Gr. Μοῦνον ἐμοὶ φίλον ἔσκε λόγων κλέος, οὓς συνάγειραν Ἀντολίη τε, δύσις τε, καὶ Ἑλλάδος εὖχος Ἀθῆναι, Τοῖς ἔπι πολλ' ἐμόγησα πολὺν χρόνον, ἀλλὰ καὶ αὐτοῦ, Πρηνέας ἐν δαπέδῳ Χριστοῦ προπάροιθεν ἔθηκα, Εἴξαντας μεγάλοιο θεοῦ λόγῳ ὅς ῥα καλύπτει Πάντα φρενὸς βροτέης στρεπτὸν πολυειδέα μῦθον. Gregoria Nazianceno. [Gregory of Nazianzus, *Carmen de vita sua, Concerning His Own Affairs*, in *St. Gregory of Nazianzus: Three Poems*, trans. Denise Molaise

Sin embargo, en efecto, estoy completamente seguro de que a lo que se oponían todos ellos era al abuso de la filosofía, y no al verdadero uso y gran ventaja de la misma.

2). La mente está en tinieblas por el pecado

Habiendo caído sobre nosotros como maldición las tinieblas y la ignorancia que la educación se esfuerza por eliminar, no es capaz en la menor medida, por ser una maldición, de eliminarla o quitarla. Aquel que ha alcanzado la mayor altura de las letras, si no tiene a Cristo, se encuentra tan abatido por la maldición de la ceguera, la ignorancia, la estupidez, la torpeza, como el alma más pobre y más necia del mundo. La maldición sólo se elimina en Aquel que fue hecho maldición por nosotros. Todo lo que es penal es quitado sólo por Él, sobre quien todos nuestros pecados se agolparon en forma de castigo; sí, por este motivo. Cuantas más habilidades recibe la mente, más se cierra dentro de la maldición, y se fortalece para obrar su enemistad contra Dios. Todo lo que recibe no hace más que ayudarla a establecer altos pensamientos y fantasías contra el Señor Cristo. De modo que este conocimiento se queda corto para el fin que tiene en particular, y por lo tanto no puede ser la sabiduría sólida que buscamos.

Hay muchas otras cosas por las que sería fácil empañar el rostro de esta sabiduría. Y por su complejidad, dificultad, incertidumbre, insatisfacción —trayendo a sus seguidores a lo que más profesan evitar es decir ceguera y locura—, escribir sobre ella "vanidad y aflicción de espíritu".

Espero no tener que añadir nada para exculparme por no haber dado la debida estima y respeto a las letras, pues mi intención no es otra que arrojarlas a los pies de Jesucristo y poner la corona sobre Su cabeza.

Meehan (Washington DC: Catholic University Press of America, 1987), 28; PG 37, col. 977.]

ii. La insuficiencia de un buen gobierno civil

Tampoco la segunda parte de la más selecta sabiduría fuera de Cristo puede alcanzar el fin peculiar para el que ha sido designada. Se trata de la prudencia en la gestión de los asuntos civiles. No hay nada más glorioso entre lo perecedero y nada más útil para el bien común del género humano que esto. Ahora bien, el fin inmediato de esta prudencia es mantener el mundo racional dentro de los límites y el orden, trazar círculos de contención alrededor de los hijos de los hombres y evitar que traspasen los límites y fronteras que les han sido asignados, para perturbarse y destruirse mutuamente.

Toda clase de problemas y disturbios surgen de la irregularidad: un hombre que irrumpe en los derechos, usos, intereses y relaciones de otro, pone a este mundo en desacuerdo. La suma y el objetivo de toda la sabiduría de este mundo es hacer que todas las cosas se muevan en su propia esfera, por lo que sería imposible que hubiera más interferencias que en los orbes celestes, a pesar de todos sus diversos y variados movimientos. Mantener a todos los seres en sus propias asignaciones, dentro del ámbito de las directrices que les corresponden, es el fin especial de esta sabiduría.

Ahora bien, será una tarea muy fácil demostrar que toda la prudencia del gobierno civil (además de la vejación de su consecución, y la pérdida de su realización) no es capaz de alcanzar este fin. "Vejez, ¿hubo alguna vez un problema como el tuyo, no una punzada aquí y allá, sino de cabo a rabo? Nos enseñas a ser hombres sabios y prudentes cuando hemos perdido la salud y la fuerza, y no hasta entonces."[80]

---

[80] Gr. Ὦ γῆρας ὡς ἐπαχθὲς ἀνθρώποισιν εἶ, καὶ πανταχῇ λυπηρόν, οὐ καθ᾽ ἓν μόνον, ᾧ γὰρ οὐδὶν δυνάμεθ᾽ οὐδ ἰσχύομεν, σὺ τηνικαῦθ᾽ ἡμᾶς διδάτκεις εὖ φρονεῖν. Aunque Owen atribuyó esta cita a Nicóstrato, en realidad se ha atribuido a Ferécrates, un poeta de la antigua comedia ática que vivió aproximadamente un siglo antes que Nicóstrato. [*The Fragments of Attic Comedy*, 3 vols. in 4, ed. and trans. John Maxwell Edmonds (Leiden, E. J. Brill, 1957) 1:283; PCG, ed. Ralph Kassel and C. Austin, 7:219.]

La condición actual de los asuntos en todo el mundo, así como la de épocas anteriores, lo atestiguarán abundantemente; pero a continuación expondré la vanidad de la misma para este fin en algunas observaciones.

1). *Los mejores gobernantes fracasan*

Por el justo juicio de Dios, que corta las altas flores de la soberbia de los hombres, sucede con frecuencia que aquellos que están dotados de las mayores habilidades de este tipo, las emplean para un fin directamente contrario al que es su tendencia y objetivo natural. ¿De quién provienen, en su mayor parte, todas las conmociones del mundo, la violación de las fronteras, la quema de todo el marco de la naturaleza? ¿No es de hombres como estos? Si los hombres no fuesen tan sabios, el mundo, tal vez, estaría más tranquilo, aunque el fin de la sabiduría sea mantenerlo en calma. Esta parece ser una maldición que Dios ha extendido sobre la sabiduría del mundo, en la mayoría de aquellos en los que se encuentra, pues se utiliza en oposición directa a su propio fin.

2). *Los políticos tienden a la autodestrucción*

Dios ha hecho de esto un camino constante hacia el fomento de su propia gloria, incluso para leudar la sabiduría y los consejos de los más sabios de los hijos de los hombres con la locura y la insensatez, de modo que, en lo más profundo de su política, aconsejarán, para la consecución de los objetivos que se proponen, cosas tan inadecuadas como cualquiera que pudiera salir de la boca de un niño o de un tonto, y tan directamente hacia a su propia decepción y ruina como cualquier cosa que pudiera inventarse en su contra. "Esa es la verdadera sabiduría... no sólo ver lo que hay bajo tus pies, sino prever el futuro."[81]

---

[81] Lt. *Isthuc est sapere, non quod ante pedes modò est, / Videre; sed etiam illa quæ futura sunt, / Prospicere.* Terencio, *Terencio II: Phormio, suegra, hermanos,* [Terence, *The Brothers,* in *Terence II: Phormio, Mother-in-law, Brothers,* Loeb

"Destruiré la sabiduría de los sabios, y el entendimiento de los inteligentes desecharé" (1 Co. 1:19). Esto lo describe ampliamente (Is. 19:11-14).

> **Isaías 19:11–14** No son más que necios los príncipes de Zoán. El consejo de los más sabios consejeros de Faraón se ha vuelto torpe. ¿Cómo dicen a Faraón: «Yo soy hijo de los sabios, hijo de los antiguos reyes»? Pues bien, ¿dónde están tus sabios? Que ellos ahora te declaren, Y te hagan saber lo que el Señor de los ejércitos Ha determinado contra Egipto. Han obrado neciamente los príncipes de Zoán, Han sido engañados los príncipes de Menfis. Han extraviado a Egipto *Los que son* la piedra angular de sus tribus. El Señor ha mezclado en medio de ella un espíritu de distorsión, y han hecho extraviar a Egipto en todas sus empresas, Como se tambalea el ebrio en su vómito.

La embriaguez y el aturdimiento es el resultado de toda su sabiduría; y por eso el Señor les da el espíritu de vértigo (cf Job 5:12-14). Se encuentran ante la oscuridad en el día (Is. 29:14, 47:10, Jr. 49:7, Ob. 8), cuando todas las cosas parecen claras a su alrededor, y alguien se preguntaría cómo podrían los hombres perder su camino, y entonces Dios hará que sea oscuridad para los tales (Sal. 33:10). De ahí que Dios, por así decirlo, los ponga a trabajar, y se encargue de su desengaño: "Tracen un plan, pero será frustrado" (Is. 8:9-10). Y cuando los hombres se empeñan en sus complots y maquinaciones, se dice que Dios se burla de ellos, que se ríe de ellos, viendo a los pobres gusanos que trabajan laboriosamente en su propia ruina (Sal. 2:3-4). Nunca fue esto más claro que en los días en que vivimos. Escasamente han sido destruidos los sabios, pero evidentemente ha sido por su propia locura; ni el consejo más sabio de la mayoría ha sido un ápice mejor que la locura.

Classical Library, trans. and ed. John Barsby (Cambridge, MA: Harvard University Press, 2001), 297.]

3). Muy pocos de los hombres en poder son sabios

Esta sabiduría, que debería tender a la tranquilidad universal, ha dado casi constantemente una inquietud universal a aquellos en los que ha sido más eminente. "En la mucha sabiduría hay mucha angustia" (Ecl. 1:18). Así, algunos de ellos se han desecho a sí mismos, como Ahitofel (2 Sa. 17:1-23); y los demás se han despachado violentamente. En efecto, la locura de esta sabiduría no tiene fin. "Dios, en su providencia, oculta los acontecimientos futuros en la oscuridad, y se ríe si un simple mortal se preocupa por lo que está fuera de su control."[82]

Los grandes hombres del mundo presumen de ella, pero en realidad son pocos los que la tienen. Sus [actos de su sabiduría] son en su mayor parte, actos comunes, a los que no contribuyen en lo más mínimo, pero que se atribuyen a su cuidado, vigilancia y previsión. Los hombres mezquinos, que han aprendido a adorar lo que está por encima de ellos, reverencian las reuniones y conferencias de los que gozan de grandeza y estima. Su debilidad y locura es poco conocida. Donde esta sabiduría ha sido más eminente, ha estado tan cerca de los límites del ateísmo, ha estado acompañada de tal falsedad e injusticia, que ha hecho a sus poseedores malvados e infames.

No necesito dar más ejemplos para manifestar la insuficiencia de esta sabiduría para alcanzar su propio e inmediato fin. Esta es la vanidad de cualquier cosa: que no alcanza el objetivo al que aspira. Por lo tanto,

---

[82] Lt. *Prudens futuri temporis exitum, Caliginosa nocte permit Deus: Ridetque, si mortalis ultra, Fas trepidat.* Horacio, *Odas y Epodas.* [Horace, *Odes and Epodes*, Loeb Classical Library, trans. and ed. Niall Rudd (Cambridge, MA: Harvard University Press, 2004), 213.]. "Quinto Horacio Flaco (diciembre del 65 - 27 de noviembre del 8 a.C.), conocido como Horacio, fue el principal poeta lírico romano de la época de Augusto (también conocido como Octavio). El retórico Quintiliano consideraba sus Odas como las únicas letras latinas que merecían ser leídas: "Puede ser elevado a veces, pero también está lleno de encanto y gracia, es versátil en sus figuras y felizmente atrevido en su elección de palabras". Horacio también elaboró elegantes versos en hexámetros (Sátiras y Epístolas) y cáustica poesía yámbica (Epodos). Los hexámetros son obras divertidas y a la vez serias, de tono amable, lo que llevó al antiguo satírico Persio a comentar "mientras su amigo se ríe, Horacio pone astutamente el dedo en cada una de sus faltas; una vez que se lo permite, juega con la fibra del corazón"."

está lejos de ser una sabiduría verdadera y sólida, ya que en su frente se puede leer "Decepción".

Y ésta es la primera razón por la que la verdadera sabiduría no puede consistir en ninguna de ellas, porque no alcanzan ni siquiera los fines particulares e inmediatos a los que se dirigen.

c. La educación y la legislación no logran la verdadera sabiduría

Ambas, en conjunto, en su mayor perfeccionamiento, no son capaces de alcanzar el verdadero fin general de la sabiduría. Esta afirmación también es fácil de demostrar, y sería fácil descubrir su incapacidad y falta de idoneidad para el verdadero fin de la sabiduría; pero lo hace de tal manera quien tuvo la mayor porción de ambas de todos los hijos de los hombres (Salomón en su Eclesiastés), que no ahondaré más en el asunto.

Para terminar, entonces: si la verdadera y sólida sabiduría no se encuentra en lo más mínimo entre estos, si la perla no está escondida en este campo, si estos dos no son más que vanidad y decepción, no puede ser más que una pérdida de tiempo buscarla en cualquier otra cosa de acá abajo, siendo estos entre todas incomparablemente las más excelentes. Por lo tanto, de común acuerdo, pongamos la corona de esta sabiduría en la cabeza del Señor Jesús.

Que el lector, entonces, en pocas palabras, vea el propósito de toda esta digresión. El objetivo de la misma es atraer nuestros corazones a un entretenimiento más gozoso y a un mayor deleite en el Señor Jesús. Si toda la sabiduría está depositada en Él, y sólo se puede alcanzar por medio de una participación en Él, si todas las cosas fuera de Él y sin Él que se reclaman son una locura y una vanidad, que los que quieran ser sabios aprendan dónde deben reposar sus almas.

[LOS ÍNDICES DE REFERENCIAS BÍBLICAS Y NOMBRES SE INCLUYEN AL FINAL DEL SEGUNDO VOLUMEN]

Made in the USA
Columbia, SC
26 February 2025

54474322R00217